KB239032

민중사를
다시 말한다

민중사를 다시 말한다

초판 1쇄 인쇄 2013년 10월 18일
초판 1쇄 발행 2013년 10월 28일

지은이 역사문제연구소 민중사반
펴낸이 정순구
책임편집 정윤경
기획편집 조수정 조원식
마케팅 황주영

출력 한국커뮤니케이션
용지 한서지업사
인쇄 한영문화사
제본 한영제책사

펴낸곳 (주) 역사비평사
등록 제300-2007-139호(2007. 9. 20)
주소 110-260 서울시 종로구 가회동 173번지 3층
전화 02-741-6123~5
팩스 02-741-6126
홈페이지 www.yukbi.com
전자우편 yukbi@chol.com

ⓒ 역사문제연구소 민중사반, 2013
ISBN 978-89-7696-729-9 93910

민중사를 다시 말한다

역사문제연구소
민중사반 지음

역사비평사

이 책의 집필에 참여하신 분들_가나다순서

배성준

동북아역사재단 연구위원. 한국 근대 경제사를 전공했고, 최근의 관심은 식민지 구관조사와 호적제도에 있다. 대표논저로 「1980~90년대 민중사학의 형성과 소멸」, 「대만과 조선에서 '식민지 화폐영역'의 형성」 등이 있다.

배항섭

성균관대학교 동아시아학술원 HK교수. 19세기 말 민중운동사를 전공했고, 최근의 관심 주제는 '근대이행기'의 민중의식 및 '근대'의 상대화와 관련하여 전근대―근대의 관계를 어떻게 볼 것인가 하는 데 있다. 대표논저로 『조선 후기 민중운동과 동학농민전쟁의 발발』, 「근대를 상대하는 방법」, 「19세기 지배질서의 변화와 정치문화의 변용」 등이 있다.

이신철

성균관대학교 동아시아역사연구소 연구교수. 한국 현대사를 전공했고, 근현대 한일관계사, 역사인식 문제에도 관심을 가지고 있다. 대표논저로 『한일 근현대 역사논쟁』, 『북한 민족주의운동 연구』, 『동아시아 근대 역사학과 한국의 역사인식』(편저), 『역사를 바꾸는 역사정책』(공저) 등이 있다.

이용기

한국교원대학교 역사교육과 조교수. 한국 근현대 사회사를 전공했고, 민중의 일상적 생활공간인 마을과 지역에서 지배와 자치, 전통과 근대가 충돌·접합·굴절되는 양상과 거기에서 엿보이는 민중의 자율성을 탐구하고 있다. 구술사와 지역사에 관심을 갖고 있으며, 최근에는 '민중적 공공성'이라는 개념이 가능한지 고민 중이다. 대표논저로 『근대를 다시 읽는다』(공저), 「1860~1970년대 동계의 식리방식의 변화와 '합리성'의 이면」, 「일제시기 모범부락의 내면과 그 기억」, 「일제시기 면 단위 유력자의 구성과 지역정치」, 「마을에서의 한국전쟁 경험과 그 기억」 등이 있다.

장용경

국사편찬위원회 편사연구사. 한국 근대 사상사를 전공했다. 한국 근대 사상에서 보편-특수의 간극에 대한 자각 및 그 처리방식을 연구하는 한편, 식민지기 남성과 여성의 담론을 대화적으로 재구성하는 데도 관심을 가지고 있다. 대표논저로 「'朝鮮人'과 '國民'의 間隙」, 「해방 전후 林和의 政治優位論과 문학의 독자성」, 「諷刺와 寓話사이에서―한국에서 『동물농장』 번역의 정치」 등이 있다.

한봉석

역사문제연구소 연구원, 강릉대학교 강사. 1950년대 미국의 대한원조, 청소년의 문화 등에 대한 연구를 진행했다. 최근에는 한국 현대사의 젠더·섹슈얼리티 관계에 대한 관심을 확장하고 있다. 대표논저로 「1950년대 말 농촌지도의 한 사례―지역사회 개발사업 현지 지도원의 활동을 중심으로」, 「Korean American 1.5세의 독도수호운동과 한인민족주의의 변화―워싱턴 디씨 지역을 중심으로」 등이 있다.

허 수

한림대학교 한림과학원 부교수. 한국 근대 사상사를 전공했고 최근의 관심 주제는 '한국 민중 개념의 형성과 변천', '20세기 한국사에서 종교와 근대의 관계' 등이다. 현재 '교조신원운동기 동학교단과 정부 간의 담론투쟁', '민중사학과 학술운동' 등에 관한 연구를 진행하고 있다. 대표논저로 『이돈화 연구―종교와 사회의 경계』, 「식민지 근대, 오래된 미래」가 있다.

허영란

울산대학교 역사문화학과 부교수. 한국 근현대 사회사, 지역사를 전공했고 최근의 주된 관심은 지역정치, 한국의 공업화, 고래잡이 등을 통해 지역의 관점에서 한국사회변동의 의미를 재해석하는 연구이다. 대표논저로 『장생포이야기―울산 고래포구의 사람들』, 『미래를 여는 한국의 역사 5』(공저), 『일제시기 장시 연구』 등이 있다.

홍동현

역사문제연구소 연구원. 한국 근대 민중사를 전공하고 있다. 최근 개항기 민중의 일상과 자율성에 관심을 갖고 있으며, 1894년 동학농민전쟁 당시 동학농민군의 봉기의식에 대한 연구를 진행하고 있다. 대표논저로 「1894년 동학농민전쟁에 대한 문명론적 인식의 형성과 성격」, 「1900~1910년대 동학교단 세력의 '東學亂'에 대한 인식과 교단사 편찬」 등이 있다.

차례
민중사를 다시 말한다

총론・민중사를 다시 말한다

이 책은 역사문제연구소 민중사반이 세상에 내놓는 첫 번째 저서로서, 지난 2009년 말에 개최했던 심포지엄의 성과를 수정·보완하여 발간한 것이다. 연구 발표 이후 4년이라는 시간이 지나고 나서야 단행본으로 정리하게 된 것은 우리가 추구하는 민중사의 방향에 대한 적잖은 고민과 토론에도 불구하고 아직 많은 문제를 해결하지 못하고 있기 때문이다. 그럼에도 '새로운 민중사'를 추구하는 우리의 기본적인 문제의식과 나름의 성과, 그리고 우리가 직면한 어려움을 솔직하게 드러냄으로써 학계와 독자들로부터 따가운 질정을 받고 함께 소통할 수 있는 계기를 만들고 싶은 마음에서 이 책을 발간한다.

1. '새로운 민중사'를 향해 가는 우리의 여정

민중사반은 1991년부터 시작된 역사문제연구소(이하 역문연)와 일본 아시아민중사연구회(이하 아민연)의 학술교류 과정에서 태동되었다. 전후 일본에서 유행하던 계급투쟁사와 인민투쟁사를 비판하면서 그 대안으로 '민중사'를 추구하던 아민연과, 1980년대의 민중사학을 계승하고 있던 역문연의 학술교류에는 처음부터 상당한 차이와 긴장감이 존재했다. 그러나 2000년을 전후해 1980년대식 진보 패러다임에 입각한 '민중사학' 또는 '과학적 실천적 역사학'에 대한 회의와 성찰의 분위기가 확산되는 것에 짝하여, 역문연 안에도 과거 민중사학의 한계를 넘어 새로운 방향으로 민중사를 추구하려는 흐름이 생겨났다. 이런 변화에 따라 역문연과 아민연의 학술교류는 점차 생산적인 만남이 되어갔으며, 2005년 가을에는 한일 민중사 학술교류의 실무단위이자 민중사의 새로운 모색을 위한 세미나팀으로 역문연 민중사반이 결성되었다.

민중사반이 처음 만들어졌을 때는 한국사 분야에서 이미 민중사(학)가 자취를 감추다시피 한 상황이었다. 그래서 민중사반 결성 초기에는 민중사 연구자로서의 자의식을 명확하게 가진 이들뿐만 아니라, 막연하게나마 민중사에 관심을 갖고 있거나 민중사적 관점에서 연구하려는 한국 근현대사 전공자들이 일단 모여보자는 수준에서 세미나 팀을 구성했다. 민중사반은 이후 약 4년 정도의 암중모색을 거쳐 2009년 12월에 역문연 정기심포지엄 〈경계에 선 민중, 새로운 민중사를 향하여〉를 개최했다. 심포지엄 이후에는 우리가 제기한 '새로운 민중사'가 무엇이며 어디로 가야 하는가에 대하여 반 전체 차원의 고민을 모아내고 발전시키기 위해 지난한 토론을 전개했다. 그 과정에서 우리는 '새로운 민중사'의 성격과 방향에 대한 공감대를 넓혀갈 수 있었지만, 여전히 많은 문제들이 모호하게 남아 있다. 더구나 그동안 반원 구성이 한국사뿐 아니라 한국문학, 사회학, 미술사 등 다양한 분야로, 세대적으로도 1970년대 후반 학번에서 2000년대 중반 학번까지 확장되었다. 이 때문에 민중사반 내부에는 '새로운 민중사'에 대한 관점과 감각의 차이가 적잖게 존재하고 있다. 그러나 이러한 차이는 우리의 한계인 동시에 앞으로 더욱 역동적이고 생산적인 논의를 발전시켜 나갈 토양이기도 하다. 이하에서는 민중사반 내에서 대체로 공유되고 있는 바를 중심으로 우리가 왜, 그리고 어떻게 '새로운 민중사'를 구상하고 있는가를 정리하고, 이 책의 성격과 앞으로의 과제를 소개하고자 한다.

2. '새로운 민중사'를 제기함

우리가 추구하는 '새로운 민중사'란 말 그대로 '민중사'이되, 과거와는 다른 '새로운' 민중사이다. 그렇다면 우리는 먼저 '왜 이 시점에서 민중사인가?' 그리고 '무엇이 과거와 다른 새로움인가?'라는 질문에 답해야 할 것이다. 이를 위해서는 무엇보다도 과거 '민중사학'과의 연속과 단절의 문제를 명확히 할 필요가 있다.

주지하듯이 1980년대는 이 세상을 근본적으로 변혁하기 위한 열정이 끓어 넘치던 격동의 시기였고, 그 산물로서 민중사학이라는 대단히 실천적인 역사의식이 형성되었다. 그리고 1990년대 중반까지 민중사학은 주로 민중운동사를 중심으로 상당한 학문적 축적을 이루었다. 민중사학은 소박하게 말하자면 '역사의 주체는 민중이다'라는 입장에서 민중의 자기해방을 향한 역정을 그려내는 것이라고 할 수 있겠다. 모든 역사가 과거의 사실과 현재의 역사가 사이의 끊임없는 대화에서 산출되는 것이라면, 그리고 그 대화는 역사가가 발 딛고 있는 현실 속에서 이루어진다면, 민중사학 역시 특정한 시대적 조건에서 역사가가 생산한 지식과 담론의 체계일 것이다. 이 점을 염두에 둔다면, 민중사학은 민중운동이 활발하게 전개되던 1980년대라는 상황 속에서 급진적·총체적 변혁을 지향하던 지식인(역사가)들이 그 변혁의 주체라고 인식한 '민중'을 중심으로 역사를 서술한 것이라고 할 수 있다. 다시 말하면, 민중사학은 '혁명의 시대'라고도 불리는 1980년대의 시대적 산물로서, 당시의 변혁지향적 지식인과 급격하게 분출되던 민중운동의 결합을 통해 산출된 역사담론인 것이다.

그렇기 때문에 과거 민중사학에서는 '민중'을 변혁의 주체로 파악했다. 민중이 세상의 총체적 변혁을 위한 목적의식적 또는 '대자적' 주체로 설정되었기 때문에, 그것이 초역사적인 주체인가 아니면 근대적 주체인가에 대한 논의도 있었지만, 민중은 근대 이행기 또는 근현대 시기에 유의미한 주체 개념으로 인식되는 경향이 강했다. 그리고 민중의 구성은 당대의 민족모순과 계급모순에 의해 추출되는 것으로 보았으며, 대체로 근대 이행기에는 빈농을 중심으로 다양한 피지배계급 일반을 포괄하는 것으로, 근현대 시기에는 노동계급을 중심으로 한 피지배계급의 연합으로 이해되었다. 이러한 민중 인식을 '과학적·변혁적 민중론'이라 부를 수 있다. 이는 사회적 모순에 대한 심화된 인식과 그 모순을 해결하려는 강한 실천적 지향을 담고 있다는 점에서 과거의 역사의식에 비해 진일보한 것이었다. 그러나 동시에 민중을 '투쟁하는 주체'로만 선험적으로 전제하는 편향과 민중이 사회경제적 구성을 통해 드러나는 객관적 모순에 의해 산출된다고 바라보는 소박한 반영론적 인식, 그리고 그러한 민중은 '지식인'에 의해 지도되어야 한다는 엘리트주의가 담겨 있기도 했다.

민중사학은 이와 같은 성과와 한계를 지니지만, 민중운동이 고양되고 대적 전선을 명확하게 그려내야 했던 1980년대에는 한계적 측면보다는 이론적·실천적 의의가 크게 부각되었다. 그래서 민중사학은 다소 거칠고 투박함에도 불구하고 한국사에 대한 실천적 해석으로서 한 시대를 풍미할 수 있었

다. 그러나 그 생명은 오래가지 못하고 1990년대를 경과하면서 급격히 소멸
되다시피 했다. 이는 현실 사회주의권의 붕괴라는 세계사적 격변, 민주화시
대로의 이행이라는 한국사회의 내부적 변화, 근대주의적 인식론에 대한 회
의를 담고 있는 새로운 학문 사조의 유입 등으로 인해 우리가 발 딛고 있는
현실적·이론적 조건이 변화했기 때문이다. 이제는 과거와 같이 단일한 전선
에 입각한 운동이 아니라 다양한 층위에서 발현되는 다면적인 모순에 대응
하는 실천이 필요하며, 투쟁 일변도의 실천이 아니라 인간 삶의 근원적 조건
에 대한 천착 속에서 실천의 의미를 재해석해야 한다. 그럼에도 민중사학은
새로운 조건과 정세에 대한 감수성과 대응력을 갖추지 못함으로써 현실의
민중이 아닌 관념 속의 민중에 집착하면서 역사적 설명력을 상실해갔다.
그리하여 민중사학은 하나의 교조로 박제화되거나 학문하는 하나의 '자세'
로서 상찬되는 도덕률로 왜소해졌고, 현실에서는 민중에 주목하는 역사서술
이 사실상 사라졌다 해도 과언이 아니다.

　이처럼 민중사학의 소멸 내지는 '민중이 사라진 시대'라는 현실 속에서
우리가 다시 '민중사'를 제기하는 것은, 무엇보다도 사회적 약자에 대한 애
정과 그들이 역사의 주인공이라는 믿음을 갖고 있기 때문이다. 역사를 만들
어간 압도적 다수였던 민중의 삶과 생각을 배제하고는 온전한 역사상을 그
려내는 데 근본적인 한계가 있으며, 사회적 약자의 삶을 배제한 역사서술은
엘리트주의적 역사관과 '위로부터의 역사'로 후퇴할 수밖에 없다. 따라서
민중사학은 생명력을 다했지만, 민중의 역사적 의미를 새롭게 발견하고, 민
중의 삶을 역사서술의 무대에 올리고, 민중의 해방을 추구하고자 했던 민중
사학의 기본정신은 이 시대에도 비판적으로 계승해야 한다고 믿는다. 사실
민중사학의 급격한 소멸은 객관적 현실이나 민중 자체의 한계가 아니라,
그것을 인식하는 지식인=역사가의 자기혁신의 한계에서 비롯된 것이다. 따

라서 '새로운 민중사'는 민중을 어떻게 인식할 것인가, 민중을 인식하려는 지식인은 어떤 입장을 취해야 할 것인가, 민중과 지식인은 어떻게 결합될 수 있는가 등에 대한 진지한 성찰과 재인식에서 출발해야 한다.

3. '새로운 민중사'란?

우리는 역사가 현실의 변혁에 복무하는 무기라고만 생각하지 않으며, 또 민중을 변혁의 주체라고만 이해하지도 않는다. 더구나 지식인이 그 변혁을 주도하거나 지도할 수 있다고 판단하지 않는다. '새로운 민중사'는 민중사학이 제기했던 '아래로부터의 역사'라는 지향과 역사학의 실천성을 계승하려 하지만, 그것은 변화된 현실에 조응하여 비판적으로 재구성·재해석되어야 한다. 이를 위해서는 우선 '과학적·변혁적 민중론'의 한계를 넘어선 새로운 민중 인식을 정립할 필요가 있다. 우리가 생각하는 민중상은 아직 모호하지만, 대체적인 지형도를 그려본다면 다음과 같다.

첫째, 민중은 투쟁하는 주체(운동적 주체)에 앞서 일상적 삶을 살아가는 생활자(일상적 주체)이다. 물론 민중사학도 일상적 주체의 측면을 배제한 것은 아니었지만, 그것을 '비본질적인 것'이나 '극복되어야 할 것'으로 취급하곤 했다. 그러나 민중의 가장 근원적인 존재성은 바로 일상적 주체에서 비롯되며, 민중이 모순을 느끼고 그에 저항하는 지점도 바로 일상의 층위에서 시작된다. 민중은 역사의 변화를 이끌어내는 근원적 힘을 갖고 있지만, 그러한 힘은 민중 속에 초월적으로 잠재되어 있는 것이 아니라 평범한 민중의 매일매일의 삶 속에서 형성되는 것이다. 그러므로 일상적 주체라는 측면을 기반으로 운동적 주체의 측면까지 확장적으로 이해하며, 이를 위해서는 민중의 일상적 삶의 차원에서 전개되는 모순과 그에 대한 민중의 대응 양상—그것이 아무리 하찮고 소박해 보이더라도—을 섬세하게 파악해야 한다.

둘째, 민중은 특정한 계급연합으로 실체화되는 단일한 주체가 아니라 다양한 구성과 정체성을 내포한 다성적多聲的 주체이다. 민중사학에서는 민중을 객관적 모순에 의해 구성되는 특정한 계급연합이자 단일한 지향을 가진 통일적 존재로 인식했다. 그러나 우리는 민중을 구체적인 상황에 따라 내포와 외연이 끊임없이 변화하는 유동적 구성물이자, 그 내부에 다양한 차이와 균열을 내포한 이질적 혼합물로 이해한다. 그래서 민중은 서로 다른 목소리를 내면서도 때로는 서로 공명하기도 하며, 같은 목소리를 내면서도 서로 다른 생각을 갖고 있기도 한 다성적多聲的 주체인 것이다. 더구나 민중은 단지 다수자로서 존재·표상되는 것이 아니라, 때로는 그 다수성에 의해서도 배제·소외되는 소수자(마이너리티)를 포함한다. 그러므로 단일하고 통일된 민중의 의지를 찾는 것이 아니라 서로 다르면서도 공명하는 울림과 민중 내부에서 부딪히고 배제되는 목소리를 경청하기 위해 노력해야 한다.

셋째, 민중은 자기 '외부'에 존재하는 권력에 의해 일방적으로 억압되거나 규정받고 그에 항상적으로 저항하는 존재가 아니라, 지배와 저항 또는 종속성과 자율성을 동시에 담지하고 있는 모순적 주체이다. 민중은 지배의 자장에서 자유로울 수 없지만, 동시에 지배체제나 지배이데올로기에 완전히 포섭되지 않고 그와는 결을 달리하는 독자성과 능동성을 가진 자율적 존재이다. 또 반대로 민중은 자신을 억압하는 지배체제에 저항하지만, 그러한 저항에 이미 지배의 코드가 담겨 있기도 하고 때로는 자신을 억압하는 지배를 의식적으로나 무의식적으로 수용하고 내면화하기도 한다. 심지어 지배에 대한 민중의 저항이 예기치 못한 결과를 만들어내기도 하고, 더욱 고도화된 지배체제의 구축으로 귀결되기도 한다. 따라서 민중은 지배의 영역에서 독립된 순수한 주체가 아니며, 그렇다고 지배에 일방적으로 규정되지도 않는, 그래서 종속성과 자율성을 동시에 갖고 있는 모순적 주체인 것이다.

넷째, 민중은 근대 프로젝트로 수렴되는 근대적 주체가 아니라, 오히려 근대를 상대화할 수 있는 방법적 매개이다. 민중은 일국 단위의 변혁을 수행하는 주체가 아니라, 국가와 민족의 경계를 넘나들고 때로는 그것을 무화시키는 트랜스내셔널한 주체로 설정되어야 한다. 또한 전근대에서 근대로의 이행을 수행하는 주체가 아니라, 자신의 삶과 자존을 지켜가기 위해서 상황에 따라 다양하게 근대적·반근대적·비근대적 선택을 해 나가는 존재이다. 더구나 지식인이 올바르다거나 필연적이라고 상정한 '근대를 향한 발전'—민족(통일)국가의 완성, 자본주의의 고도화 또는 사회주의적 발전 등—을 지향하는 존재라기보다는 오히려 그러한 '근대로의 길'에서 배제되거나 '근대'가 산출하는 고유한 모순에 고통 받고, 때로는 저항하는 존재라고 본다. 따라서 우리가 민중의 역사적 경험을 바라보기 위해서는 '근대'를 올바른 것, 발전된 것, 필연적인 것, 반드시 지향해야 할 것으로 인식하는 근대주의적 발상에서 벗어나야 하며, 오히려 민중의 역사적 흔적을 통해 그러한 인식이 내파되는 지점을 찾아낼 수 있다.

이상은 현재 민중사반이 어렴풋하게나마 그리고 있는 민중에 대한 새로운 이해의 관점이다. 그렇지만 우리는 여전히 민중에 대한 적극적인(positive) 개념규정보다는 과거 민중사학과는 다르게 민중을 인식한다는 방식의 부정적인(negative) 방향설정에 머물고 있다. 이러한 사실은 민중을 명확하게 개념화하지 못하고 있는 우리의 현실적 한계, 그리고 민중사학에서 벗어나 환골탈태를 하고 있으면서도 아직은 자기 발로 서지 못한 과도기적 상황을 반영할 것이다. 그러나 과거의 민중사학과 우리가 추구하는 '새로운 민중사'는 동일하게 '민중'이라는 용어를 사용하고 있지만, 현실의 어떤 측면에 주목하며 그 담론의 전개를 통해 어떤 효과를 거두려 하는가라는 차원에서는 큰 차이가 존재함이 분명하다. 그리고 이러한 민중 인식의 재정향은 단지 민중을 어떤 존재로 이해하는가의 문제에 그치지 않고, 민중과 그것을 인식하는 주체인 지식인과의 관계를 어떻게 볼 것인가라는 문제를 제기한다.

민중과 지식인의 관계는 세 가지 층위에서 고민해볼 수 있다. 먼저 우리는 지식인이 민중을 지도·계몽하는 위치에 있지 않다고 생각한다. 민중사학은 민중을 변혁의 주체로 설정하면서도, 전위나 지식인에 의해 대자적 민중으로 성장할 수 있고, 전위나 지식인이 지향하는 변혁의 궤도를 따라가야 하는 존재로 설정했다. 이 때문에 실제 민중의 삶과 고통과 저항이 구체적·현실적으로 파악되지 않고, 지식인이 그리고 있는 역사발전의 도식에 민중이 끼워졌다. 그 결과 역사발전의 주체로 상찬되던 민중은 대상화되었다. 우리는 이러한 엘리트주의로는 민중을 설명할 수도, 민중과 결합할 수도 없다고 생각한다. 민중은 지식인에 의해 지도받아야 하는 존재가 아니며 지식인과 합치될 수 있는 존재도 아니다. 오히려 지식인의 '합리적' 관점으로는 잘 파악되지 않는 나름의 독자적인 인식과 감각을 가진 존재라는 것이 사실에 더 가까울 것이다. 그러므로 '새로운 민중사'는 지식인(민중사가)이 민중을 이끌 수도 없고, 그렇다고 민중과 혼연일체가 될 수도 없다는 사실을 냉철하게 자각하고 최대한 '그들'과 공감하고 소통하고 연대하려는 것을 미덕으로 삼는 자세에서 출발한다.

민중과 지식인이 서로 다른 차원에 있다면 우리는 어떻게 민중의 목소리를 듣고 그것을 재현해낼 수 있는가? 이 문제는 민중의 경험과 생각이 역사적 자료로 거의 남아 있지 않다는 객관적인 한계와 더불어, 지식인과는 다른 화법을 사용하는 민중의 목소리를 제대로 이해하고 형상화하는 것이 대단히 힘들다는 인식론적 난점을 포함한다. 전자와 관련해서는 지배자나 지식인이 남긴 기존 사료의 '전복적 독해' 또는 '결을 거스르는 독해'를 통해 민중의 목소리를 듣는 방법, 파편적일망정 널리 현전하는 민중의 기록과 흔적을 발굴하고 활용하는 방법, 민중의 구술을 통해 그들의 과거 경험과 현재의 기억을 읽어내는 방법 등이 가능할 것이다. 후자와 관련해서는 그 유명한 '민중은 말할 수 있는가(Can the subaltern speak?)'라는 질문을 고민해 야 한다. 이에 관해서는 아직 우리가 명확한 답을 할 준비가 되어 있지 않지 만, 지식인이 민중의 목소리를 정확하게 이해하고 대변할 수 있다는 생각은 대단히 섣부르고 심지어 위험할 수도 있다는 자각에서 출발하고 싶다.

마지막으로 짚어야 하는 것은 민중은 현실에서 하나의 '실체'로 존재하는 것이 아니라 지식인이 구성해낸 '개념'이라는 사실이다. 그렇다고 이 말이 민중은 지식인이 허구적으로 창작한 가상물이라는 뜻은 아니다. 말하자면 민중은 현실에 존재하는 다양한 인간(집단)들의 다양한 행위와 복잡한 관계 를 지식인이 하나의 집합적 주체로 개념화해낸 것이다. 그러하기에 민중이 현실에 존재하는 것이 아니라 지식인이 '민중'이라고 호명한 사람들의 행 위·관계·의식이 현실에 존재하고 전개되고 있는 것이다. 결국 민중은 지식 인에 선차적으로 존재하면서도 지식인에 의해 구성되는 것이다. 이러한 입 장에 서면 민중은 하나의 고정적·본질적 실체가 아니라 구체적인 역사적 상황 속에서 구성·변화되어가는 것으로 이해된다. 그리고 현실의 어떤 측면 에 주목해서 '민중'을 개념화할 것인가 하는 문제, 더 나아가 그러한 주체 개념을 왜 굳이 '민중'이라고 명명하는가라는 문제가 제기된다. 그런 점에 서 지식인이 현실을 기반으로 산출한 개념으로 '민중'을 이해한다는 것은, 우리에게 아직 결여된 민중의 개념을 명료하게 하는 작업이 필요함을 말해 줌과 동시에 어쩌면 그러한 개념화가 '민중사'의 폐기로 이어질 수도 있다 는 딜레마를 암시하기도 한다.

4. 이 책의 구성

이 책은 '새로운 민중사'를 향해 나아가고 있는 현재 우리의 좌표를 중간 점검한다는 취지에서 2009년 말에 개최되었던 심포지엄의 성과를 중심으로 하면서도 반원들의 논문을 몇 편 추가하여 다음과 같이 3부로 구성했다.

〈제1부 새로운 민중사의 모색〉은 심포지엄 발표 논문(「1980~90년대 민중사학의 형성과 소멸」) 외에도 민중사를 새롭게 모색하려는 문제의식을 담은 반원들의 시론적 성격의 논문을 모아냄으로써 '새로운 민중사'의 지향과 성격에 대하여 그동안 우리들이 고민해온 궤적을 드러낸다. 1부에 묶인 4편의 글은 많은 공유점을 가지면서도 과거 민중사(학)를 평가하는 방식이나 새롭게 주목하는 지점, 그리고 지향하는 방향에서 일정한 차이를 보인다. 그렇지만 한때의 열정으로 치부되거나 망각의 저편으로 사라져가는 '민중' 개념과 고투하고, '민중사'의 유효성을 점검하고, '민중사학'의 역사를 재구성하고자 한다는 점에서 '새로운 민중사'가 형성되어온 과정과 앞으로 나아가야 할 바를 압축적으로 시사해준다.

〈제2부 민중의 경험과 의식세계〉는 민중의 실제적이고 구체적인 경험을 통해 민중의식에 접근하려는 것으로, 심포지엄에서 발표되었던 2편의 논문과 새롭게 추가된 2편의 논문으로 구성되었다. '민중의 경험과 의식세계'라는 주제는 얼핏 보면 진부하거나 예전부터 많이 다루어온 것처럼 느껴지기도 한다. 그러나 여기에 실린 4편의 글은 민중을 근대를 향해 달려가는 주체로 설정하거나 민중의식이 사회경제적 모순에 조응하여 자동적으로 형성된다고 보지 않으며, 지배체제에 완전히 포섭되지 않는 민중의 자율성을 탐구한다는 점에서 공통성을 갖는다. 그리고 그러한 자율성은 민중의 일상적 생활세계를 통해서도 발견되고, 지배권력의 정책이 모순에 처하는 지점에서도 발견되며, 심지어 그동안 많이 다루어왔던 근대 이행기 민중운동에서도 우리에게 낯익은 '근대 변혁주체'라는 이미지와는 다른 양상으로 나타난다. 이런 점에서 2부는 과거의 민중사와 '새로운 민중사'가 민중의 경험과 의식을 어떻게 달리 이해하고 다루는가를 잘 보여준다.

〈제3부 민중에 대한 인식과 재현〉은 과거 민중사(학)에서는 자각적으로 다루어지지 않았던 문제적 주제를 새롭게 제기하는 것으로, 모두 심포지엄에서 발표되었던 3편의 논문으로 구성되었다. 민중은 그것을 인식하고 재현하는 주체인 지식인이나 권력에 의해 구성된 것이라는 전제에서, '민중을 파악하고 떠올리는 일'이 자연스럽거나 초역사적인 것이 아니라 특정하고 구체적인 역사적 맥락 속에서 이루어지는 것이라는 점을 보여준다. 여기에 실린 3편의 글은 다루는 주제나 접근하는 방법, 그리고 '민중에 대한 인식과 재현'이라는 3부의 주제를 이해하는 방식에서 적잖은 편차를 보인다. 그럼에도 식민지기의 운동적 주체를 가리키는 용어에 대한 개념사적 접근을 통해 용어와 실재의 간극에 주목하고, 민중의 일부이자 타자로 존재하던 여성의 욕망과 그것을 읽어내는 지식인의 인식 사이의 메워질 수 없는 차이를 발견하고, 민중해방을 표방한 권력에 의해 민중이 소외되고 '인민'으로 치환되는 역사적 맥락을 탐구함으로써 민중의 인식과 재현 자체가 하나의 역사적 현상이며 동시에 '새로운 민중사'의 과제임을 보여준다.

5. 앞으로의 과제

이상과 같이 민중사반은 분명 과거와는 다른 방식으로 새롭게 민중사를 해 나가고자 한다. 그러나 아직 많은 문제들이 해명되지 않았고, 심지어는 명확하게 문제화되지 못한 점도 많다. '새로운 민중사'를 추구하는 지향과 최소한의 방향타는 잡았으되, 앞으로 헤쳐가야 할 과제가 산적해 있다. 여기에서는 마지막으로 그동안 민중사반 내부에서 치열하게 논의되었지만 여전히 명확하게 해결하지 못했거나 미처 충분히 검토하지 못한 몇 가지 주제에 대해 간단하게 언급하고자 한다.

핵심적인 문제 가운데 하나는 '민중'을 어떻게 개념화할 것인가이다. 앞에서도 언급했지만, 우리는 민중이 현실적 기반을 갖고 있으면서도 지식인에 의해 구성된 개념이라고 본다. 그렇다면 민중은 개념인가 실체인가, 민중을 구성주의적으로 인식한다는 것은 무엇을 의미하는가, 민중이라는 개념의 내포를 어떻게 만들어낼 것인가, 우리가 고민하는 주체를 민중으로 부르는 것이 타당한가 등의 문제는 앞으로 좀 더 치밀하고 정치하게 해명해 나가야 할 지점이다.

'새로운 민중사'에 대한 내외의 비판에서 핵심은 일상성과 다양성에 대한 강조가 자칫 민중사의 실천성을 포기하는 결과를 초래할 것이라는 점이다. 사실 일상성과 다양성은 그동안 몰라서 관심을 갖지 않은 것이 아니라, '그럼에도 불구하고' 그것보다 더 중요한 '실천'이 필요하다고 생각했기 때문일 것이다. 그러나 오히려 일상성과 다양성·복합성·중층성을 배제하거나 부차시하는 입장에서 말하는 실천성이 과연 지금 적합성을 갖는지 의문시해야 한다. 우리는 일상성·다양성과 실천성을 통일적으로 인식하고자 하지만, 이는 말처럼 쉽게 해결될 문제가 아니다. 일상 속에서 어떻게 저항의 힘이 생겨나는가, 다양함에서 어떻게 공감과 공통된 행동이 이루어지는가를 이해하는 것은 우리 앞에 닥친 핵심문제의 하나임에 틀림없다.

위의 두 가지가 이미 당면한 과제로서 충분히 인지되었으면서도 아직 충분히 해결되지 못한 문제라면, 최근 민중사반 내에서 새롭게 주목·논의되면서도 적잖은 입장 차이가 나타나고 있는 주제는 민중의 욕망과 소수자(마이너리티)의 문제이다.

민중을 운동적 주체가 아닌 일상적 주체이자 생활자로 인식한다면, 민중의 의식을 넘어서 심성과 감정, 더 나가서는 욕망의 문제까지 다루어야 한다. 민중은 일상적 삶을 살아가는 존재로서 자신을 구속하는 것에 저항하는 동시에 자신의 욕망을 실현하고자 하는 주체이기도 하다. 그렇다면 '욕망'은 무엇인가? 욕망은 인간의 가장 깊은 내면에 존재하는 리비도로서 창조와 파괴의 원천이 되는 것일 수도 있고, 극도로 자본주의화된 현실에서 표출되는 세속적 욕망으로 다루어질 수도 있다. 욕망에 내재된 원초성과 양면성을 우리는 어떻게 봐야 할까?

민중은 가난한 자들, 소외된 자들, 사회적 약자를 지칭하는 개념이기에 소수자(마이너리티)를 포함하기 마련이다. 그러나 민중사는 다수 대중을 전제하는 '다수자 기획'이라는 성격이 강하기 때문에 소수자의 입장에서 구성되는 역사와 그리 매끄럽게 결합될 수 있을지 의문스럽다. 물론 다수자/소수자는 양적 개념이 아니라 권력관계 속에서의 질적 개념으로 보아야 하지만, 소수자는 다수 대중이 내면화하고 있는 '정상성'에서 배제된 이들이기 때문에 현실에서는 민중과 충돌할 수 있다. 더구나 다수자 기획의 한계를 극복하지 못한 민중사는 국가·민족 중심의 거대서사(History)에 대항하는 '아래로부터의 거대서사(History from below)'로 귀결되어버릴 가능성도 있다. 그렇다면 다수 대중을 포괄하는 민중 개념에 어떻게 소수자(의 관점)를 결합시킬 것인가?

위와 같은 문제들은 '새로운 민중사'가 앞으로 해결해야 할 과제이기도 하고, 특히 민중사반 내부의 젊은 반원들이 큰 관심을 갖고 있는 주제이기도 하다. 이번 단행본은 민중사반의 첫 번째 저서로서 주로 80년대 중반 학번까지의 소위 '1세대' 반원들의 논문을 중심으로 구성되었다. 앞으로 민중사 반은 우리 앞에 놓인 과제를 함께 해결해 나가면서도 젊은 반원들의 참신하고 날카로운 문제의식을 담은 연구성과를 계속 제출할 것임을 약속한다.

제1부

새로운 민중사의 모색

1부를 묶으며

　　1990년대 현실 사회주의의 붕괴가 가져온 마르크스주의의 위기와 거대 담론을 비판하는 탈근대 담론의 수용은 '민중'과 더불어 '민중사'로 나아갔던 '민중사학'의 기반을 해체했다. 변혁운동의 주체로서의 '민중', 사회변혁과 민중해방으로 전진하는 민중을 서술하던 '민중사', 학문(연구)과 운동(실천)의 결합을 추구하던 '민중사학'은 어느새 낡은 유물이 되었다. 그러나 1997년 IMF 경제위기 이래 신자유주의의 확산이 가져온 사회적 불평등의 심화, 노동과정의 유연화와 자기개발 담론의 열풍은 탈근대 담론에 대한 성찰을 요청하면서 다시금 민중사학이 풍미했던 시대와 민중사학의 의미를 되돌아보게 만들었다.

　　민중사학이 사라진 시대에 민중사를 새롭게 재구성함으로써 민중사학이 가진 비판의 정신과 실천의 의지를 잇고자 하는 것, '새로운 민중사'가 추구하는 것은 바로 이것이다. 그러나 '새로운 민중사'가 서 있는 자리는 존재가 사라진 곳에서 정신과 의지를 찾고자 하는 모순된 자리이며, 청산과 계승, 폐기와 부활, 전환과 변신이 함께하는 혼돈의 장소이다. 그러하기에 '민중사'라는 옛 이름으로 '새로운' 무엇을 추구한다는 것은 그 자체로서 모순이며, '새로운 민중사'라는 개념도 형용모순이다. 사정을 아는 이라면 누구든 피해갔을 이 곤경과 혼란의 자리를 '새로운 민중사'를 추구하는 일단의 역사연구자들은 자신의 둥지로 삼고자 한다. '새로운 민중사'라는 모순된 이름 아래 '민중' 개념과 고투하고, '민중사'의 유효성을 점검하며, '민중사학'의 역사를 재구성하고자 한다.

「민중운동사 이후의 민중사─민중사 연구의 현재와 새로운 모색」은 새로운 민중사의 출발을 알렸던 선구적인 글로서 일본의 민중사 연구자와의 만남이라는 맥락에서 탄생한 글이다. 탈근대·탈식민의 관점에서 민중의 통일성에서 민중의 다성성으로, 투쟁의 주체에서 일상의 주체로, 지배층과 민중의 대립에 입각한 민중운동사에서 다양한 주체들의 역사들인 '화생化生하는 민중사'로 나아가야 함을 제기했고, 다성적 존재로서 민중의 재현 문제나 민중과 지식인의 관계라는 쟁점을 거론하는 등 이후 민중사의 모색을 위한 기본적 논점을 제시했다.

「민중사학을 넘어선 민중사를 향하여」는 민중사학 패러다임의 한계와 '새로운 민중사'의 지향점을 간추리고 '새로운 민중사'를 모색하는 흐름을 정리함으로써 '새로운 민중사'의 모습을 선명하게 그려내고자 했다. 나아가 '민중이란 무엇인가', '민중은 말할 수 있는가'라는 질문을 던지면서 '새로운 민중사'의 모색이 직면한 이론적 주제인 주체의 문제, 재현의 문제를 제기하고 있다. 특히 민중사학의 비판적 계승을 새로운 민중사의 '실천성'에 두면서, 민중의 다양한 층위에 걸친 일상적 실천에 주목하고 거대담론을 비판하는 민중사의 이론적 실천을 지향해야 한다는 주장은 민중사학의 유효성이라는 쟁점을 제기한다.

「'민중사'와 '식민지 근대'를 넘어서」는 '신자유주의적 세계화'에 대항하여 비판적 역사담론을 모색하기 위해 식민지 근대와 민중사의 입장을 비판적으로 검토한다. 우선 식민지 근대 논의에 대해서는, 기존의 식민지 인식에서 간과되어온 민중/대중의 식민지 경험을 포착했지만 저항적 주체의 형성 문제에 대해서는 불명확하고 소극적이라고 파악한다. 반면 민중사는 저항적 주체 형성의 문제를 제기했지만 자율적 주체로서의 민중이라는 이미지에 머물고 민중을 재현하는 노력이 투철하지 못했다고 파악한다. 민중사에 대한 이런 평가는 1990년대 이후 일부 흐름에 국한된 것이기는 하지만 민중사가 도달할 수 있는 하나의 지점과 한계를 보여준다는 점에서 의미가 있다. 또한 '차이에 기초한 소통' 및 '새로운 공공성'의 제기는 민중의 주체 형성과 재현 문제와 관련하여 앞으로 천착해야 할 문제를 던져주고 있다.

「민중사학의 역사를 재구성하기—역사학 비판의 관점에서」는 1980~90년대 민중사학의 역사를 재구성함으로써 민중사학의 '역사학 비판'이라는 측면에 주목한다. 민중사학이 역사학 비판이라는 것은, 민중사학이 민중을 주체로 한 역사서술의 형태를 띠지만 지배이데올로기로서의 역사학을 비판하는 저항이데올로기로 기능했다는 점에서 역사학으로 환원할 수 없다는 의미다. 이런 관점에서 민중사학의 형성, 분열, 소멸에 이르는 재구성은 '새로운 민중사'가 어떤 기반 위에 서야 할 것인지를 논쟁적으로 제시한다.

이상 4편의 글은 민중사학에 대한 평가나 '새로운 역사학'에 대한 지향에서 조금씩 다른 부분이 있지만, '민중' 개념과 고투하고 '민중사'의 유효성을 점검하며 '민중사학'의 역사를 재구성하고자 하는 일련의 흐름 속에 있다. '새로운 민중사'의 모색이 가진 가능성 여부는 제2부와 제3부의 각론적 글을 통해 다시 논의되어야 하지만, 지금 중요한 것은 '새로운 민중사'의 이론적 모색을 이어 나가면서 '새로운 민중사'에 입각한 역사서술을 시도하는 것이다.

제1장 민중운동사 이후의 민중사[*]
─민중사 연구의 현재와 새로운 모색

| 허영란 |

1. 머리말

역사가 일직선으로 진보한다는 믿음에 대한 회의는 이미 일반적인 것이
되었다. 급격한 세계화 속에서 전체주의·인종주의·국수주의·전쟁·테러 등
과 같은 배타적이고 반문명적인 에너지가 세계 도처에서 분출하고, 정치적
민주화가 뚜렷하게 진전된 한국사회에서도 민주적 제도와 심성의 정착과
내면화가 여전히 근본적인 과제로 제기되면서, 그런 회의는 점점 더 깊어지
고 있다. 현실의 민주적 변화와 더불어 오히려 두터워지고 있는 역사적 전망
의 불투명성은 역사학계에도 적지 않은 영향을 주고 있다. 이성과 진보에
대한 회의 속에서 근대를 지배했던 이념이나 계급, 민족 같은 거대담론의
지적 횡포를 반성하게 되었으며, 그에 대한 대응으로 제기된 탈근대주의,
탈식민주의적 인식의 영향으로부터 한국 역사학계 역시 완전히 벗어나 있
을 수는 없었다. 비록 기존의 주류 역사학계는 그것에 대해 무관심하거나

---

[*] 이 글은 2005년 9월 2일에 한일 양국의 민중사에 대한 재인식을 주제로 개최된 역사문제연구소
와 일본 아시아민중사연구회의 공동 워크숍에서 발표한 내용을 정리 보완한 것임.

비판적인 태도를 보여왔지만, 그들이 누려왔던 절대적 권위가 약화되는 것까지는 막지 못했다. 또한 외부 세계의 지적 흐름이 일방적으로 수입되는 것에 대해 조심스러워하면서도, 한국 내부에서 생성된 문제의식은 외적 자극에 조응하며 다양한 방식으로 문제적 연구를 진행시켜왔다.

그런 속에서 지난 수십 년 동안 현실의 변혁에 기여하는 것을 목표로 '진보적 역사학'의 중심을 차지해온 민중운동사 연구는 침체를 면하지 못하고 있다. 단적으로는 목표의 '해체'를 그 원인으로 들 수 있을 것이다. 그것은 기존의 과제가 마침내 실현되었음을 의미하는 것이 아니라, 급변하는 현실 속에서 흔들리는 방향성을 아직 재정립하지 못했음을 의미한다. 현실이 역동적으로 변화할수록 역사적 현실에 대한 학문적 실천은 더 큰 중요성을 갖는다. 그런데 현실을 성찰하고 해석하며 방향을 찾아 나가야 할 역사학계의 활력은 그 요구에 부응할 만큼 충분히 활성화되어 있지 못한 것이다.

식민사학과 권위주의 체제의 극복이 시대적 과제였던 시기에 민중운동사 연구는 민중사와 동의어였다고 해도 지나치지 않다. 민중은 현실적 모순을 극복하고 해방을 추구하는 주체로 상정되었으며, 그들의 주체성이 확대되어가는 과정으로서의 역사 전개는 민중운동사 그 자체였기 때문이다. 민중이 처한 현실을 다루는 경우에도 가혹한 지배와 비참한 무권리 등을 강조하면서 민중을 일방적 피해자로 설정함으로써 민중운동의 필연성과 정당성을 강조했다.

그러나 지금은 그처럼 투쟁하는 민중상이 실재하는 민중을 편협하게 인식할뿐더러 민중사 자체를 왜곡한다는 비판이 제기되고 있다. 특히 민중운동사에 가해지는 비판 가운데 주목되는 것은 기존의 민중운동사가 역설적으로 민중의 능동성과 주체성을 외면하고 있다는 지적이다. 왜냐하면 운동사에서 상정하고 있는 통일적이고 단일한 주체로서의 민중상을 통해서는 일상생활에서 민중들이 보이는 다양성, 일상 속에서 그들이 구현하는 생활 정치, 그것을 통해 재구성되는 주체성을 인식하는 것이 불가능하기 때문이다. 따라서 민중 내부의 다양한 균열, 그들 각각이 권력과 맺는 관계의 미시적 맥락을 살펴봄으로써 민중을 재인식해야 한다는 문제제기와 더불어, 엘리트에 의해 이루어지는 민중 주체성의 재인식이 갖는 근원적 한계에 대한 지적까지 참으로 근본적인 문제들이 거침없이 쏟아져 나오고 있는 것이 지금의 상황이다.

이런 상황에서 새롭게 추구해야 할 민중사는 과연 어떤 것일까. 이 글에서는 일단 민중의 주체적 재현을 민중사 연구의 과제로 삼는다는 전제를 인정하고 이 문제에 접근해보고자 한다. 그럴 경우 민중의 일상과 민중적 삶의 실재를 그려내려면 가시적인 사료와 구체적인 매개가 필요하다. 그리고 대중운동이나 투쟁과 같은 '사건'은 민중사에 밀착해가기 위한 극적인 매개가 될 수 있다. 왜냐하면 삶의 일상성은 종종 그와 같은 인상적인 사건들을 통해 그 본래 모습을 드러내곤 하기 때문이다. 그런 점에서 민중운동사 이후의 민중사는 민중운동의 재해석이라는 과제까지 포함하고 있다고 보아야 할 것이다. 그것을 포함한 새로운 민중사 연구는 정형화되지 않는 민중이라는 존재의 특성을 반영하면서 역시 비정형적인 모색의 과정을 이미 시작했다.

2. 1970~80년대 민중론의 전개

한국에서 민중에 대한 논의는 사회운동과의 밀접한 관련 속에서 전개되었다. 1970년대에는 반독재 민주화의 실현이라는 실천적 고민 속에서 박현

채, 한완상, 강만길, 정창렬, 이만열 등에 의해 민중 논쟁이 구체화되었다. 이 시기의 논의에서 민중은 투쟁하는 존재로 설정되기는 했지만, 그들의 행동은 독재정권의 억압이라는 외적 요인에 의해 촉발되는 것으로 상정됨으로써 수동적이고 소시민적인 존재라는 인식을 벗어나지 못했다. 1980년대에 접어들자 광주항쟁의 경험과 노동계급의 급격한 성장을 배경으로 운동 주체로서의 민중에 대한 논의가 본격화되었다. 특히 마르크스주의 이론 및 사회구성체론을 바탕으로 한 논의가 가세하면서 변혁운동의 주체라는 관점에서 민중 논의가 이루어졌다. 1980년대 후반에는 6월항쟁을 통해 급격하게 성장한 신중간층을 변혁운동의 동력으로서 어떻게 규정할 것인가라는 문제가 추가되었다.[1] 이러한 민중론은 1990년대 중반 이후 시민사회 및 시민운동의 성격과 위상을 둘러싼 논쟁으로 이어지면서 더욱 복잡한 양상을 띠게 되었다.

각 시기에 제기된 민중론은 해당 시점의 역사적 과제에 대한 인식과 밀접하게 관련되어 있었다. 따라서 각각의 논의에서 사용된 '민중'이라는 용어의 개념 역시 단일하게 정의하기 어렵다. 더욱이 역사적 행위자로서의 민중은 애초부터 일원론적으로 정의하기 어려운 복합적인 주체이다. 근래에 와서 소수자 문제가 민중 논의와 연결되는 것에서 드러나듯이, 다원적 기준에 의해 구획되어 있는 민중은 맥락에 따라 언제든지 갈등의 직접 당사자가 될 수 있다. 즉 민중은 잠재적이자 현실적인 약자들로 이루어져 있는 것이다. 그런데 1990년대까지도 민중론에서는 그러한 민중의 내적 다양성을 지양하고 그들은 어떻게 통일된 주체로 정립할 수 있는가에 관심을 모으고

---

1) 배경식, 「민중과 민중사학」, 『논쟁으로 본 한국사회 100년』, 역사비평사, 2000, 347쪽; 서중석, 「1970년대 중반 이후 진보적 한국사학자들의 한국 근현대사 연구동향」, 『대동문화연구』 32, 1997.

있었기 때문에, 그러한 차이를 일상의 미시권력이나 민중주체성 문제와 연결시켜 인식하는 데는 한계가 있었다.

주지하다시피 "1970년대 이후 발전된 민중론은 민중 자체에 의해 스스로 형성된 개념이라기보다 진보적 지식인, 학생층의 실천운동을 위한 전략적 필요에 의해 '발명'된 분석적 개념"이었다.[2] 그래서 민중을 단일 주체로 상정하면서도 운동 주도 세력, 즉 운동을 지도하고 민중을 규정하는 '주도층'의 인식에 따라 민중의 구성 범위는 변화될 수 있었다. 그로 인해 1970년대 이래 폭발적으로 논의가 활성화되었음에도 불구하고 민중에 대한 과학적인 개념 정의는 점점 더 어려워졌다.[3] 1970년대 민중론의 주축을 이루었던 박현채의 민중 개념에 대한 다음과 같은 정리는 그러한 어려움의 원인을 잘 보여준다.

> [박현채의 논의에서—인용자] 민중은 정치권력에 대해서 피지배계층이고, 직접생산자이면서 노동 산물에서 소외되어 있고(프롤레타리아), 사회적 지위 면에서 피동적인 대중이면서도 정치권력에 저항하는 능동적인 상호모순적 측면을 가진 역동적 집단이다. 즉 민중은 갈등관계에 있는 상이한 사회경제적 계층의 결합체이다. 민중에게 있어서 계급적 배경은 민중의식을 발동시키고 합리화하는 정도로 중요할 뿐이다.[4]

---

2) 유재천, 『민중』, 문학과지성사, 1984, 서문(배경식, 「민중과 민중사학」, 346쪽에서 재인용). 민중이 스스로 민중 개념을 형성할 수 있는가 하는 점은 근본적으로 논쟁적이다. 근래 탈식민주의 역사학의 문제제기, 즉 엘리트 역사학자에 의해 이루어지는 민중주체성의 재현이 가지고 있는 근본적 한계와 그것의 불가피성, 그 한계를 지양하기 위한 탈구축의 역사학 논의 역시 민중의 주체적 재현 가능성에 대한 문제의식에서 나온 것이라고 할 수 있다. 그러나 여기서는 현실 운동에 '동원'하기 위해 엘리트 운동가들이 '호명'하는 방식으로 1970년대의 민중 개념이 형성되었다는 사실에 초점을 맞추고자 한다.

3) 배경식, 「민중과 민중사학」, 『논쟁으로 본 한국사회 100년』, 역사비평사, 2000, 347쪽.

박현채는 민중의 다원성을 의식하면서도 억압과 저항이라는 이원론을 채용함으로써 민중을 민중의식을 가진 단일 주체로 추상화하고 있다. 그러한 민중 존재의 핵심적 의의는 운동론적으로 부여된다. 정치적, 경제적, 사회적 약자로서의 민중은 여러 갈등관계에 관련되는 다양한 사회경제적 계층의 결합체이지만, 그러한 갈등을 극복하기 위해 투쟁할 때 비로소 민중의식을 가지게 되고 또한 민중으로 호명될 수 있게 된다. 따라서 민중은 다원적으로 구성되어 있기는 하지만 구체적 정세 속에서 통일적인 투쟁의 주체로 정립되어 나가는 존재라고 보았다.

이런 민중론이 1980년대 이후 계급론 및 사회구성체론과 결합되면서, 민중 개념은 한 단계 변화를 겪게 된다. 자본주의의 모순과 분단 문제를 동시에 안고 있는 한국사회에서 민중은 '민중해방'과 '민족해방'이라는 과제를 동시에 해결할 통일전선적 존재이며, 그러한 민중적 통일전선은 선진적인 노동계급의 지도를 바탕으로 형성될 수 있다는 것이었다.

'민중 개념은 계급, 민족 등 여러 개념을 포용하는 상위 개념이다'라는 언명의 진정한 의미는 민중(변혁주체)이 계급과 민족에 기반한다는 사실에서 찾아져야 할 것이다. (…) 민중은 개념의 완성을 향하여 부단히 운동하는 역사 사회적 실체로서 규정되는 것이다. 민중운동의 구체적 내용이 되는 민중해방과 민족해방의 과제는 민중을 구성하는 제계급·계층의 생활상의 요구로부터 출발하는 것이다. (…) 민중운동의 선도 세력으로 등장하는 특정 계급의 선진성과 지도성의 문제를 소홀히 해서는 안 될 것이다.[5]

---

4) 윤택림, 『인류학자의 과거 여행, 한 빨갱이 마을의 역사를 찾아서』, 역사비평사, 2003, 92쪽.
5) 백욱인, 「과학적 민중론의 정립을 위하여」, 『역사비평』 1988년 여름호, 142~143쪽.

위의 글에서 보이듯이, 민중을 개념의 완성을 향하여 부단히 운동하는 실체로 인식하고 있는 점은 1970년대 민중론에 연속되는 것으로 이해할 수 있다. 그런데 여기서 더 나아가 계급 모순과 민족 모순을 극복할 변혁주체로서의 민중은 노동계급의 선진성과 지도성에 입각하여 형성된 통일전선 그 자체로 상정되고 있다. 따라서 민중 개념의 완성은 곧 현실에서의 혁명적인 통일전선의 완성과 동일한 의미가 된다. 이러한 정의를 바탕으로 서술되는 민중의 역사는, 비록 민족과 계급 어느 쪽을 더 중시하는가에 따라 차이는 있지만, 구조적이고 통일적인 민중운동의 역사로 수렴되는 것이 당연했다. 이처럼 '계급동맹에 입각한 민중적 통일전선' 역시 민중을 차이의 극복을 통해 형성되는 단일한 대항주체로 그리고 있다는 점에서는 근본적인 한계를 가지고 있었다.

민중운동사는 엘리트 중심의 역사서술에서 등장하는 단일한 지배주체에 대항할 수 있는 단일한 저항주체로서 민중을 내세운다. 지배층과 민중의 대립이라는 이분법을 전제로 삼고 있는 것이다. 이 이분법에 입각하여, 지배층과는 무관하게 전개되어온 민중의 자율성을 강조하기 위해 자연히 지배층에 맞서서 민중 자신이 의지를 표출한 행위를 중시하게 된다. 그 결과 민중의 주체성과 경험의 복원은 민중의 집합적 저항행위에 초점을 맞추어 이루어지게 되고, 민중의 저항과 반란이 민중사 연구의 주요 테마가 된다. 물리적인 폭력의 형태로 나타나는 저항에 특별히 주목하는 것은 매우 자연스러운 귀결이다.[6]

결국 민중 내부의 차이 및 그것에서 초래되는 민중적 경험과 인식, 행위의 실제는 '불가피하게' 역사서술에서 배제된다. 이처럼 변혁운동의 단일

---

6) 윤택림, 『인류학자의 과거 여행, 한 빨갱이 마을의 역사를 찾아서』, 역사비평사, 2003, 94~95쪽.

주체로 정의된 민중론에 따라 민중사와 민중운동사가 동의어가 됨으로써, 투쟁하지 않는 민중의 삶이나 투쟁의 순간이 아닌 민중의 일상은 그 역사적 의의가 극도로 삭감된다. 뿐만 아니라 민중운동사의 재현과 해석 자체도 민족 모순과 계급 모순의 극복이라는 거대담론에 준해서 이루어지기 때문에, 그것 역시 폐쇄적이고 규범적인 역사인식의 틀 안에 갇히지 않을 수 없다. 일상의 평범하고 다채롭고 이질적인 의식과 경험과 행위는 모두 투쟁의 배경이나 결과로서 위치가 배정되고, 거기에 속하지 못하는 것들은 예외적 현상으로 '폄하'됨으로써 인식대상에서 제외된다. 이렇게 해서 민중운동사는 역사 속에 실재해온 민중으로부터 점점 멀어지게 되는 것이다.

3. '민중사학'과 '과학적 실천적 역사학'

일제강점기에 정교하게 생산되고 보급된 식민사관을 극복하는 것은 해방 이후 한국 역사학의 숙명적 과제였다. 4·19혁명으로 문을 연 1960년대에는 그 과제를 해결하기 위한 역사학계의 노력이 본격화되었다. 그것은 내재적 발전론, 자본주의 맹아론으로 구체화되었는데, 바로 한국 민족의 주체성과 한국 역사의 세계사적 보편성을 동시에 증명하고자 하는 고심에 찬 기획이었다. 그에 따라 역사서술의 주체로서 민족이 상정되었고, 민족을 단위로 한 근대국가가 역사서술의 외연을 결정했다. 이것은 한국사 연구와 서술에서 불가피하게 민족국가를 단위로 한 일국사관을 강화시키는 결과를 초래했다.

앞서 살펴보았듯이 1970년대에 역사학계는 변혁운동의 주체로서 민중을 '발견'했다.[7] 강만길, 정창렬 등의 결정적 기여[8] 아래 '민중적 민족주의'라는 가치에 주목하게 되었고, 민중적 민족적 역사학은 진보적 역사연구의 목표가 되었다. 이 시기에 민중이라는 용어는 여전히 미분화되고 추상적인 성격을 벗어나지 못했으며, 그런 의미에서 후에 '관념적 민중론'이라는 지적을 받기도 했다.[9] 그러나 1980년대에 접어들면서 민중이 주체가 되는 분단 극복의 역사학이 당대의 과제로 정립되었다. 그와 동시에 계급적 민중론에 입각한 '민중사학'이 본격적으로 등장했다. 광주민중항쟁의 충격이 그 기반이 되었으며, 그 뒤를 이어 격렬하게 전개된 민족민주운동, 그리고 노동·농민운동의 양적·질적 고양으로 상징되는 계급운동의 발전, 여기에 기존의 금기를 뛰어넘는 통일운동의 활성화, 이 모든 것이 새로운 민중사학을 발전시킨 토양이었다. 1990년대 초반까지 이어지는 이 시기에는 1970년대 후반에 제시된 민중론을 토대로 사회구성체 논쟁, 사회변혁론 논쟁, 통일운동 논의 등이 펼쳐졌다. 또한 학술연구자의 사회적 실천이 특히 중시되어 소장 학자를 중심으로 학문적 실천을 목표로 하는 다양한 학술운동단체가 조직되었다. 그와 같은 맥락에서 역사학계에서도 망원한국사연구실, 한국근대사연구회, 역사문제연구소, 그리고 한국역사연구회와 같은 조직들이 만들어졌다.

이 시기에 역사의 주체, 변혁의 주체로서 민중을 재인식하고 그것을 기반으로 한 역사연구와 서술이 '민중사학'이라는 이름으로 구체화되었다. 민중

---

7) 김성보, 「'민중사학' 아직도 유효한가」, 『역사비평』 1991년 가을호, 50쪽. 1970년대의 민중론 논의에서 보았듯이 '민중'이 운동 주도층에 의해 '발명'된 개념이라는 점에서 '발견'이라는 표현은 부적절한 면이 있다. 그러나 당시에는 민중을 '구성'되는 것이 아니라 '존재'하는 것이라고 인식했으므로 이러한 표현을 사용할 수 있을 것이다.

8) 서중석, 「1970년대 중반 이후 진보적 한국사학자들의 한국 근현대사 연구동향」, 『대동문화연구』 32, 1997, 364~366쪽.

9) 백욱인, 「과학적 민중론의 정립을 위하여」, 『역사비평』 1988년 여름호, 119~120쪽.

사학은 "'역사 발전의 주체는 민중'이라는 선언적 명제에 기초하여 '역사를 민중의 주체성이 확대되어가는 과정으로 해석하고, 이를 토대로 민중이 주인 되는 사회를 건설하기 위한 변혁의 전망을 모색하는 실천적인 학문경향'으로[10] 정립되었다. 이러한 민중사학은 학문으로서의 과학성과 운동으로서의 실천성을 겸비한 한국 역사학의 방법이자 태도, 가치임이 천명되었다. '과학적 실천적 역사학'으로서의 민중사학은 1980년대의 변혁 분위기 속에서 실천 활동에 대한 학문적 응답으로 제기되었던 것이다.[11]

그렇다고 해서, 생활하는 존재인 민중이 체제에 타협하기도 한다는 사실을 완전히 도외시했던 것은 아니다. 일찍이 1970년대에도 민중의 이중성에 대한 지적은 있었다.[12] 민중에 내재해 있는 다원성을 보지 못했던 것이 아니라, 민중민족운동을 위해 단합해야 한다는 운동론적 당위 앞에서 그러한 다원성과 타협성을 다만 억제하거나 제거해야 할 요소로 보았을 따름이었다. 목적의식적인 민중운동사 연구가 활발해질수록 그런 경향은 심화되었다. 그리하여 민중에 대한 포괄적 인식의 가능성은 1986년의 『한국민중사』 1·2 단계에서는 오히려 후퇴하게 된다. 그것은 아래로부터 이루어진 저항의 역사만으로 민중사를 구성하는 데서 생겨난 한계였다. "구체적으로는 항쟁과 투쟁을 중시함으로써 마치 민중이 압제를 물리치고 압제자들의 지배와 질서에 대하여 성공적으로 저항할 수 있었던 것처럼 서술하여, 피억압 대중의 저항과 투쟁만을 볼 뿐, 민중의 지배질서에의 적응과 흡수, 그리고 좌절의 참담한 실상을 보지 못한 것"이었다.[13] 1990년대 초에는 그러한 한계에

---

10) 김성보, 「'민중사학' 아직도 유효한가」, 『역사비평』 1991년 가을호, 49쪽.
11) 이영호, 「해방 후 남한 사학계의 한국사 인식」, 『한국사 23. 한국사의 이론과 방법 1』, 한길사, 1994, 197쪽.
12) 위의 글, 51쪽.
13) 이세영, 「현대 한국사학의 동향과 과제」, 『한국 인문사회과학의 현단계와 전망』, 역사비평사,

대해 보다 적극적인 문제제기가 이루어지게 된다.

> 민중은 항상 지배와 질서에 저항해온 변혁의 주체만은 아니며 동시에 체제에
> 타협하는 존재이기도 하다. 민중의 성격을 올바로 이해하기 위해서는 민중과
> 지배계급의 상호 관련 속에서 계급 경험과 계급 대립의 변증법적 측면을 파악하는
> 통찰력이 요구된다.[14]

비록 여전히 계급이라는 규범적 틀로 민중을 구획하고 있고, "스스로를 새로운 변혁의 주체로 정립하여 나아가는 주체적 자기창출의 존재"라고[15] 인식함으로써 운동론적 당위에서 벗어나지 못했지만, 이런 반성은 자연히 민중의 일상과 경험, 의식세계를 주목하도록 만들었다. 민중의 '주체적 자기창출'을 단일한 변혁주체로의 정립 과정으로 단선화하고 있다는 점에서 '변혁에의 전망'이라는 규범화된 의식에서 자유롭지는 못하다. 그러나 체제에 타협하는 존재로서의 민중이 어떻게 주체로서 창출되는지에 대한 관심은 일상적 생활정치, 변혁주체와는 다른 차원에서 형성되는 근대적 주체로서의 민중에 대한 관심으로 나아갈 가능성을 내포하고 있는 것이다.

1980년대에 주창된 '민중사학'은 사회적·사학사적으로 매우 큰 의의를 가지고 있다. 그렇지만 학문적인 차원에서 객관적인 방법론과 관점으로서 정립되었다고 보기는 어렵다. 이후 역사학의 학문적 실천을 지속하기 위한 노력은 계속되었지만, 1990년 이후 변혁운동의 열기가 수그러들면서 민중

1988, 89~91쪽; 이세영, 「시론―80년대 한국사 연구의 반성과 90년대의 과제」, 『역사와현실』 3호, 역사비평사, 1990, 19~20쪽(서중석, 「1970년대 중반 이후 진보적 한국사학자들의 한국 근현대사 연구 동향」, 378~379쪽에서 재인용).

14) 김성보, 「'민중사학' 아직도 유효한가」, 『역사비평』 1991년 가을호, 54쪽.
15) 위와 같음.

사학을 둘러싼 논의는 점차 사라지게 된다.

  변혁운동론적 민중론은 1990년대 초를 고비로 급격하게 퇴조했다. 논쟁의
열기가 퇴조한 외형적 조건은 1980년대 말 1990년대 초 동서 냉전의 종식과
현실 사회주의권의 몰락이라는 세계사적 변화라 할 수 있다. 그러나 더 직접적이고
도 본질적인 원인은 대중운동의 퇴조와 절차적 민주주의의 진전으로 한국사회의
역동성이 상실된 데 있었다. 이로 인해 1980년대의 열띤 '민중론' 논쟁은 쟁점을
잃어버린 채 '시민운동' 개념 속에 희석되거나 흡수되고 말았다. 이후 대중운동의
새로운 실천적, 학술적 쟁점은 점차 시민운동으로 전환되기 시작했다.[16]

  현실 사회의 급격한 변화 속에서 1960년대 이후 자못 강렬하게 전개되었
던 민중사 논의는 논점과 활력을 상실했다. 그나마 대중운동의 실천적 쟁점
은 시민운동으로 전환되었지만, 민중사학은 학문적으로나 실천적으로나 후
속 문제제기에 사실상 실패하고 말았던 것이다.

  21세기에 접어든 이후 민중사학이나 민중사관에 관한 논의를 찾아보기는
쉽지 않다.[17] 20세기 사학사에서 과거사로 언급되고 있을 뿐, 민중사학에의
열정적 추구를 발견하기는 어렵다. "민중사학론에 의하여 역사학계가 얻게
된 성과는 '실천성'이"었던 만큼,[18] 그러한 실천성이 힘을 잃게 되자 민중사
학의 진로에도 어두운 그림자가 드리워졌다고 볼 수 있다. 민중사학은 이제

---

16) 배경식, 「민중과 민중사학」, 『논쟁으로 본 한국사회 100년』, 역사비평사, 2000, 352쪽.
17) 1990년대부터 일제 시기뿐만 아니라 해방 이후에 대한 연구에서도 민중운동사 연구는
   크게 위축되었다. 정창현, 「1945~1960년 민중운동에 대한 연구」, 『한국사론』 27, 국사편찬
   위원회, 1997.
18) 이영호, 「해방 후 남한 사학계의 한국사 인식」, 『한국사 23. 한국사의 이론과 방법 1』,
   한길사, 1994, 202쪽.

역사의 한 페이지를 장식하는 과거사의 창고로 들어가게 될 것인가. 변혁주체로서의 주체성이 확장되는 과정으로서의 민중운동사라는 명제가 힘을 잃은 지금, 새로운 민중사를 어떻게 모색해야 할 것인가. 학문적 실천으로서의 역사연구에서 민중사는 어떻게 재정립되어야 하며, 그것을 위한 방법론적 대안은 무엇인가. 엘리트에 의해 전유되지 않는 민중의 주체적 재현은 가능한가. 이러한 내적 고민이 깊어지는 가운데 서양의 다양한 지적 경험과 방법적 시도가 빠르게 국내에 소개되기 시작했다.

4. 탈근대·탈식민의 역사학과 민중사

1990년대 이후의 국내외적 변화는 역사학계에 기존의 역사 담론과 역사 서술에 대한 심각한 반성의 계기를 제공했다. 1990년대 중반 이후 서양의 새로운 지적 조류, 특히 탈근대 또는 탈식민의 역사학이라 불리는 경향이 일부 수용되는 가운데, 한국의 일국주의·민족주의 역사학에 대한 비판이 고조되었다.[19] 한편에서는 민족 내부의 모순을 은폐하는 이데올로기로서 민족주의가 갖는 폐쇄성과 비민주성에 대해 비판이 가해졌다. 다른 한편에서는 제국주의 시대에 저항이데올로기로서 민족주의가 갖는 의미를 강조하면서 위의 비판이 신자유주의적 공세에 지나지 않는다는 반비판이 가해졌다.[20]

---

19) 서양 역사학계에서는 '새로운 역사학'이 기존 역사학의 지성사적 전통과 객관성, 합리주의에 대한 믿음에 의문을 던졌던 반면, 한국에서는 민족주의 역사학에 대한 비판에 주력하는 모습을 보였다. "서양에서 한국으로의 지리적 이동 후 탈근대 역사론은 하나의 역사서술 방법론으로 논의되기보다는 한국의 민족, 민족주의를 비판하는 도구로 사용되는 경향이 강하다." 홍성주, 「민족주의에 관한 탈근대적 접근의 함의와 한계」, 『역사와 현실』 56, 304쪽.

서양사학계나 한국문학계 등 인접 학문으로부터도 비판이 제기되었는데, 그 것들도 역시 민족주의 역사학과 일국사관에 집중되었다.[21]

그런 비판은 한국사연구의 양대 축을 이루어온 실증주의와 실천주의 역 사학이 모두 근대주의와 민족주의의 한계 안에 갇혀 있음을 통렬하게 지적 했다는 점에서 간단히 무시하기 어렵다. 그런데 탈근대·탈식민의 역사학은 민족주의 역사학에 대한 담론적 비판에 주력하고는 있지만, 이렇다 할 구체 적인 학문적 성취를 아직은 제시하지 못하고 있다. 때문에 "탈근대 역사인 식이 한국 민족주의를 이해하는 데 어떠한 기여를 할 것인지에 대한 구체적 인 논의는 전무하다"라는[22] 비판을 도외시하기도 어렵다. 한국 민족주의가 비판과 극복의 대상이라 하더라도 그것이 민족 담론의 현실적 존재감에 의 해 뒷받침되고 있다면, 마땅히 그것에 대한 천착과 해석이 선행되어야 하기 때문이다.

한편 탈식민의 역사학이 민족이라는 단일 주체의 폐쇄성을 비판하고 민 족 내부에 실재하는 이질적인 경험과 목소리를 강조한다는 점에서, 민중에 대한 재해석의 가능성을 확장시키는 것 또한 사실이다. 실제로도 민중을 다성적多聲的 주체로 인식하고 그들의 실재를 재현해내기 위한 다양한 방법 론적 시도가 나타나고 있다. 신문화사, 서발턴 연구, 미시사, 일상사, 구술사, 지역사 등의 시도들은 나름의 특징과 장점, 그리고 적지 않은 한계를 가지고

---

20) 이호룡, 「한국 역사학계의 회고와 전망, 2002~2003: 근대 II(1910~1945)」, 『역사학보』 183, 2004, 157~158쪽.

21) 1990년대 후반 '새로운 역사학'을 소개하거나 논평하는 글로는 다음과 같은 것이 있다. 안병직, 『오늘의 역사학』, 한겨레신문사, 1998; 이태진, 「한국사학의 모더니즘으로부터의 탈출」, 『한국사 시민강좌』 20, 1997; 김호, 「한국사의 새로운 모색과 포스트모더니즘」, 『한국사 시민강좌』 21, 1997; 김현식, 「포스트모더니즘은 역사학의 종말인가」, 『역사비평』 1999년 봄호.

22) 홍성주, 「민족주의에 관한 탈근대적 접근의 함의와 한계」, 『역사와 현실』 56, 306쪽.

있지만, 한국사 연구자들에게 상당한 영감을 주었음이 분명하다.[23] 아직은 대부분 문제의식과 방법론을 중심으로 외국의 이론과 사례를 소개하는 것이 주를 이루고 있지만, 일부에서는 한국을 직접 연구대상으로 삼아 새로운 인식과 방법을 적용해보려는 시도도 생겨나고 있다.

예컨대 구술사의 경우, 서양의 구술사 방법론이 국내에 소개된 이후 그것을 한국적 상황에 맞게 조정하여 적용한 구체적인 연구성과가 본격적으로 제출되기 시작했다.[24] 또한 지역사의 경우도 논점이나 인식에서 상당한 편차를 내포하고 있기는 하지만, 일제 시기 식민지 주민의 정체성이라는 문제로 연결될 수 있는 여러 연구들이 이루어져왔다는 점에서 비교적 진척된 분야이다. 이러한 지역사 연구는 기존의 민족주의 역사학의 연장선에 있기 때문에 방법론적 참신성은 다소 떨어지지만, 역사학계 내부로부터 시작되어 새로운 방향으로 전화해가고 있는 시도라는 점에서 그 의의가 자못 크다고 할 수 있다.[25]

---

23) 각 분야별로 서양의 새로운 조류를 소개한 초기의 작품들로는 다음과 같은 것이 있다. 린 헌트, 『문화로 본 새로운 역사』, 소나무, 1996; 단턴, 『고양이 대학살』, 문학과지성사, 1996; 김택현, 「인도의 식민지 근대사를 보는 시각과 서발턴 연구」, 『역사비평』 1998년 겨울호; 곽차섭, 『미시사란 무엇인가―역사학의 새로운 가능성, 미시사의 이론·방법·논쟁』, 푸른역사, 2000; 알프 뤼드케, 『일상사란 무엇인가』, 청년사, 2002.

24) 구술사는 김귀옥, 윤택림, 유철인, 함한희 등 사회학이나 인류학 연구자들에 의해 주도되고 있다. 한국사 분야에서는 아직 본격적인 작품이 나오지 못한 상태이다. 그런데 한국의 구술사가 근현대사가 강요한 비극적 체험을 내면 깊숙이 억누르고 살아온 많은 '피해자'들이 자신들의 이야기를 발설하는 지점에서 본격적으로 출발하고 있다는 사실은 향후 한국 구술사 연구의 방향과 관련하여 시사하는 바가 크다. 허영란, 「구술과 문헌의 경계를 넘어서」, 『현황과 방법, 구술·구술자료·구술사』, 국사편찬위원회, 2004.

25) 1990년대에 이루어진 일제하 지역 유지 집단에 대한 지수걸의 일련의 연구들을 비롯해서 김익한, 마쓰모토 다케노리(松本武祝) 등의 작업이 여기에 해당하며, 2000년대에 접어든 이후에도 상당한 성과들이 산출되고 있다.

민중의 다성성多聲性이란 식민지 종주국이나 식민지 자체에서 재생산되어 온 내부 식민지들의 이질적이고 다양한 목소리를 가리킨다. 그들에 대한 차별은 계층, 민족, 종족, 성, 지역, 신분 등의 다양한 형태를 띠며 지속적으로 재생산되고 있다. 그러한 주체를 역사화하고자 할 때 그것은 단일한 역사(HISTORY)로 수렴되지 않는다. 그렇기 때문에 다양한 역사들(Histories)이 산출되지 않을 수 없는 것이다. 1980년대에 역사의 주체로 상정되었던 민중은 변혁운동을 실천해가는 단일 주체였지만, 이제 민중은 이질적인 정체성과 경험을 갖고 있으며 구조적 한계 속에서도 나름의 미시적 맥락에 따라 선택하고 행위하는 일상의 주체로서 재인식되기 시작했다. 그런데 아직은 그러한 역사들(Histories)을 다루는 연구성과가 역사학계가 아니라 문학이나 사회과학 같은 분야에서 주로 생산되고 있다. 한국 역사학계의 시야가 확장되고 고민이 깊어지고 있기는 하지만 아직 이렇다 할 성과를 내지 못하고 있는 것이다. 민중 주체에 대한 담론과 실재, 텍스트와 사료, 구조와 실천에 대한 인식론 및 방법론에 대한 고민과 시도를 역사학계가 소화해내면서 새로운 역사상을 형성하려면, 여러 가지 시행착오와 상호 비판을 앞으로도 상당기간 견뎌 나가야 할 것으로 보인다.

5. '화생化生'하는 민중사

　21세기의 한국 민주주의는 지난 반세기 동안 그것을 얻기 위해 치른 대가에 값하려는 듯 놀랍게 발전하고 있다. 반면, 사회의 양극화가 심화되는 가운데 공적 신뢰는 그 기반부터 흔들리고 있으며 미래는 점점 더 불투명해지고 있다. 이러한 현실의 변화에 영향을 받아, 그간 민족주의의 완성이나 사회의 구조적 변혁에 주력해온 역사학계도 역사 주체들을 다각도에서 인식하고 재현해내는 문제에 관심을 기울이기 시작했다. 연구자들의 관심이 운동에서 일상으로, 국가에서 지역으로, 구조에서 개인으로, 정치에서 문화로 이동한 것이다. 1970~80년대를 풍미한 민중운동사 연구가 심각하게 침체되어 있는 현실은 그런 사실을 뒷받침한다. 그렇다고 이 시점에서 민중운동사의 종말을 선언하는 것은 매우 성급하고 편협한 행위가 될 것이다. 무엇보다 역사학계의 모색은 진행 중에 있으며, 더욱 중요하게는 새로 모색되는 민중사 역시 민중운동사를 자기 안에서 재해석하는 작업으로부터 자유로울 수 없기 때문이다.[26]

현재 역사학계는 여러 지점에서 논쟁을 벌이고 다양한 시도를 거듭하면서 모색기를 통과하고 있다. 하나의 주류적 논리가 학계를 지배하기 어렵게 되었기 때문에 언뜻 보아서는 산만하고 또 뚜렷한 성취를 확인하기도 어렵다. 그렇지만 현실의 변화에 대응해가면서 다양한 외부의 조류를 소화하고 각 분야별로 새로운 방법론과 문제의식을 적용하기 위해서는 상당한 노력과 시행착오가 불가피하다. 근대 이래 현실의 모순에서 도출된 거대담론의 압력으로부터 한시도 자유로울 수 없었던 역사학계로서는, 지금의 산만함과 다양함이야말로 얼마간의 모색기를 경과하며 얻어낸 조그만 성취라 할 것이다. 그런 점에서 지금이야말로 의미 있는 출발선에 서 있는 셈이다. 역사학자 가노 마사나오(鹿野政直)는 20세기를 돌아보면서, 해체되는 자명성自明性을 넘어 다양한 주체들의 역사로 거듭나는 역사학의 미래를 전망한 바 있

---

26) 동학농민운동을 비롯해 한국 근대의 민중운동을 연구해온 조경달의 관점은 주목할 만하다. 그에 따르면 "민중운동사는 역사의 전환과 방향을 통찰하는 동시에 민중의 일상세계도 또한 투시하고자 하는 연구 영역"이며 지금은 "일상에 대한 관심에 의거한 민중운동사적 역사인식이 일반화"하고 있다고 한다. 趙景達, 『朝鮮民衆運動の展開』, 岩波書店, 2002, 5쪽.

다.[27] 한국의 민중사도 이제 그런 '화생化生'을 전망해야 하지 않을까.

1990년대 중반까지 민중사는 곧 넓은 의미의 민중운동사였다. 구체적으로는 개항 전후의 반제 반봉건운동, 항일운동, 농민·노동·청년·여성 등의 부문운동, 해방 이후의 자주적 근대국가 수립운동, 1980년대까지의 반독재 민주화운동 및 기타 각 계급운동까지를 모두 포함한다. 그러나 이제 현실은 새로운 민중사를 요구하고 있다. 지금은 민중을 변혁주체로 정립해야 한다거나 통일적인 역사서술의 중심으로 삼아야 한다는 실천적 당위는 결정적으로 힘을 잃었다. 그렇다면 현재의, 그리고 미래의 민중사는 어떤 것이어야 하는가. 민중사는 민중 경험, 즉 민중 생활·문화·의식·관계·행위 등을 모두 포괄한다. 이때 민중은 하나의 주체가 아니다. 그들은 본질적으로 다성적 존재이다. 민중사의 주요 관심은 '어떻게 민중으로 하여금 자신들의 역사를 스스로 말하게 할 것인가' 하는 것이다. 다시 말해 역사연구자는 모순을 내포한 존재로서의 민중을 어떻게 주체로서 재현할 것인가라는 과제 앞에 서 있다. 그것을 위해서 '특정한 지역적·문화적 맥락에서 개인과 집단이 경험하는 일상생활과 그들의 행위'가 민중사의 중요한 연구과제로 떠오르는 것은 당연하다.

2004년 10월 국회 국정감사에서 '민중사관 교과서' 파동이 일어났을 때[28] 한 일간지는 민중사관을 "역사의 주인을 민중으로 보고 민중의 입장에서 역사를 해석하겠다는 역사관"이지만 "실은 역사유물론, 사회주의 역사관, 계급사관과 같은 것으로 70년대와 80년대 권위주의 당시 그 같은 용어

---

27) 鹿野政直, 『化生する歷史學』, 校倉書房, 1998.

28) 2004년 10월 국정감사에서 한나라당 권철현 의원이 검정을 통과한 금성출판사의 고등학교 근현대사 교과서를 반미, 친북, 반재벌적 교과서라고 주장하면서 사회적으로 큰 논란이 일어났다.

를 우회적으로 표현하기 위해 민중사관이라는 용어로 사용된 것"이라고 소개했다.[29] 앞에서 말했듯이 민중사학은 근본적 한계를 내포하고 있다. 그러나 동시에 그것은 시대에 대한 엄중한 책임감을 바탕으로 생성된 학문적 실천의 산물이다. 그것이 21세기에 와서 '빨갱이사관'으로 단순화되는 장면도 불쾌한 것이지만, 그러한 의도적 '인식 지체'는 민중사학을 낳았던 시대적 모순이 완전히 해소되지 않았다는 사실을 간접적으로 확인시켜주는 것이기도 하다. 그리고 그러한 현실은 '민중'의 인식론적 '해체'에 대한 거부감을 확산시키고 결과적으로 새로운 민중사의 모색을 위축시키는 효과를 유발한다. 그만큼 학문적 선택의 폭이 좁아지기 때문이다. 심지어 그러한 현실의 존속을 근거로, 민중은 여전히 강고한 저항주체로서 정립되어야 한다거나 또는 민족주의적·일국주의적 역사인식의 강화가 오히려 더 절실하다는 주장에 힘이 실리기도 한다. 그러나 그것을 통해 민중이 진정으로 자기 역사의 주체가 될 수 있을지는 의문이다.

역사는 역사학자의 언어로 작성되는 승자의 기록이다. 민중사학에서는 현실을 극복하는 역사 발전의 주체로 민중을 상정함으로써 그들을 지배층을 대체할 수 있는 역사적 승자로 서술할 수 있다고 믿었다. 그러나 지금 우리는 그 시도가 실제로는 민중의 역사를 일방적으로 전유함으로써 그들을 타자화하는 것이었음을 반성하고 있다. 그렇다면 민중을 역사의 승리자나 변혁운동의 단일한 주체로 설정하지 않는 탈식민의 역사학에서, 다양한 피억압자(약자)의 삶은 지배층이나 승자에 의해 전유되지 않고 어떻게 스스로를 역사화할 수 있는가.

"전통적인 것으로부터 근대적인 것으로의 단순한 진보는 없을 뿐만 아니

---

29) 「701개 고교 '민중사관 교과서' 수업」, 『조선일보』 2004. 10. 5, 41판(조선일보 인터넷 홈페이지에서 인용).

라, 그 과정은 뒤틀리고 간헐적이며 불규칙한 것으로 과거의 감성으로부터 절연하는 것만큼 자주 그것을 다시 회복하는 방향으로 나타"난다.[30] 아마도 민중사의 '화생化生' 역시 그러한 진전과 후퇴의 뒤섞임 속에서 다양한 시행착오를 거듭하면서 조금씩 성취될 것이며, 그 성취조차 성찰의 톱니바퀴 안에서 화생化生하게 됨으로써 새로운 민중사는 그 모습을 드러낼 것이다.

덧붙이는 말

이 글은 역사문제연구소 '민중사반'이 연구와 소통을 재개하기 위해 여러 모색을 하던 2005년에 처음 발표된 것이다. 이후 한국 역사학계는 민중사와 관련하여 다양한 양적 질적 축적을 이루어냈다. 특히 이 글에서 필자가 제기했던 '민중운동사 이후의 민중사' 영역 가운데 지역사, 문화사, 구술사 등의 부문에서 뚜렷한 성과를 산출했다.[31]

그러나 21세기의 역사학이 디지털혁명 이후의 급변하는 현실과 어떻게 만나야 할 것인가라는 문제는 지금부터 더욱 깊이 숙고하고 연구해가야 할 미완의 당면과제이다. 전통적인 계급론이나 운동론으로는 설명할 수 없게 된 주체들의 다원화, 디지털 다중의 등장과 새로운 연대의 필요성, 심각해지

---

30) 클리포드 기어츠, 『문화의 해석』, 까치, 1998, 375쪽(홍성주, 「민족주의에 관한 탈근대적 접근의 함의와 한계」, 310쪽에서 재인용).

31) 그동안의 연구성과에 대해서는 필자가 작성한 「일제 시기 생활사를 보는 관점과 민중」, 『역사문제연구』 20, 2008; 「2008~2009년도 일제 식민지기 연구의 현황과 과제」, 『역사학보』 207, 2010; 「한국 근대사 연구의 '문화사적 전환'—역사 대중화, 식민지 근대성, 경험세계의 역사화」, 『민족문화연구』 53, 2010; 「한국 구술사의 현황과 대안적 역사쓰기」, 『역사비평』 102호, 2013 등을 참고할 것. 새로운 민중사의 모색과 관련해서는 역사학연구소, 『한국 민중사의 새로운 모색과 역사쓰기』, 선인, 2010을 볼 것.

고 있는 양극화 및 노동 문제, '민주화 이후의 민주화'로 표현되는 정치적·사회적 과제들, 기억과 역사서술을 둘러싼 격렬한 투쟁 등은 '새로운 민중사'라는 수사만으로는 풀기 어려운 시대상황의 변화와 역사학의 과제들을 보여준다. 민중사를 어떻게 정의하든 그 그릇에 이 모든 것을 담을 수는 없을 것이다. 그러나 이 모든 과제와 무관한 민중사를 설정할 수 없는 것 또한 사실이다. 이것과 관련해서는 이 책에 수록된 다른 연구들을 비롯하여 앞으로 실천할 민중사 연구를 통해 해법을 모색해가야 할 것이다.

민중이 다성적多聲的 존재임을 강조하면서도 '민중의 실재'를 가정하고 그 것을 주체적으로 재현하는 것이 민중사의 과제라고 명기하고 있는 이 글의 내용에 대해, 필자로서 당연히 수정하거나 덧붙일 내용이 없지 않다. 그러나 이 글 자체는 당시의 맥락 안에서 읽히고 해석되어야 하는 역사적 산물이기에 발표 당시의 원고를 그대로 게재했음을 밝혀둔다.

'민중은 누구이며 어떤 존재이다'라는 식의 실체론적 정의로는 민중사 연구의 새로운 지평을 열어 나기기 어렵다는 것이 필자의 생각이다. 다성적多聲的이라는 말은 발화와 해석, 양 측면 모두에 적용되어야 할 것이다. 유동적이며 탈경계적인 존재와 의식, 행위를 재현하고 해석하는 작업 역시 유동적일 수밖에 없다. 이 지점에서 '민중적 연대'라는 문제와 직면하게 된다. 다원성을 넘어서는 연대의 역사로서 민중사를 재현하고 해석해야 하는 것이 아닌가 하는 것이다. 이 주제에 대해서는 앞으로 연구를 쌓아갈 것을 기약하는 수밖에 없겠다.

허영란
울산대학교 역사문화학과 부교수. 한국 근현대 사회사, 지역사를 전공했고 최근의 주된 관심은 지역정치, 한국의 공업화, 고래잡이 등을 통해 지역의 관점에서 한국사회변동의 의미를 재해석하는 연구이다. 대표논저로는 『장생포이야기―울산 고래포구의 사람들』, 『미래를 여는 한국의 역사 5』(공저), 『일제시기 장시 연구』 등이 있다.

제2장 민중사학을 넘어선 민중사를 향하여[*]

| 이용기 |

1. 왜 다시/새로운 민중사인가?

가히 '혁명의 시대'라 불릴 만한 1980년대에 진보 세력은 '민족·민주·민중'이라는 세 가지 키워드를 가지고 총체적인 사회변혁을 꿈꾸었다. 그중에서도 '민중'은 가장 뒤늦게 발화되었지만, 오히려 그러하기에 그 시대의 진보를 상징하는 아이콘이었다. 광주항쟁 이후 진보 세력은 '민중'을 재발견함으로써 그 전까지 담론 투쟁의 결절점이었던 '민족·민주'를 재해석하여 급진적인 저항이데올로기를 형성했다. 그러나 1990년대 중반 이후 1980년대의 진보 패러다임이 퇴조하면서 '80년대'의 세례를 가장 집약적으로 받은 '민중' 담론이 먼저 빛을 바랬고, 민족·민주라는 가치도 저항이데올로기로서의 날카로움이 무뎌져갔다.

---

* 이 글은 '새로운 민중사'에 관한 필자의 논문들을 이 책의 취지에 맞게 재구성한 것이다. 이 글의 저본이 되는 논문은 이용기, 「미군정기의 새로운 이해와 '사회사'적 접근의 모색」, 『역사와 현실』 35, 2000; 「민중사학을 넘어선 민중사를 생각한다」, 『내일을 여는 역사』 30, 2007; 「'새로운 민중사'의 지향과 현주소」, 『역사문제연구』 23, 2010; 「'새로운 민중사'의 모색과 구술사 방법론의 활용」, 『역사문화연구』 37, 2010 등이다.

이와 동일한 맥락에서 1980~90년대 진보적 역사학계의 가장 큰 성과이자 깃발이었던 '민중사학'이 퇴조하고 '민중' 역시 어느 순간부터인가 연구자의 시야에서 사라졌다. '민중이 사라진 시대'의 역사학에서는 한편으로 생활사, 문화사, 일상사, 구술사 등 새로운 역사연구의 이론과 방법이 모색되었고, 또 한편으로는 역사학의 '과학적 실천적' 의미를 궁구하기보다는 실증주의가 강화되는 양상도 나타났다. 그리하여 어느덧 '민중', '민중사', '민중운동사' 등은 과거의 전설이 되어버렸다. 그 많던 민중은 다 어디 갔는가.

그렇지만 우리가 현실에 안주하지 않고 현실의 모순을 깨쳐 나가고자 한다면, 퇴색하고 있는 역사학의 실천성과 '진보'의 가치를 재성찰해야 한다. 이러할 때, 어느덧 진부한 전설이 되어버린 '민중'을 다시 불러내 그 한계를 냉철하게 심문하고 다시금 적실성 있는 무기로 벼려낼 필요가 있다. 그 이유는 '민중사학'이야말로 역사학의 실천성을 최상급으로 제기했던 우리의 지적 자산이기 때문이며, 또한 새로운 진보와 그 주체를 고민하기 위해서는 과거에 변혁주체로 상정되었던 '민중' 개념과 씨름해야 하기 때문이다. 그래서인지 최근에는 한동안 잊히다시피 했던 '민중사'를 비판적으로 재정립하려는 시도가 나타나고 있다.[1]

민중사에 대한 관심이 새롭게 대두되는 것은 신자유주의의 전면화에 따라 현실의 모순과 사회적 갈등이 심화되는 상황에 직면하여 '민주화 이후의

---

1) 1980년대에 민중사학을 앞장서 개척했던 구로역사연구소의 후신인 역사학연구소는 2008년 11월에 '위기에 선 역사학, 민중사의 새로운 출발'이라는 주제로 연구소 창립 20주년 기념 심포지엄을 열었고, 그 이듬해인 2009년 12월에는 역사문제연구소 민중사반이 '경계에 선 민중, 새로운 민중사를 향하여'라는 주제로 심포지엄을 열었다. 두 심포지엄의 성과는 역사학연구소, 『한국 민중사의 새로운 모색과 역사 쓰기』, 선인, 2010과 이 책의 출간으로 이어졌다.

민주주의'에 대한 진지한 성찰이 이루어지는 것과 짝을 이룰 것이다.[2] 1990년대에 들어서 형식적 민주주의의 진전과 현실 사회주의의 붕괴를 경과하며 한국 자본주의가 연착륙의 궤도에 오르자, 사회적 갈등은 체제내화되고 전투적 대중운동은 거세되었으며 비판적 지성계도 아카데미즘에 흡수되었다. 그러나 우리는 이른바 '민주정부 10년' 동안 신자유주의가 강화되는 역설을 경험했다. 더구나 그 10년이 끝나고 고삐 풀린 자본주의가 무한질주의 박차를 가하면서, 한국사회는 살인적인 경쟁 속에서 미래에 대한 희망을 상실한 암울한 분위기에 빠져들고 있다. 바로 이러한 현실이 다시금 '민중'에 대한 관심과 재조명을 낳고 있는 것이다.

그렇지만 민중(사)에 대한 관심의 고조가 과거로의 회귀가 되어서는 곤란하다. 지금 우리는 민중을 재발견하고 민중사학을 정초했던 1980년대와는 전혀 다른 시대적 조건에 처해 있다. 또한 새롭게 발현·전개되는 사회적 모순을 자각하면서 세상을 바라보는 우리의 시각도 많은 변화를 겪었다. 민중사학은 '혁명의 시대'에 태어났다. 커다란 학문적·실천적 의미를 가짐에도 불구하고 분명 특정한 시대의 산물이다. 따라서 '민중'에 대한 탐구가 변화된 현실에 발맞추어 환골탈태하지 않는다면, 현실에 대한 설명력도 가질 수 없고 실천적 함의 또한 빛바랠 수밖에 없다. 다시금 주목되는 민중사는 과거의 한계를 냉철하게 직시하고 그것을 넘어서는 새로운 사유와 방법을 통해 재정향되어야 한다. 우리는 과거 민중사학의 패러다임에서 벗어나 변화된 현실과 인식을 반영하는 민중사를 추구하며, 이를 '새로운 민중사'라 부르고자 한다.

---

2) 최장집, 『민주화 이후의 민주주의』, 후마니타스, 2005; 조정환 외, 『민중이 사라진 시대의 문학』, 갈무리, 2007; 학술단체협의회, 『21세기의 '진보'와 진보학술운동의 과제』(학술단체 협의회 창립20주년기념 연합심포지엄 발표자료집), 2008.

이 글은 '새로운 민중사'의 입각점과 지향, 그리고 현재의 위치와 앞으로의 과제에 대한 중간점검의 성격을 갖는다. 먼저 '새로운 민중사'가 제기된 배경을 이해하기 위해 1980~90년대 민중사학의 의의와 한계를 검토한다. 다음으로 민중사학의 한계를 넘어서려는 '새로운 민중사'의 지향과 성격을 정리한다. 마지막으로 '새로운 민중사'가 해결해 나가야 할 과제에 대하여 개략적으로 논의할 것이다.

2. 민중사학에 대한 성찰

민중이 '백성民의 무리衆'라는 서술적 용어에서 특정한 주체 개념의 의미를 획득한 것은 1919년의 3·1운동 이후이다. 3·1운동으로 표출된 대중의 힘에 고무된 조선인 엘리트들은 식민지에 저항할 정치적 주체를 '민중'으로 호명했다. 그러나 1920년대 후반부터 사회주의 계열이 '민중'보다는 '계급', '대중', '인민' 개념을 적극 사용하면서, '민중'은 권력에 의해 통치의 대상으로 호명되거나 민족주의 계열에 의해 계급성을 탈각한 집단주체를 지칭하는 개념으로 사용되었다.[3] 해방 직후에도 좌익은 '인민'을, 우익은 '국민'을 선호했으며, 한국전쟁 이후 남한에서는 '인민' 개념이 사라지고 '국민', '민족' 담론이 압도하는 가운데 피지배층 일반을 지칭하는 서술적 개념으로 '민중'이 부분적으로 사용되었다. 그러나 1970년대 들어서 국가

---

3) 식민지기 '민중'을 비롯한 여러 집합적 주체 개념의 사용 양상에 대해서는 이 책에 실린 허수의 논문 「식민지기 '집합적 주체'에 관한 개념사적 접근」(275쪽)을 참조. 그의 분석에 따르면, 지금까지 알려진 상식과 달리 좌파 세력이 '인민' 개념을 많이 사용한 것은 식민지기가 아니라 해방 이후라고 한다.

주도의 돌진적 산업화의 부작용이 가시화되고 박정희 독재체제에 대한 대중적 저항이 움트기 시작하자, 비판적 지식인들은 생산계층이면서도 피지배층이자 소외계층으로 존재하는, 그렇기 때문에 권력에 저항(해야)할 주체로서 '민중'을 재발견했다. 1970년대 민중론은 민중신학과 민중문학에서 발화되어 비판적 지성계를 망라하면서 '민중적 민족주의'로 수렴되어갔다.[4]

이후 1980년 광주민중항쟁을 경과하며 저항 세력이 급진화되는 것에 짝하여 민중론 역시 같은 궤도를 밟았다. 광주에서 보였던 기층 민중의 비타협적 투쟁, 체제변혁으로의 저항의식 확장, 전투적 노동운동의 성장 등을 배경으로 새로운 저항 이념으로서 마르크스주의와 그 '민족적 변형'이 수용되었다. 그 결과 '민중'을 피지배층 일반이나 소외계층으로 여기던 1970년대의 인식에서 벗어나, 민족민주혁명을 수행할 주체로서 노동계급의 헤게모니 아래 묶인 계급연합으로 민중을 실체화시켜 이해했다. 이렇게 하여 1980년대에는 계급론에 입각하여 과학적 분석에 의해 도출되는 변혁주체로서 민중을 인식하는 '과학적·변혁적 민중론'으로 수렴되었다.[5]

그런 가운데 소장 학자들을 중심으로 '과학운동' 또는 '학술운동'의 기운이 고조되었고, 한국사 분야에서는 '민중사학'의 등장으로 그 결실을 맺었다. 민중사학은 이론과 방법론, 그리고 연구영역 등을 구체적이고 명확하게 설정하지는 않았고 내부에 적지 않은 편차가 존재했지만, 크게 보아 "역사 발전의 주체는 민중이라는 선언적 명제에 기초하여, 역사를 민중의 주체성이 확대되어가는 과정으로 해석하고, 이를 토대로 민중이 주인 되는 사회를

---

4) 차상철, 「1970년대 '민중' 개념의 재등장—사회과학계와 민중문학, 민중신학에서의 논의」, 『경제와 사회』 74, 2007; 강정구, 「진보적 민족문학론에서 민중 개념의 형성 과정 연구」, 『비교문화연구』 11, 2007; 강정구, 「진보적 민족문학론의 민중 개념 형성론 보론」, 『세계문학비교연구』 27, 2009.
5) 백욱인, 「과학적 민중론의 정립을 위하여」, 『역사비평』 3, 1988.

건설하기 위한 변혁의 전망을 모색하는 실천적인 학문경향"으로[6] 정리할
수 있다. 민중사학은 그동안 지배의 대상으로 여겨지던 민중을 역사의 주체
로 인식함으로써 국가 중심 또는 지배층 중심의 역사학을 극복하고 민중
중심의 '아래로부터의 역사'를 지향했다. 또한 역사를 민중의 자기해방 과
정으로 인식함으로써 역사의 진보에 대한 강한 신념을 나타냈고, 역사학의
존재 이유와 역사가의 임무를 민중해방에의 기여로 설정함으로써 학문의
실천성을 역설했다. 이처럼 역사학에서 패러다임의 일대 전환을 가져온 민
중사학은 총체적 사회변혁의 에너지가 충만하던 1980년대의 시대정신에 부
응했기에 짧은 시간 내에 커다란 학문적·사회적 반향을 일으킬 수 있었다.[7]
 민중사학은 1980년대 민중운동의 고양과 보조를 맞춰 무엇보다도 민중
운동사 연구에 집중하여 괄목할 만한 성과를 거두었다. 또한 그동안 금기시
되다시피 했던 한국 근현대사 영역을 적극적으로 개척했고, 그 과정에서
한국사회 지배이데올로기의 한 축이었던 반공 이데올로기에 강력하게 도전
했다. 민중사학은 현실에서 전개되던 민중운동에 대한 이론적·경험적 자원
을 제공하고 사회변혁의 필요성과 방향을 제시함으로써 1980년대의 저항운
동에 실천적으로 기여했다. 그러나 1990년대를 경과하면서 현실 사회주의
의 붕괴로 인한 사상의 혼란, 형식적 민주주의의 진전과 시민/민중의 분리에
따른 전선의 와해, 그리고 민중운동의 퇴조와 저항 세력의 체제내화로 인한

---

6) 김성보, 「'민중사학' 아직도 유효한가」, 『역사비평』 14, 1991, 49쪽.
7) 민중사학의 사회적 반향은 1987년에 발생한 이른바 '한국민중사 사건'이 웅변적으로
  보여준다. 한국민중사연구회에서 발간한 『한국민중사』(풀빛, 1986)는 '민중시대 선언'으로
  평가받았지만(이병천, 「한국 근현대사 연구의 몇 가지 문제—민중시대 선언하는 '한국민중
  사'」, 『실천문학』 9, 1988), 출판사 대표가 국가보안법 위반으로 구속되고 강만길·정창렬·김
  진균 등 당시 진보 학술계의 대표적 학자들이 피고 측 증인으로 나서서 변론을 펼치는
  등 사회적으로 큰 파장을 일으켰다.

운동의 침체를 겪으면서 1980년대의 진보 패러다임이 한계에 봉착하자, 그에 기반하고 있던 민중사학 역시 급속하게 퇴조했다. '혁명의 시대'라 불리는 1980년대의 시대적 산물이었던 민중사학은 자신을 낳아준 '80년대적 진보'와 운명을 같이했던 것이다.[8]

민중사학에 대한 비판은 현실 사회주의의 붕괴에 따른 한국사회 우경화의 분위기 속에서 보수적 역사학계에 의해 거칠게 제기되기도 했지만,[9] 이와는 별도로 민중사학 내부에서도 자기성찰 차원에서 제기된 바 있다. 김성보는 1980년대의 민중사학이 사적유물론에 입각한 도식적 인식으로 흐르는 경향을 비판하면서 '사적유물론의 창조적 재해석'과 '한국사의 발전 전망에 대한 주체적 재해석'이라는 과제를 해결하기 위해서는 민중사학이 '보다 유연하고 과학적인 역사이론을 정립하는 방향'으로 나아가야 함을 역설했다.[10] 그럼에도 민중사학은 내부적으로 혁신되지 못하고 쇠락의 길을 걸었다. 이는 민중사학의 인식론적 기반인 1980년대의 진보 패러다임과 '과학적·변혁적 민중론'을 근본적으로 환골탈태하지 못하고 이를 고수·보완하려는 보수성을 보였기 때문일 것이다.[11] '새로운 민중사'의 입장에서는 다음과

---

8) 민중사학을 '80년대'라는 특정한 정세의 산물로 보고 그 형성과 소멸의 과정을 비판적으로 검토한 연구로는 배성준의 「민중사학의 역사를 재구성하기—역사학 비판의 관점에서」(이 책 99쪽)를 참조.

9) 이기동, 「민중사학론」, 이기백 외, 『현대 한국사학과 사관』, 일조각, 1991.

10) 김성보, 앞의 논문, 1991, 53~55쪽.

11) 진보 역사학계의 한계에 대한 자성은 이미 1990년대 말부터 명시적으로 표출되고 있었다. 박찬승은 진보적 역사학계가 "출범 당시의 추진력으로 10년을 관성처럼 달려왔"지만 "그 추진력은 이제 바닥이 나고 있다"고 진단하면서, 새로운 에너지를 공급받지 않고 "옛 것만을 고집하는 순간, 그 역사학은 보수 사학으로 떨어져버릴 것"이라고 지적했다(박찬승, 「역사의 '진보'와 '진보'의 역사학」, 학술단체협의회 편, 『한국 인문사회과학의 현재와 미래』, 푸른숲, 1998, 43쪽). 그러나 이러한 성찰이 그 뒤에 진보 역사학계 내부에서 얼마나 전면적으로 검토되고 수용되었는지에 대해서는 회의적이다.

같은 점을 민중사학의 근본적인 한계로 인식하고 이를 비판적으로 극복하고자 한다.

첫째, 민중사학의 인식론적 기반인 '과학적·변혁적 민중론'은 민중을 단일한 변혁주체로 설정하는 규범적·고정적 인식을 드러낸다. 즉, 민중은 모순을 집중적으로 체현하고 있기 때문에 적절한 계기가 주어진다면 필연적으로 투쟁·저항에 뛰어들 존재(변혁주체)로 파악되며, 모순의 과학적 분석을 통해 추출할 수 있는 사회학적 범주로서 노동계급의 헤게모니 아래 결집된 계급연합(통일전선)으로 실체화된다. 민중의 범위와 내적 구성을 어떻게 설정할 것인가에 대해 다양한 의견이 제시되었지만, 민중을 민족 모순과 계급 모순의 변증법을 통해 주조되는 통일적·본질적 실체이며, 궁극적으로 자기해방을 향해 전진하는 목적론적 주체로 인식한다는 점에서는 공통점을 갖고 있다.[12]

둘째, '과학적·변혁적 민중론'은 지도 중심의 변혁운동론에 입각했기 때문에 결과적으로는 '아래로부터의 역사'라는 지향에서 멀어져 민중을 대상화시킨다. 과거 민중사학에서 민중은 변혁운동을 수행하는 당위적 주체이면서도, 역으로 엘리트에 의해 지도되어야만 하는 수동적 존재로 인식되었다. 그리하여 민중사학은 민중을 역사의 주체라고 선언했지만, 실제로는 역사서술에서 민중을 대상화하고 소외시키는 결과를 낳았다.[13] 이는 실제 민중의

---

12) 1980년대 민중 논의에서 가장 유연하고 풍부한 함의를 담고 있다고 판단되는 정창렬은, 계급론적 민중 인식에 비판적임에도 불구하고 민족 모순의 규정성을 강조하다 보니 결과적으로는 계급연합적 민중론으로 환원되며, 민중을 민족·계급·인간해방을 위한 단일한 주체로 설정하여 민중 내부의 다양성을 초월한 민중의 통일성에 집착하는 한계를 보인다. 정창렬, 「한국사(학)에서의 민중 인식」, 백낙청·정창렬 편, 『한국민족민중운동연구』, 두레, 1989.

13) 조지 이거스는 동구 사회주의권의 노동(운동)사가 살아 숨쉬는 노동대중을 강조하는 마르크스주의의 기본정신을 화석화시키고 "조직된 노동운동"을 중심으로 "특정한 혁명적 상황에서 프롤레타리아트가 수행한 역할을 다루는 정치사"로 왜소화되었으며, 결국 "공산당의

삶에서 출발하여 구체적으로 파악하지 못한 채, 변혁론에 입각하여 변혁의 주체와 경로를 연역적으로 설정하고 민중을 거기에 끼워 넣었기 때문이다.

셋째, 민중사학의 핵심 분야인 민중운동사는 지배와 저항의 이분법에 기초하여 변혁주체로 설정된 민중의 저항 측면에만 초점을 맞춘다. 이 때문에 지배와 저항의 복잡한 맞물림이나 그 사이에 넓게 퍼져 있는 '회색지대'를 적극적으로 사유하지 않으며, 투쟁하지 않는 민중의 삶이나 투쟁의 순간이 아닌 민중의 일상은 시야에서 배제된다. 그리하여 민중운동사는 민중의 실제적인 삶에서 멀어져 민중의 투쟁을 신화화시키는 편향을 드러냈다.[14]

넷째, 민중사학은 민중의 역사를 '민족의 형성·발전'으로 수렴하는 근대주의 패러다임에서 자유롭지 못했다. 민중사학은 국민국가 단위의 권력 장악을 통한 '민중권력' 수립이나 민족통일을 통한 근대 민족의 완성을 민중의 자기해방 전망으로 설정한다. 또한 근대로의 발전을 필연적·불가역적인 과정으로 보고, 근대를 향한 내재적 발전의 주체로서 민중을 상정한다. 따라서 민중은 국민국가의 완성·발전이라는 국가 프로젝트로 전유됨으로써 미래의 국민·민족으로 상상되며, 민중사는 지배층의 민족서사에 대항하는 또 하나의 민족서사, 혹은 '또 다른 수단에 의한 국사'로 환원된다.[15]

관점"에서 쓰여진 "위로부터의 엘리트의 역사"로 전락했다고 비판했다. 조지 이거스 지음, 임상우·김기봉 옮김, 『20세기 사학사』, 푸른역사, 1999, 121쪽, 132쪽. 과거 한국의 민중(운동)사가 '아래로부터'라는 표방과 달리 실제로는 '위로부터'의 관점으로 귀결되었던 것과 관련해 시사하는 바가 크다.

14) 이세영은 1980년대 민중사학이 갖는 문제점의 하나로 '급진적 포퓰리즘적 접근방식'을 지적했는데(이세영, 「현대 한국사학의 동향과 과제」, 『한국사 연구와 과학성』, 청년사, 1997), 이는 민중사학이 민중의 투쟁만을 강조하는 일면성을 비판한 것으로 보인다.

15) 윤해동, 「식민지 근대와 대중사회의 등장」, 임지현·이성시 엮음, 『국사의 신화를 넘어서』, 휴머니스트, 2004, 262~263쪽; 장훈교, 「공간적 은유의 전환—'구성적 외부'에서 바라본 민중과 민중사에 대한 연구노트」, 『역사연구』 18, 2009, 50~55쪽; 조경달 지음, 허영란 옮김, 『민중과 유토피아』, 역사비평사, 2009, 21쪽.

결국 민중사학은 '과학적·변혁적 민중론'이 갖는 규범성·도식성과 근대
주의 패러다임에 갇혀 민중의 실제 삶과 행위를 정면으로 응시하지 못했고,
어떤 면에서는 변혁을 지향하는 지식인이 염원하는 민중상을 그려냈다고
할 수 있다.

3. '새로운 민중사'의 지향

민중사학의 한계를 인식하면서 새로운 돌파구를 모색하려는 시도는 2000
년을 전후해서 점화되었다. 이 당시는 한국사 분야에서도 포스트모더니즘이
영향을 미치기 시작하고, 이에 짝하여 민족주의 비판이 본격화되던 시점이
었다.[16] 그런 가운데 근대 비판적 입장에서 기존 한국사의 민족주의적 경향
을 극복하려는 일부 연구자들이 민중사학의 한계를 지적하면서 거칠게나마
대안적인 문제의식을 제시했다.

윤해동은 한국사의 근대주의적 패러다임을 극복하는 방법으로 '사회사'
를 재정향하려는 글에서 1970~80년대 민중론을 비판적으로 검토하고 '민
중'에 대한 새로운 인식의 입각점을 제시했다.[17] 그는 '민중'이 주체 형성의
계기로 만들어진 개념이기 때문에 하나의 실체라기보다는 다양한 문맥에서

---

16) 『오늘의 역사학』(안병직 외, 한겨레출판사, 1998) 발간을 계기로 서구의 새로운 역사연구
경향이 본격적으로 소개되었으며, 2001년에는 전국역사학대회 주제가 '포스트모더니즘과
역사학'으로 잡혔다. 그리고 1999년 하반기에 '한국 민족주의, 저항이데올로기인가 지배이
데올로기인가'라는 주제로 열린 역사문제연구소 정기 심포지엄은 한국사 분야에서 민족주
의에 대한 비판적 논의가 본격화되는 신호탄이었다.
17) 윤해동, 「한국 역사에서 사회사란 무엇인가」, 역사문제연구소 편, 『사회사로 보는 우리
역사의 7가지 풍경』, 역사비평사, 1999.

읽힐 수밖에 없는 '일종의 이데올로기 공간'이라며, "민중은 그 내부 구성이 변화하고 그 주체가 명확하지 않다는 점에서 허구적 공간이지만 매우 현실적인 자체 동력을 가진 점에서 물질적인 힘이 있는 개념"이라 하여 민중 개념의 양면성을 지적했다. 그리고 전근대의 공동체 원리를 대체하는 새로운 인간관계의 틀로서 '민중'을 상정하고 '민중사회'의 실천 논리를 통해 근대를 극복할 것을 제안했다.[18]

배성준은 민중사학의 전화를 모색하는 시론적인 글에서 민중사학의 공백이자 핵심적 한계지점으로 '주체 형성'의 문제를 제기했다.[19] 그는 기존의 민중사학에서 주체의 문제가 계급 분석으로 대체된 결과 대중이 어떻게 운동의 주체로 형성되었는가의 문제가 인식의 공백으로 남았음을 지적하며, 주체 형성 문제에 대한 인식의 부재는 민중사학의 인식론이자 방법론이었던 역사유물론의 경제결정론적 인식의 한계라고 파악한다. 그는 주체 형성 문제에 접근하기 위한 시도로서 톰슨과 구하가 지배계급과는 독립적인 '자율적 주체'를 구성하고자 '문화'라는 매개를 중시했던 것을 높이 평가하면서도,[20] "문화라는 모호한 개념보다는 이데올로기라는 개념을 도입하여 주체 형성을 사고"할 것과 주체 형성을 '자율적 주체'의 구성이 아니라 특정한

---

18) 윤해동은 '국가와 사회의 분리'라는 서구 근대적 의미의 '시민사회론'을 지양하는 논리적 틀을 마련하기 위해 '민중사회'라는 개념을 제안했는데, 그가 말하는 '민중사회'는 "브로델적 의미에서 '국면'이라는 중기지속적인 시공간이 포괄하는 영역과 가장 크게 중첩되는 부분"으로서 한국이 근대와 길항하며 근대를 경험했던 매개영역으로 상정된다. 윤해동, 「한국 역사에서 사회사란 무엇인가」, 『사회사로 보는 우리 역사의 7가지 풍경』, 역사비평사, 1999, 387쪽.

19) 배성준, 「민중사학의 전화를 위한 하나의 모색—주체 형성 문제를 중심으로」, 『역사학연구소 회보: 함께 보는 우리역사』 49, 1999.

20) E. P. 톰슨 지음, 나종일 외 옮김, 『영국 노동계급의 형성』, 창작과비평사, 2000; 라나지트 구하 지음, 김택현 옮김, 『서발턴과 봉기』, 박종철출판사, 2008.

정세에 규정된 '주체 효과'의 소멸과 지속이라는 차원에서 고려할 것을 제안했다.

이들 연구가 민중에 대한 실체론적 인식을 비판하고 구성주의적 입장에서 주체(형성) 문제를 환기시킴으로써 규범화·단순화된 민중사학을 극복할 맹아적인 문제의식을 제출했다면, 2000년대에 들어서면서 '새로운 역사학'을[21] 수용한 소장 연구자들을 중심으로 민중사학을 넘어 '새로운 민중사'를 추구하려는 본격적인 모색이 이루어지기 시작했다.

이용기는 1980년대 진보 역사학이 생명력을 잃어가고 있다는 진단 아래 '아래로부터의 역사'라는 관점에서 새로운 돌파구를 모색하면서 민중사학 패러다임을 비판하고 '민중'에 대한 새로운 인식을 제기했다.[22] 그는 '민중사학'에 내재된 '과학적·변혁적 민중론'의 규범적·고정적·이분법적 인식을 극복하기 위해 다음과 같은 세 가지 측면에 주목하여 민중을 재인식하고자 한다. 첫째, 평범한 민중의 일상적 삶에 주목하면서도, 바로 그곳으로부터 어떻게 인간의 능동성과 저항이 형성되는가를 밝힌다. 둘째, 민중을 고정적·통일적인 실체가 아니라 구체적인 국면 속에서 다양한 인간집단들에 의해 형성·재편되는 유동적이고 계기적인 존재로 파악한다. 셋째, 민중을 지배에 일방적으로 규정되지 않는 능동적·주체적 존재이면서도 끊임없이 지배에 의해 포섭되고 제약받는 존재로 이해한다. 결국 그는 '아래로부터의 역사'

---

21) 필자는 이른바 포스트모더니즘을 계기적으로 포함하면서도 그것으로 환원되지 않는 20세기 후반의 다양한 역사연구 경향을 포괄하여 '새로운 역사학'으로 통칭한다. 이는 조지 이거스가 언급한 근대 역사학의 세 번째 국면에 해당하는 근대 비판적 역사서술의 경향으로, 미시사·일상사·신문화사 등 다양한 흐름을 이루고 있다. 조지 이거스 지음, 임상우·김기봉 옮김, 『20세기 사학사』, 푸른역사, 1999.

22) 이용기, 「미군정기의 새로운 이해와 '사회사'적 접근의 모색」, 『역사와 현실』 35, 2000; 이용기, 「민중사학을 넘어선 민중사를 생각한다」, 『내일을 여는 역사』 30, 2007.

라는 관점에서 민중의 일상성과 민중 구성의 다양성, 그리고 지배와 저항의 복합성을 중시하여 '민중사학을 넘어선 민중사'를 추구하고자 한 것이다. 이는 독일 일상사와 서발턴 연구의 문제의식을 수용하여 '일상의 정치(성)'와 '민중의 자율성(자율과 종속)'에 주목함으로써 근대주의 패러다임을 넘어서는 새로운 진보적·실천적 역사학을 모색하려는 시도이다.[23]

허영란은 1980~90년대 민중운동사에 전제되었던 '변혁주체 민중론'이 실제 민중을 타자화시킴을 비판하면서 탈식민주의적 관점에서 민중의 다성성多聲性을 추구하는 특징을 보인다.[24] 1980년대에 역사의 주체로 상정되었던 민중은 변혁운동을 실천해가는 단일 주체였지만, 이제 민중은 이질적인 정체성과 경험을 갖는 다성적 존재이자 구조적 한계 속에서도 나름의 미시적 맥락에 따라 선택하고 행위하는 '일상의 주체'로서 재인식되어야 한다는 것이다. 그리고 '민중운동사 이후의 민중사'는 본질적으로 '다성적 주체'인 민중의 경험·생활·행위·문화 등을 모두 포괄하는 새로운 민중사가 되어야 한다고 역설했다. 이는 운동론적 당위에 입각한 지식인의 관념의 산물이 아니라 실제 민중의 다양한 삶과 행위의 재현을 통해 민중사를 서술하려는 입장으로, 근대적 인식론의 획일화 코드에 대한 저항성을 담고 있다.[25]

---

23) 이용기는 최근의 논문에서 이전에 비해 서발턴 연구의 시각을 강화하고 근대주의적 '발전'론을 강하게 비판함으로써 '민중사학을 넘어선 민중사'를 보다 더 탈근대적인 맥락에 위치 짓고 있다. 이용기, 「'새로운 민중사'의 지향과 현주소」, 『역사문제연구』 23, 2010. 그가 주목하고 있는 독일의 일상사와 서발턴 연구에 대해서는 알프 뤼트케 외 지음, 이동기 외 옮김, 『일상사란 무엇인가』, 청년사, 2002; 김택현, 『서발턴과 역사학 비판』, 박종철출판사, 2003 참조.

24) 허영란, 「민중운동사 이후의 민중사—민중사 연구의 현재와 새로운 모색」, 『역사문제연구』 15, 2005; 허영란, 「일제 시기 생활사를 보는 관점과 민중」, 『역사문제연구』 20, 2008.

25) 김득중은 민중사학의 비판적 계승의 입장에 서면서도 비정규직 노동자, 여성, 이주노동자, 성적 소수자, 혼혈인 등 '소수자' 문제를 제기하여 근대 주체=민중의 획일성을 극복하려는 시각을 보인다. 김득중, 「1980년대 민중의 발견과 민중사학의 성과와 한계」, 『내일을

위의 두 연구가 '민중사학을 넘어선 민중사' 또는 '민중운동사 이후의 민중사'라는 문제제기를 통해 과거 민중사학 패러다임을 극복하는 '새로운 민중사'의 방향을 모색했다면, 최근에 장훈교는 '변혁주체 민중론'을 극복하고 '제3세대 민중사'의 민중 개념을 이론적으로 정립하고자 했다.[26] 그는 기본적으로 민중을 정치적 지배-피지배관계에서 도출되는 개념으로 전제하고, 최근 주목받는 급진민주주의 성향의 서구 이론을 적극 수용하여 '탈국가적' 민중 개념을 가다듬었다.[27] 그에 따르면, 민중이란 국가 안으로 포섭되는 개념이 아니라 국가의 경계를 의문스럽게 만드는 개념이고, 국가의 내부로 완전히 포섭될 수 없는 배제된 자들의 집단과 무리들을 일컫는 말이다. 따라서 민중사는 국가의 '구성적 외부'에 해당하는 민중을 국민으로 호명했던 국가 프로젝트에서 사실상 배제당하고 추방당했던 '국가-없는-자들'의 존재로부터 출발해야 하며, 국가로 환원되지 않는 다양한 이질적인 존재들의 흐름을 포착할 때 비로소 국가 중심적 역사 프로젝트에 대한 저항의 무기로 작동할 수 있다. 장훈교의 새로운 민중 개념화는 이론적인 문제제기에 그치는 한계가 있지만, '새로운 민중사'의 모색에서 명확하게 제기하지 못했던 '(탈)국가'의 문제를 선명하게 제기함으로써 민중 개념의 탈근대적 재구성에 중요한 기여를 했다.[28]

여는 역사』 24, 2006, 64쪽.

26) 장훈교, 「공간적 은유의 전환—'구성적 외부'에서 바라본 민중과 민중사에 대한 연구노트」, 『역사연구』 18, 2009. 그는 민중사의 흐름을 신식민지사회로서 한국사회의 특수성을 강조한 1970년대의 제1세대 민중사, 계급론의 토대 위에서 민중사를 재구축한 1980년대의 제2세대 민중사, 그리고 앞 세대와는 패러다임 차원에서 단절되는 2000년대의 제3세대 민중사로 정리했다.

27) 샹탈 무페 지음, 이보경 옮김, 『정치적인 것의 귀환』, 후마니타스, 2007; 자크 랑시에르 지음, 양창렬 옮김, 『정치적인 것의 가장자리에서』, 길, 2008; 조르조 아감벤 지음, 박진우 옮김, 『호모 사케르』, 새물결, 2008.

이상에서 검토했듯이, '새로운 민중사'는 1980~90년대 진보 역사학을 상징했던 민중사학의 한계에 대한 자각에서 형성되었으며, 역사학의 실천성과 '아래로부터 역사'라는 민중사학의 최초의 지향을 계승하면서도 변화된 조건과 인식론에 입각하여 민중사를 해체·재구성하고자 한다. 또한 '새로운 민중사'를 모색하는 논의가 심화되는 과정에서 민중사학에 대한 비판은 더욱 근본적인 차원으로 확장되었고, 근대주의 패러다임을 극복하려는 탈근대적 지향을 강화해왔다.[29] 결국 '새로운 민중사'는 크게 보아 민족·국가 단위의 발전·변혁의 주체로서 민중을 규범화·실체화하던 과거의 민중사학을 극복하고자 하며, '아래로부터의 역사'라는 관점에서 ① 민중의 일상성에 대한 주목, ② 민중의 유동성과 다성성의 인식, ③ 자율과 종속의 복합성에 대한 고려, ④ 근대주의 패러다임의 극복 등을 공유하는 하나의 흐름이라 하겠다.

4. 다시 출발점에 서서

'새로운 민중사'는 아직까지 과거의 민중사학에 대한 비판을 통해 자기정립을 하고 있는 하나의 경향으로 존재할 뿐이며, 독자적인 이론과 방법, 범

---

28) 조정환은 근대주체인 민중의 한계를 넘어서는 주체성의 재구성을 위해 탈근대적·탈주권적 주체인 '다중(multitude)'의 출현을 주목한다. 조정환, 「민중, 시민 그리고 다중—탈근대적 주체성의 계보」, 『시민과 세계』 4, 2003; 조정환, 「1987년 이후 계급 재구성과 문학의 진화」, 조정환 외, 『민중이 사라진 시대의 문학』, 갈무리, 2007 참조.

29) 허수는 식민지 인식을 둘러싼 '수탈론 대 식민지 근대화론'의 이분법적 대립을 지양하는 새로운 인식틀을 모색하면서, '근대 비판'의 관점에서 식민지 경험을 독해할 필요성을 역설하고 그것의 한 방법으로 '민중사'에 주목했다. 허수, 「새로운 식민지 연구의 현주소— '식민지 근대'와 '민중사'를 중심으로」, 『역사문제연구』 16, 2006.

위와 주제 등을 확정하지 못했고, 새로운 문제의식에 부합하는 경험적인 연구도 부족한 상황이다. '새로운 민중사'는 아직 첫걸음을 내디딘 것에 불과하기에 앞으로 해결해야 할 과제가 산적해 있다. 이는 앞으로 보다 심화된 이론적 논의와 경험적 연구를 통해 풀어 나가야 하겠지만, 여기에서는 '새로운 민중사'의 모색을 위해 제기되는 핵심적인 문제에 대해 대략적인 밑그림을 그려본다.

무엇보다 먼저 '민중이란 무엇인가?' 하는 문제가 제기된다. 여기에서 '무엇'이라고 질문을 던진 것은 '누가 민중인가?'라는 질문은 제대로 된 문제설정이 아니라고 생각하기 때문이다. 즉, 민중은 특정한 계급·계층으로 구성되어 분명한 외연과 내포를 갖는 사회학적 실체가 아니다. 민중은 (국가·자본·지식)권력의 지배에 종속된 피지배층 일반을 지시하지만, 그것은 고정된 범주와 경계를 갖는 실체가 아니라 특정한 권력의 배치와 작용 속에서 파생되는 존재이자, 특정한 국면과 상황에 따라 끊임없이 구성·재편되는 유동적 구성물이라고 본다. 또한 민중은 이질적인 정체성과 경험을 갖고 있는 다양한 주체들로 구성되기에, 그 내부에는 다양한 균열과 갈등, 그리고 권력관계가 존재하지만, 다른 한편 '차이들의 공동작용'에 의해 저항의 흐름을 형성하는 잠재력과 능동성을 갖고 있다.[30] 이러한 민중 인식은 '서발턴-으로서의-민중'을 계급·카스트·연령·성별·직무 등 다양한 층위에서 종속되어 있

---

30) 고병권은 대중(mass)이 단일자로서의 실체가 아니라 특이성과 다양성을 핵심으로 하는 타자=개체들의 집합체이자 '차이'들의 '공동작용'에 의해 형성되는 흐름으로서, 고체 역학이 아닌 유체 역학의 유비를 통해 이해되어야 한다고 주장한다. 고병권, 「코뮨주의와 대중」, 고병권·이진경 외, 『코뮨주의 선언』, 교양인, 2007. 그의 '대중' 인식은 낙관론에 가득 찬 문학적 선언 같은 인상을 주지만, 집합체로서의 개체(衆生, multi-divisual), 차이의 공동작용, 소용돌이(volution)를 반복(re-)하는 흐름 등의 개념은 '민중' 개념의 재정향에 커다란 상상력을 제공해준다.

는, 그래서 복합적이고 혼성적인 정체성을 갖는 하위주체로 이해하는 구하(Guha)나, '서발턴'을 '어떤 것(a thing)'이 아니라 '변전하고 표류하는 주체(a muting, migrating subject)'로서 광범한 대중을 포괄하는 것으로 이해하는 라틴아메리카 서발턴 연구집단의 인식과 연결된다.[31]

다음으로는 '어떻게 민중의 목소리를 들을 수 있는가?' 하는 질문, 즉 민중의 재현 문제가 제기된다. 대체로 민중은 자신의 기록을 남기지 않으며, 우리가 접할 수 있는 문헌자료는 대부분 지배층이나 엘리트에 의해 작성된 것이다. 이러한 텍스트에서는 민중에 관한 기록이 부차적이며, 설사 그에 관한 기록이 나온다 해도 대개 '계몽'의 관점에서 민중을 대상화시켜 파악하고 서술한다. 또한 민중의 저항에 관한 기록조차 그것의 원인·과정·결과를 '합리적'으로 분석함으로써 민중의 저항 가능성을 봉쇄하거나 그것에 대처하기 위한 권력의 시선을 담고 있기 십상이다. 이와 같이 지배층이나 엘리트에 의해 작성된 기록은 '계몽의 코드'나 '반反봉기(counter-insurgency)의 코드'로 되어 있어, 민중의 실제 염원과 경험에 반하거나 엘리트에 의해 전유된 민중상을 담고 있다.[32] 그렇다면 민중의 목소리는 재현될 수 없는가? 이를 위해서는 지배층이 기록한 텍스트에 대한 '결을 거스르는 독해', 민중이 남긴 파편적인 기록의 발굴, 민중의 목소리를 직접적으로 드러내는 구술사 등의 방법이 고려될 수 있다. 그러나 민중의 재현 문제는 방법론 차원을 넘어 지식인과 민중의 관계에 대한 근본적인 문제를 담고 있다.

이러한 맥락에서 '서발턴은 말할 수 있는가?'라는 스피박(Spivak)의 도발적인 질문이 의미를 갖는다. 스피박에 의하면, 서발턴은 지배담론에 포박되어 스스로 말할 수 없으며, 그러한 서발턴을 역사의 주체로 재현하는 역사가

---

31) 김택현, 「다시, 서발턴은 누구/무엇인가」, 『역사학보』 200, 2008, 644~645쪽.
32) 김택현, 『서발턴과 역사학 비판』, 박종철출판사, 2003, 86~87쪽.

의 행위는 주체(-효과)를 생산하는 이데올로기적 재현에 불과하다. 그렇기에 서발턴의 역사적 재현은 역사가의 실증주의적 언어로 말하는 데 있는 것이 아니라 역사가가 서발턴을 재현할 수 없음을 포착하는 데 있다고 한다.[33] 이러한 스피박의 근본적인 문제제기는 재현(representation)에 담긴 두 가지 의미, 즉 '다시 현존케 한다'(=묘사)와 '대표한다'—대표하는 것은 대리하는 것이며, 그렇기 때문에 주체와 대상이 권력관계에 놓이고, 결국 서발턴은 대상화된다!—의 두 측면이 불가분의 관계에 있음을 통렬하게 지적하기에 지식인의 민중 재현의 곤경을 함축적으로 드러낸다.

그러나 '서발턴은 말할 수 없고, 재현될 수도 없다'는 스피박의 선언은 민중/과거의 재현 가능성이라는 근본적인 문제에 대한 성찰임에도, 민중사 서술 자체를 곤경에 빠뜨리는 관념적인 논의로서 문제를 텍스트로 환원한다는 혐의를 지울 수 없다.[34] 따라서 민중 재현의 어려움에 대한 스피박의 문제제기를 진지하게 고려하면서도, "문제는 서발턴이 말해도 들리지 않게 만드는 것이며, 말할 자격을 박탈하여 말할 수 없게 만드는 것"이기 때문에, "말할 수 없음을 드러내는 게 아니라, 말할 수 없게 만드는 권력에 대항하고, 말할 자격을 박탈하는 권력의 배치를 전복하거나 바꿔버리는 것"이 필요하다는 주장에[35] 귀를 기울일 필요가 있겠다.

위와 같은 두 가지 핵심적인 문제만 놓고 보더라도, '새로운 민중사'는

---

33) 김택현, 「다시, 서발턴은 누구/무엇인가」, 『역사학보』 200, 2008, 657~658쪽.
34) 서발턴 연구집단의 일원인 차우두리와 짜끄라바르띠는 위와 같은 스피박의 입장을 '제3세계의 문제는 서양인들이 알 수 없으니 개입하지 말라는 제3세계의 오만함 혹은 제3세계주의'라고 비판한다. 또한 스피박 본인도 서발턴을 재현할 수 없다는 것과 서발턴에 대한 인식·서술이 필요하다는 딜레마에 직면하여 '실증적 본질주의의 전략적 활용' 또는 '전략적 본질주의'라는 입장을 고육지책으로 제시하기도 한다. 김택현, 『서발턴과 역사학 비판』, 박종철출판사, 2003, 177~188쪽.
35) 이진경, 「소수적인 역사는 어떻게 가능한가」, 『역사의 공간』, 휴머니스트, 2010, 76쪽.

민중의 인식에서나 그것의 재현에서나 과거 민중사학과는 근본적으로 다른 지반에 서 있다. 그렇기 때문에 '이게 어떻게 민중사인가' 또는 '그럼에도 왜 다시 민중사인가'라는 질문이 제기된다. 다시 말하면 '새로운 민중사'가 80년대의 시대적 의미와 한계가 강하게 투영된 개념인 '민중'이라는 용어를 붙드는 것은, 개념의 자의적인 확장·전유이거나 거꾸로 80년대적 패러다임에 다시 속박되어 상상력을 제한당하는 것이 아닌가 하는 지적이다.

그에 대한 대답의 하나는 '민중'을 대체할 새로운 개념을 찾지 못했거나 '민중' 개념을 새롭게 정초할 이론적 준비가 부족한 현재의 모호한 상황을 반영한 불가피한 선택일 수 있다는 것이다.[36] 그러나 한편으로는 민중사학이 생명력을 다한 지금, 우리가 여전히 '민중(사)'을 붙잡고 있는 것은 사회적 약자에 대한 애정과 공감, 그리고 민중의 저항성에 대한 믿음, 엘리트 중심의 역사인식에 대한 비판 등 민중사학이 제기한 기본정신을 현실에 맞게 재해석하고자 하기 때문이다. '새로운 민중사'는 민중사학에 내재된 '과

---

36) 최근에는 새로운 저항주체로서 다중(多衆, mutitude)이나 중생(衆生, multi-divisual) 같은 새로운 개념이 제출되기도 하고, 기왕에 널리 사용되던 '대중'과 '민중'을 개념적으로 재해석·재구성하는 논의도 나타나고 있다. 이에 관해서는 네그리·하트 지음, 조정환 외 옮김, 『다중』, 세종서적, 2008; 빠올로 비르노 지음, 김상운 옮김, 『다중』, 갈무리, 2004; 고병권·이진경 외, 『코뮨주의 선언』, 교양인, 2007; 천정환, 『대중지성의 시대』, 푸른역사, 2008; 조정환, 「민중, 시민, 그리고 다중」, 『시민과 세계』 4, 2003; 장훈교, 「공간적 은유의 전환─'구성적 외부'에서 바라본 민중과 민중사에 대한 연구노트」, 『역사연구』 18, 2009 등을 참조할 수 있다. 이러한 논의는 '민중' 개념의 재정립에 큰 자극과 상상력을 제공해주지만, 아직 생소하고 불명료한 개념적 신조어(중생)나 포스트포드주의 단계 또는 '제국'의 시대에 조응하는 '다중' 개념보다는 포스트식민주의적 관점에서 그리고 역사학적 분석 과정에서 제출된 '서발턴' 개념에 대한 보다 진지한 탐구가 필요하지 않을까 생각한다. 민중사의 재정향을 위해서는 '민중'에 대한 엄밀한 개념-노동이 필요하다는 장훈교의 지적을 수용하며, 위와 같은 논의를 참조하면서 우리의 지향에 맞는 주체 개념을 이론적으로 정립하는 것을 앞으로의 과제로 삼는다.

학적·변혁적 민중론'의 한계를 냉철하게 인식하지만, 그럼에도 민중사학이 제기했던 역사학의 실천성과 '아래로부터의 역사'라는 최초의 정향을 비판적으로 계승하고자 하는 것이다.

그렇다면 '새로운 민중사'의 실천성은 어떻게 담보될 수 있는가? 이는 '민중의 실천'에 대한 재인식과 '민중사(서술)의 실천성'에 대한 재정향이라는 두 가지 측면으로 나누어 볼 수 있다.

먼저 '새로운 민중사'의 일상성·다양성에 대한 강조가 자칫 민중의 실천성을 퇴색시킬 우려가 있다는 지적이 제기된다.[37] 실제로 민중의 일상성에 주목할 경우, 일상은 그 자체로 잘 파악되지 않는다는 방법론적 난점 외에도, 자칫하면 일상의 차원에서는 예외적으로 드러나는 갈등과 저항의 계기를 시야에서 놓칠 우려가 있다. 다양성에 대한 지나친 강조 역시 상대주의로 퇴행하거나 차이를 넘어서는 연대와 소통을 제대로 고려하지 못할 수 있다. 그래서 결과적으로 민중운동사를 도외시하고 민중에 대한 '이러저러한 이야기'로 왜소화될 우려도 있다. 그럼에도 '새로운 민중사'는 평범한 민중의 일상에서 형성되는 능동성과 저항성에 주목하는 바, 이는 민중의 삶이 아무리 사소하고 하잘 것 없어 보여도, 역사와 현실을 구성하고 끌어가는 가장 원초적인 토대는 바로 이들 평범한 민중의 일상적 삶이기 때문이다.

일상에서의 실천성을 적극적으로 사고하기 위해서는 '실천'을 지배에 대한 변혁적·자각적 투쟁에 한정하지 말고, 지배에 대한 거부, 무시, 사보타지, 비틀기, 전유, 탈주 등 다양한 층위로 확장시켜 이해할 필요가 있다. '정치적인 것'은 국가권력을 둘러싼 갈등이나 지배체제에 대한 전면적·정면적 투쟁만이 아니라 바로 매일매일 반복되는 일상적 삶에서 이루어지는 지배·갈등·

---

37) 지수걸, 「'변혁주체 민중론', 어떻게 계승 발전시켜야 할 것인가?」, 역사문제연구소 2010년 제1회 토론마당 발표문, 14~15쪽.

적대에서 보다 근원적·상승적으로 형성된다. 그렇기 때문에 '일상적인 것이 정치적이다'라는 말도 성립할 수 있는 것이다.[38] 민중의 일상적 삶에서 벌어지는 다양한 양상과 층위의 실천에 주목할 때, 우리는 민중의 영웅담이 아니라 생활 속의 진보, 삶에 뿌리박은 진보를 추구하는 학문적 실천을 전개할 수 있을 것이다.

다음으로 '민중사의 실천성'은 '왜 민중사를 쓰는가?' 그리고 '어떻게 민중사를 쓰는가?' 하는 문제로 생각해볼 수 있다. 과거 민중사학은 현실의 변혁운동·노동정치에 복무하는 역사학을 추구했으며, 그 변혁운동에 이론적·도덕적 정당성을 부여하고 구체적인 전략·전술에 참조가 되는 역사적 지식을 생산하고자 했다. 때문에 역사발전의 합법칙성과 지배/저항의 이분법이 두드러졌고, 운동의 구조적 조건을 해명하는 사회구성체 분석, 올바른 전략·전술의 역사적 전범이 되는 '옳은 노선' 찾기, 그리고 민중의 영웅적 투쟁상 서술에 치중했다. 반면 '새로운 민중사'는 현실의 억압과 모순에 대한 저항에 기여하고 개입하는 이론적 실천을 지향한다는 점에서는 민중사학의 기본정신을 계승하고자 하지만, 그 실천의 방식으로 근대적 기획으로

---

38) '새로운 민중사'는 일상에서의 능동성과 저항성에 주목하지만 그렇다고 민중운동사를 배제해서는 안 되며, 동시에 민중의 일상을 시야에 넣지 않는 민중운동사의 한계 역시 뚜렷하다. 사실 일상과 (변혁)운동의 관계는 그것을 실제로 풀어가는 과정에서는 결코 쉽지 않은 문제로 느껴진다. 이런 점에서 일상세계와 민중운동사를 통합적으로 이해하려는 조경달의 시도는 많은 시사를 준다. 조경달은 자료의 부족으로 인해 민중의 일상 자체를 파악하기 힘든 한계를 돌파하는 방법으로 평온한 일상이 깨지는 극한적 상황을 통해 일상세계를 역투시하는 민중운동사를 중시한다. 그러면서도 "민중운동사는 단순히 변혁주체의 동적 움직임만을 주목하는 것이 아니라, 오히려 운동과 투쟁이라는 비일상적 세계를 통해 거꾸로 민중의 일상적 세계를 파악"하는 데서 의미를 갖기 때문에 결국 "민중운동사는 역사의 전환과 방향을 통찰하는 동시에 민중의 일상세계를 투시하는 연구영역"이라고 본다. 조경달 지음, 허영란 옮김, 『민중과 유토피아』, 역사비평사, 2009, 20쪽.

서의 변혁을 상정하지는 않는다.

지식인의 머릿속에서 디자인된 마스터플랜으로서의 변혁, 그리고 민족·국민(국가)의 완성과 발전을 전망하는 변혁은 항상 지식인이 판단하는 '대의'나 '본질적 가치'—혁명 또는 민족/국가—를 특권화시켜 민중의 다성성을 억압하고 민중을 동원대상으로 타자화시켰으며, 결국에는 민중을 배제시켜왔다. 그래서 "민중을 위한 나라에는 민중이 없다."[39] 따라서 '새로운 민중사'는 탈권적奪權的 변혁과 국가 프로젝트로 수렴되지 않는 민중의 역사, 근대주의 패러다임을 상대화하고 그 한계를 넘어서기 위한 방법으로서의 민중사, 그리고 거대하고 단일한 민족서사로서의 '대문자 역사(History)'에 대항하는 다양한 주체들의 역사(counter-histories)로서의 민중사가 되어야 할 것이다.

이상에서 '새로운 민중사'가 당면한 핵심과제를 민중의 개념과 민중의 재현, 그리고 민중사의 개념과 민중사의 실천성 등 네 가지로 구분하고 거칠게나마 검토했다. 그러나 아직은 그 어느 하나 치밀한 이론적 탐구와 풍부한 경험적 연구에 의해 정리된 수준이 아니며, 이는 '새로운 민중사'의 현주소를 그대로 보여준다. 그 밖에도 근대주의 패러다임을 넘어서는 역사서술은 근대 분과학문으로서의 역사학을 해체시키는 것인가,[40] 소수자의 입장에서 구성되는 역사는 다수 대중을 아우르는 민중의 역사와 매끄럽게 결합될 수

---

39) 장훈교, 「공간적 은유의 전환—'구성적 외부'에서 바라본 민중과 민중사에 대한 연구노트」, 『역사연구』 18, 2009, 54쪽.
40) '새로운 민중사'와 상당히 친연성이 있는 이른바 포스트모더니즘의 극한적인 입장에서는 객관적 세계의 인식 가능성뿐만 아니라 시간적 인과관계에 따르는 정합적인 서사에 대해서도 회의적이다. '새로운 민중사'가 과거 사실의 인식과 역사서술의 가능성을 원천적으로 부정하지는 않지만, '단일한 거대서사(History)에 대항하는 복수의 역사들(counter-histories)'을 지향한다고 할 때, 그것은 '복수성'과 더불어 '반(反)역사'의 계기를 포함하게 됨을 토로하지 않을 수 없다.

있는가, '새로운 민중사'의 구체적인 방법, 자료, 주제는 무엇인가 등 수많은 과제가 우리 앞에 놓여 있다. '새로운 민중사'라는 장정은 이제 막 시작되었다.

이용기
한국교원대학교 역사교육과 조교수. 한국 근현대 사회사를 전공했고 민중의 일상적 생활공간인 마을과 지역에서 지배와 자치, 전통과 근대가 충돌·접합·굴절되는 양상과 거기서 엿보이는 민중의 자율성을 탐구하고 있다. 구술 사와 지역사에 관심이 있으며, 최근에는 '민중적 공공성'이라는 개념이 가능한지 고민 중이다. 대표논저로『근대 를 다시 읽는다』(공저),「1860~1970년대 동계의 식리방식의 변화와 '합리성'의 이면」,「일제시기 모범부락의 내면과 그 기억」,「일제시기 면단위 유력자의 구성과 지역정치」,「마을에서의 한국전쟁 경험과 그 기억」등이 있다.

제3장 '민중사'와 '식민지 근대'를 넘어서*

| 허 수 |

1. 머리말

이 글의 목적은 일제 식민지기에 관한 새로운 연구경향을 검토하고 앞으로의 발전방향을 모색함으로써 식민지 인식의 생산적 분화와 비판적 역사담론의 형성을 촉구하는 데 있다. 여기서 '새로운' 연구경향으로 상정한 대상은 1995~96년 이후에 나온 연구물로, '수탈론 대 식민지 근대화론' 구도에 비판적인 태도를 취한 연구들이다. 그런데 기존의 대립구도를 '새로운' 입장에서 비판하는 것이 이 글의 주안점은 아니다. '새로운' 입장에 해당하는 대표적 경향들을 서로 비교하면서 각각이 가진 함의와 특성을 살펴보는 데 집중하고자 한다. 따라서 이 글은 통상적인 연구사 정리가 가지는 미덕, 즉 개별 논문에 관한 꼼꼼하고 포괄적인 점검이나 친절한 소개 등을 갖추지는 못했다. 연구사 정리를 가미하였으되 역사수상歷史隨想이나 메타비평을 시도한 다소 거친 글이 될 것이다. 주요 검토대상에는 이상의 기준에 포함되

---

* 이 글은 『역사문제연구』 16호(2006. 10)에 실린 「새로운 식민지 연구의 현주소—'식민지 근대'와 '민중사'를 중심으로」를 단행본 구성에 맞게 일부 수정한 것이다.

는 실증적 연구뿐만 아니라 이론적 차원의 연구도 포함시켰다. 구체적으로는 '식민지 근대'에 포함시킬 수 있는 연구와 '민중사' 경향에 해당하는 연구를 대상으로 했다.

'식민지 근대'와 '민중사'는 기존의 '수탈론 대 식민지 근대화론'을 넘어 새로운 식민지상을 추구한다는 공통점을 가진다. 기존의 식민지 인식은 서로 대립하면서도 심층에서 '민족주의·근대주의'의 지반을 공유한다는 지적이 제기되었다.[1] 그러나 양자 사이에는 차이점도 적지 않다. 구체적 내용은 본론에서 살펴보되, 여기서는 양 입장 간의 생산적 소통을 위해 공통 지반을 마련한다는 차원에서, 우선 새로운 역사 담론이 가져야 할 일반적 조건을 생각해보고자 한다.

역사 담론, 즉 사론史論을 구성하는 핵심적인 두 요소가 있다면 역사인식歷史認識과 역사의식歷史意識이 아닌가 싶다. 두 용어를 구분하지 않고 혼용하는 경우도 많은데, 이 글에서는 양자를 상호 밀접한 관계에 있되 뚜렷이 구분되는 두 층위로 파악할 것이다. 역사인식(historical perceptive)을 '역사적 대상에 대한 경험적 파악' 혹은 그를 통해 생산된 '역사적 지식'이라 한다면, 역사의식(historical consciousness)은 '역사적 발전에 대한 강한 자각'이자 '역사인식의 기초가 되는 사유방법'으로 정의할 수 있다.

현실의 변화 등을 계기로 역사의식의 전환이 이루어지면 역사인식의 확장이 초래되는 경우가 많으며, 역사인식의 꾸준한 축적 위에서 새로운 역사의식이 도출될 수도 있어서, 양자는 밀접한 인과관계를 가진다. 그러나 어떤 경우에는 역사의식과 역사인식이 서로 반비례관계에 놓이기도 한다. 즉 역사가 현실정치에 좌우되거나 종속될 경우, 역사의식의 과잉으로 인해 역사

---

1) 배성준, 「'식민지 근대화' 논쟁의 한계지점에 서서」, 『당대비평』 13, 2000, 174~178쪽.

인식이 황폐화되는 일이 생긴다. 반대로 역사인식이 활성화되어 이전에 보지 못하던 역사적 소재나 접근법이 개척되어도 그것이 현실 문제와의 연관성을 상실하고 있다면 역사로의 도피나 지적 유희로 귀결됨으로써 역사의식이 왜소화되기 쉽다. 이런 점에서 비판적 역사 담론은 역사의식과 역사인식 사이의 생산적 긴장을 통해 형성된다고 말할 수 있다. 본론에서는 이러한 기준 위에서 '식민지 근대'와 '민중사'의 입장을 비판적으로 검토하고, 양자가 가진 합리적 핵심을 종합하기 위해서는 식민지를 '서로 경합하는 공공영역들'의 관점에서 바라볼 필요가 있음을 강조하고자 한다.

2. 역사학의 과제와 '식민지 경험'

1) 신자유주의 세계화와 역사학의 과제

역사 담론을 비롯한 모든 견해가 형성되는 곳은 궁극적으로 현실, 즉 인식주체가 딛고 있는 '지금-이곳'의 시공간이다. '현실'은 인식주체의 모든 질문이 발화되고, 그 질문에 관한 수많은 모색과 대답이 회귀하는 곳이다. 그런데 이 현실은 단일하고 목가적인 곳이 아니라 복잡하고 적대적인 투쟁의 장소이다. 또한 정세에 따라 시시각각으로 변화한다. 최근의 한국사회에서 1990년대는 분수령적 의미를 지닌 변화가 일어난 시점이다. 사회주의권의 몰락, IMF 구제금융 사태, 삼풍백화점 붕괴 참사…. 그 변화에 대한 찬반 양론이 계급·계층, 기타의 조건에 따라 다양하게 나누어졌다.

이러한 일련의 사태를 경험하는 사이, 우리 사회에서는 '성장'과 '경쟁', '효율성' 등을 원리로 하는 '신자유주의적 세계화' 이데올로기가 '분배'와 '복지', '인간성' 등의 가치를 압도하면서 광범위하게 유포되었다. 신자유주의적 세계화에 편승하여 국제적인 경쟁력 향상을 위해 매진할 것인가, 아니면 민족주의의 강화를 통해 세계화에 저항할 것인가, 그것도 아니면 '다른' 세계화라는 비전을 설정하고 작금의 세계화에 적극적으로 대처해 나갈 것인가. 사람들은 몇 가지 선택의 기로에 서 있다. 비판적 역사 담론은 지배이데올로기를 무비판적으로 추수하거나 현실의 변화를 외면해서는 형성되기 어렵다. 그렇다면 위의 방안 가운데 '자본'이 주도하는 신자유주의적 세계화에 맞서 '민중 혹은 다중多衆' 주도의 세계화를 주장하는 세 번째 입장에 주목하고 싶다. 물론 그 입장은 아직 추상적이고 원론적인 문제제기에 그치고 있다. 그러나 이 입장은 '국민국가' 단위에 시야를 국한시키지 않고 국가와 세계 사이의 상호관계를 폭넓게 고찰하며, 이와 연동하여 국민국가의 경계나 전통적인 민족·계급적 정체성을 벗어나는 사람들을 대안적인 주체로 발견하고자 시도한다.

이러한 상황에서 비판적 역사 담론은 '신자유주의적 세계화'가 가진 비윤리적 측면을 고발함과 동시에 새로운 주체 구성의 문제를 과제로 삼지 않을 수 없다. 즉 국민국가에 고착되지 않고 그것을 넘어서는 주체는 누구이며 그것을 어떻게 포착할 수 있을까 하는 질문을 역사적 맥락 속에서 제기해야 하는 것이다.

변화된 정세 속에서 이미 다양한 종류의 사회운동이 전개되고 있다. 우리가 던지는 질문도 예전과 달라질 수밖에 없다. 1980년대 학술운동의 기치 아래 사회운동에 참여했던 역사연구단체들은 어떻게 현실에 개입할 것인가, 사회운동의 분화와 저항이데올로기의 '부재'라는 작금의 상황에서, '과학'과 '실천'의 방식·범위를 어떻게 재설정해야 하는가, 무엇을 선택해서 집중해야 할 것인가, '역사' 담론의 특이성은 무엇이며 '식민지 경험'의 특이성은 또 무엇인가 등이 그것이다. 어느 하나도 손쉬운 대답을 기대하기 어려운 질문들이다. 하지만 '역사학도'로서 할 수 있는 최선의 출발은 '역사'를 '현실' 설명의 도구가 아니라 '현실' 비판의 무기로 활용하는 것이다. 이런 점에서 그동안 역사의 '변방'으로 치부되었던 '일제 식민지기'의 경험은 새롭게 해석될 수 있다.

2) 식민지 경험의 새로운 '가능성'

한국 자본주의 논쟁에서 수탈론과 식민지 근대화론은 상호 대립했지만 심층에서는 '민족주의·근대주의'의 지반을 공유했다는 지적이 있음은 이미 언급했다. 이런 지적에는 식민지를 정상적인 역사 흐름의 '왜곡', '비정상', '일탈' 등으로 바라보는 기존의 관점에서 벗어나려는 노력이 반영되어 있다. 1970~80년대 한국 자본주의의 고도성장과 1990년을 전후한 시기 동구 사회주의권의 몰락은, 연구자들에게 이전의 논쟁구도를 새롭게 바라보도록 했다. 식민지 경험과 관련해서 예전의 질문이 주로 '우리는 왜 우리 힘으로 근대화를 수행할 수 없었는가'였다면, 이제는 그 초점이 '우리의 근대는 과연 어떤 모습이었는가'로 바뀌었다. 더구나 1990년대 한국사회의 각종 재난과 참사는 사람들에게 '근대의 피로감'을 느끼게 했다.[2] '식민지기의 한국'은 우리가 지향해야 할 '근대'가 결핍된 공간이거나 반대로 그 기원의 무대로 파악되기보다는, 우리가 성찰적으로 파악해야 할 근대성(modernity)의 발현 장소로 새롭게 인식되었다. 이때를 전후해서 근대성에 대한 발본적 비판을 추구하는 서구의 포스트모더니즘 사조가 유입되고 그 문제의식이 식민지 인식에도 투영되어 검토해야 할 식민지 경험이 개척·확장되었다.

그렇다면 새로 주목되는 식민지 경험의 내용은 무엇이며 그것은 어떤 함

---

2) 김동춘, 『근대의 그늘』, 당대, 2000 참조.

의를 가지는 것일까. 우선 기존의 식민지 이해부터 점검해보자. 그동안 한국사 연구에서 식민지기는 '변방'에 위치했다 해도 과언이 아니다. '나라를 빼앗긴 시기'였기 때문이다. 중고등학교 교과서나 대학의 한국사 개설서를 보면, 조선시대까지는 '정치·경제·사회·문화'의 체제를 갖추어 설명되고 있다. 그러나 식민지기부터는 '운동사' 중심으로 서술되기 시작한다. 이는 식민지 연구의 폭이 빈약하기 때문에 나타나는 현상이다. 그러나 그것은 단순히 양적 빈약성뿐만 아니라 질적 빈약성, 즉 식민지기에 관한 인식의 왜소함을 보여주는 것이기도 하다. 한국사에 관한 통설적 견해에서, 개항기 무렵 이후 한국 근대사의 과제는 '주체적 근대화'였다. 이는 곧 당시의 시대적 과제를 '국민국가 형성과 그 주도하의 근대화'로 보는 관점이다. 이러한 당위성에 비추어볼 때 한국의 식민지화는 국민국가 건설의 좌절이자 '주체적 근대화'의 실패였다. 식민지기는 1945년 8월 15일의 '광복' 시점까지 '암흑기'로 묘사되었다.

'주체적 근대화' 과제의 좌절은 연구자들의 식민지 이해에도 반영되었다. 좀 도식화시켜보자면, 그동안의 식민지 이해는 '주체성'을 강조하는 경향과 '근대화'를 강조하는 경향으로 대별되었다. 전자의 경향은 독립운동사에서 출발하여 사회주의운동까지 포함하는 민족운동사로 나아갔고 '좌우합작'이 '운동' 평가의 규범적인 잣대가 되었다. 그러나 식민지에서 근대성의 진전은 '그들만의 근대화'라는 식으로 평가절하되거나 무시되었던 측면이 컸다. 후자의 경향은 식민지기를 주로 경제성장의 측면에서 접근하면서 한국인에 의한 근대적 지식과 기술 습득을 중요시했다. 그러나 한국 사람들의 주체성을 말하면서도 그것이 정치적 층위의 주체성을 배제하고 경제적 층위의 능동성에 제한되었다는 혐의를 벗기 힘들다. 그 능동성은 '순치된 주체'의 속성에 불과한 것이기 때문이다.

이러한 두 대립적 인식은 '근대성 비판'이라는 새로운 접근에 의해 상대화되기 시작했다. '근대'를 부정적 유산으로 보게 됨에 따라 '그들만의 근대'도 정면으로 응시할 수 있게 되었다. 민족운동적 주체나 부르주아적 주체를 확인하고 현창顯彰해야 한다는 강박에서 자유로워지면서 식민지 민의 '일상'에 눈 돌릴 여력이 생겼다. 이러한 발상의 전환이 풍부한 성과물로 이어졌다고 말하기는 때 이르다. 그러나 그러한 전환으로 인해 우리는 식민지를 근대의 '결핍'이 아니라 근대의 성찰과 근대 비판의 '가능성'을 보여주는 장소로 볼 수 있게 되었다.

그렇다면 그 '가능성'의 내용은 무엇인가. 일단 식민지 경험 중 '국민국가로 회수回收되지 않는 것'에서 찾을 수 있다. 그것은 식민지 경험이 상대적으로 '강한 근대'와 '강한 비非근대'의 공존과 지속으로 표상된다는 점과 밀접하게 관련되어 있다. 그리고 이 점은 근대의 폭력성과 근대 비판의 내적 자원들을 식민지로부터 더 잘 추출할 수 있음을 의미한다.

'근대'로의 이행은 계몽과 폭력, 저항과 순치를 동반한 국민국가의 창출 과정에 다름 아니다. 그런데 식민지에서 '과대성장'한 국가, 즉 총독부 권력과 독점자본은 궁극적으로 식민모국의 이해관계에 종속된다. 따라서 근대화의 템포나 전통사회와의 상호작용 등의 측면에서 식민지 조선사회는 훨씬 급격하고 일방적인 변화를 경험하게 된다. 즉, 식민지에서의 근대적 국가기구나 기타의 장치들이 조선사회보다는 일본 제국주의의 이해관계와 발달 수준, 전략 등의 맥락 속에 배치됨으로써, 근대 자체가 가진 '구조적 폭력성'은 더 강하게 발현된다. 이것이 '강한 근대'의 내용이다.

한편 식민지 조선에서 일제는 그러한 폭력적 제도와 물리력에도 불구하고 역설적으로 식민지 주민을 '국민'으로 통합하는 데 어려움을 겪었다. 뿐만 아니라 일본을 매개해서 이식된 서구 근대의 파급력도 상대적으로 제약되었다. '강한 비≠근대'라는 용어는 식민지에서 행사되는 서구 문화의 헤게모니 능력이 상대적으로 제한적이었음을 표현하기 위해 선택했다. '국민'으로 길들여지지 않는 '민중'의 존재를 식민지 조선에서 부각시켜 검토할 필요가 있는 것이다. 물론 식민지에서 조우하는 서구 문화와 토착 문화 사이에 비대칭적 관계, 즉 '서구>토착'의 관계가 있다는 데는 동감한다.[3] 그러나 대의제 정치 시스템의 부재, 경성과 지방 또는 도시와 농촌 사이의 불균등 발전이 초래한 격차, 국민국가적 모델로부터의 '탈구'라는 박탈감 등은, 한편으로는 급격한 근대화의 추구를 불러일으킬 수도 있지만, 다른 한편 근대 자체에 대한 회피와 반발을 야기할 수도 있다. 이것이 식민지사회에서 서구 및 일본의 헤게모니적 지배에 일정한 제약이 될 수 있었음에도 유의해야 한다. 서구 근대 국민국가적 지향 및 모델과 식민지 상황의 불일치는, 식민지 엘리트 및 민중들에게 근대의 '폭력성'에 대한 저항 및 일탈의 '명분'을 제공하기도 한다.[4] 이 글의 논의와 관련해서 중요한 점은, 다양한 분열의 이미지로 표상되는 그러한 저항과 일탈이 국민국가 건설이나 민족주의운동으로 수렴되지는 않는다는 점이다.

여기서 우리는 21세기 역사학의 과제와 관련해서 기존 역사학이 제시한 규범의 지평을 비판적으로 넘어서야 한다. '민족 분열'이라는 부정적 잣대를 '다양한 전략'의 측면에서 재검토해야 할 것이다. 기존의 역사학은 식민사학의 주장, 즉 '타율성론', '정체성론', '당파성론'을 비판적으로 극복하기 위해 '내재적 발전'과 '좌우합작', '통일전선' 등을 규범적 기준으로 삼았다.

---

3) 松本武祝,「硏究史の整理と課題の提示」,『朝鮮農村の'植民地近代'經驗』, 社会評論社, 2005 참조.
4) 예컨대 1920년대 초 북선 지방 등에서 총독부에 대한 자신의 납세 거부를 독립운동으로 포장하는 사례가 보인다.

오늘날의 탈식민적 과제는 이러한 식민사학 비판과는 다른 맥락과 방식으로 추구되어야 한다. 그 출발점은 식민지 경험이 가지는 다양한 차이와 분열상, 강한 비근대 등의 측면을 역사 담론의 자원으로 적극 포섭하는 데서 이루어져야 한다. 왜냐하면 그러한 측면들이야말로 식민지 경험이 가진 '가능성의 새로운 처소處所'이기 때문이다.

3. 식민지 경험의 재현방식들

1) 식민지 근대

여기서는 검토대상을 마쓰모토 다케노리와 윤해동의 연구성과에 제한했다. 물론 두 사람의 연구가 식민지 근대의 연구경향을 대표한다고 할 수는 없다.[5] 그러나 두 사람은 아직 명확한 사론으로 정착했다고 보기 힘든 '식민지 근대'에 대한 자신의 분석틀을 가지고 본격적인 연구사 검토를 하거나 사론을 전개한 바 있다. 간혹 식민지 근대 논의를 비판하면서 그 논의를 상대화하기도 하지만, 그런 대목조차도 크게 보면 식민지 근대의 논의를 식민지 조선사회의 분석에 좀 더 엄밀하게 적용하려는 입장에서 나온 것이지, 근본 입장은 다르지 않다.

마쓰모토 다케노리는 식민지 근대에 관한 기존 연구가 다음과 같은 특징을 가진다고 했다. 첫째, '수탈론 대 식민지 근대화론'을 극복하기 위한 새로운 분석틀을 제시했다는 점, 둘째, 헤게모니·규율권력·젠더 등 새로운 분석틀을 의식적으로 채택하여 일상생활 수준에서의 권력 작용을 분석함으로

---

5) 최근 국내에서 나온 연구사 정리로는 다음 글을 참조할 필요가 있다. 조형근, 「한국의 식민지 근대성 연구의 흐름」, 공제욱, 『식민지의 일상 지배와 균열』, 문화과학사, 2006.

써 사회구성체 수준에서의 거대권력 분석과는 다른 논점을 제시했다는 점, 셋째, 민족주의 언설의 강력한 권력 작용을 언급하고 다양한 사상·운동을 민족주의와는 다른 시점에서 재평가하는 등 민족주의를 상대화하려는 시도를 보인다는 점 등이다.

여기에 그치지 않고 그는 '동시대성과 단계성의 종합적 고찰'이라는 관점에서 식민지 근대의 논의를 비판적으로 정리했다. 실증적 연구가 축적된 규율권력·대중문화·근대적 미디어 연구를 대상으로, 그는 이들 연구가 '동시대성'에 초점을 둔 것이라 평가했다. 즉, 이들 연구는 1920~30년대 구미(일본)의 사회문화적 변화가 식민지하 조선에서도 '동시대적'으로 발생했다는 점에 주목한 것이며, 이 점에서 그것은 '식민지 조선에서의 근대성'을 밝힌 것이라 했다. 이런 입장에 대해 마쓰모토는 자신의 입장을 '조선에서의 식민지 근대'에 주목하는 것으로 차별화했다. 이는 곧 식민지 조선을 이해할 때 '동시대성'의 측면과 아울러 '단계성'의 측면도 함께 고려해야 한다는 것이다. 그의 주장은 두 가지로 압축된다. 첫째, 규율권력 장치·대중문화·근대적 미디어는 그 제한적 보급(='편재偏在')에도 불구하고 식민지하 조선인 사이에서 헤게모니로서 성립했으며, 둘째, 촌락은 근대의 헤게모니와 전통적 규범이 각축하는 장場이고 농촌 엘리트는 식민지 권력의 의지를 전달하는 자이면서 동시에 민족의식의 보유가 가능한 양면성(='회색지대')을 가졌다는 것이다. 마쓰모토는 촌락을 '전통과 근대의 각축장'으로, 농촌 엘리트를 '회색지대'로 설정하면서 그곳에서 '수탈−저항'의 이분법을 넘어서는 새로운 인식의 가능성을 보고자 했다.[6]

한편 윤해동은 이러한 가능성을 마쓰모토와는 조금 상이한 영역에서 모

---

[6] 물론 이 연구사 정리는 농촌에 관련된 저서의 서론에 해당했으므로 농촌에 집중할 수밖에 없었던 측면도 있다.

색한 바 있다. 그의 논의는 두 단계로 전개되었다. 첫 번째 단계에서 그는 피지배 민중을 일상에서 '협력과 저항'의 양면성을 보이는 존재로 파악한 뒤, 이러한 양면성이야말로 '식민지 인식의 회색지대가 발원하는 지점'이라고 보았다. 또한 식민지에서 '정치'의 범주를 확대하고, 일상에서 '정치'가 이루어지는 공적 공간을 '식민지적 공공성'이라는 개념으로 포착하고자 했다. 그 사례로 1920~30년대 지방제도 개정, 1930년대 초반 경성 지역의 전기사업 부영화운동府營化運動, 각종 '민중대회' 등을 주목했다. 두 번째 단계로 그는 '대중大衆'을 주목했다. 기업열, 교육열 등으로 상징되는 '합리성의 폭발'이 근대적 개인을 형성시켰고, 이를 바탕으로 대중이 급격히 창출되었다는 것이다.[7] 그는 식민지 권력과 대중운동이 이 근대적 대중을 정치적으로 전유(='재주술화')하기 위해 경쟁관계에 있었다고 보았다. 이를 통해 대중은 한편으로는 좌우익에 의해 각각 '계급'과 '민중'으로 전유되었으며, 다른 한편 식민권력에 의해 '제국 민족이라는 새로운 신성'으로 동일화되어 갔다는 것이다.

마쓰모토와 윤해동의 이러한 이해는 흥미로운 비교거리를 제공한다. 양자는 '수탈과 저항'을 넘어서는 새로운 식민지 인식을 추구하는 공통점을 보이고 있다. 마쓰모토는 '식민지 근대' 연구가 새로운 관점에 들어맞는 사실史實들을 부조적으로 드러내는 데 그치지 말고, 여기서 한 걸음 더 나아가 식민지 조선사회에 대한 입체적인 접근을 통해 역사인식의 확장으로 나아가야 한다고 주문하고 있다. 마쓰모토가 '회색지대'를 농촌 엘리트로 설정했다면, 윤해동은 그 지대를 도시의 대중으로 설정했다. 이러한 세부적인 차이에도 불구하고 양자를 포함한 식민지 근대 논의들에 의해 기존 식민지

---

7) 윤해동, 「식민지 근대와 대중사회의 등장」, 『국사의 신화를 넘어서』, 휴머니스트, 2004, 257~261쪽.

인식의 사각지대에 있던 광범위한 식민지 경험이 연구자의 분석 시야 속으로 들어오게 되었다. 이로써 식민지를 대상으로 새로운 역사인식이 가능해졌다.

그러나 역사의식의 측면에서는 어떤가. 역사의식과 관련해서 생각할 경우 매우 중요한 사안의 하나가 '저항적 주체'의 재구성 문제이다. 식민지 근대가 민족주체 혹은 계급주체에 기반한 역사인식을 넘어 새로운 지평을 열어 나가고자 할 때, 새로운 주체를 무엇으로 설정할 것인가가 핵심적인 문제로 제기된다. 그런데 이 문제는 양자 모두에게 불명확하거나 소극적인 채로 남아 있다.

예컨대 민중사 계열의 신창우는 식민지 근대 논의가 "식민지하 근대의 헤게모니 성립과 이에 대한 조선인의 적극적인 대응(=부응: 인용자)을 과도하게 강조한 것"이라고 비판한 바 있다.[8] 이에 대해 마쓰모토는 "촌락에서의 농촌 엘리트 활동은 민중 저항과 폭력의 '음화陰畫'"라고 대답했다.[9] 농촌 엘리트의 활동 반경 너머가 곧 민중적 저항과 폭력의 장소이므로 농촌 엘리트 활동을 묘사한다고 해서 조선인의 저항을 무시하거나 없다고 보는 것은 아니라는 뜻이다. 그 대답이 타당함에도 불구하고 주체 구성의 문제를 본격적으로 조명하는 태도는 아니라는 점에서, 이 문제에 대해 소극적인 입장을 취한다는 혐의는 벗기 어렵다. 윤해동도 이 문제에 대해서 다소 '비관적인 결론'을 내린다. 윤해동은 "공공성을 매개로 공권력이 사생활의 영역으로 광범하게 침투"한다고 했다.[10] 여기서는 기껏 확보된 식민지적 '공공성'이

---

8) 愼蒼宇, 「無頼と倡義のあいだ―植民地化過程の暴力と朝鮮人'傭兵'」, 須田努·趙景達·中島久人, 『暴力の地平を越えて―歴史学からの挑戦』, 青木書店, 2004.
9) 松本武祝, 앞의 글, 2005, 31쪽.
10) 윤해동, 「식민지 인식의 회색지대―일제하 공공성과 규율권력」, 『식민지의 회색지대』, 역사비평사, 2003, 49쪽.

대중들을 지배권력의 제물로 만들어버린다. 따라서 그의 '대중'상像도 "근대적 합리성에 포박되고 규율화"된 존재로 귀착된다.[11]

이상에서 살펴본 바와 같이 '식민지 근대'에 관한 논의는 대체로 새로운 역사인식을 만드는 데는 성공하고 있으나, 역사의식과 관련한 점에서는 추상적 문제제기 수준을 크게 벗어나지 못한 상태라고 할 수 있다.

2) 민중사

여기서 검토할 '민중사'의 범위에는 1980년을 전후해서 '민중사' 사건 등으로 드러났던 민중사학은 포함되지 않는다. 시기적으로는 주로 1990년대 이후이며, 내용적으로는 실증적인 연구성과로서 일본 '민중사'의 입장을 수용해서 식민지 조선에 관한 연구를 수행했던 조경달·신창우의 연구에 중점을 두었고, 이론적인 성과로는 인도의 '서발턴 연구'에 관한 국내의 소개 글로 제한했다.

신창우는 일본의 한국병합을 전후한 시기 경기도 양주의 헌병보조원 강기동姜基東이 의병 토벌 노릇을 그만두고 일제 권력과 투쟁한 사실에 주목하고, 이 투쟁이 식민지 민중·하층민의 여망을 체현한 '대리투쟁'의 성격을 가졌다고 주장했다.[12] 신창우는 이와 관련된 중요한 사실로 강기동이 관습과 종교 또는 가족, 지역공동체와의 인적 관계망을 보유한 존재였다는 점, 의병이 진압된 상황에서 민중들은 헌병보조원만을 유일하게 믿을 만한 봉기의 주체로 인식했다는 점 등을 들었다.[13]

---

11) 윤해동, 「식민지 근대와 대중사회의 등장」, 『국사의 신화를 넘어서』, 휴머니스트, 2004, 263쪽.
12) 愼蒼宇, 「無賴と倡義のあいだ―植民地化過程の暴力と朝鮮人'傭兵'」, 2004.
13) 위의 글, 158~166쪽.

그의 연구는 강기동이 일본의 '앞잡이'에서 '의병'으로 전환하는 모습을 설득력 있게 보여준다. 또한 개별 사례지만 그를 통해 '대리투쟁'으로서의 성격이 논증만 된다면 매우 중요한 연구사적 의의를 가질 수 있다. 그런데 우리의 논의와 관련해서 짚고 넘어가야 할 사항이 있다. 첫째, 강기동의 '의병 활동'을 '스스로 싸우기 곤란한 식민지 지배하의 민중·하층민이 대리투쟁을 맡긴 것'으로 볼 수 있는가라는 점이다.

신창우가 제시한 논거는 양주와 무관한 지도군智島郡에서 1910년 4월에 유포된 유언비어, 즉 '의병이 진압된 상황에서 민중들은 헌병보조원만을 유일하게 믿을 만한 봉기의 주체로 인식'했다는 내용이다.[14] 그러나 이 유언비어는 헌병보조원이었던 강기동(들)이 보인 '혁혁한' 전투력이 민중들에게 준 인상에 불과하지 '대리투쟁'을 맡긴 증거로 보기는 힘들다고 생각된다. 신창우의 논문을 보면 강기동의 의병 활동에는 오히려 의병장 이은찬의 권유가 직접적인 계기로 작용했다.

어쨌든 여기서 우리는 '식민지 근대'의 비관적 이미지, 즉 '계급과 민중에 전유된 대중'이라는 이미지와는 다른 다소 '낙관적'인 어법을 볼 수 있다. 나아가 신창우는 헌병보조원을 "단순한 일본의 노예奴隷가 아니라 일본도 통어通御하기 어려운 반反권력성을 가진 존재"라고까지 본다.[15] 민중·하층민을 능동적인 존재로 설정하고, 개인의 저항행위를 '반권력성'이라는 본질에서 도출하는 방식은 조경달이 이미 일반화된 형태로 제시한 바 있다.

조경달은 민중의 가치체계를 통해 근대라는 시대를 상대화하기 위해 '저변 민중, 특히 농민을 자율적 존재로 보는 관점'이 필요하다고 했다. 그런데 그에 따르면 민중의 가치체계는 민중의 일상성에 접근해야 발견될 수 있는

14) 『한국독립운동사자료 의병편 11』 국편, 1990에 실려 있다.
15) 愼蒼宇, 앞의 글, 2004, 157쪽.

데, 이는 용이한 일이 아니다. 왜냐하면 "민중은 스스로 말할 방도가 없고 사료를 남기지 않"기 때문이다. 오히려 민중을 언급하는 사료는 민란과 농민전쟁, 혹은 범죄와 의적·민중종교 활동 등 비일상적 세계가 전개될 때 종종 남게 된다. 따라서 그는 '운동'을 "시대와 사회의 전체성을 표상하는 것"으로 파악한다. 나아가 그는 '민중운동사'를 단지 변혁주체의 동태를 알기 위한 방법이 아니라 "운동·투쟁이라는 비일상적 세계로부터 민중의 일상적 세계를 역逆투시"하기 위한 방법으로 설정한다.[16]

그러나 그는 일본의 '국민국가론'에 대해서는 비판적이다. 민중사 입장과 마찬가지로 국민국가론 또한 근대를 상대화하는 입장이지만, 국민국가론은 민중을 주체적으로 포착하려는 시각이 희박한 까닭에 항상 국민국가를 '주어'로 하며, 민중은 수동태로 언급되기 때문이다. 그는 한국에서의 식민지 근대 논의가 일본의 국민국가론과 동일한 문제점을 가졌다고 보고 있다.[17]

이상과 같이 조경달, 신창우의 글에서는 민중(농민)을 능동태로 묘사하고 자율적 존재로 상정하는 태도가 발견되며, '민중운동'은 민중의 일상성을 포착하기 위한 유리한 지점으로 설정된다. 이러한 노력은 민중의 가치체계를 통해 근대를 상대화하고자 하는 현재적 문제의식에서 비롯된 것이며, 민중사 연구가 가진 강한 역사의식을 엿볼 수 있다. 그런 점에서 그들이 '농민의 자율성'을 주장하거나 '민중운동사'라는 방법론에 의미를 부여하는 것은 민중사의 가장 기본적인 문제의식에 속하며, 그 자체로 매우 중요하다고 생각된다. 그러나 문제의식이 건강하다고 해서 분석 과정의 타당성이 자동으로 담보되는 것은 아니다. '농민의 자율성'은 과연 존재할까, 어느 정도의 자율성을 가질까, 그 자율성 여부를 어떻게 확인할 수 있을까 등의

---

16) 趙景達, 『朝鮮民衆運動の展開―士の論理と救済思想』, 岩波書店, 2002, 5~6쪽.
17) 위의 책, 7~8쪽.

질문에 대해 민중사는 경험적인 방법을 통해 답해야 할 의무가 있다. 그러나 신창우의 검토에서는 강기동의 행위를 민중의 '대리투쟁'으로 이해할 합리적 설명 고리를 찾기 어려웠다. 이러한 '설명 부족'이 '농민의 자율성'에 대한 과도한 믿음에서 비롯한 것은 아닐까라는 의문을 가져봄 직하다. 이 문제를 좀 더 상세하게 살피기 위해 서발턴 연구에서 전개된 이론적 쟁점을 살펴보기로 한다.

사실 '민중은 스스로 말할 방도가 없다'는 조경달의 언급은 인도의 서발턴 연구가 가진 문제의식과도 일맥상통한다. 서발턴 연구에서도 이 '민중', 즉 '서발턴'을 어떻게 볼 것인가를 둘러싸고 두 가지 입장이 대립하고 있다. 이른바 '해체적' 입장과 '구성주의적' 입장이 그것이다. 전자의 대표적 논자는 호미 바바(Homi K. Bhabha)이고, 후자의 대표적 논자는 라나지뜨 구하(Ranajit Guha)이다. 호미 바바는 지배와 저항의 이항대립구조, 즉 '식민주의에 대한 마르크스주의적·민족주의적 저항'이라는 이항대립구조를 해체하기 위해 '탈중심화된 다중적 주체'와 '혼성성'을 강조한다. 즉, 그는 단일한 의도를 가진 주체 대신에 지배자/피지배자의 경계를 왔다 갔다 하는 양가적인 정치적 행위자를 가정함으로써 '지배와 저항'이라는 민족주의적 이항대립을 넘어서고자 한다.[18] 이러한 바바의 '해체적' 입장은 주체에 관한 논의나 지배에 맞서는 저항의 동인에 관해서 이론적 모호함을 드러낸다고 비판받았다. 이와 아울러 서구 포스트구조주의 이론에 지나치게 의존한 나머지 담론연구에 편향되었고 사회경제적, 정치적 실천에 무관심하게 되었다는 비판도 받았다.[19]

---

18) 안효상, 「편집인의 말」, 『트랜스토리아』 3, 2003, 4쪽; 나병철, 「바바의 탈식민 이론과 제3의 공간」, 『트랜스토리아』 3, 2003, 11쪽.
19) 지봉근, 「민족의 산종: 포스트식민 시대의 민족 정체성 문제」, 『트랜스토리아』 3, 2003,

구성주의적 입장에 선 라나지뜨 구하는 바바와 대조적으로 서발턴의 정체성을 구성하는 논리는 필연적으로 이원론적이라고 보았다. 즉, "(서발턴을) 지배와 짝을 이루면서 이원적인 관계를 구성하는 하나의 항으로 보지 않고서는 종속을 이해할 수 없다"는 것이다.[20] 이와 같은 바바와 구하의 입장 차이는, 서발턴의 정체성이 혼성적·양가적인 것인가 아니면 단일한 내용을 가지는가, 반反본질주의적 이해가 타당한가 본질주의적 이해가 타당한가 등의 논점을 제기한다.

'서발턴은 말할 수 있는가'라는 질문으로 유명한 스피박은 이러한 대립을 종합하기 위해 '전략적 본질주의'를 제시한다. 스피박에 따르면 서발턴은 엘리트의 사유 없이는 재현될 수 없는 존재인 동시에, 재현 안으로 들어오는 것만으로도 서발터니티(=타자성)를 상실하는 모순적 존재이다. 그러므로 서발턴 연구는 서발턴을 자명한 모습으로 재현할 수는 없고, 다만 '서발턴 주체-효과'만을 생산할 수 있을 뿐이다. 그녀의 결론은 "식민적/토착적, 서발턴/지배, 안/밖, 근대적/전통적 등의 이원구도들을 전복하는 '지속적인 탈배치/탈구축의 과정' 안에서만 서발턴 정치가 일어날 수 있다는 것"이다.[21]

이상의 논의에서 볼 수 있듯이 서발턴의 재현을 둘러싸고 서로 상이한 두 입장이 제시되어 대립하거나 절충되고 있었는데, 이러한 긴장관계는 현실의 정치적 실천 문제로까지 연장된다. 서발턴의 재현 문제를 정리하면서 한 논자는 다음과 같이 언급했다. "서발턴 연구는, 민족과 민족주의와 아카데믹한 지식과 공식적인 정치적 좌파가 저마다 서발턴을 대표한다고 주장

44~45쪽.

20) 지봉근, 같은 글, 48쪽.

21) 이상의 스피박에 관해서는 존 비버리, 「바바에서 구하로—'민중' 범주의 현재성」, 『트랜스토리아』 3, 2003, 67~71쪽 참조.

하는 것을 탈구축하는 프로젝트와, 집단적인 정치적·문화적 행위의 새로운 형태들을 구축하는—스피박 식으로 말한다면 '전략적'—접합(또는 인정) 사이의 긴장 아래 놓여 있다"는 것이다. 나아가 이러한 이중적 요청으로부터 두 가지 상이한 정치적 의제가 도출된다. 하나는 '민족에 미달하거나 또는 민족을 초과하는 층위에서 새로운 사회운동들과 풀뿌리 저항을 지지하는 것'이며, 다른 하나는 '헤게모니를 쥘 수 있는 잠재력을 갖는 정치적-문화적 '민중' 블록을 구성하는 것, 즉 이런저런 방식으로 '민중'과 '민족' 범주 둘 다를 내세울 수밖에 없는 어떤 이데올로기적 접합을 구성하는 것'이 상정될 수 있다는 것이다.[22]

이상에서 살펴보았듯이 서발턴 연구에서는 서발턴의 재현과 정치적 실천의 두 층위에서 각각 '해체적' 경향과 '구성주의적' 입장 사이의 긴장이 쟁점화되어 있다. 특히 스피박의 '전략적 본질주의'라는 개념은 서발턴 재현의 불가능성과 재현 노력의 불가피성 사이에 상존하는 긴장을 이론적으로 잘 보여준다. 또한 '재현'과 '실천'이라는 두 층위를 다소 도식적으로 우리의 논의와 결부시켜보면, 각각 역사인식 및 역사의식의 측면과 연결될 수 있다고 생각된다.

이러한 서발턴 연구의 문제의식을 조경달 등의 민중사와 직접 비교하는 것은 조심스럽지만, 민중사의 실증적 연구를 검토하는 하나의 기준이 될 수는 있을 것이다. '농민의 자율성'을 강조하는 민중사의 입장은, 서발턴이 단일한 본질을 가졌다고 파악하는 구하의 입장에 가깝다고 생각된다. 따라서 서발턴 연구의 쟁점들에 비추어보면 다음과 같이 평가할 수 있다. 민중사는 자율적 주체로서의 민중이라는 이미지를 강하게 전제함으로써 민중사가

---

22) 위의 글, 70~71쪽.

가지는 실천적 의의, 즉 역사의식적 측면을 강하게 담보하고 있다. 그러나 그 반대인 역사인식의 측면, 즉 민중성을 재현하는 작업의 곤란함을 자각하면서도 그 곤란을 극복하려는 노력은 투철하게 드러내지 못했고, 따라서 설득력 있는 민중성의 구현에도 미흡함을 보였다고 생각된다.

4. 비판적 사론 형성의 방향

1) 차이에 기초한 소통과 '새로운 공공성'

지금까지 검토한 내용을 바탕으로 비판적 사론 형성의 방향을 모색하고자 한다. 신자유주의적 세계화에 대한 대항담론이 그에 대한 저항적 주체, 예컨대 서발턴 등의 설정과 밀접하게 관련될 수밖에 없음을 서발턴 연구를 검토하면서 시사 받을 수 있었다. 그런데 한 논자에 따르면 '서발턴들 사이에 서로 소통지대가 없다'는 것 자체가 문제시된다. 이런 문제의식 위에서 그는, "차이를 무화無化시키지 않으면서 연대할 지점들을 발견함으로써 자율적이고 자발적으로 함께 저항해 나가는 것"을 전 지구적 군사화를 저지하는 방법의 하나로 제시한다.[23]

'차이에 기초한 소통'은 사실 실천적 층위뿐만 아니라 이론적으로도 매우 중요하다. 이 문제에 대해 최소인은 철학적 관점에서 다음과 같이 언급했다. 현대정신의 토양을 마련했다고 평가되는 니체의 경우, '자율성, 현상주의, 이성의 보편성에 대한 믿음'과 같은 근대 계몽정신의 핵심을 더욱 철저하게 추구한 결과, 현상은 절대화되고 모든 보편적 규준은 제거되어버렸다는 것

---

23) 정미옥, 「젠더화된 서발턴들의 소통 문제와 재현의 정치」, 『트랜스토리아』 4, 2004, 80~81쪽.

이다. 그리하여 차이와 이질성, 분쟁으로 대표되는 현대정신은 보편의 폭력에서 우리를 해방시키지만, 다른 한편 모든 것을 파편화시켜 어떠한 연대나 결합도 불가능하게 하는 또 다른 그늘을 초래했다는 것이다.[24]

'차이에 기초한 소통'의 문제의식을 발전시키기 위해 우리는 '새로운 공공성' 형성이라는 문제에 주목할 필요가 있다. 하버마스의 공공성 논의를 한국사 인식에 응용하고자 노력한 연구자로 박영은이 있다. 박영은이 가진 문제의식의 출발점은 '사회의 분화와 통합'이라는 사회학적 중심주제였다.[25] 그에 따르면 '공(公)'은 갈등과 대립에 처한 구체적 개인들이 하나의 집합체를 만드는 장치이다. 그것은 사회적 관심의 정식화이자 일종의 커뮤니케이션이며, '사회 나름의 정체성의 근거'라는 것이다.[26] 나아가 이러한 '공'은 정치권력에 대한 대항적 권력을 형성하며, 동시에 '사회'와 '국가'의 갈등과 위기상황에서는 사회 전체의 통일성과 조정을 가능하게 만드는 힘으로 작용한다는 것이다.[27] 그는 이러한 '공' 개념에서 출발하여 조선사회에서 근대사회로의 이행을 '성리학적 사회구성으로부터 행위론적 사회구성으로의 전환'으로 설명했다.

박영은의 이러한 시도는 하버마스의 문제의식에 '차이'의 문제설정을 적극 포섭하면서 이루어졌다고 평가된다. 그럼에도 불구하고 그의 '공공성' 논의는 일제 식민지기를 비켜가고 있다. '국민국가가 부재'하는 식민지기에 '공공성' 개념을 적용하는 것은 무리라고 판단했기 때문인 듯하다. 그러나

---

24) 최소인, 「근대성과 현대성, 그리고 그 이후—칸트 사상의 계승과 극복」, 한국동서철학회 논문집, 『동서철학연구』 33, 2004, 5쪽.
25) 박영은, 「한국에서 근대적 공개념의 형성과 성격」, 『현대와 탈현대를 넘어서—한국적 현대성의 이론적 모색』, 역사비평사, 2004.
26) 위의 글, 308쪽.
27) 위의 글, 264쪽.

90 민중사를 다시 말한다

그러한 시도가 전혀 없는 것은 아니다.

얼마 전 역사학대회에서 공공성 문제를 특집으로 다룬 바 있다. 하버마스의 '공공영역' 문제를 식민지에 적용하려는 시도가 간단하게나마 언급되었다.[28] 특히 프랑스혁명 연구에서 부르주아적 공공영역만이 아니라 '민중적 공공영역'이 '발견'됨에 따라 공공영역 논의가 더 확장되었다고 했는데,[29] 이런 사실은 공공성 논의를 식민지에 창조적으로 적용하는 데 적지 않은 시사점을 준다. 또한 식민지기 연구자 가운데는 식민지기를 좀 더 보편적인 관점에서 이해하려는 노력의 하나로 '공공성' 개념에 관심을 가진 자도 나타났다. 이론적 측면에서는 윤해동이 '식민지적 공공성'이라는 개념을 제시한 바 있다. 실증적 측면에서는 황병주 등이 식민지에서 공공성은 주로 공권력 방면에 편중되어 나타난다고 보면서, 도시, 주택과 토지, 사회사업 분야를 '공공성'의 관점에서 조명했다.[30]

그런데 최근 조경달은 '식민지적 공공성'을 과대평가하면 곤란하다는 문제제기를 했다. 근대적 공론은 총독부 권력(재조在朝 일본인사회 포함)과 도시·지식인사회라는 좁은 공간에서만 성립했으며, 민중 세계는 지식인 세계와 단절되어 식민지 공공성의 권외圈外에 있었다는 것이다.[31] 조경달의 지적은

---

28) 송호근, 「'공론영역'의 사회이론적 의미와 역사학적 적용」, 『제44회 전국역사학대회 공동주제: 역사에서의 공공성과 국가』, 2001, 99~101쪽.

29) 최갑수, 「서양에서 공공성과 공공영역」, 『제44회 전국역사학대회 공동주제: 역사에서의 공공성과 국가』, 2001, 34쪽.

30) 『사회와 역사』 제73호(한국사회사학회, 2007. 3)에 실린 「식민지기 '공' 개념의 확산과 재구성」(황병주), 「일제 시기 도시의 상수도 문제와 공공성」(김영미), 「1920년대 후반~30년대 전반 차지·차가인운동의 조직화 양상과 전개 과정」(염복규), 「경계에 선 고아들―고아 문제를 통해 본 일제 시기 사회사업」(소현숙) 참고.

31) 趙景達, 「暴力の公論―植民地朝鮮における民衆の暴力」, 須田努·趙景達·中島久人, 『暴力の地平を越えて―歴史学からの挑戦』, 青木書店, 2004, 290~291쪽.

'공공성' 개념의 내포와 외연 문제, '공공성'과 '차이'의 관계설정 문제 등에 관한 본격적인 논의의 필요성을 환기한다는 점에서 의의가 있다. 이런 문제는 매우 논쟁적이며 앞으로 풍부한 연구와 토론이 기대되는 분야이다. 다만 지금까지의 논의와 관련시켜볼 경우에는 박영은의 시도를 식민지기로 확장해서 생각해보는 노력이 필요하리라 본다. 즉, 공공성과 차이를 상호 대립적으로만 볼 것이 아니라, '차이에 기초한 소통'의 문제의식을 적극 수용해서 식민지 경험을 이해하는 방향으로 나아가야 한다.

2) 식민지: 서로 경합하는 공공영역들

식민지 조선에서 '공공성' 논의를 하기 위해서는 '사회'의 존재 여부가 중요하다. 왜냐하면 앞에서 살펴본 바와 같이 '공' 개념은 '사회 나름의 정체성의 근거'이기 때문이다. 연구자에 따라서는 '시민사회(civil society)'라는 개념을 식민지 조선을 설명하는 데 사용하기도 하지만, 국민국가 수립에 실패하고 일제의 지배를 받는 식민지의 제반 현상을 '국가─시민사회'라는 모델로만 파악하는 데는 많은 무리가 있는 것도 사실이다. 시기별로 다소 차이는 있지만 '조선인사회'의 활성화에도 불구하고 그 동력이 국가나 정부 차원으로 반영되는 기제는 매우 협소했다는 측면에서, 식민지기 국가와 사회 사이에는 상당한 틈이 존재했다.

그러나 식민지라고 해서 '시민사회' 개념에 내재된 문제의식, 즉 '사적 이해관계의 공적 반영'이라는 측면을 소극적으로만 취급하는 것은 바람직하지 않다고 생각한다. 다만 국민국가와 비교해볼 때 상대적으로 식민지 '사회'는 불안정한 '분절적 구조' 위에 서 있었던 것은 아닐까. 식민지 조선의 경우 내적으로 몇 차원의 '다양한' 사회적 영역이 상정될 수 있고, 외적으로는 제국과의 강한 연관을 가진 구조가 상정될 수 있다. 비록 식민지에서 시민사회가 미성숙했다고 하더라도 식민지 주민들은 파편적·단자적單子的으로 존재하기보다는 여러 가지 전통적·근대적 네트워크 속에서 일상을 영위했다고 생각된다. 여기에는 종교적·지역적·성적性的 정체성이 복잡하게 결합하여 상호작용하고 있었다. 따라서 식민지 조선에서는 이식된 근대의 전개에 따라 다양한 반응과 양태가 나타났으며, 몇 차원으로 분화·발전하던 '사회'의 제 영역은 이러한 '차이'들과 상호작용해 나갔다는 이미지를 그려봄 직하다.

이러한 역동적인 이미지를 뒷받침하기 위해 '서로 경합하는 공공영역'이라는 발상을 끌어들이고자 한다. 이 발상은 강상중·요시미 준야의 『세계화의 원근법』에서 참조했다. 강상중 등은 오늘날의 신자유주의적 세계화시대를 인식하기 위해 1920~30년대와 1990년대를 직접 '접속'시켜볼 것을 제안한다. 그들은 이 두 시기를 세계질서 변용의 시대로 파악하고, 그 사이에 자리한 '냉전기'를 국제질서의 상대적 안정기로 본다. 제1차 세계대전 이후 전 지구적 혼성화, 즉 정체성과 차이, 자본을 둘러싼 잡종적 상황이 이미 진행되기 시작했는데, 그 흐름이 냉전의 지정학적 원근법으로 가시화되지 않다가 냉전 붕괴와 함께 드러났다는 것이 핵심 논지이다.[32]

이러한 발상은 식민지 경험을 통해 새로운 역사 담론의 방향을 모색하는 이 글에 중요한 시사점을 준다. 그동안 한국사학계에서 '식민지→해방·분단→통일'의 단선적 발전틀은 크게 의심되지 않았다. 이 도식 아래에서 '식민지'는 주로 결여와 미달, 고통으로 표상되었다. 현재적 문제의식 속에서 식민지에서의 다양한 정체성 형성이나 탈근대 담론의 존재에 주목하는 최근 논의는 그러한 존재를 '현대성의 출발점'으로 설정하거나 '담론' 사이의 구

---

32) 강상중·요시미 순야 지음, 임성모·김경원 옮김, 『세계화의 원근법─새로운 공공공간을 찾아서』, 이산, 2004.

조적 유사성으로 설명하지만, 어느 쪽도 식민지 경험이 최근의 문제의식과 연결되는 매개 고리를 적극적으로 제시하지는 못했다고 생각된다.

그러나 위의 '원근법' 발상을 통해 우리는 식민지 경험에서 보이는 혼성적 경향과 다양한 차이 등을 마쓰모토의 '동시대성과 단계성'보다 훨씬 직접적이고 역동적인 방식으로 이해할 수 있다. 이 '원근법'적 사유에 의해 식민지 경험은 '지나간 과거'라는 단선적·역사주의적 이미지가 아니라, 비로소 '오래된 미래'라는 복선적·입체적 이미지를 가지게 되는 것이다. 여기서 강상중 등에게 다시 돌아가 그 발상의 현재적 의미를 살펴보자.

그들은 21세기 세계화에 대한 대항담론을 검토하면서 지금의 사회주의는 미래 프로젝트로서의 의의를 상실했다고 본다. 그렇다고 그들이 근본주의(내셔널리즘 등에서 보이는)나 공동체주의, 그리고 '시장의 세계화'에 맞서는 '시민사회의 보편화' 등을 대안으로 설정하는 것도 아니다. 이상의 어떤 담론이든 '자본주의 : 민주주의', '시장 : 시민사회', '경제 시스템 : 국가', '시스템 통합 : 규범적 통합'이라는 이분법적 경계설정을 공유하기 때문이다. 이러한 이분법적 설정에는 각 경계의 전자가 벌이는 맹목적 폭주에 대해 후자 중심으로 규범적인 공공성을 재건하려는 시도가 깔려 있는데, 그 시도가 한계를 가지는 이유를 다음과 같이 설명한다. 이런 이분법적 인식틀을 취하면 첫째, 세계화가 초래하는 동일화/차이화의 중층적인 경합이나 잡종적 편성은 글로벌과 내셔널의 대립, 즉 '단일하고 동질적인 것'과 '로컬하고 특수한 것'의 대립으로 환원되어버리는데, 이는 결국 전자에 경제를, 후자에 문화를 할당하는 것에 불과하다는 것이다. 둘째, 이런 인식틀로는 정치 경제 구도의 해체가 진행되는 오늘날의 변화, 즉 헤겔 이래 '가족-시민사회-국가'라는 근대적 삼체로 이루어지는 구도 자체의 해체를 제대로 포착·설명할 수 없다는 것이다.[33]

이러한 판단 위에서 그들은 하버마스의 공공영역 논의를 벗어나 "다원적이고 서로 겹치며 경합하는 공공공간"을 제시한다. 여기서 '공공공간'은 이미 자율성을 확립한 시민이 패권이나 이데올로기로부터 자유로운 상태에서 수평적으로 토의하는 공간이 아니라, 패권이나 이데올로기의 한복판에서 그 정체성을 집합적으로 구축해가는 정치의 장으로 재설정된다. 이런 해법은 탈중심화하고 가변적으로 네트워크화하는 다양한 사회적 주체의 '정치'를 기존의 정당정치로는 대표할 수 없게 되었다는 현실인식에 기초한 것이다. 그들은 서로 경합하는 공공공간의 네 차원을, 전 지구적 통치(글로벌), 장소에 뿌리내린 운동(로컬), 네오내셔널리즘(단일성), 차이를 포함한 네트워크(다양성)로 제시했다.[34]

나는 강상중 등의 이러한 접근법을 식민지 경험을 이해하는 데도 적용할 수 있다고 생각한다. 물론 식민지 조선과 21세기의 한국 상황을 무매개적으로 동일시하는 것은 위험하다. 그러나 앞서 언급한 식민지의 '가능성'이나 '원근법'적 구조를 생각한다면 그러한 위험은 감수할 만하다. 식민지에서 공공성의 문제의식을 부르주아적 차원에서 '일상'으로 확장할 필요가 있고, 공공영역의 몇 가지 차원을 상정하면서 그들 간의 긴장과 상호접합도 시야에 넣어야 한다. 차이의 확인에서 한 걸음 더 나아가 차이들의 자기표현, 그리고 여기에 개입하는 지식인의 실천 등도 시야에 넣을 필요가 있다. 예컨대 젠더나 '위안부' 등과 같이 차이를 중심으로 한 네트워크가 있으며, 경성 전기 부영화운동과 같은 지역적 현안을 중심으로 한 공공영역이 있다. 또한 민족주의 계열의 운동이 가지는 단일화 효과도 상정될 수 있는 반면, 제국주의 일본의 식민 이데올로기가 만드는 동일화 과정도 상정 가능하다. 공공영

---

33) 위의 책, 36~41쪽.
34) 위의 책, 63~65쪽.

역을 좋은 것, 규범을 대표하는 것으로 보지 않고 다양한 가치와 방식을 가진 네트워크로 상정하여 그것들 사이의 역동적인 경합에 주목하는 포괄적이고 새로운 시야가 요청되는 것이다.

5. 맺음말

이상의 논의를 간략히 정리하고 소감을 피력하고자 한다. 이 글의 출발점은 신자유주의적 세계화에 대응하는 새로운 비판적 역사 담론을 구성하기 위해 우리의 식민지 경험을 적극적으로 재해석하자는 것이었다. '식민지'를 근대 국민국가의 '미달', '결여'로만 파악할 것이 아니며, 오히려 그것에 상반되거나 넘어서는 요소들을 풍부하게 검출할 수 있는 장소로 보고자 했다. 이와 관련하여 새로운 식민지 이해를 추구하고 있는 '식민지 근대'와 '민중사' 논의를 검토했다. 양 입장을 검토하는 기본틀은 '역사인식'과 '역사의식'이었다. 비판적 역사 담론은 양 요소를 구비해야 한다는 전제가 있었다. 이것을 염두에 두되, 식민지 경험의 재현과 현실정치의 측면에서 두 입장을 검토했다. 마쓰모토와 윤해동의 논의에 기대어 살펴본 '식민지 근대'의 경우 역사인식의 측면에서 새로운 식민지 해석의 가능성을 보이고 있으나, 식민지 경험을 현실 문제와 연관시켜 적극적으로 사유할 핵심은 잘 보이지 않았다. '민중사'는 조경달과 신창우의 실증연구를 중심으로 하되 서발턴 연구의 이론적 고민을 참고해서 검토했다. '민중사' 연구는 '식민지 근대'와는 반대 경향을 보였다. 즉, '민중사' 연구는 '식민지 근대' 논의에서 두드러지지 않던 저항적 주체 형성의 문제를 환기했고, 이는 오늘날의 세계화에 대한 저항담론의 문제의식으로 이어질 수 있다. 그러나 구체적인 연구에서는 민중의 자율성을 선험적으로 전제하는 경향을 보임으로써 식민지 경험의 설득력 있는 분석과 재현에 그다지 성공적이지 못했다.

그리고 식민지 경험의 새로운 재현 방향을 '서로 경합하는 공공영역'으로 제시해보았다. 그 핵심은 '차이에 기초한 소통'이었다. 박영은 등의 논의를 거쳐 강상중·요시미 준야가 제시하는 '세계화의 원근법'에서 중요한 인식틀을 빌려왔다. 1920~30년대 식민지 조선의 '경험'이 1990년대 이후 오늘날의 세계화와 직접 연결될 수 있다는 가정 위에서, 나는 그동안의 식민지 공공성 논의가 강상중 등이 제시하는 '서로 경합하는 다차원의 공공공간' 논의와 접목될 수 있다고 생각했다.

마지막으로 이상의 논의를 이끌어오면서 가장 염두에 둔 두 가지를 밝히고 싶다. 첫째는, 오래 전 1920년대 『개벽』 기사를 읽고 가졌던 이미지에 관한 것이다. 『개벽』 초기 기사에는 놀랍게도 니체, 칸트, 쇼펜하우어 등에 대한 『개벽』 편집진의 높은 관심이 나타나 있었다. 실력양성운동, 자본주의 근대화론 등으로만 이 시기를 '이해'한 나로서는 일대 충격이었다. 문화주의, 민주주의, 사회주의의 제경향이 출현하고 민족주의와 접합·분리되는 모습이 그려졌다. '오래된 미래'가 그곳에 있었다. 어떤 방식으로든지 이러한 충격을 이론화하는 것이 과제로 부과된 듯하다. 이 글은 논증이나 이론화 작업이라기보다는 '선언'에 더 가까울 터이지만, 그러한 부채감의 산물로 보아주면 좋겠다.

둘째, '식민지 근대'와 '민중사'의 문제의식이 좀 더 경험적 차원에서 논의되고 실증적인 연구로 연결되었으면 하는 바람이 있었다. 일본이나 미국 역사학계나 국내의 사회과학·국문학계에서는 한 발 앞서 경험적인 연구가 생산되고 있다. 그러나 한국 역사학계는 아직도 이론적 차원의 논의에서 크게 벗어나지 못하고 있다. 이런 상황에서 연구의 돌파구를 열기 위한 기준점을 마련한다는 차원에서 '공공영역'을 제시해보았다.

이 글은 그러한 이미지와 희망에 부응하기 위한 첫 시도에 불과하다. 구체적인 연구를 집적하여 새로운 역사상을 제시할 수 있을 때, 글의 첫머리에서 제시한 비판적 역사 담론의 형성에 한걸음 더 가까이 다가갈 수 있을 것이다.

허수
한림대학교 한림과학원 부교수. 한국 근대 사상사를 전공했고 최근의 관심 주제는 '한국 민중 개념의 형성과 변천', '20세기 한국사에서 종교와 근대의 관계' 등이다. 현재 '교조신원운동기 동학교단과 정부 간의 담론투쟁', '민중사학과 학술운동' 등에 관한 연구를 진행하고 있다. 대표논저로 『이돈화 연구―종교와 사회의 경계』, 『식민지 근대, 오래된 미래』가 있다.

제4장 민중사학의 역사를 재구성하기
─역사학 비판의 관점에서

| 배성준 |

1. 머리말

1990년대 초반 현실사회주의의 붕괴 및 대중운동의 퇴조와 더불어 민중사학이 사라지고 기억에서 잊힐 만한 시간이 흐른 요즈음, 민중과 민중사라는 이름이 다시 회자되기 시작했다. 세계적 차원에서 신자유주의가 심화되면서 가지지 못한 자들의 삶이 위협받고 저항의 근거가 파괴되어가는 가운데, 민중 개념 및 민중사에 대한 재평가가 모색되고 있는 것이다.

최근 민중 개념에 대한 모색과 더불어 민중사 또는 민중사학을 되돌아보는 몇 편의 글이 제출되었다. '민중사학을 넘어선 민중사', '민중운동사 이후의 민중사' 같은 표현에서 드러나듯이 민중사학의 도식적 이해를 비판하면서 민중의 다양성, 일상성, 모순과 균열에 대한 인식에 기반하여 민중사가 제기되었다.[1] 그렇지만 민중사학에 대한 비판과 민중사의 모색은 최근 나타

---

1) 허영란, 「민중운동사 이후의 민중사─민중사 연구의 현재와 새로운 모색」, 『역사문제연구』 15, 2005; 이용기, 「민중사학을 넘어선 민중사를 생각한다」, 『내일을 여는 역사』 30, 2007.

난 새로운 현상이 아니다. 이미 1990년대 초반에 시작되었다.

역사학계에서는 사적유물론에 기반한 민중사학론의 도식적 한국사 이해를 극복하고 구체적인 역사과정 속에서 민중을 파악하고자 했으며, 서구의 일상사, 구술사, 신문화사 등의 흐름이 소개되면서 주권적 주체에 대한 비판이 제기되는 등 민중사에 대한 방법론적 모색이 이루어졌다. 최근 민중사에 대한 모색도 민중사학의 도식적 이해를 비판하고 민중의 다양하고 모순적인 측면에 입각하여 민중사를 재구성하고자 한다는 점에서 90년대 민중사학 비판의 연장선상에 있다고 할 수 있다.

이러한 민중사학 비판과 민중사의 새로운 모색은, 민중 개념과 민중사 서술을 되돌아볼 계기를 제공했다는 점에서 의미가 있지만, 민중사학을 민중사 서술에 국한하여 역사연구에서 하나의 방법 내지 경향으로 한정하는 데 문제가 있다. 민중사학을 넓은 의미에서 '과학적·실천적 역사학'이라 규정하든 좁은 의미에서 민중운동사 서술로 규정하든, 민중사학은 역사학 내부에 존재하는 하나의 흐름으로 위치지어진다. 이러한 인식은 한국 현대사학사를 정리하기 위해서는 요긴한 방식이 될 수 있겠지만, 80년대 중반에서 90년대 중반에 이르는 민중사학의 역사를 서술하기에는 적합하지 않다.

왜냐하면 민중사학은 역사학 자체의 쇄신을 주장한 게 아니라 지배이데올로기로 기능하던 1970~80년대 민족주의 역사학 비판에서 출발했기 때문이다. 더구나 민족주의 역사학 비판은 기존의 역사학계라는 틀 속에서 수행된 것이 아니라 역사연구자의 재생산기반과 역사서술방식 전반에 걸친 문제제기와 실험적 시도를 통해 전개되었다. 민중사학은 '주체적 민족사관'의 정립에 복무하는 역사학을 부정하고 민중을 주체로 한 민중해방에 복무하는 역사학을 추구했으며, 지배이데올로기를 비판하는 새로운 역사서술을 추구하기 위해 새로운 재생산기반의 창출을 모색했던 것이다.

이런 측면에서 '역사학 비판'으로서 민중사학은 역사학이면서 동시에 역사학이 아니다. 민중사학이 민중을 주체로 한 역사서술의 형태를 취한다는 점에서 역사학 내부에 위치하지만, 지배이데올로기로서의 역사학을 비판하는 '피지배이데올로기'로[2] 기능했다는 점에서 역사학으로 환원할 수 없다. 민중사학은 민중을 주체로 한 역사서술을 생산하는 동시에 조직을 매개로 피지배이데올로기의 생산에 기여하고자 했다. 민중사학은 민중을 주체로 한 역사서술의 형태를 취함으로써 지배이데올로기를 비판할 수 있었고, 피지배이데올로기로 작용함으로써 현실에서 벌어지는 갈등과 투쟁에 능동적으로 개입할 수 있었다.[3]

그렇다면 역사서술 형태를 취하는 민중사학이 어떤 조건에서 이데올로기

---

2) 여기에서는 지배이데올로기(=지배계급의 이데올로기)에 대립, 저항하는 이데올로기로서 '피지배이데올로기'(=피지배계급의 이데올로기)라는 용어를 사용하고자 한다. 저항이데올로기, 대항이데올로기라는 용어도 유사한 의미를 가지지만 이데올로기 속에서 저항주체인 피지배계급이 형성된다는 의미에서 '피지배이데올로기'라는 용어를 사용할 것이다.

3) 알튀세르는 '이론/이데올로기'라는 토픽을 통해 '비판의 무기'가 '무기의 비판'으로 전환됨을 설명하고 있다. "이것이 의미하는 바는 마르크스가 그 자신의 관념들을 두 번, 그것도 서로 다른 두 형태로 제시한다는 것이다. 우선 그는 자신의 관념들을 총체적 분석 (⋯)의 원칙들로서 제시한다―그의 관념들은 이제 이론의 형식으로 어느 곳에서나 현존하는데, 왜냐하면 이 관념들로써 총체적 현실을 설명하는 것이 문제가 되기 때문이다. 그러나 마르크스는 이제 자신의 관념들을 동일한 총체적 현실의 결정지어지고 한계지어진 장소, 1859년의 「서문」의 표현에 따르자면 "인간들이 그 속에서 [계급] 갈등을 의식하게 되고 그 속에서 그것을 투쟁으로써 해결하는 이데올로기적 형식들" 속에 위치시킴으로써, 자신들의 관념들을 두 번째로 등장시키고 있다. 자신의 관념들을 이렇게 사회적 관계들과 계급적 관계들의 한정된 장소(상부구조) 속에 위치시킴으로써, 마르크스는 더 이상 자신의 관념들을 주어진 총체에 대한 설명의 원칙들로서 간주하지 않고, 이데올로기 투쟁 속에서 그것들의 가능한 행위[작용]와 관련해서만 자신의 관념을 고려한다. 그리고 이러한 사실로부터 이 관념들은 또한 그 형식을 바꾸는데, 즉 이 관념들은 이론 형식에서 "이데올로기 형식"으로 이행한다." 알튀세르, 「오늘날의 마르크스주의」(발췌 국역 『루이 알튀세르: 1918~1990』, 민맥, 1991, 101쪽).

의 형태로 현실에 개입할 수 있는가? 민중을 주체로 한 역사서술이 피지배이데올로기로 작용하기 위해서는 일정한 조직을 매개로 하며, 민주운동의 정치적 실천과의 결합 속에서 피지배이데올로기로 전화된다.[4] 민중을 주체로 한 역사서술은 역사학계 내부에서 형성되는 것이 아니라 정치적 실천과 대중의 경험을 통해 민주운동 내부에서 형성되며, 조직을 매개로 피지배이데올로기로 전화하면서 현실의 갈등과 투쟁에 개입하는 것이다. 역사학의 내부이면서 외부인 민중사학의 이러한 측면을 고려할 때, 민중사학은 1980년대에 출현한 '역사학 비판'의 이름이자 민중 주체의 역사서술과 민주운동의 정치적 실천의 융합이라고 규정할 수 있다.

민중사학에 대한 이상의 인식을 바탕으로, 이 글에서는 1980년대 중반 마르크스주의의 형성과 더불어 민중을 주체로 한 역사서술과 민주운동의 정치적 실천의 융합을 통해 민중사학이 형성되는 과정을 서술하고자 한다. 또한 민주화 대투쟁을 경과하면서 마르크스주의의 분열의 영향 아래 민중사학이 확산되는 동시에 분열되는 과정을 서술하고, 1990년대 초반 마르크스주의의 위기 속에서 민중사학이 소멸되는 과정을 서술하고자 한다.

2. 민중사학의 형성

1) '민중적 민족사학'과 마르크스주의의 출현

민중사학의 전사前史는 1970년대 후반 민족민주운동의 영향을 받은 '민중

---

4) 알튀세르에 따르면 마르크스주의는 '마르크스주의 이론과 노동자운동의 정치적 실천의 융합 속에서 존재하는 하나의 역사적, 모순적 구성물'이다. 윤소영 외, 『알튀세르를 다시 읽으며 '마르크스주의의 위기'를 생각한다』, 『이론』 1, 1992 여름, 45~47쪽.

적 민족사학'의 등장이었다. 민중 개념은 1974년 '전국민주청년학생총연맹'의 '민족·민주·민중선언'에서 독재정권 아래 수탈당하는 존재로 제기된 이래, '소외된 피지배층'이라는 의미로 지식인에게 호명되었다. 유신체제에 저항하는 민주화운동의 진전 속에서 민중신학에서 비롯된 민중에 대한 인식은 민중문학, 민중예술, 민중사회학 등의 분야로 확산되었으며, 민중을 계몽하는 지식인의 역할이 부각되었다.

한국사 분야에서도 유신체제에 민족사적 정통성을 부여하려는 이데올로기 공세에 맞서 근대화론을 비판하고 통일을 지향하는 민족주의론이 제기되고 민중의 존재가 주목되었다. 강만길은 분단현실을 극복하고 통일을 지향하는 '분단시대 역사인식'을 통하여 지배이데올로기를 비판하고 역사의 현재성을 강조했으며,[5] 김용섭은 근대화론을 비판하고 사회구성체론에 입각하여 '농업개혁의 두 가지 노선'을 제기했다.[6] 여기에 민중운동사 연구가 추가됨에 따라 점차 조선 후기 농민항쟁에서 일제시대 노동·농민운동을 거쳐 해방 이후 통일 민족국가의 좌절과 분단체제의 형성에 이르는 민중적 민족주의의 흐름이 가시화되었다.

1980년대 들어 정창렬과 이만열은 이러한 민중적 민족주의의 흐름을 '민중적 민족사학'으로 체계화했다.[7] 정창렬은 개항 이후 현재까지를 민중·민중의식의 시기로 파악하고 인간해방, 사회해방, 민족해방을 내용으로 하는

---

5) 강만길, 『분단시대의 역사인식』, 창작과 비평사, 1978.
6) 김용섭, 『한국근대농업사연구』, 일조각, 1975; 『한국근현대농업사연구』, 일조각, 1992.
7) 이윤갑, 「한국 현대 민족사학의 전개와 민중사학」, 『한국학논집』 22, 1995, 68~69쪽.
　이윤갑은 80년대 민중의 사회적 진출에 따라 정창렬·이만열에 의하여 민중사학이 제기되었으며, '과학적·실천적 역사학' 수립을 목표로 조직적인 학술운동을 전개한 소장 연구자들에 의해 민중사학이 확산되고 심화되었다고 보았다. 그러나 정창렬은 '민중적 민족 형성', 이만열은 '민중의식에 입각한 민족사관'을 주장했다는 점에서 80년대 계급적 민중론에 입각한 민중사학과는 상이하다고 할 수 있다.

민중적 민족 형성의 코스에 주목했으며, 이만열은 고대에서 현대에 이르는 민족사의 주체 세력을 민중으로 파악하여 민중의식을 기반으로 하고 민중을 역사의 주체로 하는 민족사, 즉 '민중의식에 입각한 민족사관'을 주장했다.[8] 한국사 분야에서 지배이데올로기를 비판하면서 등장한 '민중적 민족사학'은 개인적인 차원의 비판이라는 점에서, 지배이데올로기로서 민족주의의 측면을 인식하지 못했다는 점에서 역사학 내부에서 대안 제시의 성격을 지니는 것이었다.[9]

'민중적 민족사학'의 한계를 넘어 피지배이데올로기로서 민중사학이 형성될 수 있었던 조건은 피지배이데올로기로서 마르크스주의의 출현이었다. 한국사회에 마르크스주의가 출현하게 된 계기는 1980년 5월 광주민중항쟁의 경험이었다. 광주민중항쟁의 경험과 반성을 통해 '서울의 봄'의 좌절과 민중항쟁의 발발이라는 현상을 설명하지 못하는 주류 인문사회과학의 무능력을 인식하게 되었고, 지식인과 학생 사이에 마르크스주의 이론이 확산되었다. 학생운동 활동가들은 노동운동에 투신하여 노동조합을 결성하고 임금인상투쟁 같은 일상적 활동을 강화했으며, 개별 노동조합을 뛰어넘는 연대의 기반을 구축하고자 했다.

---

8) 정창렬, 「백성의식·평민의식·민주의식」, 『역사와 인간』, 두레, 1982; 이만열, 「민중의식 사관화의 시론」, 『한국민중론』, 한국신학연구소, 1984.

9) "배영순: (…) 1980년대에 이르기까지의 민족민주운동 과정에서 우리 역사학계는 변혁운동을 자기발전의 조건으로 할 수 있는 탄력성을 제기하지 못한 채 소시민적 아카데미즘의 테두리 내에서 자족하고 있었고 그런 가운데 보수성을 탈피하기는 어려웠습니다. 이러한 제도권 역사학에 대한 비판이, 또 기성 사학계가 스스로 제기할 수 없었던 반성이 결국은 1980년대에 와서 제기된 것이 아닌가 합니다. 그간에도 역사학의 과학성과 실천성 문제를 꾸준히 제기한 학자들이 있었지만 그것은 그야말로 연구자 개별의 학문적 역량과 결단에 따른 것이었습니다." 「80년대 민중사학론, 무엇이 문제인가—한국 역사학계의 새 기류와 90년대 전망」, 『역사비평』 1989 겨울, 26쪽.

마르크스주의의 출현을 상징하는 사건은 '구로동맹파업'과 '한국사회성격논쟁'이었다. 1985년 6월의 구로동맹파업은 노동조합의 생존권 요구를 정치적 요구와 결합시킨 한국전쟁 이후 최초의 노동자 정치투쟁이었으며, 노동운동 세력과 사회운동 세력의 광범위한 연대투쟁으로 발전하여 노동운동이 민주화운동의 중심이라는 사실을 인식시켰다.[10] 구로동맹파업에서 노동운동의 질적 비약이 이루어졌던 이면에는 지식인운동과 노동자운동의 결합이 있었다. 학생운동 활동가들이 노동현장에 뛰어들어 노동운동과 결합함으로써, 마르크스주의 이론은 피지배이데올로기로 전화할 수 있었고 노동운동은 민주화운동의 중심 세력으로 등장할 수 있었다.

1985년에 시작된 한국사회성격논쟁도 지식인운동과 노동운동의 결합을 추구함으로써 사회변혁에서 노동자계급의 중심성을 확립하는 데 기여했다. 2·12총선 직후 청년운동 내부에서 시작되어 '서울노동운동연합', '인천지역노동자연맹'의 '민족민주혁명론'(NDR론)으로 이어졌던 'CNP논쟁'은 학계의 한국사회성격논쟁을 촉발시켜 '국가독점자본주의론' 대 '주변부자본주의론'의 논쟁을 낳았다.[11] 한국사회성격논쟁은 학계의 논의와 운동권의 논의가 상호 촉발하고 결합되면서 지식인운동, 특히 연구자운동과 노동자운동의 결합을 가져왔다. 한국사회성격논쟁은 학계에서 마르크스주의 이론의 확산을 가져왔으며, 변혁운동의 전략·전술 논의가 심화되면서 노동자계급의 중심성과 노동자운동의 지도성이 확립되는 기반이 되었다.[12]

---

10) 유경순, 「1985년 구로동맹파업의 전개 과정과 현재적 의미」, 『진보평론』 24, 2005 여름.

11) 한국사회성격논쟁에 대한 개관은 조희연, 「80년대 사회운동과 사회구성체논쟁」, 『사회구성체논쟁 (1)』, 1989 참조.

12) 김진균, 「민족적·민중적 학문을 제창한다」, 『80년대 한국 인문사회과학의 현단계와 전망』, 역사비평사, 1988.

2) 민중사학의 주체 형성

민중사학이 출현할 수 있었던 조직적 기반은 대학 외부에 설립된 연구단체였다. 1980년대 초반 대학 밖에서 해직교수와 대학원생의 결합으로 소규모 연구실이 설립되어 비판이론에 대한 연구가 진행되었다. 1984년 대학으로 복귀한 해직교수를 주축으로 연구단체가 발족했으며, 이들 연구단체를 기반으로 마르크스주의 이론연구가 확산되었고, 한국사회성격논쟁이 진행되었다.[13] 민중사학을 내세운 최초의 연구단체인 '망원한국사연구실'(이하 망원)도 이들 연구단체를 모델로 설립되었다.

1984년 12월 창립된 망원은 현실에서 유리된 실증주의 사학과 과학적 방법론이 결여된 현재주의 사학을 비판하고, "우리가 추구하는 사학은 변혁 주체로서 파악된 민중의 입장에 서서 역사를 연구하는 '민중사학'이다"라고[14] 천명했다. 그리고 역사학을 "현실사회의 모순을 인식, 지양하고 실천논리에 입각하여 역사의 합법칙적 발전을 규명하는" 새로운 성격의 학문으로 규정하고, 조직적 실천을 통하여 생산된 민중사학의 성과물을 민중에게 전달하고 동의를 얻고자 했다.[15] 연구자들을 운동의 주체로 전환시키기 위하여 망원은 '과학운동'을 제기했다. 지식인운동으로서의 과학운동은 전체운동의 부문운동으로 자리매김되었고, 진보적 과학이론의 확립 및 보급, 부르주아 문화와의 대결을 과제로 삼았다. 과학운동에 입각한 연구는 "현대 한

---

13) 해직교수를 중심으로 만들어진 대표적 연구실로는 이효재의 아현연구실(80년 5월)→여성한국사회연구회(84년), 김진균의 상도연구실(80년 7월)→한국산업사회연구회(84년), 변형윤의 학현연구실(82년)→한국사회경제학회(87년 4월), 이우재의 한국농어촌사회연구회(85년 12월) 등이 있다.

14) 「제2차 정기총회 주제발표문: 새로운 한국사학의 방향모색을 위하여」, 『망원한국사연구실 회보』 창간호, 1986.

15) 위의 글.

국사회의 역사적 현실과 앞으로 도래할 새로운 민중사회"를 대상으로 하며, "원론에 입각한 한국사의 체계적 이해"와 "민족해방운동사의 정리와 현대사 연구"를 당면과제로 삼았다.[16] 민중사학이 깃발이라면 과학운동은 민중사학의 조직원리이자 실천원리였다.

과학운동의 관점에서 과학적 이론 생산을 보장하는 것은 노동계급 지도성의 관철이며, "연구자들과 대중 속에서 성장한 실천가들이 올바르게 결합될 때에만 이루어"질 수 있었다. 망원은 변혁운동의 진전 속에서 지식인의 역할을 고민하던 연구자와 변혁운동의 진전을 위하여 지배이데올로기 비판의 중요성을 자각한 학생운동 출신 활동가가 결합함으로써 성립될 수 있었다. 그러나 창립 1년이 되기도 전에 활동가들이 이탈함에 따라 망원은 "공부하는 사람들만의 자족적인 모임"으로 변질될 위기에 처했다. 그에 따라 1986년 들어 망원의 활동은 연구자들의 운동성을 확보하는 데 초점이 맞춰졌으며, 과학운동 논의와 더불어 민중운동사 연구 및 서술이 당면과제로 제기되었다.

망원의 민중 개념과 역사인식을 보여주는 것은 『한국민중사』(풀빛, 1986)이다.[17] 망원은 마르크스주의 계급론을 바탕으로 "역사의 변혁주체로서 민중은 계급연합체로서의 성격"을[18] 가진다고 규정했고, 『한국민중사』에서는 지식인(역사가)의 한계를 극복하기 위하여 "역사주체인 민중과의 견고한 결합"을 통하여 "민중을 축으로 우리 역사를 이해"해야 한다고 주장했다.[19]

---

16) 「과학운동의 새로운 지평에 서서—망원한국사연구실 제4차 총회 일반보고」, 『망원한국사연구실회보』 창간호, 1986.
17) 『한국민중사』는 집필자 대부분이 망원의 구성원이었지만 망원의 조직적 작업은 아니었다. 「실록민주화운동 77: '한국민중사'사건」, 『경향신문』 2004. 11. 14.
18) 「과학운동의 새로운 지평에 서서」, 『망원한국사연구실회보』 창간호, 1986.
19) 「서설: 바람직한 우리 역사 이해를 위하여」, 『한국민중사 Ⅰ』, 31~35쪽.

『한국민중사』에 대하여 민중의 저항적 측면만을 부각하고 '아래의 역사'만으로 민중사를 재구성한다는 등의 비판이 있었지만, 사회구성사와 민중운동사를 결합하여 원시사회에서 광주민중항쟁에 이르는 통사적 서술을 시도했다는 점에서 선구적 의미를 가진다.

망원에 이어 1985년 5월 '과학적·실천적 역사학'을 표방하는 '근대사연구회'가 결성되었다. 서울대학교 대학원 국사학과 출신 소장 연구자들의 연구모임으로 출발한 근대사연구회는 학계 일각에서 진행되고 있던 한국사회성격논쟁에 주목하고, 현단계 변혁운동의 성격과 주체의 문제를 해명하기 위해서는 근대의 출발점이라고 할 수 있는 조선 후기 사회의 해명이 필요하다고 인식했다.[20] 이를 위하여 경제사, 사회사, 정치사, 사상사의 4개 분과를 두고 조선 후기사 연구사를 검토하는 한편 근대사학사를 정리했다.[21]

근대사연구회는 기존의 연구모임을 공식화하고 회원을 확대하여 1987년 4월 '한국근대사연구회'(이하 한근연)를 창립했다. 한근연은 역사연구를 "연구자의 투철한 현실인식에 기초한 학문적 실천"으로 규정하고, 사회의 민주적 변혁과 분단의 자주적 극복이라는 우리 사회의 근본과제를 해결하기 위하여 "한국사를 주체적 과학적 입장에서 올바르게 체계화하고, 특히 한국근대사의 구조를 중점적으로 해명하여 현 전환기가 요구하고 있는 역사발전의 논리와 그 주체를 제시"하고자 했다.[22] 이들은 정치사, 경제사, 사회사, 사상사, 민족해방운동사의 5개 분과를 두고 분과 세미나와 월례발표회를 진행했다.

---

20) 「총론: 한국 근대 역사학과 조선후기사 연구」, 『한국 중세사회 해체기의 제문제: 조선후기사 연구의 현황과 과제』, 한울, 1987, 13~14쪽.
21) 2년에 걸친 연구작업의 결과는 한국근대사연구회가 창립된 직후인 1987년 9월에 『한국 중세사회 해체기의 제문제: 조선 후기사 연구의 현황과 과제』(한울, 1987)로 출간되었다.
22) 「한국근대사연구회 창립취지문」, 『한국근대사연구회회보』 1, 1987.

한근연은 한국사를 사회구성체의 계기적 발전 과정으로 체계화하는 데 주력했지만 민중 개념에 적극적인 의미를 부여하지 않았고, 민중사학도 민중적 민족주의의 연장선상에 있는 것으로 인식했다. 이들은 1980년대 역사학계에서 민중론이 수용되고 민중적 민족주의가 제기되었지만 아직도 역사를 바라보는 하나의 입장 표명에 그칠 뿐 민중적 민족주의의 세계관, 역사관의 구상은 시작단계에 있다고 보았다.[23]

연구자가 중심이 되어 설립된 연구단체와는 달리 '역사문제연구소'(이하 역문연)는 한국 근현대사 연구의 중요성을 인식한 다양한 인사들의 참여에 의해 만들어졌다. 역문연은 1986년 2월 "역사의 흐름에 대한 제문제를 공동 연구하여 역사의 올바른 방향을 제시하고 그 성과를 일반에게 보급"할 목적으로 역사학, 문학, 정치학 등의 연구자뿐만 아니라 한국 근현대사에 관심을 지닌 인사들에 의하여 창립되었으며, 한국 근현대사 연구 및 역사의 대중화 작업에 중점을 두었다.[24] 역문연에서는 한국 근현대사의 효율적인 연구를 위하여 시대별, 분야별 연구 세미나를 진행했으며, 공동작업방식에 의한 연구 세미나는 자료의 수집과 연구의 장으로 기능했다. 또한 근현대사 연구의 저변을 확대하기 위하여 한국 근현대사의 연구현황과 쟁점을 검토하는 학술강연회를 매월 개최했다.

1980년대 중반 망원, 한근연, 역문연 3개 연구단체를 중심으로 민중사학의 주체가 형성되었다. 이들은 지배이데올로기로서의 역사학을 비판하고 민중주체에 입각한 과학적 연구를 표방했으며, 연구자의 한계를 극복하고 과학운동의 주체가 되고자 했다. 그렇지만 각 연구단체가 놓인 조건에 따라

---

23) 「총론: 한국 근대 역사학과 조선후기사 연구」, 『한국 중세사회 해체기의 제문제: 조선후기사 연구의 현황과 과제』, 한울, 1987, 27~28쪽.
24) 이애숙, 「새로운 연구단체들의 현황과 과제」, 『창작과 비평』 16-1(봄호), 1988, 319~320쪽.

민중사학의 내용과 형식이 표현되는 방식은 상이했다. 연구단체의 구성원이 중복되는 등 구분이 명확하지 않지만 대체적으로 각 연구단체의 경향을 나누어 본다면, 망원은 노동자계급의 헤게모니를 중심으로 역사연구와 실천의 결합을 추구했다. 한근연은 과학적 역사서술을 중심으로 역사연구와 실천의 결합을 추구했고, 역문연은 역사의 대중화를 중심으로 역사연구와 실천의 결합을 추구했다. 이러한 차이는 각 연구단체가 놓인 조건의 차이에 기인하는 것이었지만 연구자이자 활동가라고 모호하게 규정된 민중사학 주체의 편향을 내포하는 것이기도 했다.

3. 민중사학의 분열

1) 민주화 투쟁과 마르크스주의의 분열

1987년 6월항쟁을 통해 분출된 대중의 민주화 요구가 정치적 억압의 완화와 민주화의 부분적 획득을 가져옴으로써 민중이 역사의 주체라는 인식이 확산되었다. 그렇지만 6월항쟁으로 열린 민주화의 공간은 신군부와 자유주의 정치 세력의 타협에 의한 것이었기 때문에, 노동자들이 이를 이용하여 민중의 정치적 권리를 요구하고 나섰다. 7~9월 노동자 투쟁은 전국에 걸친 노동자의 투쟁과 민주노조 결성을 가져옴으로써 노동자들이 계급적 정체성을 자각하는 계기가 되었다.

6월항쟁과 노동자 대투쟁으로 이어지는 민주화투쟁은 대중운동의 급속한 확산을 가져왔지만 제13대 대선과 맞물리면서 민주화운동 진영의 분열로 이어졌다. 1986년 이후 학생운동을 중심으로 주체사상을 수용하고 반미투쟁을 주도하면서 '민족해방파'(NL파)가 광범위하게 확산됨에 따라 마르크스

-레닌주의의 전통에 입각해 있는 '민중민주파'(PD파)와 대립하게 되었다. 6월항쟁으로 쟁취한 직선제 대통령선거의 전술을 둘러싸고 민주화운동 진영은 '비판적 지지론', '후보단일화', '민중후보론'으로 분열되었으며, 이는 이후 민족해방파와 민중민주파의 사상이론적 대립으로 심화되면서 민주화운동 진영의 조직적 분리를 가져왔다.[25]

민주화투쟁과 대중운동의 확산으로 대학과 학계에서는 정치의식이 고양되었고 학술운동에[26] 기초한 조직과 실천이 모색되었다. 대학원에서는 대학원 조직의 민주적 개편, 강사협의회 및 강사노조 결성 등 대학원생과 시간강사들의 제도개선 투쟁과 권익옹호 투쟁이 전개되었으며, 학계에서는 보수적 학문 풍토와 학문의 종속성을 비판하면서 '학계의 민주화와 진보적 학술연구'를 표방한 연구단체들이 하나의 흐름을 형성했다. 이러한 흐름은 '학술단체 연합 심포지엄'으로 표출되었고, 1988년 11월 인문사회과학 분야 10개 학술단체를 중심으로 한 '학술단체협의회'의 결성을 가져왔다.

연구단체를 중심으로 학술운동 논의가 확산되면서 학술연구가 놓인 이데올로기적 조건을 자각하게 되고 학술운동의 내용과 형식에 대한 인식을 심

---

25) 대중운동과 과학적 사회주의의 결합을 내세운 대표적인 정치 세력인 '인천지역민주노동자연맹'(인민노련)의 경우 조직노선의 문제(대중단체적 성격을 강조하는 '정치적 대중조직론'과 노동자대중에 대한 정치적 지도를 강조하는 '정치조직론'의 절충)가 민족해방파와 민중민주파의 대립이라는 사상이론적 차별성과 맞물리면서 민족해방파는 '인천지역노동자연합준비위원회'로 분리되었다. 이광일, 『좌파는 어떻게 좌파가 됐나—한국 급진노동운동의 형성과 궤적』, 메이데이, 2008, 261~263쪽.

26) 학술운동은 연구자에 의한 학술연구의 운동화를 추구하는 흐름을 지칭하는 것으로 '과학운동', '학술운동', '연구자운동', '지식인문화운동' 등 다양한 용어가 제기되었다. 대체로 ① 전체운동에 복무하는 부문운동이라는 점, ② 문화운동의 일부로서 연구자에 의하여 수행되는 운동이라는 공통점이 있지만 연구와 운동의 결합방식에 따라 다양한 편향이 나타났다.

화시키는 계기가 되었지만, 연구자의 역할, 학술운동의 조직론 등을 둘러싸고 학술운동의 편향이 노정되기도 했다.[27] 학술운동의 편향은 대선 국면에서 운동권의 분열에 영향을 받으면서 민족해방파와 민중민주파의 대립으로 나아갔으며, 민족해방파에 의해 '식민지반봉건사회론'이 제기됨으로써 운동권과 학계에서 '식민지반봉건사회론'과 '신식민지국가독점자본주의론'을 둘러싼 사회성격논쟁이 전개되었다.[28] 학술운동의 편향 및 민족해방파와 민중민주파의 사상이론적 대립이 겹치면서 연구단체 안팎에서 논쟁과 분열이 일어났으며, 민중사학에서는 이러한 편향과 분열이 더욱 심화된 형태로 표출되었다.

2) 민중사학의 분열

망원은 1987년 들어 조직을 개편하고 현실과 밀착된 연구를 진행하는 한편 실천 활동을 강화했다. 정부의『대한민국사』편찬 및 국정 국사교과서 개편 착수에 맞춰 역사서술의 정치문제화와 관련하여 민중주체 역사서술의 필요성을 제기했으며,[29] 조직적·개인적으로 대학 안팎의 민주화투쟁에 참여하고 연구단체 간의 교류와 연대를 모색했다. 망원은 조직 정비와 실천 활동 강화로 조직 활동의 내용과 형식을 갖추어 나갔지만, 과학운동을 둘러싼 내부의 견해 차이는 잠복된 채 남아 있었다.[30] '민중사 사건'은 민주화운동에서 민중사학의 의미를 부각시키는 계기가 되었지만, 사건 대응 과정에서 과학운동을 둘러싼 망원 내부의 이견이 상이한 경향으로까지 심화되었다.

---

27) 「'과학운동론'의 현황과 논저 소개」,『한국역사연구회회보』5, 1990. 4.
28) 조희연, 「80년대 사회운동과 사회구성체논쟁」,『사회구성체논쟁 (1)』, 1989.
29) 「특집 '역사서술의 현재성'」,『망원한국사연구실회보』2, 1987. 2.
30) 과학운동에 관한 총회 보고를 둘러싸고 과학운동 개념의 사용/유보/폐기 등 이견이 제기되었으며, 이와 관련하여 망원의 조직과 활동에 대한 이견이 제기되었다.

망원 내부의 상이한 경향은 한근연과의 통합이 제기되면서 조직의 분열로 이어졌다. 망원과 한근연의 통합 논의는 근대사연구회가 한국근대사연구회로 전환을 모색하던 1986년 하반기부터 제기되었으며, 1987년 하반기에 본격적인 통합 협의가 시작되었다. 한근연은 역사연구단체의 조직적 분립에 따른 역량 분산을 극복하기 위해 한국사 전 시기를 포괄하는 대중적인 한국사 연구자조직의 건설을 당면과제로 설정하고, 이를 위하여 망원과의 전면적 통합을 통한 새 연구회의 건설을 추진했다.[31]

　통합 논의를 둘러싸고 망원은 '해소론'(통합론)과 '유지론'으로 대립했는데, 망원 내부의 이러한 분열은 과학운동을 둘러싼 해묵은 이견과 조직 활동을 둘러싼 상이한 경향이 표출된 것이었다. 해소론은 운동 역량의 조직적 배치와 운동의 대중적 기반 확보를 위하여 망원과 한근연의 통합을 통한 연구자 대중조직의 건설을 주장했다.[32] 반면 유지론은 망원, 한근연, 역문연을 망라하여 연구자 대중조직인 '진보적인 새 연구단체'를 건설하되, 연구자운동의 전형으로서 망원을 유지하고 역사의 대중화 기관으로 역문연을 특화해야 한다고 주장했다.[33]

　망원 운영위원회는 이견이 대립된 상태에서 전면적 통합은 불가능하다고 판단하고 망원 유지를 통해 연구자 대중단체 건설을 추진하는 '새 단체 추진 및 망원 변신안'을 제출했고, 논의 결과 1988년 2월 총회에서 망원 유지가 결정되었다. 망원이 조직 유지를 결정함에 따라 이미 통합을 결의한 한근연은 자체적으로 연구자 대중단체를 지향하는 조직 개편을 단행했다.[34] 그

---

31)「한근연의 조직적 발전과제와 조직개편의 방향」,『한국근대사연구회회보』4, 1988. 3.
32)「가열찬 해소투쟁의 전개를 제안한다」(망원 내부문건).
33)「새 한국사 연구단체 건설에 대한 운영위원회의 입장(시안)」(망원 내부문건).
34)「한근연의 조직적 발전과제와 조직개편의 방향」,『한국근대사연구회회보』4, 1988. 3.

러나 망원 유지 이후의 문제가 걸림돌이 되면서 유지론을 주장했던 운영위원회 구성원들이 탈퇴하고, 나머지 구성원들이 집행부를 새롭게 구성하여 통합을 추진했다. 이후 해소론이 중심이 된 망원의 구성원과 한근연의 구성원이 통합하고 고대사·중세사 연구자들이 참가하여 '한국역사연구회'(이하 한역연)를 결성했으며, 망원을 탈퇴한 구성원들이 '구로역사연구소'(이하 구로)를 결성했다.

망원과 한근연에서 구로와 한역연으로의 재편 과정에 대하여 구로와 한역연은 상이하게 정리하고 있지만,[35] 중요하게 검토해야 할 것은 해소론과 유지론의 상이한 현실진단과 조직적 전망이다. 해소론은 연구단체의 차이를 중요시하지 않고 현재 연구단체에서 역량의 분산 배치와 소그룹적인 편향을 문제점으로 거론한 반면, 유지론은 연구단체의 차이점을 인정한 위에서 연구자운동의 전형 창출을 위한 망원의 조직적 발전을 거론했다. 명확하게 나누기는 곤란하지만 대체적인 경향으로 볼 때, 해소론이 민족해방론에 기초한 '연구자 대중조직론'을 주장한 반면 유지론은 민중민주론에 기초한 '대중정치조직론'을 주장했다고 할 수 있다. 결과적으로 해소론과 유지론의 대립은 과학운동 이래 잠복해 있던 두 경향이 민족해방론과 민중민주론으로 분열한 것이고, 결국 '연구자 대중조직론'에 입각한 한역연과 '대중정치조직론'에 입각한 구로의 분립으로 이어졌던 것이다.

한편 해소론과 유지론이라는 망원 내부의 차이도 중요하지만 망원과 한근연의 차이도 무시할 수 없다. 학술운동을 수용하고 공동작업에 기반하여

---

35) 한역연은 망원과 한근연의 통합에 중점을 두면서 한역연의 창립을 역사연구자의 조직 활동의 최종적 도달점이자 연구자 대중조직의 건설로 정리했다. 반면 구로에서는 구로와 한역연의 분립에 중점을 두면서 구로의 창립을 민중운동과의 결합을 통해 연구자의 대중성과 실천성을 확보하려는 모색으로 정리했다. 각각의 정리는 한국역사연구회 인터넷 홈페이지의 「한국역사연구회 약사」 및 역사학연구소 인터넷 홈페이지의 「역사학연구소 약사」 참조.

역사연구를 수행한다는 점에서 양 연구단체의 형식과 내용에는 별다른 차이가 없었지만, 망원이 축적해온 민중교육 활동은 망원의 고유한 실천이었다. 1986년경부터 망원의 구성원들이 노동자·농민단체에 강연을 나가기 시작했고, 그 흐름은 비록 조직적인 실천은 아니었다 하더라도 꾸준히 이어졌다. 이러한 민중교육의 실천은 기층 민중과의 접촉을 확대하는 한편 정세와 이론에 대한 이해를 심화시켰으며, 연구자 대중조직론에 비판적인 흐름을 형성하는 기반이 되었다.

1988년 9월 한역연의 창립에 이은 11월 구로의 창립은 겉으로는 민중사학의 확산처럼 보이지만 실은 민중사학 주체의 분열과 재편을 의미하는 것이었다. 한역연은 "과학적·실천적 역사학의 수립을 통해 우리 사회의 자주화와 민주화에 기여"한다고 천명하고, 과학적·실천적 역사학을 "사회의 변혁과 진보를 실현시켜 나가는 주체가 민중임을 자각하고 민중의 의지와 세계관에 들어맞는 역사학"이라고[36] 규정했다. 한역연은 고대사에서 현대사에 이르는 전 시대사를 포괄하는 분과체제를 바탕으로 240여 명의 연구회원과 120여 명의 일반회원을 포괄하는 연구자 대중단체로 출발했다.

한역연은 출범 초기 연구분과별 공동연구를 토대로 연구발표회 및 학술 심포지엄을 개최하고, 대학 교재인 『한국사강의』(한울아카데미, 1989)를 펴내는 등 활발한 연구 활동을 벌였으며, 1989년부터 역문연과 함께 서울의 사학과 학생들을 대상으로 한국사특강을 실시하기도 했다. 하지만 소그룹 형태의 연구단체와는 달리 다양하고 폭넓은 회원들을 포괄했기 때문에 출범 초기부터 조직 운영의 어려움에 직면하기도 했다. 연구자 대중단체로 출범했지만 그에 걸맞는 조직 원리와 지도 이념의 결여로 인하여 회원의 소속감

---

36) 「한국역사연구회 창립취지문」, 『한국역사연구회회보』 1, 1988. 10.

부재, 조직의 통일성 부재 등의 문제가 드러났다.[37]

구로는 "민중 주체의 관점에서 역사를 과학적으로 연구하고 그 성과를 대중에게 보급함으로써 사회변혁과 민족통일에 이바지"한다는 목적 아래, "민중사학의 이론적 진전은 물론 사회운동의 과학적 전진에 이바지"하고자 했다.[38] 과학적·실천적 역사학을 표방한 한역연과는 달리, 구로는 민중사학을 표방하고 민중운동사 연구에 주력했다. 구로는 민중운동사 연구를 중심으로 4개 분과를 두었으며, 15명 내외의 연구원을 둔 소규모 연구소였지만 100여 명이 넘는 일반회원을 포괄하고 있었다.

노동·농민운동과의 연계 및 현장 지향을 강조하는 구로의 경향은 연구 활동과 민중교육의 활성화로 나타났다. '우리나라 메이데이 투쟁의 역사', '우리나라 지방자치제의 역사' 같은 정세에 따른 연구가 수행되었으며, 조직적 차원에서 민중운동단체 및 노동·농민단체와 결합하여 한국사강좌를 진행했고, 개인적인 차원에서 민중운동단체 및 노동·농민단체에서 강연을 행했다. 또한 민중교육을 위한 교재 서술에 착수, 『바로 보는 우리 역사』(거름, 1990)를 출간했다. 민중 주체의 관점에서 서술한 한국통사인 『바로 보는 우리 역사』, 일명 '바보사'는 『한국민중사』를 이은 민중사학의 성과였다.

역문연은 민주화투쟁을 경과하면서 근현대사 연구 활동 및 연구성과의 대중화에 주력했다.[39] 1987년 하반기부터 대중학술강좌인 '한국사교실'을 개최하여 근현대사에 대한 대중적 관심을 고취시키고 연구성과를 보급했으며, 역사 대중지를 표방하는 『역사비평』을 발간했다. 또한 1989년부터 상임연구원을 두고 연구실을 상설화하는 등 연구 활동을 강화했으며, 상임연

---

37) 「한국역사연구회의 새로운 전진을 위하여」, 『한국역사연구회회보』 2, 1989. 2.
38) 「구로역사연구소를 열면서」(구로역사연구소 창립선언문).
39) 역사문제연구소 홈페이지의 '연구소 소개' 참조.

구원을 중심으로 한 프로젝트팀 운영을 통하여 『민족해방운동사—쟁점과 과제』(역사비평사, 1990), 『해방3년사연구입문』(까치, 1990) 등 다수의 근현대사 연구서와 연구 입문서를 발간했다.

역문연은 프로젝트팀으로 운영되고 연구성과의 대중화에 주력한다는 점에서 다른 연구단체와 차이가 있었지만, 한역연 근현대사분과와 연구영역이나 연구자가 상당부분 중복되었기 때문에 학술운동에 대한 인식은 한역연과 대체로 유사했다. 역문연은 근현대사 연구성과의 정리와 보급에 힘쓰는 한편, 한역연과 공동으로 근현대사 연구서를 기획, 발간하고 대중학술강좌를 개설하기도 했다.

4. 민중사학의 소멸

1) 마르크스주의의 위기와 제도화

1989년 동서독 통일과 1991년 소련 붕괴로 인한 현실 사회주의의 붕괴는 한국사회에서 '마르크스주의의 위기'로 발현되었다. 1980년대 변혁운동의 복원 속에서 마르크스주의 이론과 노동자운동의 융합을 통해 출현했던 마르크스주의는 현실 사회주의의 붕괴와 더불어 위기에 직면했다. 마르크스주의의 위기란 1970년대 서구에서 마르크스주의의 정통을 자임해왔던 소련, 동유럽 및 서유럽 공산당들이 대중운동에 대한 지도와 조정을 수행하지 못하는 상황에서 유래한 것으로서, 마르크스주의 이론이 노동자운동의 정치적 실천과 분리됨으로써 마르크스주의가 더 이상 대중운동의 이데올로기로 기능하지 못했던 상황을 말한다.[40]

1990년대 초반에 발현된 마르크스주의의 위기에 대하여 여러 가지 형태의 대응이 나타났다. 마르크스주의의 위기를 공식적으로 부정하는 견해도 있었지만, 현실 사회주의의 붕괴라는 현실 앞에서 마르크스주의에 대한 회의나 청산이 대세를 점했다. 민주화운동 진영과 학계에서 마르크스주의에 대한 비판과 청산의 분위기가 확산되면서 제도권으로 진입하여 실리와 안정을 추구하는 움직임이 확대되었다.

운동권에서는 1990년 민중후보론자를 중심으로 제도권 합법정당인 '민중당'이 창당되었고, 1991년 말 인민노련을 중심으로 한 '한국사회주의노동자당 창당준비위원회'는 비합법 노선의 폐기와 합법 정치전술을 핵심으로 하는 '신노선'을 채택하고 민중당에 합류했다. 노동운동에서는 '전국노동조합협의회'(전노협)를 대체하여 '전국민주노동조합총연맹'(민주노총)이 결성되었다. 1990년 민주노조운동의 전국적 구심체로 결성된 전노협은 권력의 탄압과 전문직노조·대기업노조의 불참으로 위상이 불안정했다. 이를 타개하기 위하여 전노협이 업종회의와 대기업연대회의가 주도하는 '민주노조 총단결'에 합류함으로써 노동운동에서 실리적 경향이 대세가 되었으며, 1995년 민주노총 결성과 더불어 '국민과 함께하는 노동운동'이 대두했다.[41]

학계에서도 마르크스주의에 대한 반성과 청산이 대세를 점했다. 일각에서는 진보적 이론과 실천에서의 청산주의적 경향에 맞서 "위기의 보편성과 현실성을 냉정히 인정"하고 "위기 속에서 해방을 향한 역사의 새로운 순환을 준비"하자는 목소리도 있었지만,[42] 마르크스주의 연구는 크게 위축되었고 연구단체의 활동도 침체되었다. 이데올로기적 보수화가 학계로 확산되면

---

40) '마르크스주의의 위기' 개념에 대해서는 윤소영 외, 「알튀세르를 다시 읽으며 '마르크스주의의 위기'를 생각한다」, 『이론』 1, 1992 여름, 43~45쪽 참조.
41) 이광일, 『좌파는 어떻게 좌파가 됐나―한국 급진노동운동의 형성과 궤적』, 메이데이, 2008, 364~371쪽.
42) 「'이론동인' 창립 선언문」, 『이론』 1, 1992 여름.

서 연구자의 관심도 기존의 분과학문 영역으로 복귀하거나 거대담론을 비판하는 '포스트이론'으로 전환되었다.

2) 민중사학의 소멸

피지배이데올로기로서 마르크스주의의 출현이 민중사학의 형성을 가져왔듯이, 마르크스주의의 위기는 민중사학의 위기를 초래했다. 민중사학을 표방했든 과학적·실천적 역사학을 표방했든, 마르크스주의의 영향 아래 형성되었던 연구단체에는 마르크스주의에 대한 반성과 비판, 그리고 청산의 분위기가 확산되었다. 민중운동사 및 사회주의운동 연구의 퇴조와 민중교육의 위축 속에서 조직적·개인적 차원에서 이루어졌던 현장과의 연계가 단절되어갔고, 연구단체는 운동성을 상실하고 자신들이 비판하던 기성의 학회나 연구소로 변질되어갔다.

약 1년 동안의 통합 논의를 거쳐 1988년 하반기에 출범한 한역연과 구로는 출범 초기 활발한 활동을 벌였지만 1990년대 들어 침체와 위기에 직면하게 되었다. 한역연은 조직 운영의 문제를 해결하기 위해 1989년 7월 연구반 중심체제로 조직을 개편하고 연구 및 교육 활동을 강화했다. 그러나 학술운동이나 연구회 활동에 대한 무관심은 여전했고, 회원들 사이에 '연구(지상)주의'가 만연했다.[43] 연구자의 활동공간이 확대되는 상황에서 다양한 관심을 가진 회원들을 묶어내지 못함으로써 회원들은 세미나에만 관심을 가졌으며, 연구회는 '연구에 유용한 지식'을 얻어가는 곳으로 변질되었다.

연구주의의 만연과 더불어 학계에서 지배적인 지위를 확보하기 위한 '주류화'가 추구되었다. 1990년 말의 신입회원 교육자료에 따르면, 연구회가

---

43) 「학술운동의 현황과 연구회의 진로」, 『한국역사연구회회보』 5, 1990. 4.

장기적인 발전전망을 가지기 위해서 "올바른 사관과 과학적 연구방법론을 확립하여 학문적 독자성을 구축하고 그 내용을 채"우는 것이 필요하며, 이를 통하여 민족민주운동의 실천적인 이데올로기적 대안을 수립하는 동시에 "학계에서의 헤게모니를 확대"해 나가야 한다고 주장했다.[44] 학계에서의 학문적 위상이 주요한 문제로 대두되는 가운데 민중사학은 '과학적·실천적 역사학'으로 대체되었다. 1991년 말 '민중사학의 성과와 과제'라는 주제로 마련된 워크숍에서 민중사학과 과학적·실천적 역사학이 다른 범주라는 점이 지적되었으며,[45] 『한국역사』(역사비평사, 1992)는 민중사학을 사관이나 사론을 형성하지 못한 경향으로 비판하면서 사회구성체적 관점을 제시했다.

구로는 1991년 들어 연구 활동과 민중교육 활동이 침체되었다. 노동·농민운동의 퇴조로 민중교육 요청이 현저하게 줄었으며, 연구 활동도 변혁운동의 쟁점과는 거리가 있는 대중역사서 발간이나 개설서 집필에 집중되었다. 이러한 분위기 속에서 연구소 활동의 방향 모색이 논의되고 학계에 통용되는 연구성과를 내자는 목소리가 나오기 시작했으며, 역사유물론이 민중사학을 대체하면서 민중사학은 점차 언급되지 않게 되었다.[46]

'구로'라는 명칭의 개정은 민중사학의 소멸을 알리는 상징적 사건이었다. 방향전환의 조짐은 1991년 중반 연구논문집 발간을 결정하면서 나타났고, 1993년 "과학적인 역사연구방법을 새롭게 모색하고, 사회의 변화와 발전에 도움 되는 역사 연구를 강화"하기 위하여 연구소의 이름을 '역사학연구소'

---

44) 「연구회의 방향 정립과 당면과제」, 『한국역사연구회회보』 7, 1991. 2.
45) "워크숍의 분명한 위상과 내용설정이 애초부터 부재"하고 회원들의 "주제에 대한 인식과 관심의 초점이 천양지차"여서 논의가 제대로 진행되지 못했으며, 토론 과정에서 민중사학과 과학적 실천적 역사학은 다른 범주라는 점이 지적되었다. 「지난 동계수련회 워크숍을 돌아보며」, 『한국역사연구회회보』 8, 1991. 6.
46) 「연구소 10년의 역사쓰기」, 『역사학연구소회보』 50, 1999 가을.

로 바꾸면서 마무리되었다.[47] 연구논문집 발간과 연구소 명칭의 개정은 현실 사회주의의 붕괴, 외부의 탄압, 연구소 활동의 침체라는 분위기에서 나온 것이지만, 현장 지향성을 상징하던 '구로'라는 명칭의 소멸은 변혁운동과의 분리, 현장 지향성의 상실을 의미하는 것이었다.

1990년대 초반 학계의 민중사학에 대한 비판은 민중사학의 위기를 조장했다. 민중사학은 민중해방 내지 민중혁명 전략을 모색하는 작업이라는 비판이 제기되기도 했고,[48] 한국 역사학계의 과제 속에 민중사학의 성과와 과제를 위치지으면서 민중사학론을 '통일전선론적 관점'이자 '도식적 사적유물론적 관점'이라고 비판하는 견해도 제기되었다.[49] 김성보는 "우리가 통칭 '민중사학'이라 함은 '역사발전의 주체는 민중'이라는 선언적 명제에 기초하여 역사를 민중의 주체성이 확대되어가는 과정으로 해석하고, 이를 토대로 민중이 주인이 되는 사회를 건설하기 위한 변혁의 전망을 모색하는 실천적인 학문경향"이라고 규정한 위에서, 사적유물론에 기반한 민중사학론의 도식적 한국사 이해를 극복하고 구체적인 역사 과정 속에서 민중을 파악하고자 했다.[50] 이처럼 민중사학을 학계 밖으로 추방하려는 시도나 학계 내부로 견인하려는 시도 속에서 민중사학의 역량은 소멸되었다.

---

47) 「연구소 이름을 바꾸며」, 『역사연구』 2, 1993.
48) 이기동, 「민중사학론」, 『현대 한국사학과 사관』, 일조각, 1991.
49) 김성보, 「'민중사학' 아직도 유효한가」, 『역사비평』 14, 1991 가을.
50) 위의 글.

5. 맺음말

1980년대의 정세 속에서 역사학 비판으로 출현한 민중사학은 출현만큼이나 급속하게 소멸되었다. 이제 민중사학이 소멸한 정세 속에서 '민중사학을 넘어선 민중사' 또는 '민중운동사 이후의 민중사' 같이 민중사학을 비판하고 민중사에 대한 새로운 모색을 추구하면서 민중사학의 역사를 되돌아보는 것은 어떠한 의미를 가지는가?

민중사학의 역사는 민중사학을 역사학 내부에 존재하는 하나의 방법이나 경향으로 파악할 수 없음을 보여준다. 1980년대 중반부터 90년대 전반에 이르는 민중사학의 형성, 분열, 소멸의 궤적은 마르크스주의에 의해 추동된 대중운동과 유사한 궤적을 그리고 있으며, 대중운동의 영향 아래 대중운동과 밀접한 관련을 가지면서 진행되었다. 이는 민중사학이 역사학 내부에서 형성되고 역사학의 논리와 방식에 따라 움직인 것이 아니라, 민중주체를 표방하는 대중운동의 논리와 방식에 직접적인 영향을 받으면서 움직였음을 보여준다.

이처럼 민중사학이 역사서술의 형태를 띠면서도 대중운동과 밀접한 관련을 가지고 있었다는 점은, 민중사학이 역사학 외부를 지향하려는 흐름과 역사학 내부를 지향하려는 흐름이 투쟁하는 장이었다는 사실에서도 확인된다. 민중사학 내부에는 과학적 역사방법론을 추구하는 경향, 역사의 대중화를 추구하는 경향, 대중운동과의 결합을 추구하는 경향 등 다양한 경향이 존재했으며, 형성 초기부터 여러 경향들이 혼재되어 있었고, 경향들 사이의 갈등이 전개되었다. 민중사학의 소멸이란 이러한 경향들 사이의 갈등이 초래한 하나의 결말, 즉 역사학 외부를 지향하는 경향의 단절과 역사학 내부를 지향하는 경향의 지배를 의미하는 것이었다.

역사학의 내부이자 외부이면서 내부와 외부가 갈등하는 영역, '역사학의 경계'로서 민중사학에 대한 인식은 지배이데올로기로서의 역사학에서 피지배이데올로기로서의 역사학 비판으로의 전화에 대한 인식으로 우리를 이끈다. 민중사학은 역사학이라는 분과학문의 틀을 벗어나 민중을 주체로 한 '민중의 정치' 속에 자신을 자리매김하고자 했으며, 지배이데올로기를 비판하는 피지배이데올로기로서 현실에 개입하고자 했다. 이러한 민중사학의 전화는 역사의 대중화와는 차원이 다른 역사학의 재생산방식의 변화, 즉 역사 연구자의 존재방식, 역사서술의 생산방식과 유통방식 전반에 걸친 변화를 요구하는 것이었다.

민중사학의 역사는 대학 외부 연구단체의 형성, 그리고 학술운동이라는 문제제기를 통해 역사학의 재생산방식을 변화시키고자 했음을 보여준다. 이러한 시도는 역사학이라는 분과학문의 틀을 뛰어넘어 대중운동과 결합할 수 있는 지평을 열어주었지만, 동시에 역사학의 재생산방식의 변화라는 미증유의 문제를 남겨주었다. 민중사학이 소멸한 것은 바로 그 지점이었다. 민중사학은 대중운동과 결합을 시도했지만, 분과학문 속에 재생산기반을 가지는 연구자라는 제약과 경제주의와 주관주의라는 민중의 정치적 한계가 민중사학의 전화를 가로막았다. 이러한 상황에서 대중운동이 퇴조하고 역사학계 안팎의 비판에 직면하면서 민중사학은 대중과 연구자의 관심에서 멀어져갔다.

1990년대 초반 민중사학에 대한 비판으로 제기되어 2000년대 중반 '민중사학을 넘어선 민중사', '민중운동사 이후의 민중사' 추구로 이어져온 민중사에 대한 모색이 간과하고 있는 것은, 역사학의 경계로서의 민중사학, 역사학 비판으로서의 민중사학에 대한 인식이다. 민중사학 내부에서 역사학 외부를 지향하려는 흐름과 역사학 내부를 지향하려는 흐름 사이의 갈등과 투쟁이 전개되었고 민중사학에 대한 비판이 의도하는 바가 민중사학을 역사학 내부로 견인하려는 것이었음을 고려한다면, 민중사학에 대한 논의가 민중사 서술에 대한 방법론적 검토에 한정되어서는 곤란할 것이다. 그리고 민중사 서술에 대한 비판적 평가가 곧바로 민중사학 전반에 대한 비판적 평가로 확대되어서도 곤란할 것이다. 민중사학은 지배이데올로기를 비판하는 역사학이 민중의 정치와 어떠한 관계를 맺어야 하며 어떠한 방식으로 존재할 수 있는가에 대한 하나의 시도였으며, 민중사학의 역사를 되돌아보는 것은 이러한 시도를 역사적·정세적으로 분석하고자 하는 것이라고 할 수 있다. 『바로 보는 우리 역사』나 『한국사강의』 같은 민중사 서술에 대한 평가도 이러한 관점에서 비로소 가능해질 수 있을 것이다.

배성준
동북아역사재단 연구위원. 한국 근대 경제사를 전공했고, 최근의 관심은 식민지 구관조사와 호적제도에 있다. 대표논저로 「1980~90년대 민중사학의 형성과 소멸」, 「대만과 조선에서 '식민지 화폐영역'의 형성」 등이 있다.

제2부

민중의 경험과 의식세계

2부를 묶으며

1980~90년대 민중(운동)사는 크게 다음과 같은 두 가지 특징을 가지고 진행되어왔다. 하나는 근대 중심주의적 역사인식에 기반하고 있었다는 점이고, 다른 하나는 발전단계론에 입각한 토대환원론적인 접근방식을 취해왔다는 점이다. 이러한 역사인식은 전근대에서 근대로의 이행이라는 역사과정을 진보의 과정으로서 긍정적으로 받아들이는 것이다. 때문에 민중에게도 근대는 강요되거나 어쩔 수 없이 받아들어야 하는 수동적 의미가 아니라, 미망이나 억압으로부터의 해방을 위해 받아들인다는 적극적 가치를 지닌 것이 된다. 또한 민중과 민중운동은 다만 사회경제구성상의 모순의 담지자 혹은 모순의 발현형태라는 맥락에서 파악된다. 민중의식은 사회경제구조나 정치적 모순에 조응하여 저절로 형성되는 것, 민중은 그러한 모순 해결의 담지자로 상정됨으로써, 민중의 주체성은 박탈당하고 그들의 생각과 행동이 가진 고유한 측면은 억압·배제된다.

최근에는 민중이 권력이나 지배엘리트와 다른 고유한 문화나 독자적 의식세계를 가진 자율적 존재였다는 점이 강조되거나, 반대로 근대의 국가권력에 일방적으로 포섭되는 존재로 그려지기도 한다. 이는 민중이 형성해 나가고 있던 독자적 의식세계나 문화, 그리고 그것이 지배문화나 지배적인 사회 시스템과 갈등·경합·상보하며 만들어가는 '근대 이행기'와 근대 형성 과정을 동태적·복합적으로 이해하기 어렵게 한다. 결과적으로 어느 쪽이든 '근대 이행' 과정과 근대를 다기적·다면적으로 바라볼 수 있는 시각을 차단함으로써 근대 형성 과정을 일원적인 것으로 단순화할 위험이 있다.

이 책이 지향하는 '새로운 민중사'는 이러한 민중상에 대해 비판적이거나 거리를 두고 있다. 제2부에 실린 4편의 글은 민중의 일상적 삶이나 민중운동 속에서 이루어진 구체적 경험을 통해 민중의식에 접근한 것이다.

「근대 이행기의 민중의식—'근대'와 '반근대' 너머」는 민중의식이 한편으로는 독자성을 가지지만, 다른 한편 지배체제와 이념으로부터 자유로울 수 없다는 점을 전제로 농민군의 토지개혁구상을 구법·관습과 연결하여 파악함으로써 농민군의 의식이 '근대'를 지향하지도, '반근대'를 지향하지도 않았음을 밝히고 있다. 이는 '근대 이행기' 민중의식 내지 지향은 구체제나 관습과 밀접한 관련을 가지기 때문에 그것을 '근대'나 '반근대' 어느 일방으로 규정해서는 곤란하다는 점을 시사한다. 또한 기왕의 '근대' 지향론이나 '반근대' 지향론이 모두 서구·근대 중심적 역사인식에 기초하고 있다는 점에 대한 비판적 문제제기로서, 민중사가 근대/전통의 이분법적 이해를 넘어서 근대를 재사유하고 상대화하는 하나의 방법일 수 있다는 문제의식을 내포하고 있다.

「1894년 '동도東徒'의 농민전쟁 참여와 그 성격」은 교조신원운동부터 동학농민전쟁 시기에 걸쳐 동학교도와 농민군의 의식세계와 그 의미를 지배이념인 유교와의 관련 속에서 살펴본 글이다. 교조신원운동 시기부터 농민군은 보국안민, 제폭구민 등 지배이념인 유교적 사유에 기반한 사회·정치적 가치들을 전유함으로써 자신들의 행위를 정당화했음을 밝히고 있다. 또한 농민군이 교조신원운동 시기부터 형성해온 향촌사회 내부의 연계망을 기반으로 집강소 시기에는 포접조직이라는 독자적 사회연계망을 형성하는 한편, 역시 유교 이념을 전유하여 제폭구민과 보국안민, 척왜양은 곧 의義라는 논리를 바탕으로 조직적인 폐정개혁운동을 추진해 나갔음을 그려냈다. 또한 이를 통해 농민군이 기존의 수령-사족을 중심으로 한 위계화된 향촌지배체제를 무너뜨리고 새로운 수평적 사회관계를 구축할 수 있었음을 지적했다.

「민중의 셈법과 '자율적 생활세계'—생활문서의 화폐기록을 통하여」는 민중의 일상생활의 면모를 담고 있는 계契 문서에서 엿보이는 흥미로운 특징에 주목하면서 국가적·공식적 질서와는 달리 형성되었던 민중의 생활과 의식세계를 탐구하고 있다. 주지하듯이 1905년 화폐정리사업에 의해 근대적 화폐제도가 확립되면서 구화폐가 회수되고 '원圓-전錢'을 화폐단위로 하는 신화폐가 발행되었으며, 이후 식민지기에도 엽전 회수가 광범하게 일어났다. 그럼에도 민중의 일상생활을 담고 있는 계 문서에서는 한 세대가 지난 1920~30년대까지도, 심지어 일부에서는 1940년대 초까지도 구화폐(엽전) 단위인 '량兩-전錢-푼分' 체제로 회계를 정리하는 양상이 나타난다. 이 글에서는 그 현상이 근대화라는 거대한 사회변화나 국가권력의 지배에 일방적·일원적으로 규정되지 않는 민중의 '자율성'의 표현이며, 민중의 '자율적' 생활세계는 지배의 자장에서 자유롭지 못함에도 지배체제의 헤게모니 구축에 균열을 내는 지배체제가 포착하지 못하는 '차이의 공간'이라고 본다. 결국 이는 '식민지 근대'를 상대화시키고 나아가 그것을 비판적으로 사유할 수 있는 가능성을 내장하고 있음을 지적하고 있다.

「근대국가 수립과 청소년의 소외—해방 후 북한의 조선소년단 활동을 중심으로」는 해방 이후 북한이 '사회주의 인민'을 창조하는 과정에서 청소년층에 대한 담론이 새롭게 주조되고 청소년들이 국가권력에 의해 사회주의 인민으로 주체화되어가는 양상을 조선소년단의 창단 과정을 통해 분석한 글이다. 이 글은 우선 해방 후 청소년 담론에는 소비에트의 경험, 식민지 시대의 수신교육, 그리고 항일운동 시기의 전통 등이 복합적으로 영향을 미쳤음을 확인하고 있다. 또한 앞의 글들과 달리 국가권력이라는 위로부터의 시각에 입각해 접근하고 있지만, 국가권력의 의도와 달리 실제로는 소년단과 민청 가입자들의 연령 기준이 혼란스러웠다는 점, 일본 제국주의 청산과 비판을 시도하면서도 실제로는 천황제 교육의 한 축이었던 '수신교육'을 강조하는 등 식민지 이래의 국가주의를 그대로 계승하고 있었음을 지적한다. 이는 곧 주체 형성 과정이 권력의 의지에 온전히 포박되는 것이 아니라, 거기에는 역시 지배가 포착하지 못하는 '차이의 공간', 혹은 주체의 자율성이 들어설 공간이 남겨져 있었음을 시사하는 것이기도 하다.

이상 4편의 글은 다루는 주제의 대상이나 시기에 따라 접근방법이나 도출해낸 민중상에 편차가 있지만, 기왕의 연구들이 주조해낸 민중상과 차이를 두고 있다는 점에서 공통점을 가진다. 그러나 민중은 근대 혹은 반근대를 지향했는가, 지배이념 및 체제나 엘리트와의 관계에서 얼마나 자율적이었는가 등의 문제들이 한층 해명되어야 할 과제로 남아 있다. 이 책이 그러한 문제들을 향한 미흡하지만 의미 있는 출발점이 되기를 기대해본다.

제1장 근대 이행기의 민중의식*
—'근대'와 '반근대' 너머

| 배항섭 |

1. 머리말

1990년대 중반 이후 한국사 연구에서 두드러진 연구경향 가운데 하나는 무엇보다 민중사 연구가 외면되거나 실종되다시피 하고 있다는 점이다. 그것은 1894년 동학농민전쟁 연구경향에서도 확인된다. 1980년대부터 1990년대 중반 농민전쟁 100주년을 맞이할 때까지 최고조에 달했던 '근대 이행기' 민중운동사 연구는 1990년대 후반부터 급격히 퇴조했다.

민중운동사가 외면당하는 일차적 요인은 사회주의권의 붕괴, 민주화의 진전, 그리고 곧바로 닥친 경제 위기와 신자유주의의 쇄도 등 연구를 둘러싼 국내외 정세 변화에서 찾을 수 있을 것이다. 사회주의권의 몰락과 새로운 사회에 대한 대안 부재로 표류하는 연구현실에서는, 계기적 발전을 거쳐

---

* 이 글은 2009년 12월 5일 역사문제연구소에서 개최한 정기 심포지엄 '경계에 선 민중, 새로운 민중사를 향하여'에서 발표했던 글을 수정한 것이다. 심포지엄에서는 토지소유 문제뿐만 아니라 외세에 대한 인식도 함께 다루었으나, 지면관계상 이 글에서는 외세 인식 부분을 생략했다.

근대를 달성하고 그 이후의 사회를 전망한다는 발전론적 인식을 토대로 한 민중운동사의 문제의식이 더 이상 관심을 끌기 어려웠기 때문이다.

　다른 한편 민중운동사의 외면 내지 실종에는 학문 내적인 문제도 커다란 영향을 미쳤다. 1990년대 들어 본격적으로 소개되기 시작한 '포스트'를 접두사로 붙인 다양한 이론들은 주체와 근대에 대한 근본적인 회의와 비판을 제기하면서 민중운동사가 구축되어온 이론적 기반인 서구 중심적, 근대주의적, 발전론적인 시각이나 변혁주체론에도 지각변동을 일으켰다.

　새로운 출발을 위해서도 1980~90년대 민중운동사를 차분히 되돌아볼 필요가 있다. 연구 주제별 경향의 학설사적 정리도 중요하지만, 특히 시각이나 접근방법에 대한 재검토와 새로운 모색이 요청되는 시점이다. 여기서는 우선 논의를 위해 필자 나름대로 생각하고 있는 몇 가지 생각을 제시해본다.

　'근대 이행기' 민중운동에 대한 종래의 연구는 크게 다음과 같은 두 가지 특징을 가지고 진행되어왔다. 하나는 서구 중심적·근대주의적 역사인식에 기반했다는 점이고, 다른 하나는 토대환원론적인 접근방식을 취해왔다는 점이다. 동학농민전쟁을 비롯하여 '근대 이행기' 민중운동에 대한 지금까지의 연구들은 민중운동의 지향을 대체로 '반봉건 반외세'로 이해하고 있다. 이 가운데 '반봉건'에 대한 이해는 대체로 당시 조선사회의 규정적 생산관계가 지주제이고, 그것을 해체하는 것이야말로 '반봉건'의 핵심이라는 점에 근거하고 있다. 곧 조선사회의 '봉건성'의 핵심은 지주제에 있으며, 그에 따라 민중운동은 지주제를 중요한 모순으로 인식했고, 그것을 해체함으로써 '근대'를 지향했다는 것이다. 이는 계급환원론적, 혹은 사회경제구조 환원론적인 인식이고, 근대주의적 시각에 다름 아니다. 필자는 조선시대의 지주제가 '봉건적'이었다는 점에 대해서도 회의적이지만, 그렇다 하더라도 민중이 지주제를 반대하는 요구를 제기했다거나, 근대 이행기 민중의식이 '근대'를 지향했다는 점에 대해서는 더욱 회의적이다.

우선 근대 이행기 민중운동이 '근대'를 지향했다는 인식은 민중의 생각과 행동을 부르주아의 생각과 행동으로 전유하는 시각으로서, 민중의식이 가진 독자성을 외면하는 것이다. 민중은 지배이념이나 체제로부터 자유로울 수 없었지만,[1] 다른 한편 지배 엘리트와는 다른 독자적인 문화영역이나 의식세계를 가지고 있었기 때문이다. 예컨대 홉스봄은 집단적인 요소를 빼놓고 '전통적' 농민을 인식한다는 것은 어려운 일이라고 하면서, 경제적·사회적 상호관계가 이루어지는 민중의 "공동체" 혹은 "작은 세계"는 집단성을 가지며, 이것은 노동 과정 혹은 공동의 사용을 위한 자원의 통제 과정에서 협동이 요구된다는 점과 관련이 있다고 했다.[2] 민중의식은 이러한 '공동체'와 그를 바탕으로 한 일상생활 속에서 형성되며, 그것은 지배집단이나 엘리트들과는 다른 독자적 영역을 가진다.

또한 지주제가 중요한 모순이었고 민중의 삶을 억압했기 때문에 지주제에 반대했다는 토대환원론적인 인식 역시 민중의식의 형성 과정이나 특징이 가지는 복합성에 대한 고려를 배제한다. 조지 뤼데는 민중운동이 본래적 요인과 외래적 요인 쌍방향의 영향을 받아 일어난다고 했지만, 이 글에서는 그 가운데 본래적 혹은 생래적 요인, 특히 민중의 삶을 둘러싸고 있던 관습과 구법을 중점적으로 검토하고자 한다.[3] 민중운동은 지배체제나 이념뿐만

---

1) 톰슨은 평민문화는 자기정의적이거나 외부적 영향에 무관한 것이 아니라 귀족 통치자의 통제와 강제에 대항해 수동적으로 형성된다고 보았다. E. P. Thompson, *Customs in common*, Penguin Books, 1993, pp. 6~7.

2) 에릭 홉스봄 지음, 김동택 외 옮김, 『저항과 반역 그리고 재즈』, 영림카디널, 2003, 232~236쪽.

3) 조오지 뤼데 지음, 박영신·황창순 옮김, 『이데올로기와 민중의 저항』, 현상과인식, 1993, 46~57쪽, 71쪽 참조.

아니라 공동체적 일상생활 속에서 형성된 관습이나 의식으로부터도 자유로울 수 없기 때문이다.

톰슨은 민중운동을 조건반사적이거나 경제환원론으로 설명해온 경향에 반대하면서, 18세기 영국의 거의 모든 군중행동에는 정당성(legitimation)이라는 개념이 있었고, 이들은 전통적인 권리나 관습을 방어한다는 신념으로 충만해 있었으며, 이것은 공동체 차원의 합의(consensus)에 의해 지지되었다고 했다.[4] 또한 관습은 생활과 노동의 물질적·사회적 실재에 기원하며, 사람들이 행동하는 맥락을 제공하고, 관습 공유자들의 지역 내에서 집단적 행동, 집단적 이해관계, 감정의 집단적 표현을 제공한다고 했다.[5] 실제로 세계사적으로 볼 때도 '근대 이행기'의 민중은 관습에 호소하는 방식으로 자신들의 요구를 정당화하는 것이 일반적이었고, '구법舊法'에 근거한 요구는 저항을 철저하게 급진적인 형태로 이끌기도 했다.[6]

이러한 점은 '근대 이행기' 민중의식을 제대로 이해하기 위해서는 관습이나 구법에 대한 고려가 불가결함을 시사한다. 또한 민중은 독자적 영역에서 고유한 문화나 의식을 형성하고 있었으며, 이 문화나 의식은 지배체제나 이념뿐만 아니라 그들의 삶을 지탱해온 관습이나 구법에 따라 다양했음을 시사하기도 한다. 이 글은 바로 그런 점에 주목하여 19세기 후반 '근대 이행기' 민중운동에서 제시된 요구조건이나 구상된 개혁방안 가운데 지주제 등 토지소유 문제와 관련된 것들을 관습이나 구법과 연결하여 검토함으로써 민중의식의 특징과 지향점을 새롭게 조명해보고자 한다.

---

4) E. P. Thompson, "The Moral Economy of the English Crowd in the Eighteenth Century", *Past and Present,* No. 50, Feb. 1971, pp. 78~79.

5) E. P. Thompson, *Customs in common,* Penguin Books, 1993, p. 13.

6) Paul H. Freedman, *Images of the medieval peasant*, Stanford University Press, 1999, p. 298.

2. 연구사 검토와 문제제기

1) 근대지향론

1980~90년대에는 민중운동사 연구가 비약적으로 이루어졌다. 이를 통해 무엇보다 지배층 중심의 역사서술을 극복하고 민중이야말로 역사발전의 주체이고 역사는 민중이 스스로를 해방시켜가는 과정이라는 새로운 역사인식이 민중사학이라는 이름으로 자리 잡기도 했고, 많은 연구가 축적되면서 한국사 연구 전반에도 커다란 영향을 미쳤다.[7]

이 시기에 이루어진 '근대 이행기' 민중운동 연구는 대체로 민중이 '근대'를 지향한 것으로 이해했다. 주체 세력을 빈농으로 보든 부농으로 보든, 공통적으로 민중운동은 개화파와는 다른 "아래로부터의 길", 혹은 "민중적 코스"의 변혁운동이라고 파악하고 있었다. 1989년에 나온 『한국근대민중운동사』는 동학농민전쟁이 "조선 민족의 자주와 자본주의적 발전의 길을 열고자 하였"고, "우리나라의 부르조아 민족운동을 심화·발전시키는 커다란 추진력이 되었다"고 했다.[8] 또 1997년에 나온 『1894년 농민전쟁연구 5』는 "개화파는 농민의 동력에 의거하여 반봉건혁명을 추진하고, 민중과 연대하여 외세를 견제하면서 근대변혁을 추진했어야" 하고, "농민전쟁은 중세사회를 극복하고 역사의 새로운 지향을 제시"함과 동시에 "봉건 지배층을 대체하고 역사를 주도해 나갈 새로운 세력을 발견하여 이들을 뒷받침해주는 일을 담당하였어야 한다"고 했다.[9] 이러한 시각은 북한 학계도 마찬

---

7) 김성보, 「'민중사학' 아직도 유효한가」, 『역사비평』 1991 가을.
8) 망원한국사연구실 한국근대민중운동사서술분과, 『한국근대민중운동사』, 돌베개, 1989, 132~133쪽.
9) 한국역사연구회, 『1894년 농민전쟁연구 5』, 역사비평사, 1997, 89쪽.

가지였다. 1980년에 나온 『조선전사』는 농민군이 보다 철저한 부르주아적 개혁을 하지 못한 점을 한계로 지적하고 있다.[10]

이 시기 변혁운동 연구는 대체로 이른바 '근대화 과정의 두 가지 길' 이론에 기대어 진행되었다. 이 이론은 '근대 이행기' 변혁운동을 크게 두 갈래로 나누어 설명한다. 하나는 토지의 사적 소유와 그에 입각한 지주제를 인정하는 가운데 부세 문제를 고치려는 것이었고, 다른 하나는 토지 문제를 근본적으로 해결하려는 것으로 그 대안은 대체로 지주제의 철폐로 귀결되고 있었다는 것이다. 이러한 인식을 기반으로 1862년 농민항쟁은 "지주제를 부정하는 토지개혁의 구호를 정면으로 내세우"지 못했고, 그에 따라 "반봉건운동으로서는 아직 본 궤도에 진입하지 못하고 있었"다고 평가되었다.[11] 역시 지주제를 봉건성의 핵심으로 전제하면서 그것을 온전히 반대하지 못한 점을 "한계" 내지 "불구"적인 것으로 지적한 것이다. '두 가지 길'에 입각한 접근은 개항 이후 시기의 이해로도 연결되었다. 전자는 개화파 지식인들이 추구한 지주 입장의 개혁론인 '지주적 코스의 농업근대화론', 후자는 농민 입장을 대변하는 개혁론인 '농민적 코스의 농업근대화론'으로 이어진다는 것이다. 이러한 1894년의 상반된 두 개혁운동, 곧 갑오개혁과 동학농민전쟁에서 두 가지의 토지개혁 방안은 그 대립의 절정을 이루었다고 했다.[12] 경제적인 면에서 '봉건적 모순'의 핵심을 이루는 지주제를 둘러싼 지주─농민관계에 입각하여 민중의식과 지향을 도출해내고 있다는 점에서 전형적인 경제결정론 내지 토대반영론적인 시각이다.[13] 이러한 시각에서는 민중운동이

---

10) 『조선전사』 13권, 320쪽.

11) 김용섭, 「조선왕조 최말기의 농민운동과 그 지향」, 『한국근현대농업사연구』, 일조각, 1992, 362~363쪽.

12) 위의 글, 10~34쪽.

13) 토대반영론에 대해서는 이미 오래 전에 "경제사 연구에 종속된 채 진행됨으로써 농민항쟁을

사회경제적 모순의 표출에 지나지 않고, 민중의식은 객관적 모순에 규정되거나 그 반영에 불과한 것으로서, 민중의식의 형성 과정이나 자율성은 외면될 수밖에 없다. 또한 근대를 추구하는 방법만 다를 뿐, 민중 역시 문명개화론자들과 마찬가지로 '근대'를 추구했고, 또 추구해야 하는 규범적 존재임이 전제되고 있다는 점에서 '근대주의'적 시각을 보여준다.

'두 가지 길' 이론을 포함한 '근대 이행기' 변혁운동에 관한 연구는 이른바 '내재적 발전론'의 연장선에서 이루어졌다. 내발론은 이념형으로서의 서구의 경험을 기준으로 한 단선적 발전론에 입각하여 '근대 이행기'의 역사상과 민중상을 구축하고자 했다. 따라서 내발론에는 서구의 근대를 따라잡아야 할 것, 반드시 거쳐야할 것, 혹은 우리 역사 속에서 반드시 찾아내야 할 것으로 이해하는 근대주의적, 서구 중심적 역사인식이 자리 잡고 있다. 이는 보편으로 특권화된 서구적 경험과 얼마나 유사했는지를 확인하려는 역사관이자 세계관에 다름 아니다. 그에 따라 서구와 달랐던 경험이나 현상은 한계가 있거나 미흡하고 결함이 있는 '비정상적'인 것으로 간주되거나 아예 배제되고, 서구적인 것과 비슷한 것으로 왜곡되기도 한다. 민중사학도 이 점에서는 마찬가지였다. '근대 이행기'의 민중상이나 민중의식은 민중운동에 대한 경험적 연구에 기초하여 귀납적으로 형성된 것이 아니었다. 이 시기 '민족사'의 과제를 '반봉건 근대화'와 '반외세 자주화'로 설정한 뒤 선험적으로 전제한 이미지라는 혐의가 짙다. 서구적 경험을 준거로 한 발전론적 역사인식이 '외부적 시선'으로 전제됨으로써, 오히려 민중운동에 대한 내재적 접근은 외면되어왔다.

단순히 경제구조의 반영으로만 설명하는 데 그치고 있어 농민항쟁이 가지는 역사발전의 추동적 역할을 약화시키는 경향을 낳기도 했다"는 비판이 제기된 바 있다. 망원한국사연구실 19세기농민항쟁분과, 『1862년 농민항쟁』, 동녘, 1988, 27쪽.

한편 근대는 '서구'가 구성되는 과정이기도 했고, 다른 종류의 시간을 봉합해버리는 단일하고 세속적인 시간 개념이 형성되는 과정이기도 했다.[14] 또한 그것은 서구와 근대에 의해 비서구와 전근대라는 두 종류의 타자가 만들어지는 과정이었다. 전자는 비서구를 타자화하여 서구와 비서구의 비대칭적 관계를, 후자는 전근대를 타자화하여 근대와 전근대의 비대칭적 관계를 만들어냈다. 따라서 서구를 준거로 비서구를 비교하는 것 자체가 서구 중심주의를 강화할 수 있듯이, 근대를 척도로 비근대성과 전근대성을 비교하는 행위 자체가 근대성 권력을 작동시키는 것일 수 있다.[15]

서구 중심주적·근대주의적 역사인식은 다음과 같은 파생적인 문제를 낳는다. 첫째, 발전론이 서구 중심주의적 지배, 근대주의의 또 다른 형태임을 고려할 때, 발전론적·근대주의적 인식은 서구 중심주의와 근대 자체에 대한 비판적 시점의 확보나 상대화를 어렵게 한다. 둘째, 한국사의 전개 과정을 서구의 경험을 준거로 하여 선험적으로 전제한 한국사의 과제에 얼마나 부합했느냐 하는 맥락에 치우쳐서 파악하기 때문에 서구와는 이질적이었던 한국사의 독자성에 대한 구체적 이해를 외면한다. 그 결과 근대 이행 과정의 전략이나 그 과정에서 형성되었던 근대성의 내용과 성격을 한국사의 독자적 측면과 연결하여 파악하는 시각이 들어설 여지를 좁혀버렸다.

특히 이는 민중사와 관련해서 다음과 같은 문제를 초래했다. 첫째, 단선적 발전론은 사회경제구성 면에서의 발전을 토대로 하는 입장이기 때문에, 민중과 민중운동은 다만 사회경제구성상의 모순의 담지자 혹은 모순의 발현 형태라는 맥락에서 파악된다. 민중의식은 사회경제적 모순에 조응하여 저절

---

14) 차크라바르티, 「인도 역사의 한 문제로서 유럽」, 『흔적』 1, 2001, 85쪽.

15) 니콜라 밀러·스티븐 하트 편저, 서울대 라틴아메리카연구소 옮김, 『라틴아메리카의 근대를 말하다—서구 중심주의에 대한 성찰』, 그린비, 2008, 68쪽.

로 형성되고, 민중은 그에 입각하여 모순해결이라는 과제를 수행하는 존재로 상정됨으로써, 민중의 주체성은 박탈당하고 그들의 생각과 행동이 가진 고유한 측면은 억압·배제된다. 둘째, 민중의식이나 민중의 정치문화가 근대지향 여부의 맥락에서만 파악되기 때문에 그것이 가진 독자적 성격에 대한 접근을 어렵게 하며, 민중상이나 민중운동도 다만 근대를 향해 돌진하는 역사상 속에 구겨 넣어진다. 이는 민중이 형성해 나가고 있던 독자적 의식세계나 문화, 그리고 그것이 지배문화나 지배적인 사회 시스템과 갈등, 경합, 상보하며 만들어가는 '근대 이행기'와 근대의 형성 과정을 동태적으로 이해하기 어렵게 한다. 이러한 접근방법은 결과적으로 근대 이행 과정과 근대를 다기적·다면적으로 바라볼 수 있는 시각을 차단함으로써 근대 형성 과정에 대한 일원적 이해로 귀결된다. 셋째, 민중운동이나 민중의식을 근대지향성 여부에서만 파악하는 태도는 민중사 연구의 의미를 살리는 데도 장애가 된다. 민중운동이나 민중의식은 사회구조나 지배체제, 지배이데올로기의 영향 아래서 형성되지만, 거꾸로 당시 사회를 역투사하여 조명할 수 있는 계기가 되기도 한다. 민중운동이 전개되는 시공간에서는 일상적인 삶 속에서는 잘 보이지 않던 민중의 행동과 생각이 집중적으로 드러난다. 그러므로 민중운동의 요구조건이나 투쟁양상에 배어 있는 민중의 행동이나 생각을 역투사할 때 당국이나 지식인들의 기록에서는 잘 볼 수 없는 당시 사회의 이면이나 밑바닥, 혹은 은폐되어 있는 구조, 의식 등을 확인할 수도 있는 것이다. 이 점에서도 선험적으로 전제된 민중의 이미지는 결과적으로 민중운동에 대한 '내재적' 접근을 통해 당시 사회를 역투사하여 조명할 수 있는 가능성을 배제하는 것이기도 하다.

2) '반근대' 혹은 '반자본주의' 지향론

동학농민전쟁의 '반근대' 지향을 처음으로 제기한 연구자는 조경달이다. 조경달은 이미 1983년에 농민군의 지향은 반자본주의·반식민주의(반침략)를 동시에 지향하는 반근대를 내포한 변혁운동이었다고 했다.[16] 그 뒤에도 이러한 생각을 더욱 발전시켜 이른바 도소都所 혹은 집강소 체제하에서 급진화된 빈농·반프로·천민을 중심으로 한 농민군의 행동은 자율적인 것이었고, 평균주의·평등주의, 소농 회귀와 소농 보호의 입장에서 '농민적 토지소유'를 추구한 그들의 지향은 반反근대적이었으며, 이는 본원적 축적 과정을 수반하는 근대가 농민들에게는 비참한 것이었음을 다시 한 번 상기시킨다고 했다.[17]

정창렬은 미약한 부르주아계급에 기반을 둔 개화당 정권의 '개화'는 농민군에게 자본주의화·왜국화·식민지화로 인식되었으며, 농민군은 식민지화·자본주의화가 아닌 반봉건주의 '근대화'를 지향했다고 보았다. 결국 농민군의 지향은 반봉건주의·반자본주의·반식민지화를 동시에 충족시키는 '근대화'였다고 하여 조경달과 유사한 결론을 내렸다.[18] 고석규는 개항 이후 미곡 수출에 따른 곡가 상승과 미곡시장의 확대가 양반지주의 토호경영을 강화했기 때문에 양반토호에 대한 저항은 곧 그 이면에 자리 잡고 있는 종속적 자본주의화·지대자본주의에 대한 저항의 성격을 지닌다고 보았다. 이 점에서 농민군은 '근대 이행의 두 가지 길' 가운데 '아래로부터의 길'과는 달리, 식민지화·자본주의화가 아닌 반봉건주의·반자본주의적 속성을 지니는 '농

---

16) 조경달, 「갑오농민전쟁의 지도자=전봉준의 연구」, 『조선사총』 7, 1983.

17) 조경달 지음, 박맹수 옮김, 『이단의 민중반란』, 역사비평사, 2008.

18) 정창렬, 「동학농민전쟁과 프랑스혁명의 한 비교」, 미셸 보벨·민석홍 외, 『프랑스혁명과 한국』, 일월서각, 1991, 253~254쪽.

민적 노선'에 의한 '근대화'를 추구한 것으로 이해했다.[19]

'반근대론'를 내포한 변혁운동이라거나, 혹은 '반봉건주의'와 '반자본주의'의 성격을 동시에 가지고 있다는 견해는 '반근대'나 '반자본주의' 근대화의 내용이 불분명하지만 농민군의 경제적 지향이 부르주아적·자본주의적 근대화가 아니었음을 분명히 하고 있다. 이는 전근대에서 근대로의 발전이라는 도식에 전유된 민중을 구출해내고 주체성에 입각한 민중상을 구축할 수 있는 단서를 제공한다는 점에서 의미가 크다. 이 가운데 조경달의 견해는 민중운동이 근대를 지향했다는 역사인식은 세계사적인 경험에 비추어보더라도 설득력이 없다는 판단에 근거하고 있다. 이러한 판단은 주로 프랑스혁명이나 '근대 이행기' 민중운동에 대한 일본 학계의 연구성과를 수용한 것이다.[20] 프랑스혁명 시기의 농민혁명이나 메이지유신 이후 일본의 민중운동이 기존의 질서·관행과 다른 새로운 근대적·자본주의적 법과 질서나 경제원리가 자신들의 일상생활에 타격을 주고 생존을 위협하자 이에 반대했다는 점에서 '반反자본주의적'이었다고 보는 연구성과들이 있었다. 특히 르페브르는 혁명 당시 농민운동이 부르주아운동에 포섭되지 않았고, 그와 다른 발생·진행·위기·경향을 가지고 진행되었으며, 도시민중과 더불어 프랑스혁명에 개입함으로써 혁명의 진행이나 성격에 영향을 미친 독자적·자율적 사회운동이었다고 했다.[21]

19) 고석규, 「1894년 농민전쟁과 '반봉건 근대화'」, 동학농민혁명기념사업회 편, 『동학농민혁명과 사회변동』, 한울, 1993, 20~21쪽, 26쪽.

20) 조경달 지음, 박맹수 옮김, 『이단의 민중반란』, 역사비평사, 2008, 26쪽.

21) 시바따 미찌오, 『근대세계와 민중운동』, 한벗, 1884; 稻田雅洋, 『日本近代社會成立期の民衆運動』, 筑摩書房, 1990; 鶴巻孝雄, 『近代化と 傳統的 民衆世界』, 東京大出版會, 1991; 이세희, 「프랑스혁명기의 농민운동에 대한 연구사적 고찰」, 『부대사학』 10, 1986; 최갑수, 「프랑스혁명과 농민운동 논쟁에 대한 소고」, 『역사비평』 1992 여름; 알베르 소불, 「아나똘리 아도의 논문에 대하여」, 『역사비평』 1992 여름.

또한 조경달은 민중의 자율성을 대체로 '반근대' 지향과 겹쳐서 설명하고 있으며, 그 과정에서 자율성을 근대에 대한 철저한 배타성으로 묘사하기도 하고, 때로는 근대적 지식인에 의해 쉽게 포섭되거나 사라져버리는 것으로 묘사하기도 한다. 이 경우 근대 속의 민중의식은 '잔여'로서만 존재하는, 다만 사라져갈 찌꺼기들에 불과한 것으로 왜소화될 수 있으며, 민중의 자율성이 근대적인 것과 교섭·경합할 수 있는 가능성을 닫아버릴 우려가 있다. 또한 이런 전제하에서는 민중 스스로 근대를 수용하고 형성해 나갈 수 있는 가능성이 차단되며, 근대나 국민국가의 형성 과정에서 민중은 일방적으로 강요만 받거나, 포섭되고 동원되는 수동적 존재로만 그려질 수 있다.[22]

그러나 민중의식이나 문화는 고정적·정태적인 것이 아니라, 외래의 요소와 끊임없이 교섭하며 그것을 자기 것으로 만들어가기도 하는 동태적인 존재이다.[23] 이 점을 유념할 때 민중사 연구의 의미는 전통적인 민중문화가 권력에 의해 단지 압살되어가는 측면만이 아니라 자발적으로 변용해가는 측면, 민중에 의해 아래로부터 새롭게 형성되어가는 의식을 찾아내고, 그것이 엘리트 문화와 경합·소통·상호침투하는 모습을 찾아내는 데 있다고 생각한다.[24]

---

22) 이와 관련하여 차르테지의 다음과 같은 지적이 주목된다. 그는 근대 시민사회 바깥 영역에 있는 나머지 사회를 현대/전통의 이분법을 사용하여 개념화하는 것은 '전통'을 탈역사화하고 본질화하는 함정을 회피하기 어려우며, 전통 쪽으로 내몰리는 영역이 근대적 시민사회의 원칙들에 부합하지 않는 방식으로 근대와 맞설 수 있는 가능성을 부정하는 것이라고 하였다. 파르타 차르테지, 「탈식민지 민주국가들에서의 시민사회와 정치사회」, 『문화과학』 25, 2001, 143쪽.
23) 조지 뤼데에 따르면, 민중은 기본적으로 자신의 "내재적", 전통적 관념들을 가지고 혁명에 참여했지만, 부르주아와 비슷한 어휘나 관념(자유, 사회계약론, 인민주권론)을 받아들이고 있었다. 조오지 뤼데 지음, 박영신·황창순 옮김, 『이데올로기와 민중의 저항』, 현상과인식, 1993, 134쪽.
24) 민중의 자율성과 '반근대지향성'을 둘러싼 조경달의 논리에 대한 자세한 검토는 배항섭,

3. 민중운동의 토지 관련 요구와 개혁구상

1) 민란의 지주제 인식

민란에서 보이는 지주제 인식과 관련된 종래의 대체적인 이해는 1862년 민란에 관한 그동안의 연구성과를 집대성한 『1862년 농민항쟁』에 잘 드러나 있다.[25] 여기서는 민란의 원인으로 ① 지주—작인·빈농 사이의 모순이 가장 중요하고, ② 부농과 빈농 간의 갈등은 부차적이었으며, ③ 그 다음으로는 국가의 조세수탈과 사대부들의 불법지배가 원인이 되었다고 지적되었다.[26] 또 민란의 주체 세력을 빈농으로 보면서 그들이 지향했던 사회변혁의 방향은 궁극적으로 '농민적 토지소유'의 실현이었다고 이해했다.[27]

그러나 현재까지 확인된 사례들을 종합해볼 때, 민란 형태를 띤 집합적 투쟁의 경우 1862년 민란뿐만 아니라 1894년 이전의 어떤 민란에서도 토지소유 문제는 물론 지대인하나 소작조건 개선에 관한 요구조차 제기된 사례가 없었다. 환퇴還退 관련 조항이 요구조건에 포함된 1893년의 개성민란이 유일한 예외였다.[28] 1894년 이후에도 역둔토驛屯土나 궁방전宮房田 등 발생사적 연원이나 소유구조가 특수한 지목의 토지를 제외한 일반 민전에 대해서는 소작권이나 소작조건 개선과 관련된 요구가 제기된 적이 없다. 동학농민전쟁에서도 사료의 신빙성에 문제가 있는 오지영의 『동학사』를 제외하면

「근대를 상대화하는 방법」, 『역사비평』 88, 2009 참조.
25) 조선 후기 민란과 지주제의 관계에 대한 연구사 검토는 배항섭, 「조선 후기 민중운동 연구의 몇 가지 문제—임술민란을 중심으로」, 『역사문제연구』 19, 2008 참조.
26) 망원한국사연구실, 『1862년 농민항쟁』, 동녘, 1988, 55~58쪽.
27) 위의 책, 88쪽.
28) 이하 개성민란에 대해서는 Bae Hang-seob, "Kaesŏng Uprising of 1893", *International Journal of Korean History*, Vol. 15, Feb. 2010 참조.

토지개혁을 전면적으로 제기했다는 기록은 남아 있지 않다.[29]

이것은 실학자를 비롯한 지식인이나 한유寒儒, 빈사층貧士層이 주도한 변란과 크게 대조된다. 지식인들은 이미 조선 전기부터 '왕토사상'에 입각하여 지주제의 폐지와 정전제井田制·균전제均田制·한전제限田制의 실시 등을 주장하는 토지개혁론을 꾸준히 제기했다.[30] 19세기 후반에는 이항로李恒老나 김평묵金平黙 등 보수 유생층까지 정전제 개혁론을 제기하고 있었고,[31] 1894년 동학농민전쟁 이후에도 다수의 지식인에 의해 정전론, 균전론 등 지주제 폐지를 전제로 한 토지개혁론이 제기되었다.[32] 변란 주모자 중에서도 1804년 황해도에서 변란을 모의한 이달우李達宇가 "주周의 정전법이나 당唐의 균전제"를 본받아 토지제도를 개혁할 것을 주장했고,[33] 1869년 경상도 진주 일대에서 변란을 기도한 양영렬楊永烈은 둔전법屯田法을 구상한 바 있다.[34]

한편, 다산 정약용은 19세기 초반 호남 지방을 살피면서 대략 지주가 5%, 자작이 25%, 나머지 70%는 소작에 관계하고 있어 '개경인전皆耕人田'하는 실정이라고 토지소유의 불균등을 개탄했다.[35] 또 농민전쟁 직후인 광무양전 사업 당시 용인군 이동면 농민의 계층별 농지소유 규모를 분석한 이영호에

---

29) 이하 동학농민전쟁 당시의 토지개혁 구상에 대해서는 배항섭, 「1894년 동학농민전쟁에 나타난 토지개혁 구상」, 『사총』 43, 1994; 배항섭, 「정치·경제적 지향 및 개화파와의 관계」, 『동양학』 30, 2000; 배항섭, 「1894年 東學農民軍の社會·土地改革論」, 深谷克己 編, 『民衆運動史 5. 世界史のなかの民衆運動』, 青木書店, 2000 참조.

30) 이경식, 「조선 전기의 토지개혁 논의」, 『한국사연구』 61·62합집, 1988; 김태영, 「조선 전기의 균전, 한전론」, 『국사관논총』 5집, 1989.

31) 李恒老, 「語錄」, 『華西集』 附錄 券 1 金平黙錄 1; 金平黙, 「治道私議」, 『重菴集』 券 35.

32) 여기에 대해서는 김용섭, 「조선 후기 토지개혁론의 추이」, 『동방학지』 62, 1989; 김용섭, 「한말 고종조의 토지개혁론」, 『증보판 한국근대농업사연구』 (하), 1990 참조.

33) 『推案及鞫案』 26, 甲子罪人達宇義綱等推案, 602쪽.

34) 「慶尙監營啓錄」, 高宗 7年 6月 14日 楊永烈 供招.

35) 『茶山詩文集』 卷9, 疏, 擬嚴禁湖南佃夫輪租之箚子.

따르면, 82%에 달하는 1정보 이하의 소소유자층은 전체 토지의 33% 정도만 소유한 반면, 3정보 이상의 대소유자는 4%에 불과한데도 전체 토지의 36%를 소유하고 있었다.[36] 토지소유의 불균등 정도와 농민층의 분화 여부에 대해서는 논란이 있지만,[37] 토지를 전혀 보유하지 못한 농민들까지 포함할 경우 토지소유가 극히 불균등했던 당시의 사정을 미루어 짐작할 수 있다. 따라서 빈·소농이나 무토민들의 토지 보유에 대한 희원도 그만큼 강했을 것으로 보인다. "소민小民들은 모두 균전均田을 원하며, 원하지 않는 자는 거성대족巨姓大族과 향리호활鄕里豪猾들뿐"이라고 한 강위姜瑋의 표현,[38] "정전제井田制는 빈민에게 이롭고 부자에게는 해롭다"고 했던 어느 유학자의 표현 등은,[39] 적어도 자작 규모 이하의 빈·소농들 사이에 토지개혁에 대한 원망顧望이 널리 퍼져 있었음을 보여준다. 민란의 전개 과정에서 대민과 소민, 지주와 작인 간의 대립과 갈등이 곳곳에서 드러난 사실이나,[40] 동학농민전쟁

---

36) 이영호, 「대한제국 시기의 토지제도와 농민층 분화의 양상—경기도 용인군 이동면 「光武量案」과 「土地調査簿」의 비교분석」, 『한국사연구』 69, 1990, 105쪽.

37) 크게 토지소유의 양극분화가 진행된다는 이해(김용섭, 『조선후기농업사연구』 I, 일조각, 1970; 김용섭, 『증보판 조선후기농업사연구』 II, 일조각, 1990)와 오히려 상층농의 비중과 경지면적이 감소하고 하층농의 경작자 수나 경작면적이 증가한다는 반론이 있다. 이영훈, 「조선 후기 농민분화의 구조·추세 및 그 역사적 의의」, 『동양학』 21, 1991; 이영훈, 「한국사에 있어서 근대로의 이행과 특질」, 『경제사학』, 21, 1996; 김건태, 「조선 후기 지주제하 농민층 동향」, 『경제사학』 22, 1997; 김건태, 「17~18세기 전답 소유 규모의 영세화와 양반층의 대응」, 『한국사학보』 9, 2000; 미야지마 히로시, 「유교의 제민사상과 소농사회론」, 『국학연구』 14, 2009.

38) 『姜瑋全集』 下, 擬三政捄弊策, 663쪽.

39) 權㺩, 「策問」, 『錦厓文集(幷)附』(김용섭, 『한국근대농업사연구』 (하), 1990, 27쪽에서 재인용).

40) 李潤甲, 「19세기 후반 慶尙道 星州地方의 농민운동」, 『孫寶基博士停年紀念 韓國史學論叢』, 1988; 權乃鉉, 「18·19世紀 晉州地方의 鄕村勢力變動과 壬戌農民抗爭」, 『韓國史硏究』 89, 1995 참조.

에서 '평균분작平均分作' 요구가 논의된 것도 바로 그런 희원希願의 표현이었다고 생각된다. 그러나 1894년 이후의 일반적인 민란에서 지주제에 대한 반대가 명시적으로 표현된 적은 한 번도 없었다.

그 중요한 이유로 다음과 같은 두 가지 점이 지적되고 있다. ① 지주의 토지소유가 분산적이었기 때문에 지대 저항도 소규모·개별적·소극적이었다는 것이다.[41] ② 민란을 주도한 계층이 요호부민饒戶富民이었기 때문에 지주제 폐지를 요구하는 빈농, 무전민들의 원망顏望이 반영되지 못했다는 것이다.[42] ①에 대해서는 좀 더 구체적인 검토가 필요하지만, ②의 경우는 일면 타당한 점이 있다. 요호부민은 "정전법井田法을 불락不樂"했고,[43] 지주로 성장한 향리층도 정전제적 토지제도개혁을 반대하고 있었음이 분명하기 때문이다.[44]

이러한 점에 비추어볼 때 특히 개성민란과 같이 삼포주와 상인 등 부유층과 상대적으로 많은 토지를 소유했을 것으로 추정되는 전직 관리들이 주도한 민란에서는 빈농들의 요구가 반영되지 않았을 개연성이 크다. 1893년에 일어난 개성민란에서는 15개 조항의 요구조건이 제시되었다. 그 가운데 제13항 "전답을 매매한 지 오래된 것은 세력을 믿고 환퇴還退하지 못할 일"은 일반적인 전답매매가 이루어진 지 오래된 경우, 혹은 환퇴 약정이 있었더라도 이미 기한이 지난 지 오래된 경우, 세력을 믿고 환퇴를 강요하는 행위를 금지해줄 것을 요구한 것으로 해석된다. 이는 수령 등 관권에 의한 불법적인 소유권 침해를 막고 자유로운 소유권을 보장해줄 것을 요구한 것에 다름

---

41) 이영호, 『동학과 농민전쟁』, 혜안, 2004, 231~232쪽.
42) 高錫珪, 「19世紀 農民抗爭의 展開와 變革主體의 成長」, 『1894년 농민전쟁연구』 1, 1991; 오영교, 「1862년 農民抗爭 研究」, 『孫寶基博士停年紀念韓國史學論叢』, 1988.
43) 『寒州先生文集』 卷4, 擬陳時弊仍進忠錄疏.
44) 都漢基, 『管軒集』 卷18, 對三政策.

아니다. 지주제에 대한 반대나 토지소유의 불균등 해소와는 전혀 관련이 없다. 오히려 관권 등에 의해 부당한 방해를 받지 않고 토지의 자유로운 소유와 매매를 추구하려는 의지를 드러내고 있다. 지주 혹은 부농이 주도한 개성민란에서 빈농들의 균산적均産的 토지개혁 염원이 배제되었을 가능성을 보여준다.

1862년 임술민란 당시 처음부터 빈농에 가까운 초군들이 주도한 사례가 많았던 충청 지역의 경우에도, 다른 지역에 비해 반토호 투쟁이 고양되기는 했지만[45] 역시 지주제를 반대하는 구호는 없었다. 또 민란의 대체적인 전개 과정을 볼 때, 일반적으로 초기에는 요호부민이 주도하다가도 진행 과정에서 점차 요호부민은 탈락하고 빈농층이 중심이 되어 폭력투쟁을 전개한 예가 많았지만, 그때에도 지주제를 반대하는 구호는 제기되지 않았다. 이러한 모습은 기왕의 이해로는 설명이 불가능한 것으로, 새로운 고민과 접근이 요청된다.

2) 동학농민전쟁의 토지개혁구상

민란에 비할 수 없을 정도의 대규모 반란인 동학농민전쟁 당시에도 농민군들이 요구한 '폐정개혁안'에는 지주제를 반대하는 요구가 포함되지 않았다. 농민전쟁 당시 농민군 측이 제시한 토지소유 관련 요구조건은 다음과 같았다.

① 각 궁방의 윤회결輪回結은 모두 혁파할 일.[46]

---

45) 趙景達, 「開國前夜における朝鮮の民亂」, 深谷克己 編, 『民衆運動史 5. 世界史のなかの民衆運動』, 靑木書店, 2000.
46) 金允植, 『續陰晴史』 上, 323쪽.

② 관장官長이 된 자는 자기 경내境內에 입장入葬하거나 논을 사지 못하게 할 일.[47)]

③ 지방관이 자기가 관할하는 읍에서 논을 사거나 묏자리를 쓸 경우 법에 따라 처단할 일.[48)]

④ 각 읍의 수령이 자기가 관할하는 읍에서 묏자리를 쓰거나 전답을 사들이는 것을 엄금할 일.[49)]

①은 소유권이 궁방에 있는 유토궁방전有土宮房田과 달리 일반 민전을 윤회하며 지정하여 그 토지의 결세만 호조를 거쳐 궁방에 지급하도록 한 무토궁방전無土宮房田에 관한 내용이다. 당시 궁방전으로 지정된 일반 민전에서는 도장이나 차인배들의 가렴이나 침학의 폐단이 이어지고 있었다.[50)] 결국 이 조항은 궁방의 수탈과 부당한 침해로부터 벗어나려는 의도가 실린 요구조건이지만, 한편으로 토지소유권을 온전히 지키려는 의지의 표현이기도 했다. ②는 지방관이 자기 임지에서 늑장勒葬하거나 토지를 구입하는 것을 반대한 것이다. 조선 후기에 편찬된 『속대전』에는 수령이 전 10결, 장壯노비 10구口를 소유하면 그 읍의 수령으로 재임하지 못하도록 규정되어 있다. 그러나 수령이나 향리, 토호 등이 다른 사람의 선영을 무단으로 탈취하여 자기 조상의 묘지를 쓰거나 자기 고을의 토지를 늑매하는 일이 비일비재했다. 농민군의 '폐정개혁안'이 제시된 직후인 1894년 7월, 전임 금구 현감

---

47) 「판결선고서원본」, 『동학관련판결문집』, 정부기록보존소, 30쪽.

48) 「東匪討錄」, 『韓國民衆運動史資料大系: 一八九四年의 農民戰爭篇』 1, 360~364쪽; 金允植, 又原情列錄追到者, 『續陰晴史』 上, 323~325쪽.

49) 「大韓季年史」, 『동학농민전쟁사료총서』 4, 372쪽; 『大阪每日新聞』 明治 27年 7月 19日(『동학농민전쟁사료총서』 23, 258쪽).

50) 한우근, 『동학란기인에 관한 연구』, 서울대학교출판부, 1971, 109~117쪽.

김명수金命洙와 금구 향리가 "수령으로 자기 관내의 토지를 매입하고 산을 차지한 것"과 "위협하여 산을 차지한 일"이 발각되었다. 조정은 산과 토지를 원주인에게 즉시 돌려줄 것을 지시했다.[51] 이로 미루어볼 때 ② 조항은 무엇보다 수령이 권력을 끼고 부당하게 토지소유권을 침해하는 데 반대하고 자신들의 소유권을 온전히 지키려는 의지를 반영한 것으로 보인다. 이렇게 볼 때 농민군이 제시한 토지 관련 개혁 요구는 지주제에 대한 반대나 토지소유의 불균등 해소와는 전혀 관련이 없었다. 오히려 개성민란에서와 마찬가지로 사적 소유권을 확고히 하려는 목적에서 제시된 것으로 보인다.

그러나 다른 한편 동학농민전쟁에서는 민란과 달리 토지의 '평균분작'이 구상되고 있었다. 농민군의 폐정개혁 요구나 집강소 시기 농민군의 개혁 활동에서 '평균분작'을 의도한 강령이나 행동이 나타나지는 않았지만, 여러 자료와 정황으로 추정해볼 때 농민군 가운데 빈농층 내지는 그들의 입장에 선 지도부 일각에서 중요한 개혁방안으로 구상하고 있었음은 분명하다. 이는 앞서 언급했듯이 조선왕조 건국 당시부터 '왕토사상王土思想'에 입각한 토지개혁론이 꾸준히 주장되어왔고, 빈소농이나 무토농민들 사이에서는 토지보유에 대한 희원이 광범위하게 형성되어 있었음을 고려할 때 오히려 당연한 일이기도 하다.

농민군의 '평균분작' 구상 역시 '왕토사상'을 기반으로 한 것이었다. 전봉준이 토지를 '평균분작'하려 한 사상적 배경에는 "공토公土"를 "사토私土"로 만들어 빈부가 생긴 것이 "인도상 도리에 위반"된다는 생각이 있었다. 그것은 사람이 사람을 매매하여 귀천이 있게 한 것과 동일선상에서 이해되었다. 이는 활빈당이나 진보회가 왕토가 사전이 된 현실을 반대하거나 그런 현실

---

51)『日省錄』高宗 31년 7월 19일.

을 개혁하기 위해 토지매매를 금지하자고 주장한 것과 같은 맥락이었다.

이상에서 보았듯이, 민란이나 동학농민전쟁 당시 제시된 요구조건에서는 지주제 반대와 관련된 요구조항이 확인되지 않는다. 개성민란이나 동학농민 전쟁에서 토지소유 문제와 관련된 요구가 일부 나타나지만, 역시 지주제 철폐와는 거리가 멀었다. 오히려 소유권에 대한 부당한 침해로부터 자유로운 사적 소유권을 지향하고 있었음을 알 수 있다. 특히 동학농민전쟁에서는 한편으로 토지소유권의 확보를 목적으로 한 요구조건이 제시된 반면, 다른 한편 지주제 폐지를 전제로 한 토지개혁 방안이 구상되고 있었다. 서로 다른 두 가지 종류의 토지소유 관련 요구가 제시되거나 구상되고 있었던 것이다. 단순히 비교해볼 때 하나는 사적 소유권을 온전히 지키려는 것이었고, 다른 하나는 토지의 사적 소유를 철폐하려는 것이었다. 이런 이율배반적인 현상은 '근대 이행기' 민중운동이 지주제 철폐를 통해 근대를 지향했다거나, 혹은 그 반대로 반근대를 지향했다는 기왕의 이해 가운데 어느 쪽으로도 온전히 설명하기 어렵다. 이하의 글에서는 당시 조선사회의 토지소유구조와 매매관습과 연결하여 해명함으로써 '근대 이행기' 민중운동의 지향에 새로운 방향에서 접근해보고자 한다.

4. 조선시대 토지소유구조와 매매관습

1) 토지소유구조

고려시대에도 일반농민에 의한 토지의 매매행위가 확인되지만, 조선시대, 특히 조선 후기에 들어와서는 토지소유권이 근대적 소유와 흡사할 정도의 배타성을 가지게 되면서 농민들의 토지매매가 일반화되었다. 조선 건국 세력은 왕토사상에 입각하여 균전제를 시행하고 자영소농층을 확보함으로써 국역체제를 안정적으로 운용하고자 했다. 물론 과전법科田法으로 표현된 조선왕조의 토지 정책은 그와는 거리가 멀었지만, '왕토사상'에 입각한 토지지배와 국역체제 운용의지는 완전히 포기되지 않았고, 그것은 토지의 매매와 병작을 금지한 데서도 확인된다.[52]

그러나 토지의 사적 소유권이 성장하고 토지매매의 필요성이 중대되어갔기 때문에 1424년(세종 6)에는 일반 민전의 매매를 허용할 수밖에 없었다.[53] 매매의 허용은 원래 조선 건국 세력의 토지개혁 구상, 곧 왕토사상에 입각한 '토지공유제土地公有制' 내지 '왕유제王有制'를 구현하고 균전제를 실시함으로써 자영소농민층을 확보하고 이들을 생산의 기축으로 삼으려던 구상을[54] 포기한 것이었다. 반면 처분권의 핵심이라 할 수 있는 매매, 양도가 가능해짐으로써 농민들의 토지소유권은 그만큼 성장하게 되었다. 이어 토지분급 정책은 1466년(세조 12)의 과전법 폐지와 직전법職田法 시행, 1566년(명종 11)의 직전법 폐지와 관수관급官收官給의 시행 등을 거치며 일변했고, 관리들은 오직 녹봉만 지급받게 되었다. 그에 따라 과전이나 직전을 통해 전객, 곧 민전 소유 소농민들의 소유권 행사에 제약을 가했던 전주-전객제는 소멸되었고,[55] 일반 민전 소유주는 사실상 자유롭게 토지소유권을 행사할 수 있었다.

자유로운 토지매매는 토지소유의 불균등을 초래했다. 토지소유의 불균등

---

52) 과전법에 대해서는 김태영, 『朝鮮前期土地制度史硏究—科田法體制』, 지식산업사, 1983; 이경식, 『朝鮮前期土地制度硏究—土地分給制와 農民支配』, 일조각, 1986 참조.
53) 『세종실록』 세종 6년 3월 23일. 이때 공전·사전을 불문하고 전지매매 금지규정이 공식적으로 해제되었다. 김태영, 「조선 전기의 균전, 한전론」, 『국사관논총』 5집, 1989, 120쪽.
54) 이경식, 「조선 전기의 토지개혁 논의」, 『한국사연구』 61·62합집, 1988, 219~220쪽.
55) 이경식, 「조선 전기 직전제의 운영과 그 변동」, 『한국사연구』 28, 1980 참조.

은 균전민을 전제로 해야만 온전하게 운영될 수 있던 국역체제에 막대한 폐단을 불러일으켰다. 그에 따라 토지의 집중과 개별 인신의 탈점, 은루현상이 만연하면서 국가기구의 존립을 위태롭게 할 정도로 만성적인 재정난이 초래되었다.[56] 이 점에서 조야의 지식인들에 의해 꾸준히 제기된 토지개혁론은 허구화한 '왕토'와 '왕신'의 통일적 지배의 실체를 회복하려는 노력이기도 했다.

한편, 토지매매 허용과 국가에 의한 토지분급제의 해체에 따라 민전 소유주의 토지소유권은 크게 강화되었다. 이미 개간·경작되었으며, 매매·양도까지 이루어지고 있던 토지를 '양안상量案上 무주지無主地'라는 이유로 궁방에 절수折受하는 등 국가권력에 의한 소유권 침해가 없지 않았지만, 조선 후기에 와서는 근대적 토지소유와 매우 흡사할 정도로 일물일권적 배타성이 확립되었다. 물론 소유구조나 매매양상이 근대적 내지 자본주의적이었는가의 여부는 '근대'나 '자본주의'에 대한 규정, 국가권력과의 관계나 공동체적 규제, 신분제적 지배의 여부, 상품경제와의 관계 등을 포함해 다양한 고려와 이론적 검토가 필요한 문제지만, 여기서는 일단 조선 후기 이래의 토지소유권이 근대적 토지소유권과 매우 흡사할 정도로 배타적·일물일권적 성격을 띠고 있었음을 확인해두고자 한다.

무엇보다 조선 후기에 지주—작인관계에 편입된 토지 가운데 일부 발생사적 연원이 특이한 지목地目의 토지를 제외한 토지에서는 소유권이 중층적이지 않았다.[57] 지주가 가진 처분권을 비롯하여 사용, 수익권이 토지소유자의

---

56) 김태영, 「조선시대 농민의 사회적 지위」, 『한국사시민강좌』 6집, 1990 참조.
57) 예를 들면 궁방전(官房田)이나 도지권(賭地權)이 설정된 일반 민전(民田), 곧 황해도 재령의 중도지(中賭地), 평안도 대동 등지의 전도지(轉賭地), 평안도 의주의 원도지(原賭地), 전라도 전주의 화리(禾利), 경상도 진주·고성의 병경(竝耕) 등 특정한 지목의 일부 토지에서만 소유권이 중층적이었다. 朝鮮總督府, 『朝鮮의 小作慣行』 下, 1932, 30쪽(參考篇).

배타적 권리로 인정되고 있었다. 반면 직접경작자=소작인에게는 지주의 소유권에 대항할 만한 권리가 없었다.[58] 경작권은 지주의 소유권에 대항할 수 있는 물권이 아니었기 때문에, 작인이 지대 납부 기한을 지키지 않거나 지대를 거납할 경우 이작은 당연하게 여겨졌다.[59] 그에 따라 소작인이 동일한 토지를 차지하는 기간은 대체로 3~4년 정도에 지나지 않았으며, 10년 이상 같은 토지를 소작하는 경우는 극히 드물었다.[60] 나아가 소유권 행사는 신분과 무관하게 법적 보호를 받았다. 『속대전續大典』은 자손이 있는 노비의 토지를 노비주가 자기 소유로 귀속시키는 것을 금지하여 노비의 소유권도 보장해주고자 했다.[61] 토지소유에는 신분적 차별이 사실상 존재하지 않았음을 의미한다. 마찬가지로 양반이라 해도 토지소유와 관련한 어떠한 특권도 가지지 못했다.[62]

토지소유의 이런 특징은 일찍부터 토지의 상품화를 자유롭게 했으며, 자유로운 매매는 토지소유의 분화가 이루어질 수 있는 근원적인 배경이 되었다.[63] 또 서구의 경우 토지소유가 상·하급 소유로 나누어져 있었던 만큼 토

---

58) 『國譯 舊慣習調査報告書』, 한국법제연구원, 1992, 133쪽; 조선총독부, 『조선의 소작관행』 하, 1932, 80쪽(참고편).
59) 조윤선, 『조선 후기 소송 연구』, 국학자료원, 2002, 144쪽.
60) 김건태에 따르면 일반 민전에 비해 작인 존속율이 상대적으로 높았던 문중 족답에서도 작인 존속율은 19세기 중후반으로부터 20세기 초반에 걸쳐 높게는 5.8년, 낮게는 3.4년에 불과했다. 김건태, 『조선시대 양반가의 농업경영』, 역사비평사, 2004, 389~390쪽.
61) 『續大典』 刑典, 私賤條. 이러한 법규는 반대로 노비의 소유권이 법적 규정과 달리 노비주에 의해 침탈되는 사례가 적지 않았음을 의미한다. 실제로 노비주의 강요로 노비의 토지소유권이 노비주에게 귀속되는 사례가 많았으며(전형택, 「조선 후기 노비의 토지소유」, 『한국사연구』 71, 1990), 이에 대한 반발로 17세기 후반에는 노비들이 전답을 대거 매도하는 현상이 나타나기도 했다. 이재수, 『조선 중기 전답매매 연구』, 집문당, 2003, 95쪽, 223~229쪽.
62) 미야지마 히로시, 「유교의 제민사상과 소농사회론」, 『국학연구』 14, 2009, 32쪽.
63) 물론 토지소유의 배타성과 매매의 자유만으로 토지소유의 분화가 일어나는 것은 아니다.

지소유의 경제적 실현인 지대 수취를 위해서는 영주―농노 간에 신분적 지배예속관계를 기초로 한 경제외적 강제가 매개될 필요가 있었다. 그러나 조선의 경우 서민 지주나 노비 지주가 존재했다는 데서도 알 수 있듯이 신분적 지배예속관계가 매개될 필요가 없었다.[64] 지대의 수취는 토지소유 그 자체가 가지는 배타적 성격에 기반한 하나의 '사회적 약속'이라는 의미가 강했기 때문이다.

이상과 같이 조선 후기 토지소유에는 서구의 '봉건적' 토지소유가 보이는 중층성은 존재하지 않았으며, 그에 따른 자유로운 토지 상품화는 농민층의 소유 분화를 상당히 진전시키고 있었다. 특히 후기에 오면 신분제의 와해현상이 현저해지고 이른바 서민 지주가 등장함으로써 지주전호 사이의 신분적 상하관계도 사라져가고 있었다.[65] 이 같은 토지소유구조나 성격은 서구는 물론 중국이나 일본과도 크게 다른 것이었다.[66]

서구의 경우 동유럽과 서유럽, 또 나라별·지역별로 차이가 있었지만, 중세사회에서 이른바 '봉건적 토지소유'는 기본적으로 상급 소유권과 하급 소유권으로 중층화되어 있었다.[67] 예컨대 중세 프랑스에서 토지는 대체로

국가의 토지지배형식이나 토지소유에 대한 이념, 거래관행이나 '공동체적' 규제의 강도, 시장경제의 발달 정도, 소유에 대한 민인들의 인식 등도 커다란 영향을 미쳤을 것이다.

64) 김홍식은 18세기 이후 봉건적 지주제가 '근세적 지주제'로 전환되었고, 그에 따라 지주―작인 관계도 경제외적 강제가 사라지고 순수한 경제적 차지관계로 바뀌었다고 했다. 김홍식, 『조선시대 봉건사회의 기본구조』, 박영사, 1981.

65) 허종호, 『조선 봉건 말기의 소작제 연구』(재간행본), 한마당, 1989 참조.

66) 조선시대 토지소유구조와 후술하는 매매관습에 대한 비교사적 이해는 조선사회의 독자적인 성격을 확인하고 서구 중심적, 근대주의적 역사인식을 넘어서는 새로운 시각을 모색하는 중요한 단서가 될 수 있다고 생각한다. 이에 대해서는 추후 다른 지면을 통해 본격적으로 검토하기로 하고, 여기서는 논지 전개에 필요한 선에서 간단히 언급하는 데 그치겠다.

67) 『經濟學事典』(第2版), 東京: 岩波書店, 1979, 1219~1220쪽; 山岡亮一·木原正雄 편, 김석민 옮김, 『봉건사회의 기본법칙』, 1987 참조.

영주직영지와 농민들의 보유지로 구성되어 있었다. 토지보유농(tenanciers)은 자신의 보유지를 세습하거나 처분할 수 있었다. 그러나 농민의 토지소유권은 완전한 권리가 아니었다. 이들은 토지에 대한 처분권과 상속권, 사용권을 보유했지만, 그 토지는 영주에게 생산물의 일정량과 각종 부과조를 납부하는 조건으로 양도받은 영대永代 세습지였다.[68] 소유구조가 영주의 상급 소유권과 경작농민의 하급 소유권으로 분리되어 전형적인 중층성을 보이고 있었다. 이런 소유구조는 기본적으로 서구 중세에 일반적이었다.

토지소유의 중층성은 일본은 물론 중국에서도 광범위한 지역에 걸쳐 확인된다. 일본의 경우 에도 막부 시기의 토지소유구조는 중층적이었고, 하급 소유권 내지 경작권이라 할 수 있는 백성들의 소지권所持權 행사에 많은 제약이 따랐으며 토지 집적도 억지되었다.[69] 토지소유의 중층성이 해체되는 것은 메이지유신(1868) 이후였다. 중국의 경우 이미 기원전인 전한시대부터 토지매매가 이루어졌으며 일찍부터 토지 거래의 자유가 확인된다. 그러나 청말민국초에는 특히 강남 델타 지역을 중심으로 토지소유구조가 중층화되어 있었으며, 거래에도 커다란 제약이 있었다. 강남 지역을 중심으로 한 많은 지역에서 토지소유권이 전저권田底權(소유권, 田骨, subsoil right)과 전면권田面權(경작권, 田皮, topsoil right)으로 중층화되어 있었고, 그에 따른 영전제永佃制(영구소작제)가 정착되어 있었다.[70] 영전제는 특히 강남 지역에서 일반적으로

68) G. 르페브르 지음, 민석홍 옮김, 『프랑스혁명』, 을유문화사, 1993, 199~200쪽.
69) 渡辺尙志, 「近世村落共同体に関する一考察—公同体の土地関与への仕方 を中心に」, 『展望 日本歷史』 15, 118~124쪽(원문은 『歷史評論』 451, 1987 소수); 白川部達夫, 「近世質地請戾し慣行と百姓高所持」, 『展望 日本歷史』 15, 145쪽(원문은 『歷史學硏究』 552, 1986 소수).
70) D. H. 퍼킨스 지음, 양필승 옮김, 『중국경제사 1368~1968』, 신서원, 1997, 146~147쪽; 박정현, 『근대중국농촌사회연구』, 고려대학교출판부, 2004, 40~41쪽; 조강·진종의 지음, 윤정분 옮김, 『중국토지제도사』, 대광문화사, 1985, 373~375쪽.

행해졌다. 그중 쑤저우(蘇州) 지역은 소작제 가운데 90%, 창수(常熟) 지역은 80%가 영전제를 따랐으며, 우시(無錫) 지역은 50%로 비교적 낮았으나 역시 가장 보편적인 제도였다.[71] 청말민국기에는 강남 아닌 북방 지역으로도 영전제가 확산되어 신경지가 많은 지역에서는 90%에 이르기도 했다.[72] 전면권은 세습, 매매, 양도가 가능했다. 영전권을 매입한 지주는 다시 타인에게 소작을 줄 수 있었고, 때로는 그 가격이 전저권(전골)보다 높은 경우도 있었다. 이 점에서 영전제는 일전양주제—田兩主制로 전형적인 중층적 소유구조를 보이고 있었다.[73] 전면권과 전저권은 1910년 이후에야 결합하는 양상을 보이게 되었다.

2) 토지매매 관습

조선시대 토지소유권의 발달 정도를 보여주는 또 하나의 중요한 지표는 거래 관습이다. 특히 주목되는 점은 매매 관습 가운데 하나인 환퇴還退 관습이다. 앞서 언급한 개성민란의 요구조건 가운데 제13항은 토지매매의 한 방식인 환퇴와 관련된 것이었다.[74] "환매還買", "권매權賣", "고위방매姑爲放賣", "위고방매爲姑放賣" 등으로도 표현되는 '환퇴'는 매매계약을 체결할 때 토지의 환매를 조건으로 매매하는 것을 말한다.[75] 환매할 수 있는 기간은

---

71) 박정현, 『근대중국농촌사회연구』, 고려대학교출판부, 2004, 40~41쪽.

72) 1936년에 토지위원회에서 조사한 보고서에 따르면 전국적으로 21.1%였으며, 장쑤성 (40.9%), 저장성(30.6%), 안후이성(44.2%)은 영전제의 비중이 매우 높았다. 북방의 차하르 (察哈爾), 쑤이위안성의 경우 90%가 넘었는데 이 지역의 경지는 새로 개간되었기 때문이다. 조강·진종의 지음, 윤정분 옮김, 『중국토지제도사』, 대광문화사, 1985, 373~375쪽.

73) 위의 책, 369~370쪽.

74) 이하 환퇴 관련 관습에 대해서는 한국법제연구원, 『국역 구관습조사보고서』, 1992, 133~134 쪽, 276~281쪽 참조.

75) 이 밖에 "限某年 還買", "限某年還退次放賣" 등으로 표시되기도 했다. 장창민, 「조선시대의

반드시 명확히 명기했으나, 기간에 제한이 있었던 것은 아니다. 그러나 10년 이상은 거의 없었고 1년 내지 5년이 보통이었으며, 기한이 없는 경우 매도인이 자력을 회복한 때에 환매하겠다는 취지로 "대서력환퇴待舒力還退"라는 특약이 부기되었다.

한편 환퇴에 대한 특약이 없는 일반적인 매매 관습은 이와 전혀 달랐다. 조선왕조의 기본법전인 『경국대전』은 일반적인 토지매매에서 쌍방이 환퇴할 수 있는 기한을 15일로 한정하고 있으며, 또 100일 이내에 관청에 보고하여 그에 대한 확인서를 받아야 효력이 발휘되었다.[76] 16세기 중반에는 관청에 보고해야 하는 시한이 100일에서 30일로 줄어들었다. 그것은 "전지田地와 가사家舍를 사고 판 뒤에 환퇴를 하겠다는 소장을 비록 100일 이내에 제출하였더라도 매수인買受人이 가사를 깨끗이 정리해놓았을 때, 그리고 전답인 경우 흙을 잘 골라놓은 뒤에 (…) 소송을 일으켜서 환퇴하는 것은 매우 옳지 못하"다는 판단 때문이었다.[77] 이 판단은 1746년(영조 22)에 편찬된 『속대전』에도 반영되었다.[78] 이러한 법전 규정에 따라, 환퇴한다는 단서가 없는 일반적인 토지매매는 15일 이내에 환퇴의사를 표명하고 30일 이내에 관청에 가서 확인서를 받지 않을 경우 소유권이 매수인에게 완전히 넘어갔다. 환퇴 관행에서 주목되는 점은 매매에 대한 조정의 인식이 매수인의 소유권을 지켜주는 데 중점을 두었다는 점이다. 이는 후술하는 바와 같이 프랑스나 일본, 중국의 경우 토지매매 관습이나 법규가 어쩔 수 없이 매각해야 하는 매도인의 입장을 우선적으로 고려하거나, 매수인의 토지집적을 부정적

환퇴제도」, 『법사학연구』 26, 2002 참조.

76) 『經國大典』, 戶典, 賣買限.

77) 『詞訟聚類』, 百憲總要, 賣買條(장창민, 「조선시대의 환퇴제도」, 『법사학연구』 26, 2002, 181쪽에서 재인용).

78) 『續大典』, 戶典, 賣買限.

으로 보고 있었던 점과 대비된다.

이러한 토지매매 관습이나 법규 역시 서구나 중국, 일본과 비교해볼 때 독특한 것이었다. 16세기 프랑스 각 지역에서는 관습법전이 편찬되었는데, 거기에는 부유층의 토지집적을 크게 제약하는 규정이 들어 있었다. 그 가운데 중요한 것은 '친족매취親族買取(retrait lignager)'와 '약정매취約定買取(retrait conventionnel)'였다. 친족매취는 어떤 사람(A1)이 그 소유지를 일족 외의 사람(B1)에게 매각했을 때, 그로부터 1년 1일이 경과하지 않았을 경우 A1의 일족인 A2가 B1에게 토지대금 및 기타 B1이 부담한 금액을 지불함으로써 해당 토지를 매취할 수 있다는 규정이었다. 조선에서 일반적인 매매의 환퇴 가능 기간이 15일이었다는 사실과 대조된다. 그 외에도 조선의 환퇴나 일본의 '질지청태質地請戻', 중국의 '사두활미死頭活尾'와 유사한 '수태受戻(rémeré)'의 관습이 있었다. 수태 가능 기간은 관습법에서 30년 정도였다. 이 관습은 프랑스혁명 이후 만들어진 나폴레옹 민법전(1804)에서 그 기한이 5년으로 단축되었지만, 다시 '수려법'으로 계승되었으며, '수려법'이 폐지된 것은 1950년대에 들어온 뒤였다. 이러한 관습과 법의 배후에는 토지를 일족 내에 계속 보지시키고자 하는 강한 지향, 그리고 경제적으로 곤궁하여 어쩔 수 없이 재산을 타인에게 매각하게 된 시민=가부家父로부터 그 재산을 확정적으로 빼앗는 것은 정당하지 않다는 이상이 존재했다. 그러나 이러한 관습과 법은 매주買主의 소유권을 장기간 불안정한 상태에 두는 것이었기에 농업과 시장논리에 부적합했다.[79] '수려' 관습은 조선의 환퇴와 유사하지만, 그 기간이 30년이나 되었다는 점에서 큰 차이가 있다.

중국의 토지매매 관습도 조선과 많은 차이가 있었다. 이는 특히 전면권의

---

79) 水林彪, 「土地所有秩序の變革と＜近代法＞」, 『日本史講座 8. 近代の成立』, 2005, 46~49쪽.

매매 관습에서 잘 드러난다. 전면권의 경우 친척이나 같은 마을 사람들이 우선적으로 구매하는 관습도 있었지만,[80] 조선의 환퇴와 유사한 환매 관습이 일반화되어 있었다. 대부분의 전면권 매매에는 환매에 관한 조건이 부가되었으며, 환매 가능 기한은 영구적이었다. 설사 계약서에 환매에 관한 조건이 부가되어 있지 않더라도 30년 내에는 되살 수 있는 권리를 보유했다. 다만 계약을 체결할 당시에 일부러 '거래는 절매絶賣'라고 명기했을 때는 되살 수 있는 권리가 사라졌다. 서구 사상이 수용된 '민국법民國法'에도 여전히 환매를 통해 되살 수 있는 권리가 30년간 유보된다는 규정이 남아 있었다.[81] 영구적인 환매권 관행, 곧 '사두활미死頭活尾' 관행은 1910년대 들어 점차 소멸했고, 전면권과 전저권도 결합하는 양상을 보이게 되었다. 1920~30년대에는 부재지주 사이에 토지 이동이 활발해졌고, 전통적인 종족 사이의 지권 이동 규제도 이미 사라짐으로써 토지가 진정한 의미의 상품이 될 수 있었다.[82] 중국의 매매 관습은 환매가 일반적이었다는 점, 환매 기간이 영구적이었다는 점, 환매에 대한 특약이 없더라도 30년 내에는 되살 수 있었다는 점 등에서 조선과 큰 차이가 있었다.

이러한 소유구조와 환퇴 관행은 공동체적 규제나 토지소유에 대한 오래된 인식과 밀접한 관련이 있으며, 근대적 토지소유권이나 토지의 자유로운 매매와 상품화를 크게 제약하는 것이었다.

일본의 경우, 에도 막부 시기의 토지매매 관습도 많은 제약을 받고 있었

---

80) Philip C. Huang, *Civil justice in China: representation and practice in the Qing*, Stanford University Press, 1996, p. 66. 이러한 관행을 "전진전린(田儘田隣)"이라고 하였다. 박정현, 『근대중국농촌사회연구』, 고려대학교출판부, 2004, 47쪽.

81) 이상 중국의 환매 관습에 대해서는 Philip C. Huang, *Civil justice in China: representation and practice in the Qing*, Stanford University Press, 1996, pp. 36~37, pp. 82~83 참조.

82) 박정현, 『근대중국농촌사회연구』, 고려대학교출판부, 2004, 50~51쪽.

고, 그에 따라 토지집적도 억지되었다. 우선 에도 막부 초기에 내려진 토지매매 금지령이 메이지유신 때까지 유지되었다. 매매 금지령에도 불구하고 질지質地의 형태로 사실상의 매매가 이루어지긴 했지만, 조선의 환퇴와 유사한 점이 있는 '기한 없이 질지를 되찾을 수 있는 관행(無年季的質地請戻し慣行)'은 토지매매를 크게 억지하는 작용을 했다. 이 관행은 막부법에도 규정되어 있었지만, 촌법에 의해 하나의 관습으로 정착되어 광범위하게 시행되었다. '기한 없이 질지를 되찾을 수 있는 관행'에 의하면 기본적으로 토지를 저당 잡혔을 때 빌린 채무액의 원금만 변제하면 저당한 지 수십 년은 물론, 심지어 백 년이 지난 뒤라 해도 돌려받는 것이 가능했다. 질지를 저당할 때 쓴 증문證文에 영대永代로 양여한다는 내용이 들어 있더라도 그 내용을 무시하고 되돌려 받는 경우도 많았다.[83] 반환 요구에 응하지 않고 소지자의 명의를 고친다든지 하는 부정이 드러난 지주나 촌역인은 "사욕에 따라 제멋대로 했다", "사욕으로 횡령했다"는 엄혹한 비판과 함께 공동체적 제재를 받았다. 따라서 지주적 소지所持가 그 자체의 논리를 관철시키는 것이 극히 곤란했고, 지주들이 무제한적으로 소지를 확대하려는 욕구를 강하게 가지기 어려웠다.[84] 또 자기 촌의 토지 소지권이 다른 촌으로 이동하는 것을 방지하기 위해 토지 소지권을 다른 촌의 사람에게 이전하고자 할 때는 촌의 승인을 거치도록 하는 촌법이 존재했다. 이러한 관습은 토지소유권에 대한 공동체적 규제가 강하고 토지거래가 매우 제한되었음을 보여준다. 이는 현대까지도 '촌에 의한 토지선매권'의 형태로 이어지고 있다.[85] 이런 관습이나 촌법

---

83) 鶴卷孝雄, 『近代化と傳統的民衆世界』, 東京大出版會, 1991, 7쪽; 白川部達夫, 「近世質地請戻し慣行と百姓高所持」, 『展望 日本歷史』 15, 137쪽, 144쪽.

84) 白川部達夫, 「近世質地請戻し慣行と百姓高所持」, 『展望 日本歷史』 15, 149쪽.

85) 渡辺尙志, 「近世村落共同体に関する一考察─公同体の土地関与への仕方 を中心に」, 『展望 日本歷史』 15, 122쪽.

이 막부의 토지매매 금지령과는 다른 경제적 맥락에서 토지소유권의 매매나 행사에 제약을 초래했으리라는 점은 쉽게 짐작이 된다.

이상에서 살펴본 조선의 토지소유구조나 매매와 관련한 법과 관습은 프랑스나 일본, 중국 등과 비교해볼 때 매우 특이한 것으로 조선사회의 독자성을 보여준다.[86] 소유의 배타성과 매수자 우선의 매매 관습은 근대적 소유권과 자유로운 토지의 상품화와 매우 흡사하거나 친화적이었다.

5. 관습 및 구법과 '근대 이행기' 민중의식

1) 관습 및 구법과 민중운동

앞서 언급했듯이 민중운동이나 민중의식은 지배체제나 지배이념뿐만 아니라 이러한 '집단성' 속에서 형성된 관습에 규정될 수밖에 없었다. 실제로 중세 말기부터 '근대 이행기'로 이어지는 세계 각국의 민중운동에서 보이는 특징 가운데 하나는, 민중들이 기존의 공동체적 질서나 관습을 근거로 자신들의 생존조건을 악화시키는 자본주의적·근대적 질서나 제도에 반대했다는 점이다.

농민들이 좋았던 옛 시절, 곧 부당하게 잃어버린 과거의 권리와 관련지어 자신들의 행동을 정당화한 사례는 우선 독일농민전쟁에서 찾을 수 있다.

---

86) 토지매매 관행에서 보이는 각국 간의 차이는 토지소유구조가 중층적이지 않았다는 점과 직접 연관되지만, 다른 한편 토지의 관리주체가 중앙집권적 권력이었는지 분권적 권력이었는지 하는 점, 토지소유에 대한 지배이념, 공동체적 규제의 강도, 생산과 소유의 단위로서 '가(家)'에 대한 관습과 인식, 상속 관습 등과도 관계가 있을 것이다. 토지소유와 매매 관습에서 조선사회가 보여주는 독자성과 그 의미도 이러한 점들과 연결하여 파악할 때 구체적으로 해명될 것이다.

1524~25년에 일어난 독일농민전쟁에서 농민은 '구법', '옛 권리(das altes Recht)'에 정당성의 근거를 두고 구관습을 침해하는 영주권 내지 영역지배권을 반대했으며, '신의 법', '신의 정의'라는 보편적 정당성의 원리를 확보함으로써 사회현상을 근본적으로 다시 바라볼 수 있는 시야를 가지게 되어 영방의 범위를 뛰어넘는 투쟁을 전개할 수 있었다.[87]

17세기 프랑스에서도 농민과 도시민중은 관습에 호소하면서 반란의 정당성을 확보했다. 반란은 국왕을 기만하고 그를 잘못 보필하고 있는 관리에 반대하기 위해 국왕의 이름으로 수행되었고, 국왕이 보증하는 암묵적인 권리에 호소함으로써 정당화되었다.[88] 또 프랑스혁명 연구자인 아도(Anatoli V. Ado)에 따르면, 프랑스혁명 당시 농민운동은 주관적으로는 반자본주의적이었다고 한다. 그것은 그들의 삶을 오랫동안 지탱해왔던 관습적 권리인 '용익권用益權'을 지키려는 의지와 직결되었다. 관습으로서의 용익권을 지켜내려는 농민들의 투쟁으로 인해, 혁명 이후 프랑스사회는 영국과 같은 대토지소유자들에 의한 토지집적과 양극분화를 저지하고 균일적 소규모 경작을 뚜렷하게 유지하고 강화하는 데 성공했다.[89]

구래의 관습을 근거로 자신들의 행위를 정당화한 것은 일본 근대 민중운동도 마찬가지였다. 메이지유신 이후 근대적 법과 제도가 마련되면서 '기한 없이 질지를 되찾을 수 있는 관행(無年季的質地請戾し慣行)'도 더 이상 통용될 수 없었다.[90] 과거의 관행을 믿고 근대적 금융기관이나 고리대금업자에게

---

87) Heide Wunder, "'Old Law' and 'Divine Law' in the German Peasant War", *The Journal of Peasant Studies*, Vol. 3, No. 1, October 1975; 瀬原義生, 『ドイツ中世農民史の研究』, 未來社, 1988, 437~479쪽, 특히 452~453쪽; 前間良爾, 「ドイツ農民戰爭」, 『中世の農民運動』, 學生社, 1975, 118~120쪽.
88) 로제 샤르띠에 지음, 백인호 옮김, 『프랑스혁명의 문화적 기원』, 일월서각, 1998, 210~211쪽.
89) 아나똘리 아도, 「프랑스혁명과 농민운동」, 『역사비평』, 1992 여름 참조.

토지를 담보로 돈을 빌렸다가 변제기일을 넘긴 많은 농민들이 하루아침에 토지를 잃게 되었다.[91] 이에 반대한 농민들은 구관습, 즉 '기한 없이 질지를 되찾을 수 있는 관행'에 의거하여 질지 반환을 요구했다.[92]

러시아혁명 전야에 결성된 '전러시아농민동맹회의'(1905~1907)는 이상적인 사회에 대한 도덕적·정치적 합의를 표명했다. 이때 표면화된 '좋은 사회'에 대한 농민의 꿈은, 특유의 경제 정책과 공동체생활, 그리고 농민들의 생활방식과 연관되어 있었고, 거기서 나온 것이었다. 농민들의 '꿈'이 가진 우직한 일관성과 일반성은 "토지와 자유"라는 슬로건에 아주 잘 표현되어 있다. 그들이 주장한 자유란 주로 외부 억압으로부터의 자유로 생각되었지만, 어떤 농민공동체에서는 뚜렷하게 이상화된 자영(self-management)의 이미지였다.[93]

이와 같이 근대 이행기의 민중은 자신들의 삶을 지탱해주던 구래의 관습이나 규범을 지키려 했으며, 그것을 근대적 법과 질서가 이를 침해할 때 맞서 싸우는 정당성의 기반으로 삼고 있었다. 이러한 농민들의 의식과 투쟁은 근대적인 법보다 구래의 공동체적 관습을 우위에 둔 것이며, 그런 점에서 반근대적이었다고 할 수 있다. 또한 근세의 공동체적 관계가 도덕적인 관계라는 인식을 전제로, 그에 입각하여 근대적 경제적 자유주의 원리에 대항하

---

90) 이 과정에 대해서는 稻田雅洋, 『日本近代社會成立期の民衆運動』, 筑摩書房, 1990, 138~147쪽; 暉峻衆三 편, 전성운 옮김, 『일본농업경제사』, 강원대출판부, 1991, 25~36쪽 참조.
91) 메이지유신 이후의 질지분쟁(質地紛爭)에 대해서는 安丸良夫, 「困民党の意識過程」, 『思想』 726, 1884; 鶴卷孝雄, 『近代化と 傳統的 民衆世界』, 東京大出版會, 1991; 稻田雅洋, 「民衆運動と＜近代＞」, 困民党研究會 編, 『民衆運動と＜近代＞』, 現代企劃室, 1993 참조.
92) 深谷克己, 「世直し一揆と新政反對一揆」, 『日本近代思想大系』 21, 443~444쪽. 이들은 질지지주를 살해하였고, 관리들에게는 이러한 자신들의 제재를 묵인할 것을 요구하기도 했다.
93) 데어도어 샤닌, 「러시아 농민의 꿈」, 레이페이얼 새뮤얼·개러스 스테드먼 조운스 공편, 송무 옮김, 『문화와 이데올로기와 정치—에릭 홉스봄 기념논문집』, 청계연구소, 1987.

여 구관습을 재실현하고자 했다는 점에서 '모럴 이코노미(moral economy)' 관념과도 통하는 것이었다.[94]

2) 근대 이행기의 민중의식—'근대'와 '반근대'의 너머

조선사회의 토지소유구조와 토지매매 관습은 서구 중세는 물론 중국이나 일본과도 매우 이질적이었다. 소유권의 배타성이 이미 근대적 소유와 유사할 정도로 확립되었고, 자유로운 토지매매가 보장되고 있었다.

이런 점을 전제로 할 때, 조선사회에서 지주제 철폐를 주장한다는 것은 토지에 대해 법적·관습적으로 아무런 권리가 없던 농민들이 근대적 배타적 소유권과 유사한 지주의 소유권을 부정하는 것이었다. 이는 프랑스혁명기에 농민들이 자신들이 처분권과 사용권을 확보하고 있던 '실질적 소유권=하급 소유권'을 토대로 농민들의 토지소유 위에 얹혀 있던 영주의 지대 및 부과조 수취권, 곧 '명목적 소유권=상급 소유권'의 철폐를 주장했던 것과 전혀 다르다. 프랑스혁명에서도 농민들은 귀족이 작인을 구사하여 경영하고 있던 직영지에 대해서는 그가 망명하거나 정치적으로 탄핵되지 않는 한 몰수를 요구하지 않았다. 이것은 농민들이 10분의 1세나 각급 봉건적 부과조의 철폐를 주장했을 뿐, 결코 개인적 소유에 적대적이지는 않았음을 의미한다. 농민들은 다만 개인적 소유를 전통적인 공동체적 개념에 의해 엄격하게 제한하고자 했을 뿐이다.[95]

한국의 '근대 이행기' 민중운동에서 제기된 토지소유 문제에 관한 요구나

---

94) 도덕경제에 대해서는 제임스 스코트 지음, 김춘동 옮김, 『농민의 도덕경제』, 아카넷, 2004; E. P. Thompson, "The Moral Economy of the English Crowd in the Eighteenth Cententury", *Past and Present* 50, 1971 참조.

95) 알베르 소불 지음, 최갑수 옮김, 『프랑스대혁명사』 하, 두레, 1984, 241~243쪽.

개혁구상은 크게 두 가지로 나누어 볼 수 있다. 하나는 개성민란이나 동학농민전쟁 당시의 요구조건에서 알 수 있듯이 권력의 개입이나 침탈로부터 자유로운 사적 소유를 지향하는 것이었다. 물론 거기에도 토지소유에 대한 강고한 의식이 깔려 있는 것으로 파악되지만, 지주제 폐지와는 차원이 전혀 달랐다. 다른 하나는 동학농민전쟁에서 확인되듯이 사적 소유와 지주제의 철폐를 목적으로 한 토지개혁구상이었다. 그 내용은 조선왕조의 전복을 목적으로 기도된 변란變亂의 주도자들이나 실학자를 비롯한 지식인들의 토지개혁론과 마찬가지로 왕토사상에 입각한 것이었다.

이러한 이율배반적 현상은 당시 조선사회가 도달해 있던 토지소유구조나 매매관습, 그 속에서 형성해온 민중의 토지소유에 대한 인식과 밀접한 관련이 있다고 생각된다. 앞서 언급했듯이 세계사적 차원에서 볼 때도 중세 말기나 근대 초기의 민중운동은 대체로 관습이나 구법에 기대어 쇄도하는 근대에 맞서 자신들의 권리를 주장했다.

이런 모습은 민란이나 동학농민전쟁에서도 확인된다. 민란에서 제기된 대부분의 요구조건이 삼정의 문란을 바로잡으라는 것이었다. 동학농민전쟁 당시 제시된 요구조건도 대부분 그런 성격이었다. "결미結米는 옛 대동법의 예에 따라 복고復古할 일", "전운영轉運營의 조복漕卜은 해당 읍에서 상납하던 예에 따라 복고復古할 일", "어디를 막론하고 보洑를 쌓고 수세收稅하는 것은 혁파할 일", "전보국電報局은 민간에 폐를 끼치는 것이 가장 크므로 혁파할 일", "경저리京邸吏와 영저리營邸吏의 요미料米 옛날의 예에 따라 감삭減削할 일", "국결國結을 증가시키지 말 것" 등에서 보이는 바와 같이, 구례로 복구할 것, 혹은 신설되거나 증액된 부세 및 제도를 혁파하거나 폐지할 것을 주장했다.[96] 이때 민중이 요구한 것은 부세제도의 잘못된 현실을 바로잡기 위해 관습 내지 구법으로 돌아가자는 것이었다. 특히 19세기에 들어 삼정문란이 심해지면서 지방관들의 부당한 수탈과 침해가 증대하자, 민중은 구래의 관습 내지 법규정을 근거로 그것을 반대한 것이다.

한편 민중운동에서 지주제 폐지 주장은 물론 지대 인하 요구조차 없었던 사실은 어떻게 설명할 수 있을까? 이 역시 민중이 이미 확립되어 있던 토지소유권의 배타성과 그에 입각한 병작반수를 하나의 관습으로 수용하고 있었기 때문이라고 생각된다. 실제로 조정도 조선 초기부터 병작반수竝作半收가 이미 민간의 상사常事로 되었음을 인식하고 있었다.[97] 이런 점에 비추어볼 때 토지소유나 매매와 관련하여 1862년 농민항쟁이나 1894년 동학농민전쟁 당시에는 특별히 구래의 관습과 법을 침해하거나 파괴하는 새로운 법과 질서는 나타나지 않았다. 설사 근대적 법과 제도가 들어왔다 하더라도 토지소유나 매매와 관련하여 구래의 법이나 관습과 배치될 이유도 없었다. 이미 '근대'와 유사할 정도의 법과 관습이 시행되고 있었기 때문이다.

다시 말하자면 조선 후기 이래 소농민들 사이에는 토지개혁에 대한 원망願望이 널리 퍼져 있었지만, 근대적 소유를 방불할 정도의 배타성 위에 성립해 있던 지주제에 맞설 수 있는 어떠한 법적 관습적 권리도 그들에게는 없었다. 이러한 현실은 조선의 민중이 서구나 일본과 달리 자신들의 요구를 정당화할 만한 논리를 관습이나 구법에서 찾을 수 없었음을 의미한다. 이제 민중이 지주제 철폐 요구를 정당화할 수 있는 근거는 토지소유에 관한 최고 수준의 이념이던 '왕토사상'밖에 없었다. 이는 동학농민군이 조선을 건국한 태조시대의 '혁신정치'를 이상화하고 있었다는 사실과도 상통한다.[98] 불완

---

96) 한우근, 『동학란기인에 관한 연구』, 서울대학교출판부, 1971 참조.

97) 『세조실록』, 세조 4년 1월 17일, "竊以爲我國壤地褊小, 無田之民, 幾乎十分之三, 有田者有故而不能耕種, 則隣里族親竝耕而分, 乃民間常事也."

98) 농민전쟁 발발 직후인 1894년 3월 23일 고부로 출발하기에 앞서 폐정의 이혁(釐革)을 요구하는 격문을 사방의 출구에 부착했는데, 내용의 요점은 "아태조(我太祖)의 혁신정치로

전하게 끝나고 말았지만 정전제井田制가 시행되던 요순시대를 이상으로 삼았던 조선 건국기의 토지개혁론은 모두 사실상 왕토사상에 입각한 토지 재분배를 통해 자영소농을 확보하려 한 것이었다는 점을 고려할 때,[99)] 농민군이 주장한 태조의 혁신정치 속에는 왕토사상에 입각한 토지의 균분과 자영농 사회라는 이상이 잠재해 있었다고 봐야 할 것이다.

이와 같이 농민군이 요순시대와 조선 건국 초기의 '혁신정치'를 급진적으로 이상화하는 방식으로 전유한 것은 그것을 통해 절망적 현실에 맞서려 한 것이었지만, 여기에는 근원적으로 사회적·경제적 평등사회를 향한 강렬한 희원이 짙게 깔려 있었다. 그것은 전봉준이 체포되어 서울로 압송된 뒤 박영효의 심문에 답한 내용에서도 엿볼 수 있다.

조상의 뼈다귀를 우려 행악을 하고 중인衆人의 피땀을 긁어 제 몸을 살찌우는 자를 없애버리는 것이 무엇이 잘못이며, 사람으로서 사람을 매매하여 귀천이 있게 하고 공토公土로서 사토私土를 만들어 빈부가 있게 하는 것은 인도상 도리에 위반이라. 이것을 고치자 함이 무엇이 잘못이며, 악정부를 고쳐 선정부를 만들고자 함이 무엇이 잘못이냐.[100)]

여기에는 "인도상 도리"에 입각하여 농민군이 추구한 신분평등과 사토私

돌아가면 그친다"는 것이었다. 「고부민요일기」, 『駐韓日本公使館記錄』 1, 국사편찬위원회, 1987, 58쪽.

99) 이에 대한 최근의 논의로는 이경식, 『조선 전기 토지제도 연구』 II, 지식산업사, 1998, 464쪽; 김형수, 「14세기 말 사전혁파론자의 전제관―정도전과 조준을 중심으로」, 『경북사학』 25, 2002, 15~20쪽; 정호훈, 「정도전의 학문과 功業 지향의 정치론」, 『한국사연구』 135, 2006, 190~191쪽 참조.

100) 「동학사」(초고본), 『동학농민전쟁사료총서』 1, 史芸硏究所, 1996, 510~511쪽.

土, 곧 토지의 사적 소유를 철폐하고 모든 토지를 공토, 곧 왕토로 귀속시킴으로써 빈부격차를 없애고 경제적으로 평등한 사회를 만들려는 열망이 짙게 각인되어 있다.

'왕토사상'과 같이 토지소유와 관련된 최고 수준의 이념을 제기하여 평등사회를 추구하는 모습은 다른 나라에서도 나타났다. 대규모 민중반란이 일어났을 때, 관습이나 구법이 사실상 근대적 법과 제도에 의해 압살되었을 때, 절망적 현실에 맞서 평등사회를 추구하는 과정에서 그러했다. 영국의 와트 타일러난(1381)이나[101] 18세기 토지개혁론자들,[102] 그리고 독일농민전쟁이나 혁명 전야 러시아 농민들은 "신의 뜻", "신의 정의"를 내세우며 토지개혁과 경제적·사회적 평등을 주장하고, 영주의 부당한 지배에 저항했다.[103] 또한 중국의 태평천국운동(1854)은 만물은 원래 상제上帝의 창조물이고 소유물이라는 이념에 입각하여 토지 분전分田제도인 '천조전무天朝田畝'제도를 마련했다.[104] 일본에서도 메이지유신 이후 근대적·자본주의적 법과 질서가 압도하고 지주제가 확립되어가는 현실 속에서 민중은 그에 맞서기 위해 왕토사상에서 정당성을 찾거나 고대사회를 이상화하는 방법으로 지주제에 대항하고 사유제를 부정했다.[105]

---

101) Philippe Wolff 著, 瀬原義生 譯, 『ヨーロッパ中世末期の民衆運動: 青い爪, ジャック, そしてチオンピ』, ミネルヴァ書房, 1996, 336~337쪽; 노만 콘 지음, 김승환 옮김, 『천년왕국운동사』, 한국신학연구소, 1993, 270~279쪽.

102) 조승래, 「18세기 말 영국의 토지개혁론」, 『서양사론』 55, 1997.

103) 각주 86번 및 데어도어 샤닌, 「러시아 농민의 꿈」, 『문화와 이데올로기와 정치—에릭 홉스봄 기념논문집』, 청계연구소, 1987 참조.

104) 김성찬, 「太平天國 平均理念의 展開와 그 近代的 變貌—『天朝田畝制度』平均論의 『資政新編』에 대한 影響」, 『동양사연구』 76, 2001.

105) 鶴巻孝雄, 『近代化と 傳統的 民衆世界』, 東京大出版會, 1991, 4~32쪽, 59~64쪽; 「民衆運動 社會意識」, 朝尾直弘 外編, 『日本通史』 16卷, 岩波書店, 1994, 220쪽, 244쪽.

이상과 같이 동학농민전쟁 당시 농민군은 서로 다른 두 가지 종류의 요구
안 내지 개혁구상을 가지고 있었다. 하나는 농민군이 정부에 제출한 요구안
으로서 토지의 자유로운 소유를 지향하는 것이었고, 다른 하나는 '왕토사
상'에 입각한 토지개혁구상이었다. 이러한 이율배반적 현상은 농민군의 계
층적 구성이 다양했다는 점, 곧 전자는 자작 이상의 부농층, 후자는 빈소농
이나 토지를 소유하지 못한 농민들의 입장이 반영되었다는 맥락에서 이해
할 수도 있을 것이다. 그러나 이러한 이율배반의 배후에는 무엇보다 토지소
유와 매매에 관한 관습과 구법이 있었다. 당시 조선에는 세계사적으로 드물
정도로 오래 전부터 법적·관습적으로 배타적 토지소유구조와 그에 근거한
지주제가 확립되어 있었고, 자유로운 매매 관습이 존재하고 있었다. 그 속에
서 형성된 민중의식 역시 그러한 관습과 구법의 자장을 벗어날 수 없었다.
민중의식의 내면에는 토지제도에 대한 근본적 개혁 원망이 오래 전부터 흐
르고 있었음은 분명하다. 그러나 농민전쟁이라는 전대미문의 대반란을 일으
키고, 특히 소농과 천민층이 대거 입도하여 폐정개혁 활동을 전개하며 전라
도를 중심으로 사실상 '해방구'를 만들어갔음에도 불구하고 지주제 폐지
요구가 전면에 제시되지 못하고 다만 구상단계에 머물러 있었으며, 그조차
도 관습이나 구법이 아닌 '왕토사상'에 기댈 수밖에 없었던 것도 바로 그
때문이었다.

마지막으로 동학농민전쟁에서 보이는 두 가지 서로 다른 요구 내지 구상
이 지닌 지향을 살펴보자. 전자는 이미 존재하던 소유관계와 관습에 규정되
어 그것을 지키려 했지만, 구래의 토지소유관계나 관습이 이미 '근대적인
것'과 유사했다는 면에서 민중의 지향이 반드시 반근대로 귀결되지는 않을
수 있었음을 보여준다.[106] 반면 후자는 비록 표면화되지 않고 구상단계에
머물고 있었지만, 평등주의에 입각하여 '근대적인 것'과 유사하게 확립되어

있던 소유관계를 부정하는 지향을 보여주었다. 또한 '왕토사상'에 입각한 토지의 '평균분작'은 결국 매매를 비롯한 자유로운 처분권을 부정하거나 극단적으로 억제하는 구상이었다는 점에서 서구적 의미의 '근대'를 지향하는 쪽으로 치닫지도 않았음을 보여준다. 이는 '근대 이행기' 민중운동의 의식세계가 '근대'로도 '반근대'로도 수렴될 수 없는 매우 독자적인 영역, 곧 '근대'와 '반근대' 너머에 있었음을 의미한다.

6. 맺음말

민중은 모순을 '과학적'으로 인식하고 '옳은 노선'이나 '역사적 과제'를 향해 달려가는 영웅이 아니라, 평범하면서도 감당하기 힘든 일상에서 고통과 희망을 경험하는 존재이다.[107] 또한 민중은 객관적 모순을 담지할 뿐인 비자율적인 존재가 아니었으며, 민중운동 역시 사회경제구조가 내포한 모순의 단순한 표현형태가 아니었다. 민중은 지배체제나 사회구조, 지배이데올로기로부터 완전히 자유로운 존재는 아니었지만, 지배체제나 지배이데올로기에 규정되면서도 거듭되는 일상생활 속에서 독자적인 문화를 형성해 나가고 있었다. 일상생활 속에서 형성된 고유한 가치관이나 관습체계는 그들의 일상과 의식을 규정하는 가장 중요한 요소들이었다. 이는 '근대 이행기' 민중의식과도 밀접한 관련이 있었다. 물론 민중의식이 오로지 관습이나 구

---

106) '반근대적'이라는 주장은 토지소유나 경제적 문제만이 아니라 정치적·사회적 지향을 동시에 고려할 때 받아들이기 더욱 곤란하다.
107) 이용기, 「미군정기의 새로운 이해와 '사회사'적 접근의 모색」, 『역사와 현실』 35, 2000, 20쪽.

법에만 규정되는 것은 아니었다. 특히 민중에게는 평등사회에 대한 근원적 원망이 있었다고 생각한다. 앞서 살펴보았듯이 근대적 법과 제도의 정착으로 관습이나 구법이 더 이상 정당성의 근거로 작동할 수 없는 상황이 되거나, 보다 근본적인 사회개혁을 요구하는 움직임으로 비화할 때는, '신의 뜻'이나 '왕토사상' 등 최고 수준의 지배이념을 전유하는 방식으로 평등사회를 향한 자신들의 행동과 생각을 정당화했다.

그러나 세계사적 경험에 비추어볼 때 '근대 이행기'의 민중운동은 대체로 관습에 기대어 자신들의 행동과 요구를 정당화했다. 관습은 나라마다 지역마다 달랐다. 또 정치·경제·사회적인 각 부문들도—서로 유기적인 관계 속에 형성되어 있었겠지만—적어도 '근대성'과의 관계에서는 균질적이지 않았다. 한 사회의 모든 부문을 균질적으로 변화시켜가는 '법칙' 같은 것은 존재하지 않기 때문이다. 이는 관습에 의거하여 정당화되는 민중의 요구와 지향이 나라마다의 관습이나 각 부문이 가지는 성격에 따라 다양할 수 있었음을 시사한다. 한국 '근대 이행기'의 민중운동에서 보이는 토지소유 문제에 관한 요구와 구상을 검토해볼 때, 민중의식은 '근대 지향'으로도, 혹은 근대를 경험한 속에서 그에 반대한다는 의미의 '반근대 지향'으로도 규정할 수 없는 것이었다.

이러한 민중의식은 엘리트들의 그것과 달랐고, 서구 중심적·발전론적 시각으로는 포착할 수 없는 '근대'나 '반근대' 너머의 고유한 영역과 성격을 가지고 있었다. '근대 이행기' 민중의식이나 지향은 개화파나 개성민란을 주도한 상인층과 같이 일찍부터 상품화폐경제를 영위하던 계층이 배타적 소유권을 확고히 함으로써 근대적 토지소유를 지향했던 것과도 달랐다. 그것은 농민전쟁 시기에 구호나 요구조건으로 제시되지는 않았지만, 왕토사상에 입각한 '평균분작'을 구상하고 있었다는 데서 드러난다. 또한 '왕토사상'

에 근거하여 실현 가능성 없는 토지개혁론을 주장하던 유교 지식인들과도 달랐다. 이들은 토지제도개혁에 대한 오랜 원망을 가지고 있었음에도 그것을 요구하지 않았다. 무엇보다 당장은 실현 가능성이 없다고 판단했기 때문일 것이다. 이미 배타적 소유권이 확보되어 있고 토지매매가 자유로운 현실 속에서, 결국 민중들도 지주제와 병작반수에 대해서는 민간에서 구래로 내려오는 상사, 곧 민간의 관습으로 인식하는 고유한 생활감각을 지니고 있었던 것이 아닐까. 이 점은 국가기구의 조세수탈이나 관료의 부정부패에 대해 구법과 관습으로 돌아갈 것을 요구하며 격렬히 반대한 것과 비교해보면 더욱 분명해진다.

이러한 민중의식의 독자적 영역을 탐구함으로써 우리는 이론으로서의 '서구'가 구성해놓은 단선적 발전론을 벗어나 '근대 이행기'의 다양한 가능성, 근대라는 이름으로 배제·억압된 것들로부터 다양한 가능성을 시사 받을 수 있을 것이다. 민중사가 근대/전통의 이분법적 이해를 넘어서서 근대를 재사유하고 상대화하는 하나의 방법일 수 있는 것도 이 때문이다.

배항섭
성균관대학교 동아시아학술원 HK교수. 19세기 말 민중운동사를 전공했고, 최근의 관심 주제는 '근대 이행기'의 민중의식 및 '근대'의 상대화와 관련하여 전근대—근대의 관계를 어떻게 볼 것인가 하는 데 있다. 대표논저로 『조선 후기 민중운동과 동학농민전쟁의 발발』, 「근대를 상대화하는 방법」, 「19세기 지배질서의 변화와 정치문화의 변용」 등이 있다.

제2장 1894년 '동도東徒'의 농민전쟁 참여와 그 성격

| 홍동현 |

1. 머리말

1894년 동학농민전쟁(이하 '농민전쟁'으로 약칭)은 19세기 전통사회가 붕괴되고 근대사회가 성립되는 과정과 개항 이후 제국주의 침략이 본격화되면서 전개된 민족적 저항운동을 이해하는 데 중요한 위치를 차지해왔다. 따라서 그동안 농민전쟁 연구는 '계급'의 성장과 '민족'의 형성이라는 측면에서 이루어졌으며, '반봉건反封建'과 '반제反帝'는 농민전쟁을 연구하는 중요한 키워드(공식화된 틀)가 되었던 것이 사실이다. 특히 민중을 역사 속에서 '발견'하고자 했던 1980년대 민중사학자들은 '실천 활동에 대한 학문적 응답'으로서 실천적 존재인 민중을 1894년 농민전쟁에서 확인하고자 했다.[1]

하지만 이러한 이해 틀은 1894년 농민전쟁이 갖는 의미를 획일화하고,

---

1) "오늘의 민족적 계급적 현실의 극복에 있어서 1894년 농민전쟁은 하나의 모범과 역사적 교훈을 보여줄 것이다"라는 평가는 당시 연구자들의 농민전쟁에 대한 접근방식을 잘 드러내고 있다. 이영호, 「총론: 1894년 농민전쟁의 사회경제적 배경과 변혁주체의 성장」, 『1894년 농민전쟁연구 1』, 역사비평사, 1991.

농민전쟁에 참여했던 민중들의 다양한 모습을 외면했다는 지적이 제기되었다.[2] 그러면서 농민전쟁을 "민족사적 과제 해결을 위한 운동으로서 파악하는 관점에서 벗어나, 민중이 자기의 욕망을 드러내고 세상에 참여했던 하나의 방식으로 보고" 이를 통해 "민중의 삶과 그들의 세상을 이해할 필요가 있다"는 문제의식의 전환이 제기되기도 했다.[3]

이러한 문제의식 속에서 최근 연구들은 농민들이 농민전쟁에 참여하게 된 동기에 주목하고 있다. 기존 연구들이 참여자들의 경제적 조건을 규명함으로써 농민전쟁의 원인을 밝히는 데 주력했다면, 최근에는 농민들 스스로 일상생활 속에서 변화된 내적 의식을 통해 참여 동기를 부여하고 그 정당성을 찾고 있었다는 점에 초점을 맞추고 있는 것이다. 다만 그 내적 의식이 무엇인지에 대해서는 각자 일상생활 속의 경험적 기반을 다르게 설정하여 설명하고 있는 상황이다.

우선 조경달은 1894년 동학농민군의 참여 동기를 조선 후기 민중의 내면에 흐르고 있던 상승지향적인 '사士'의식과 결합시켜 '이단동학異端東學'을 새롭게 해석함으로써 설명하고 있다.[4] 그에 의하면 이단동학은 민중 각자가 '군자君子' 혹은 '양반(士)'이 될 수 있다는 논리를 내포하고 있었으며, 이를 통해서 민중은 일상적 세계를 벗어나 비일상적 세계로 도약할 수 있었다는

---

2) 배항섭, 「'동학농민혁명' 연구현황과 과제」, 『동학농민혁명 전후 국내외 민중운동사 연구 동향과 과제』, 2007(동학농민혁명 제113주년 기념 학술대회 발표).
3) 김선경, 「갑오농민전쟁과 민중의식의 성장」, 『전통의 변용과 근대 개혁』, 태학사, 2004.
4) 조경달은 최제우에 의해 창도된 원시 동학이 그의 제자 최시형에 의해 체계화되면서 수심정기(守心正氣)를 내건 동학 고유의 내성주의를 강조하는 정통 동학으로 확립됨과 동시에 체제 비판 논리를 잃어버린 반면, 전봉준을 비롯한 남접은 수심정기를 전제로 하지 않고 상제와의 일체화를 통해 스스로 군자화될 수 있다는 이단 동학을 내세움으로써 민중들과 쉽게 결합될 수 있었다고 한다. 조경달 지음, 박맹수 옮김, 『이단의 민중반란』, 역사비평사, 2008.

것이다. 하지만 그러한 '사士'의식을 지닌 민중은 국왕에 대한 환상에서 자유로울 수 없었기 때문에, 중개 세력을 배제한 '일군만민-君万民' 체제를 구축하고 그 아래서 평등·평균주의사회를 실현한다는 '유교적 유토피아'가 민중의 이상으로 표출될 수 있었다고 했다.[5]

이에 대해 배항섭은 얼마나 많은 민중들이 '이단동학'을 이해하고 있었을지 회의를 표하면서, 오히려 동학과의 연관 속에서 참여 동기를 파악하는 것은 당시 민중의 생활을 둘러싼 사회적 연망이나 다양한 경험들, 그 속에서 형성된 의식세계를 간과하게 만든다고 지적했다. 그는 동학농민전쟁에 참여한 민중은 조선시대 민중의식 속에 침윤되어 있던 유교사상, 즉 지배이데올로기인 '민유방본民惟邦本'을 지배층의 책무로 새롭게 이해함으로써 자신들의 행동을 '창의倡義'로서 정당화하고, 스스로 '보국안민輔國安民'을 이룰 주체로 자각하게 되었다고 보았다.[6]

한편 김선경은 "당시대 민중에게 농민전쟁은 무엇이었는가?"라는 질문을 던지면서, 동학농민전쟁을 민중이 자기의 욕망을 드러내고 세상에 참여했던 하나의 방식으로 파악했다. 즉, 동학의 입도와 참여 세력의 확장을 통해 기존 사족 중심의 향당鄕黨 네트워크를 무력화시키고, '척왜양'과 '보국안민'이라는 사회적 가치를 선점함으로써 자신들을 공적 논의의 주체로 설정할 수 있었으며, 이를 통해 자신들의 행위를 지지하고 실현할 수 있는 공적인

---

5) 趙景達, 『朝鮮民衆運動の展開─士の論理と救濟思想』, 岩波書店, 2002 ; 조경달, 「갑오농민전쟁의 이상과 현실」, 『동학농민혁명의 동아시아적 의미』, 서경, 2002 참고.
6) 배항섭은 일본과는 달리 조선은 이미 '일군만민'이 확립된 중앙집권적 체제였으며, 오히려 '일군만민' 체제의 경험을 통해 그 폐해를 인식하고 일인 독단의 정치를 보완할 수 있는 '입헌군주제'를 전망할 수 있었다고 하여 1894년 동학농민군이 일군만민을 지향했다는 조경달의 주장에 대해 다시 한 번 이의를 제기했다. 배항섭, 「'동학농민전쟁'의 역사적 의미」, 『동학농민혁명의 의의』, 2007(동학학회 2007년 가을 학술대회 발표).

영역을 확보하고 이에 참여하는 새로운 사회적 연계망을 창출했다는 것이다. 이러한 사회적 연계망을 바탕으로 신분제와 같은 일상세계의 위계관계를 전복하고, 제천의식과 같은 종교적 의례를 통해 농민전쟁을 사회 전반으로 확장시킬 수 있었다고 보았다.[7]

이상의 연구들은 민중들의 농민전쟁 참여가 그들의 능동적 선택에 의해 결정된 것이라고 보면서, 그러한 선택의 기준을 이단동학, 변용된 유교, 민중에 의해 창출된 사회적 가치(보국안민, 척왜양) 등으로 구체적으로 설명하고자 했다. 하지만 조경달의 '이단동학'은 결과적으로 전라도 지역 농민군(남접) 지도부에 한정된 것으로서 충청도와 경상도 지역(북접의 영향하에 있었던) 농민군을 시야에서 배제하게 되었고, 배항섭의 '변용된 유교'는 농민군과 동학의 관계를 배제함으로써 동학의 역사성을 설명하지 못하고 있으며, 김선경 또한 사회적 가치와 동학을 단절적으로 설명함으로써 동학과 농민군의 관계를 유기적으로 설명하지 못한다는 각각의 한계를 가지고 있다.

김선경이 지적했듯이 농민전쟁 당시 동학교도와 농민군 참여자는 서로 구분하기 어려우며, 대부분의 농민군이 자의든 타의든 동학 입도의 형식을 통해 농민전쟁에 참여했다. 또한 적어도 당시의 관찰자들은 동학교도와 농민군을 동일하게 인식하고 있었음이 여러 기록에서 확인되고 있다. 따라서 동학은 향촌 구성원의 농민전쟁 참여에 어떤 형식으로든 중요한 요소로 작용했을 가능성이 크다. 전봉준은 공주전투에서 패배한 이후 절박한 상황에서 "조선 사람끼리라도 도道는 다르나 척왜斥倭와 척화斥和는 기의其義가 일반이라"(밑줄—인용자)라며 비록 의를 실현하는 방식(유도儒道인가 동도東道인가)은 달라도 그 추구하는 목적(義)은 같으므로 창의倡義에 동참할 것을 광범위한

---

7) 김선경, 「갑오농민전쟁과 민중의식의 성장」, 『전통의 변용과 근대 개혁』, 태학사, 2004.

사회계층들에게 호소했다. 여기서 전봉준은 스스로 동학교도임을 부정하지 않았으며, 다수의 농민군들도 비록 동학 교리에 대한 충분한 이해가 없더라도 이와 상관없이 동학교도라는 형식을 빌어 농민전쟁에 참여했던 것으로 보인다. 따라서 당시 민중의 일상생활은 결코 종교와 분리되어 있지 않았으며 그것과의 일치 속에서 영위되고 있었다는 점에서[8] 굳이 종교적 외피론을 빌어 농민전쟁에서 동학의 역할을 축소할 필요는 없을 것이다.

이 글에서는 민중이 농민전쟁 참여를 선택하게 된 그들 나름의 기준은 무엇이며, 참여 이후 행하게 된 수많은 '불법행위'들에 어떻게 정당성을 부여했는지를, 동학을 매개로 전개된 다양한 논의를 통해 살펴보고자 한다.[9] 또한 그 '불법행위'들을 통해 그들이 얻고자 했던 것을 '새로운 관습적 합의로의 전환'이라는 측면에서 이해하고자 한다.

이를 위해, 우선 교조신원운동을 새로운 기준(공론)이 형성되는 과정으로 이해하고자 한다.[10] 이 시기 제기된 동학을 둘러싼 이단 논쟁은 유학을 상대화하고 동학의 사회적·정치적 정당성을 확보하는 계기가 되었다. 또 그 과정에서 동학교도들은 당시 지배층이 독점하고 있던 '보국안민'이라는 사회

---

8) 박영은, 「동학운동에서의 현대성─동학운동 관련 포고문 분석을 중심으로」, 『현대와 탈현대를 넘어서─한국적 현대성의 이론적 모색』, 역사비평사, 2004.

9) 이를 위해서는 우선 당시 민중들은 일상생활에서 그들 스스로 무엇이 정당하고 정당하지 않은지 판단할 수 있는 '관습적 합의의 틀'을 지니고 있었다는 데 동의해야 할 것이다. 즉, 이 시기의 소요는 관습적 합의가 깨지는 위기 속에서 발생했으며, '관습적 합의의 틀'이 전환되는 결과를 초래했다. 박영은은 이 전환을 "성리학적·자연주의적" 사회 편성에서 "행위론적 사회구성"으로의 전환으로 설명하고, 그 전환의 계기성을 '동학운동'에서 찾고자 했다. 위의 글.

10) 박영은은 이단에 대한 논쟁 자체가 이미 공론 형성 과정이며, 기층민중의 집단적인 의사표시를 배경으로 힘을 결집해가는 과정으로, 교조신원운동기 동학을 둘러싼 논쟁을 "동학↔서학↔유교"에서 "동학↔서학"으로 전환함으로써 동학의 학문적 정당성과 합법성을 획득할 수 있었다고 했다. 위의 글.

적·정치적 가치를 재전유할 수 있었다.

다음으로 교조신원운동 과정에서 형성된 공론이 그들의 일상적 생활공간인 향촌사회로 이동하여 확산되는 모습을 살펴보고자 한다. 특히 시기적으로는 향촌 구성원들이 대거 입도했던 1894년 6월 말부터, 공간적으로는 교단의 영향력 아래 있던 충청도와 경상도 지역을 중심으로, 향촌 구성원들이 동학에 입도하여 농민전쟁에 참여하게 되는 과정을 '공론 형성'이라는 측면에서 이해하고자 한다. 1893년 보은집회 이후 동학교도들은 김선경이 지적했듯이 향촌사회에 새롭게 형성된 포包·접接조직(동학조직)이라는 사회적 연계망을 통해 농민전쟁에 참여하고 있었으며, 기존의 "지방 양반들의 네트워크"를 무력화시키고 있었다.[11]

마지막으로 농민전쟁기[12] 향촌사회에서 새롭게 형성된 공론이 어떻게 작용했으며, 그 작용은 무엇을 의미하는지 살펴볼 것이다. 이 시기 동학에 입도한 이들은 스스로를 '도인道人'이라 하여 속인俗人과 구분 짓고자 했다. 그들은 새롭게 형성된 사회적 연계망과 공론을 내세워 사회구성원을 포섭하고, 기존의 위계관계와 사회적 권위를 부정했다.[13] 이러한 부정과 불법행위를 농민군의 새로운 관계 구축이라는 측면에서 이해하고자 한다.

---

11) 김선경, 「갑오농민전쟁과 민중의식의 성장」, 『전통의 변용과 근대 개혁』, 태학사, 2004, 204~210쪽.
12) 이 글에서는 시기적으로 기존에 집강소체제기라고 규정되었던 6월에서 10월까지의 기간을 중심으로 살펴볼 것이다.
13) 김선경은 동학교도들이 접장이라는 언어, 자리배치, 서로 인사하는 행동양식 등을 통해 기존의 위계질서를 전복하고 이를 바탕으로 노비문서 소각, 고리대, 산송, 새경 등의 일상적 문제를 해결하려 한 것으로 보았다. 또한 그는 동학의 종교적 의례행위(제천의식)를 통해 민중들이 새로운 세상 만들기에 동참한 것으로 파악하여, 이를 "종교적인 형태의 농민전쟁 참여방식"이라고 명명했다. 김선경, 「갑오농민전쟁과 민중의식의 성장」, 『전통의 변용과 근대 개혁』, 태학사, 2004, 212~220쪽. 이 글에서는 김선경의 논지를 수용하되, 도인과 속인의 구분 짓기에 좀 더 초점을 맞춰 새로운 관계 구축을 설명하고자 한다.

2. 향촌 구성원의 동학 인식과 농민전쟁 참여

1) 교조신원운동기 이단 논쟁과 척왜양 창의

1860년 최제우가 동학을 창도하여 경주를 중심으로 그 세력을 확산하자, 향촌을 기반으로 한 향촌 지배층들은 서원을 중심으로 동학배척운동을 전개했다.[14] 우선 그들은 동학이란 서학을 개두환명改頭幻名한 것에 불과하며, 부적과 물로 병을 치료하는 것은 황건적을 흉내 낸 것으로 과거 금수禽獸로 지목한 이단보다도 더욱 저급한 도깨비에 홀린 무당과 같다고 보았다. 따라서 양반이나 재주 있는 사람들은 모두 동학에 물들 염려가 없으며, 더구나 동학을 이단으로 여겨 필설筆舌을 더럽혀가며 논척論斥할 필요조차 없다고 평가했다.[15]

그럼에도 불구하고 "지식이 얕고 재주가 옅어 새것을 좋아하여 괴상하게 행하려는 무리"와 "무지한 백성"들이 잘못 빠져들지 않으리라는 보장을 할 수 없으며, 또한 동학의 전도력과 조직력으로 인해 점차 전파되기 시작하면 그 세력이 "천하에 넘칠 것"이라며 매우 우려하기도 했다. 따라서 그들은 동학을 "선과 악을 어지럽히는 쭉쟁이풀의 싹"에 비유하고, "유도儒道의 가르침"을 통해 "햇빛을 못 보게 얽힌 덩굴을 뽑아버"려야 한다고 주장했다.[16]

즉, 당시 향촌 지배층은 동학을 학문적으로 논할 가치도 없는 사술邪術로 인식했으나, 무지한 백성들뿐 아니라 점차 지식인들 사이에 확산되어 "장차

---

14) 향촌 지배층의 동학배척운동과 관련해서 최승희, 「서원(유림) 세력의 동학배척운동 소고」, 『한우근박사정년기념사학논총』, 지식산업사, 1981; 이이화, 「동학농민전쟁에 나타난 유림의 대응」, 『조선 후기 정치사상과 사회변동』, 1994; 표영삼, 『동학: 수운의 삶과 생각』(1), 통나무, 2004 등이 참고된다.
15) 「도남서원통문」(표영삼, 『동학: 수운의 삶과 생각』, 271~276쪽 참고).
16) 「우산서원통문」(위의 책, 266~271쪽 참고).

지방관의 권한도 물리치고 마음대로 행하게 될 것"이라며 그 확산을 경계했다. 따라서 그들은 '동학'이 감히 '동東' 자字를 사용하여 예의지국禮儀之國의 이름을 더럽혔으며 취당聚黨의 염려가 있다는 이유로 이들을 엄격한 법령으로 금지하고, 유도儒道를 통해 이들의 실체를 만천하에 드러내 더 이상의 확산을 제어하고자 했다. 결국 그들의 의도대로 정부는 1864년 최제우를 '좌도난정左道亂政'의 죄목으로 처형했으며, 동학을 법으로 엄격하게 금지했다.

최제우 사후 동학교도들은 정부의 탄압을 피해 산악지대로 은신하여 잠행을 통해 도道를 전했다. 1871년 이필제에 의해 교조신원운동이 시도되었으나, 본격적으로 동학에 대한 이단 논쟁이 재기된 것은 1890년대 교조신원운동기부터이다.

1892년 공주집회를 시작으로 전개된 교조신원운동 단계에서도 향촌 지배층의 동학에 대한 인식은 이전과 달라지지 않았다. 경상도 유생 권봉희처럼 "수령들의 탐욕과 학대가 매우 심해 백성들이 살아갈 수가 없기" 때문에 동학이 날로 번성한다며 지방관의 탐학을 동학 확산의 원인으로 지적한 이도 있긴 했지만,[17] 이들에게 동학은 여전히 부적이나 주술을 외우며 백성들을 현혹하는 사교邪敎에 불과했다. 따라서 이들은 보은집회에 대한 정부의 미온적인 태도에 강한 불만을 표출했다.

도어사都御使로 파견된 어윤중魚允中은 우선 동학 확산과 이번 취당聚黨의 원인으로 지방관의 탐학을 지적하면서, 동학을 빙자하여 재물을 탐하던 당시 지방관의 행태를 강하게 비난했다.[18] 또한 그는 자신들의 취당을 민당民黨

---

17) 「前司諫權鳳熙疏」, 『聚語』(『동학농민전쟁사료총서』 2, 사운연구소, 1996. 이하 『총서』로 약칭).
18) 「宣撫使採探趙秉式貪虐狀聞」, 『聚語』(『총서』 2, 87쪽).

이라 주장하는 동학교도들의 주장에 동조하는 듯한 모습을 보이기도 했으며,[19] 정부 또한 탐학한 지방관의 처벌을 약속하면서 해산을 종용했다. 이에 대해 향촌 지배층은 정부의 회유책을 강하게 비판하면서 먼저 토벌한 이후 선무宣撫해야 한다고 주장했다. 동학교도들은 "악에 의지하여 교화를 거부한 무리들"로 "국가의 적자赤子"가 아니기 때문에 즉시 군대를 보내 정토征討하여 남김없이 제거해야 한다는 것이었다.[20]

이들이 당시 동학교도들에게 이처럼 강경한 태도를 취한 것은 향촌사회 내 동학 확산에 대한 위기의식에서 비롯되었을 것으로 보인다. 이 점은 어윤중의 동학에 대한 태도를 강하게 비판한 데서도 드러난다.

> [어윤중이] 저들에게 묻기를, "그렇다면 또한 요순堯舜과 공맹孔孟의 도道인가?"라고 하니, 저들은 이에 "그렇다"라고 대답하였습니다. 애석합니다. 어사(어윤중)의 말은 신중해야 했습니다. 만약 저들이 장차 해산하여 공공연하게 행동하면서 나라 안에서 떠들기를 "우리의 학문은 조정에서 그르다고 하지 않는다"라고 한다면, 어리석은 백성들이 이를 보고서 또한 어찌 그것이 바른 것인지 사악한 것인지, 충성스러운 것인지 반역인지 분별하겠습니까?[21]

향촌 지배층 입장에서 취당 세력의 학문은 요사스럽고 비천한 것으로서, 무식무륜無識無倫이 심하여 왕양명王陽明이나 묵자墨子와 같은 이단과도 비교할 수 없는 사교邪敎였다. 또한 이미 조정에서 법으로 엄격하게 금지하고 있는 상황에서 의義를 실천하기 위한 도道라는 그들의 주장에 동조하는 듯한

---

19) 「宣撫使再次狀啓」, 『聚語』(『총서』 2, 64~65쪽).
20) 「副護軍李建昌上疏」, 『聚語』(『총서』 2, 77쪽).
21) 「副護軍李建昌上疏」, 『聚語』(『총서』 2, 77쪽).

어윤중의 태도는 도저히 용납될 수 없었다. 오히려 어윤중의 태도로 인해 이미 법으로 엄격하게 금지한 사교를 학문적 정당성을 갖는 한 분파로 오인하여 향촌사회 구성원들이 동요할 수 있다는 것이었다.

1892년 공주집회 때부터 전개된 교조신원운동에서 동학교도들이 동학을 공인받기 위해 내세운 것은 제폭구민除暴救民과 척왜양斥倭洋을 통한 보국안민輔國安民의 실현이었다. 즉, 동학은 보국안민이라는 의義를 실현하기 위한 학문이며, 따라서 자신들이 불가피하게 취당聚黨하게 된 것도 의를 실천하기 위한 창의倡義라는 것이었다. 또한 설령 동학이 사교일지라도 "임금이 치욕을 당하여 신하가 죽어야 하는 자리라면 충절과 의리는 하나이니, 각지의 유생들이 같은 마음과 뜻으로 죽기를 맹세하고 충성을 바칠 것입니다"라고[22] 하고, 방문을 게시하여 동학금단령을 따르는 것이 오히려 왜양倭洋의 신하 노릇이나 마찬가지라며[23] 의義를 강조함으로써 기존의 동학금단령을 무력화하고자 했다.

이와 함께 동학교도들은 "지금 백성들이 모두 구렁텅이에 빠지고 방백수령方伯守領의 탐학무도貪虐無道와 세력 있는 토호土豪들의 무단無斷이 끝이 없어 도탄의 지경에 이르게 되었다. 만약 지금이라도 이를 소청掃淸하지 않는다면 언제 국태민안國泰民安을 얻을 수 있겠는가"라면서[24] 제폭구민除暴救民을 내세우며 탐관오리와 토호 세력 축출을 주장했다.

---

22) 東學初無邪術而設使謂之邪術其在辱 君臣死之地忠義一也各處儒生同一心志誓死效忠云云. 「癸巳三月二十二日探知二十三日發報」, 『聚語』(『총서』 2, 35쪽).

23) 何以巡相之老成且明察反斥我斥倭洋者爲邪類則臣僕於犬羊者爲正類乎以擊倭洋之士罪之以捉囚則主和而賣國者受上賞乎 (…) 揭此通衢者恐或迷惑者之臣僕於倭洋以順官令也. 「東學人榜」, 『聚語』(『총서』 2, 35~36쪽).

24) 今生靈幾至塡壑者方伯守令貪虐無道有勢豪家武斷無節以致塗炭之境若不及今掃淸則何時有國泰民安乎云云. 「癸巳三月二十三日」, 『聚語』(『총서』 2, 37~38쪽).

이처럼 동학교도들이 척왜양을 내세운 것은 국가로부터 사교가 아닌 충효를 아는 도학으로 인정받고자 한 것이었으며, 제폭구민을 내세운 것은 향촌사회에서 이단 배척을 빙자하여 자신들을 탄압하는 수령과 토호 세력을 공격하기 위함이었다. 이에 대해 어윤중은 수령과 토호의 탄압을 집회의 주요 원인으로 지적하기도 했으며, 집회의 성격을 민회民會로 보려는 모습도 보였다. 결국 조정에서도 어윤중을 선무사로 임명하여 수령과 토호의 탄압을 조사·처벌할 것을 명하는 등 교도들의 요구를 수용했다. 이러한 정부의 일련의 태도는 동학을 '사교'가 아닌 '도학'으로 공인하는 듯한 인상을 주었으며, 따라서 향촌 지배층은 이를 강하게 비판하고 기존의 '동학금단령'을 다시 한 번 상기시키며 이들을 정토征討할 것을 주장하는 등 강경한 태도를 취했던 것이다.

이들이 '정토'라는 용어를 쓰면서까지 강하게 동학을 공격한 것은, 향촌 사회 내부로 확산되어오는 동학조직이 자신들의 지배권을 위협한다고 생각했기 때문이다. 이 시기 동학을 둘러싼 논쟁은 동학교도들이 '척왜양'을 내세움으로써 '동학≒서학↔유학'에서 '동학↔서학'으로 전환되고 있었으며, 이는 결국 동학 또한 나름의 일단一端을 가지고 있는 '학문'임을 인정하는 것이었다. 더구나 유학이 독점하고 있던 '보국안민'이라는 정치적·사회적 가치가 동학에 의해 재전유됨으로써 많은 향촌사회 구성원들이 동요하고 있었다.

우리의 도道 중에는 작은 어린아이도 왜와 서양을 배척한다는 말을 들으면 흔쾌히 따르지 않음이 없습니다. 8도에서 우리 도道에 들어온 사람이 몇 백만 명인지 모릅니다. 그중에서 사대부의 집도 몇 만 명이 되고, 관리들 또한 몇 천 명이 됩니다.[25]

물론 보은집회 당시 동학교도의 과장된 표현이긴 하지만, 동학이 제기한 '보국안민'에 동조하는 사대부와 관료들도 상당수 있었던 것으로 보인다. 어윤중은 보은집회에 참여한 구성원에는 현실에 불만을 지닌 지식층, 탐관오리와 토호들에게 핍박 받는 하층 양반 및 평민층, 그리고 신분적 구속으로부터 벗어나고자 하는 천민층 등 향촌 내의 사회 불만 세력들이 광범위하게 포함되어 있다고 분석하기도 했다. 무지한 백성들이나 현혹될 뿐 조금이라도 학식이 있는 자는 빠져들지 않을 것이라는 향촌 지배층의 기대와는 달리, 동학은 향촌 내 광범위한 계층으로 확산되고 있었다.

결국 동학교도들은 교조신원운동으로 교조신원을 얻어내지는 못했으나, 대규모 집회를 통해 사회적으로 금기시되었던 동학에 대한 이단 논쟁을 이끌어낼 수 있었다. 특히 동학교도들은 척왜양과 제폭구민을 내세워 동학의 학문적 정당성을 부각시킴으로써, 유학의 절대성을 부정하는(유교의 상대화) 한편 유학자들만이 전유하고 있던 '보국안민'이라는 사회적·정치적 가치를 동학교도들이 재전유할 수 있는 계기를 마련했다. 이는 성리학적 이상의 구현이라는 이데올로기 아래 유지되어오던 향촌 지배질서의 균열을 야기했다. 따라서 향촌 지배층은 상소를 통해 동학을 사교로 매도하고, 동학금단령을 내세워 강경진압을 주장하는 한편 유학을 강명한다는 명분으로 학교와 서원을 설립하여 조직 기반을 재조성하고자 했다.[26]

2) 농민전쟁기 동학 입도와 농민전쟁 참여

보은집회 당시 향촌 지배층이 우려했듯이 해산 이후 향촌으로 돌아간 동

---

25) 吾道中三尺之童闆斥倭洋之說則莫不欣然附從八路之人入吾道者不知幾百萬名其中士大夫家爲屢萬名有官爵者亦爲屢千名.「癸巳三月二十三日」, 『聚語』(『총서』 2, 37쪽).
26) 『高宗實錄』, 고종 30년 3월 10일.

학교도들은 향촌사회 내에 형성된 포접조직을 기반으로 세력을 확산했으며, 이렇게 형성된 연계망을 통해 조직적으로 탄압에 대응했다.

> 그러나 세월은 한限이 업고 돈양은 한이 잇서 허다한 동학군에 허다한 세월을 두고 돈이라는 것을 이루 다 당해내는 수가 업섯슴에야 엇지하리오. 죽기는 맛찬가지니 차라리 힘으로써 대항하자는 의론이 성립되어 고부 부안 정읍 태인 고창 무장 등 각지에 잇는 동학당들은 특별한 단결을 지여가지고 어느 방면에서든지 일이 잇는 시는 지경지경마다 파발을 세워 기별이 가는 대로는 주야를 불분하고 일 잇는 곳으로 모여드는 법을 만드러두웟든 것이다.[27]

이 시기 향촌사회를 기반으로 한 동학의 포접조직이 기존의 향촌 지배조직과 어떤 관계를 유지하고 있었는지, 즉 향촌사회 지배권을 둘러싸고 양자가 표면적으로 서로 대립하고 있었는지는 정확한 사례가 없어 알 수 없다. 하지만 동학조직은 향촌사회 내에서 민의를 모으는 역할을 수행했으며, 지역에 따라서는 수령의 지속적인 탐학에 저항하거나 평소 향촌사회에서 "동학을 엄금"했던 토호에 대한 집단적인 공격을 감행하기도 했다.[28] 이로 인해

---

27) 吳知泳, 「全羅各郡의 民亂」, 『東學史(초고본)』(『총서』 1, 450~451쪽).
28) 홍주 인근에서는 "호서(湖西)의 동도(東道)는 오로지 사대부만을 능욕하였으며, 그 집을 타파(打破)하거나 혹은 배상금을 지급하여 무단을 행했던 것을 면제받을 수 있었다. (…) 각 읍은 향약을 행하고 사람을 모아 이를 방어하고자 하였다. (…) 면천읍 또한 4월 14일에 향약장(鄕約長)과 동상존위(洞上尊位)를 뽑았다." 또한 "보현동(普賢洞, 현재의 서산군 운산면 용현리)의 이진사가 평소에 동학을 엄하게 금하여 동학도가 이에 원망을 품고 개심사에 모여 논의한 후 그 집을 부술 것이라고 한다"[『沔陽行遣日記』(『총서』 4, 317쪽)]는 기록도 있다. 향촌사회에서 동학교도들의 활동상을 보여주는 자료들이다. 비록 무장기포 이후의 내용이지만 이 지역에서 농민군의 활동이 본격적으로 이루어진 것이 6월 말, 7월 초였다는 점, 그리고 당시 향촌 지배층이 "이른바 동비는 보은집회 이후로부터 그 치성하는 모양이

당시 향촌 지배층은 "민란들은 모두 동학당의 소행"이라는[29] 인식을 갖게 되었던 것 같다. 1894년 3월 '1차 봉기' 이전 동학조직의 향촌사회 내 사회적·정치적 위치를 정확히 알 수는 없으나, 기득권층과 이해를 달리하는 이해집단, 또는 대변할 수 있는 조직으로서 존재한 것은 분명하다. 이를 배경으로 전봉준은 3월에 각 지역 접주들의 기포를 단행했으며, 또한 전주성 철수 이후 짧은 기간 동안 향촌사회를 장악할 수 있었던 것이다.

향촌 지역에 포접조직이 본격적으로 설치되기 시작한 것은 전주성 철수 이후였다.[30] 이들은 각 촌마다 접소를 설치해 사회적 연계망을 확대하는 한편, 도소都所를 설치하거나 도회都會를 개최하여 민의를 수렴하면서 향촌사회 내에서 영향력을 행사했다. 특히 전주화약 이후 정부의 타협안으로 제시된 '집강차정執綱差定'은 향촌사회에서 설접設接행위가 전면화되는 계기였다. 집강차정은 비록 전주성 철수 이후 혼란한 향촌사회를 안정시키고 '난민'의 무분별한 행동을 통제하는 등 치안유지를 위해 제기된 것이었지만, 정부가 교단 측에 정식으로 제기했다는 점을 주목할 필요가 있다. 이는 향촌사회에

달로 다르고 때로 달랐다. 마을마다 접을 세우고 사람마다 주문을 암송하는데, 기세가 타오르는 불길과 같고 불어 넘침이 조수가 나아가는 것과 같았다"[『피난록』(『총서』 9, 5쪽)]라고 지적하고 있는 점을 생각했을 때, 전라도 지역 무장기포와는 상관없이 이미 보은집회 이후 향촌사회에서는 주도권을 둘러싸고 동도와 유도의 대결이 진행되고 있었던 것으로 보인다.

29) 吳知泳, 「全羅各郡의 民亂」, 『東學史(초고본)』(『총서』 1, 450쪽).

30) 충청도 홍주의 경우 7월 7일 이전부터 이미 홍주성 외곽 지역에서 '난도(亂徒)'라 불리는 동학교도들의 활동이 활발하게 전개되고 있었으며(이진영, 「忠淸道 內浦地域의 동학농민전쟁 전개양상과 특성」, 『동학연구』 14·15, 한국동학학회, 2003; 홍동현, 「忠淸道 內浦地域의 농민전쟁과 농민군조직」, 연세대학교 석사논문, 2003), 경상도 상주에서도 6월에서 7월 사이 "그 세력이 매우 커져서 마을을 횡행하며 포덕(布德)을 한다고 하면서 속여서 꾀어내고 협박하니 여기에 가담하는 자들이 날마다 수천을 헤아렸다"고 했다. 『甲午斥邪錄』, 「甲午三月」(『총서』 11, 8쪽).

서 동학교단의 영향력을 인정하는 한편 폐쇄적인 지방 통치체제 안으로의 진입을 허용한 것으로서, 사실상 동학금단령을 해제한 것이나 마찬가지였다.[31] 그리하여 촌마다 접소가 설치되었으며, 곳에 따라서는 도회를 개최하여 산송과 채무에 대한 판결을 내리거나, 집단을 이루며 탐관과 토호를 응징하기도 했다. 향촌사회에 확산된 포접의 동학조직은 향촌의 사회·정치적 공간이 되었으며 이를 매개로 동학교도들은 향촌사회를 장악해 나갈 수 있었다. 이제 향촌 구성원들은 '입도入道'라는 절차만 거치면 누구나 새롭게 형성된 '사회적 연계망'에 참여할 수 있었다.[32]

이 시기 접소(또는 도소)라는 새롭게 형성된 사회적 연계망의 구성원이 된다는 것은 동도東道에 입도하여 도인道人이 된다는 의미였으며, 동시에 도인으로서 의義를 실천하는 주체가 되는 것이었다. 또한 의를 실천한다는 것은 제폭구민과 척왜양 창의倡義에 동참한다는 뜻으로서, 곧 농민전쟁에 참여한다는 의미였다.[33]

---

31) 김선경은 집강소의 설치와 참여를 국가 통치 영역으로의 진입이라 표현했는데, 그 대상이 동학교도들이었다는 점에서 이는 곧 정부의 동학 공인으로도 해석될 수 있을 것이다. 김선경, 「갑오농민전쟁과 민중의식의 성장」, 『전통의 변용과 근대 개혁』, 태학사, 2004, 203~204쪽.

32) 위의 글, 204~210쪽.

33) 김선경은 전투에 참여하지 않았더라도 동학에 입도하여 모임에 참여했다면 이들 또한 농민군 측 참여자라고 보았다. 즉, 전투에 참여하지 않았지만 결국 전쟁의 상대편에 의해 농민군으로 지목되면서 어떤 형태로든 농민전쟁의 당사자가 되었다는 것이다. 위의 글, 198쪽. 하지만 농민전쟁을 기존 권위의 부정과 '새로운 세상 만들기'라고 한다면, 여기 참여하는 사람들을 농민군 참여자로 볼 수 있을 것이다. 또한 당시 동학 입도 자체가 불법적인 행위였으며, 그 자체가 기존의 권위에 대한 부정이 될 수 있고, 그들의 입도 동기가 새로운 세상을 만들기 위한 것이었다면, 이 시기 동학에 입도하여 도인이 되는 것 자체가 농민전쟁에 참여하는 것이었으며, 이들은 농민군이었다고 명명할 수 있을 것이다.

마침 김 씨를 논두렁에서 만나게 되어 은근히 동학을 물어보았습니다. 마침 김 씨는 미리부터 동학을 은밀히 믿던 터라 나의 귀에다 입을 대고 넌지시 일러주며 같이 믿자고 합니다. 믿으면 조화도 나려니와 <u>장차 양반이 되고 훌륭한 일을 하고</u> 또한 삼재팔난三災八難을 면한다고 합니다. 그래서 나는 당장에 믿기를 승낙하고 김 씨를 데리고 집으로 돌아와 그날 저녁으로 이웃에 있는 동지 6, 7인과 같이 입도를 하였습니다.[34](밑줄―인용자)

위 인용은 1894년 홍주 지역 농민전쟁에 참여했던 홍종식이라는 사람이 당시를 회고한 내용으로, 동학 입도 과정과 동기를 잘 보여주고 있다. "조화도 나려니와", "삼재팔난을 면한다"는 부분은 당시 향촌 지배층이 동학을 사교라고 공격했던 근거이면서 동시에 민중에게는 현실의 고통으로부터 벗어날 수 있다는 막연한 기대감을 주었을 것으로 보인다. 하지만 "장차 양반이" 된다는 것은 매우 현실적인 '실익'이었으며, "훌륭한 일"을 한다는 자부심도 지니게 해주었다. 즉, 입도하여 도인이 된다는 것은 곧 양반이 된다는 의미였으며, 도인으로서 의를 실천한다는 것은 훌륭한 일을 한다는 자부심으로 인식되었던 것이다.[35]

1894년 3월 20일 전봉준이 무장에서 포고문을 선언하면서 각 지역 동학 조직의 기포起包를 독려했을 때 내세웠던 것도 창의倡義였다. 중앙에서 지방까지 권력이 부패하고 관리들이 탐학하여 백성들이 도탄에 빠져 있으니,

---

34) 홍종식, 「동학란 실화」, 『新人間』 34, 1929(『나라사랑』 15, 1974, 재수록).
35) 홍종식이 입도한 시기는 농민전쟁이 발발하기 전인 1894년 2월 8일이었지만, 동학에서 제기한 '제폭구민'과 '척왜양' 구호는 보은집회 이후 향촌 구성원들이 동학 입도를 선택하는 데 상당한 영향을 미쳤던 것으로 보인다. 더구나 보국안민을 내세우며 기포한 전라도 지역 소식과 일본군의 경복궁 침략 소식이 전해지는 6월 말쯤에는 이러한 구호에 동조하는 세력들이 대거 동학에 입도한 것으로 보인다.

비록 '초야草野의 유민遺民'이지만 팔도가 마음을 합쳐 함께 의논하여 지금 의기義旗를 들고 보국안민을 실현하고자 창의한다는 것이었다.[36] 특히 이들은 3월 25일 군사조직으로 재편성을 결의했던 백산대회에서 보국안민을 위해 창의했음을 재차 확인하면서 '제폭구민'과 '척왜양'이라는 목표를 구체적으로 설정했다.[37] 비록 전주화약을 맺음으로써 부패한 중앙 집권 세력을 타도하기 위한 창의는 일단 보류되었으나, 전주성 철수 이후 오히려 보국안민 실현을 위한 활동이 자신들의 일상생활 공간인 향촌사회 내부에서 활발하게 전개되고 있었다.

일본군의 경복궁 침략 소식이 전해지기 시작하던 6월 말, 7월 초부터 삼남 전 지역에서 설접設接을 통한 동학교도들의 활동이 활발해지기 시작했다. 이 시기 그들이 표방한 것도 제폭구민과 척왜양을 통한 보국안민의 실현을 위한 창의였다. 특히 청일전쟁과 일본군의 경복궁 침략으로 인한 정치적 위기상황은 농민군의 창의 활동에 더욱 힘을 실어주었으며, 정부가 제시한 '집강차정'은 향촌사회 내에서 동학교도들의 활동 폭을 넓혀주었다.

> 순사巡使 박제순朴齊純과 상의하여 임시방편으로 비괴匪魁 최시형崔時衡으로 하여금 여러 고을에 있는 그들의 무리 중에서 뽑아 집강執綱의 직임을 주어 그들 중에 패악을 저지르는 자를 살피게 하였다. 이에 그 직임을 받은 자는 도리어 (그것을) 빙자하여 권력으로 여기고 더욱 교만해져 날뛰었다.[38]

---

36) 「東學輩本邑布告文茂長」, 『東匪討錄』(『총서』 6, 159~160쪽).
37) 우리가 의를 들어 이에 이른 것은 그 본의가 결코 다른 데에 있지 아니하고 창생(蒼生)을 도탄에서 건지고 국가를 반석의 위에다 두자 함이라. 안으로는 탐학한 관리의 머리를 베고 밖으로는 강폭(强暴)한 도적의 무리를 구축하자 함이라. 吳知泳,「檄文」, 『東學史(초고본)』(『총서』 1, 456쪽).
38) 『洪陽紀事』(7월 10일)(『총서』 9, 105~106쪽).

전주화약 이후 농민전쟁에 대한 정부 수습책의 일환으로 구상된 집강차
정안은 7월 6일 김학진이 전봉준에게 정식으로 제시했다. 7월 말에는 선무
사 정경원을 통해 최시형에게도 제시되어, 호서 각 지역의 접주를 집강에
임명하여 동학교도들의 무분별한 행위를 통제하도록 했다.[39] 하지만 이는
오히려 동학교도들의 조직과 활동에 공적 정당성을 부여하는 결과를 가져
왔다. 동학교도들은 보국안민이라는 명분 아래 탐학한 수령과 토호무단을
직접 처벌하기도 했다.

> 우리 도인은 <u>보국안민을 우리 임무로 삼고 있습니다. 그 가운데는 수령의</u>
> <u>잘잘못과 토호의 무단을 규찰하고 장려하는 일도 포함</u>됩니다. 근래 이 고을(고성)에
> 민요民擾가 있다고 들어서 그 실상을 조사하고 폐단을 교혁矯革하지 않을 수
> 없어, 한편으로는 기포起包하고 한편으로는 사또를 찾아 방문한 것입니다.[40](밑줄
> ─인용자)

위 인용은 두 명의 농민군이 고성부사 오횡묵吳宖默에게 자신들이 찾아온
목적을 밝힌 것이다. 그들은 스스로 보국안민을 실천하기 위한 주체임을
밝히면서 자신들의 행위에 정당성을 부여했다. 당시 향촌 지배층이 지적하
고 있듯이 이들은 동학을 바꿔 '동도'라 칭하고 동학에 들어가는 것을 '입
도'한다고 하며 스스로 '도인'이라 칭했다.[41] 보국안민은 도인으로서 당연히

---

39) 得各邑各接中其所統攝之人誉門已有所詳探特以令申之意差定執綱名色使之禁飭其徒爲去乎
   該接中如有依前犯科者執綱之責在所難免地方官嚴飭該執綱以爲懲一礪百之地又或有跳浪不
   遵指名馳報從重科治之地宜當向事. 『錦藩集略』(『총서』 4, 65쪽).
40) 吳宖默, 『固城叢瑣錄』(8월 16일)(김선경, 「갑오농민전쟁과 민중의식의 성장」, 『전통의
   변용과 근대 개혁』, 태학사, 2004, 211~212쪽에서 재인용).
41) 變東學爲東道入東學者謂之入道自稱道人. 『避亂錄』(『총서』 9, 4쪽).

실천해야 할 일이라 하여 자신들을 정치적 사회적 행위의 주체로 인식하고 자신들의 행위에 정당성을 부여했던 것이다.

이처럼 동학농민군은 '보국안민'이라는 유교사회의 보편적 가치를 선점함으로써, 기존 위계질서를 훼손하는 자신들의 '불법적인 행위'를 의義를 실천하는 것으로 정당화할 수 있었다.

3. 농민군의 향촌 내 활동과 그 성격

1) '도인 되기'와 사회적 권위에 대한 부정

향촌사회에서 농민군의 활동이 활발하게 전개되어 삼남 전역으로 확산된 것은 전주성 철수 이후부터이다. 이 시기 농민군의 활동은 각 지역마다 설접設接하여 형성된 동학조직이라는 새로운 사회적 연계망을 매개로 이루어졌으며, 이에 참여한다는 것은 입도를 하여 도인이 된다는 것을 의미했다. 따라서 '제폭구민'과 '척왜양'이라는 의의 실현을 내용으로 삼고 있는 동도에 입도하여 도인이 된 자라면 누구든지 의를 실천하는 주체가 될 수 있었다. 즉, 이 시기 농민군의 활동이란 보국안민이라는 의의 실천을 의미하며, 이를 실천한다는 것은 동도를 수련한 도인으로서 당연한 의무로 받아들여졌다.

도인이 되기 위해서는 간단한 의식 절차만 거치면 되었으며, 21자 주문만 외우면 누구든지 새로운 세상의 일원으로 참여할 수 있었다.

모두 다투어 입도를 하는데 길 가던 자는 우물이나 개천을 향하야 입도식을 하고 산에서 나무 베던 자는 숫돌물을 놓고 다투어 입도를 하였습니다. 하루라도 먼저 하면 하루 더 양반이요, 하루라도 뒤에 하면 하루 더 상놈이라는 생각하에서

어디서나 닥치는 대로 입도부터 하고 보았습니다. 참말 야단법석이었지요.[42]

1894년 당시 설접設接이 활발하게 이루어지면서 '가난쟁이, 상놈, 백정, 종놈'과 같은 하층민들이 물밀듯이 입도를 하기 위해 몰려들었다. 다른 이유가 있어서 그런 것이 아니라 당장의 실익으로 "양반이 되고 훌륭한 일을" 할 수 있다는 말에 닥치는 대로 입도했다고 한다. 이 시기 사회적 정치적 주체가 된다는 것은 곧 유교적 교양과 지식의 습득, 유교적 가치관의 공유를 전제로 했다.[43] 그것은 오서五書·오경五經 등 경서의 끊임없는 독서를 통해 이룰 수 있는 것이었으며, 이를 통해 양반들은 일반 상민常民에 대한 배타적 위치를 유지할 수 있었던 것이다. 따라서 당시 향촌 지배층은 민중들이 입도를 통해 쉽게 스스로 도인이라 칭하는 것에 대해서 다음과 같이 비난했다.

또 도라는 것이 얼마나 중대하고 어려운 것인가. 노둔한 자질로는 비록 종신토록 연마하더라도 반드시 그 도를 이룰 수가 없는 자가 열에 아홉은 된다. 지금 저들이 말하는 도는 눈 깜빡할 사이에 입도하였다고 하니 그 도가 오래갈 수 있겠는가.[44]

위 인용의 글쓴이는 '지배 양반'이 된다는 것이 얼마나 어려운지, "어리석고 배우지 못해" 지배 양반 행세를 하지 못하니 선조에 죄를 짓고 있는 것이라고 한탄하기도 한다.[45] 그럼에도 "눈으로는 어魚 자와 노魯 자도 구분

---

42) 홍종식, 「동학란 실화」, 『新人間』 34, 1929, 45쪽.
43) 김성우, 「18~19세기 '지배 양반' 되기의 다양한 조건들」, 『대동문화연구』 49, 2005, 180쪽.
44) 『避亂錄』(『총서』 9, 29쪽).
45) 『避亂錄』(『총서』 9, 3쪽).

하지 못하고 마음으로는 콩과 보리도 구별하지 못하는 무리들"이 눈 깜짝할 사이에 입도했다고 도인 행사를 하는 것이 몹시 못마땅했을 것이다.

도인이 된다는 것은 의를 실천하는 주체가 된다는 것이었으며, 또한 탐학한 관리와 토호의 무단을 처벌할 권한을 갖는 것이었다. 동학농민군은 마치 자신들이 관리가 된 듯이 행동했으며, 그동안 관행적으로 양반들에게 유리하게 판결되었던 산송이나 고리대 문제에 대해 국법을 준거로 다시 판결을 내리기도 했다.[46] 예천에서 동도 11명이 매살埋殺당한 사건의 경우에도, 죄의 유무를 따지지 않고 처벌한 것은 사사로운 형벌(私刑)이니 수창자首倡者는 상명지률償命之律을 면치 못할 것이며, 공정한 처벌을 위해 법을 아는 아전에게 다시 의뢰해야 한다고 제안했다.[47] 동학농민군은 법의 집행을 받는 수동적인 위치에서 벗어나, 이제 스스로 법을 집행하거나 공정한 법 집행을 요구하는 매우 능동적인 위치에 서게 된 것이다. 뿐만 아니라 이들은 결가나 호포를 줄여주는 등 부세 수취에도 관여했다. 이러한 행위들은 "만일 폐단을 고치는 것을 너희들이 스스로 맡는다고 하면, 나라에서 임명한 관리들은 헛된 직함이란 말이냐"라는 어느 향촌 지배층의 반문에서 알 수 있듯이, 지방 관리의 업무를 동학농민군이 대신 수행하는 것이었다.[48] 동학농민군은 그동안 수령-이향체제, 또는 이와 결탁한 사족들에 의해 좌우되었던 향촌의 경제적 정치적 운영을 부정하고, 농민군이 참여하는 새로운 향촌 운영체제를 갖고자 했다. 이런 활동들이 향촌 지배층에게는 "육조六曹의 장관과 수령 방백들을 그들 무리 가운데서 모 대장 혹은 모 판서라고 자칭하며 미리 정해"놓은 반역으로 보였을 것이다.[49]

---

46) 홍성찬, 「1894년 집강소기 설포하의 향촌 사정」, 『동방학지』 39, 1983.
47) 『甲午斥邪錄』(8월 8일)(『총서』 11, 31쪽).
48) 『東擾日記』(8월 25일)(『총서』 11, 525쪽).

이와 함께 농민군들은 향촌사회에서 '지배 양반'으로 행세함으로써 기존 지배 양반의 권위를 무너뜨리고 있었다. 본래 조선의 신분제는 법제적으로 규정되어 있는 것이 아니었으며, 재지양반도 사회 관습을 통해 형성되어 있었다. 양반들은 일상생활에서 사용하는 호칭이나 언어, 교제대상과 범위도 상민층과 달랐으며, 양반들만 자유로이 말을 탈 수 있었고, 상민들은 길에서 양반을 만나면 물러나 길을 비켜줘야 하는(辟除) 등 이런 식으로 상민층과 차이를 두면서 '지배 양반'으로서 존재할 수 있었던 것이다.[50]

그런데 당시 농민군들은 "말을 타고 왜산倭傘을 펼치"면서[51] 길을 가는가 하면, 상하귀천 가리지 않고 서로 '접장接長'이라는 경칭을 쓰는 등 새로운 호칭을 사용했다. 또 노비와 주인이 자리를 같이하여 서로 경어로 말을 주고받는 일도 있었다. 일상생활 속에서 기존의 권위를 무너뜨리고 있었던 것이다.[52]

이처럼 당시 농민군은 자신들의 일상적인 생활공간인 향촌사회에서 의를 실천하는 도인으로 행세하고 있었다. 그들은 국법을 내세워 기존의 관습을 부정하기도 하고, 공정한 법 집행을 요청하거나 직접 수행하는가 하면, 언어, 복장, 태도 등 일상생활의 새로운 관례를 만들기도 했다. 이는 수령–사족에 의해 만들어진 기존의 권위를 부정하는 한편, 농민군 스스로 도인과 속인의 구분 짓기를 통해 새로운 관계를 구축하고자 한 것으로 볼 수 있다.

---

49) 『避亂錄』(『총서』 9, 28쪽).
50) 김성우, 「18~19세기 '지배 양반' 되기의 다양한 조건들」, 『대동문화연구』 49, 2005. '지배 양반'이 되기 위한 조건으로, 첫째 호적상 유학 직역의 등재와 족보를 보유, 둘째 유교적 의례의 준행과 다양한 특권, 셋째 문중과 동성촌락의 형성이라는 3가지 조건 모두를 충족해야 한다고 한다. 이 시기 이와 같은 조건을 충족한 5% 남짓의 양반을 지배 양반이라 할 수 있다.
51) 『南遊隨錄』(6월 29일)(『총서』 3, 220쪽).
52) 其徒奴主之間相稱以接長上堂同席而坐言語相敬云. 『南遊隨錄』(7월 6일)(『총서』 3, 221쪽).

2) 향촌 구성원의 포섭과 수평적 관계 형성

전주성 철수 이후 동학에 입도하고자 찾아오는 사람들은 날로 늘어났으며, 마을마다 주문 외는 소리가 끊이질 않았다고 한다. 그들 가운데는 "죽이고 밥이고 아침이고 저녁이고 도인이면 서로 도와주고 서로 먹으라는 데"에 감복한 이들도 있었고, 믿으면 조화도 부리고 삼재팔난을 면할 수 있다는 말에 혹한 이들도 있었다. 사람들은 다양한 입도 동기와 목적을 가지고 물밀듯이 몰려들어 자발적으로 입도를 청했다. 적어도 당시 동학 지도부가 제기했던 "오늘 입도하면 내일은 형제가 되어 포덕하고 수행하며 백성들을 널리 구제하는 것이 본뜻"이라는 동학의 취지에 공감했을 것으로 보인다.

하지만 자발적으로 입도한 사람들만 있었던 것은 아니었다. 그들 중에는 소위 '탁명托名 동학군' 또는 '위동학당僞東學黨'이라 하여, 일시적으로 동학 농민군의 위협으로부터 재산을 보호하기 위해 입도한 자들도 상당수였다.[53] 대체로 부자나 양반, 관리 및 향리층 가운데 농민군에 참여했다가 이후 '2차 농민전쟁'이 전면화되는 과정에서 오히려 배도背道하여 농민군 색출에 앞장섰던 자들이 그런 경우였다. 물론 그들은 일시적 위협을 피하기 위해 탁명한 것이었지만, 농민군의 적극적인 회유에 포섭되거나 늑도勒道에 의해 어쩔 수 없이 참여한 경우도 많았을 것이다.

농민군은 우선 자발적인 참여를 유도했는데, 그 방법 가운데 하나가 '동도'의 정당성을 확보하는 것이었다. 이와 관련해서 예천에서는 민보군 지휘자와 접주 사이에 '도'에 대한 토론이 오가기도 했다. "동중서가 말하기를 '도의 큰 근원은 하늘에서 나온다'라고 하였습니다. 하늘을 공경하고 도를 닦으며 나라를 보전하고 백성을 편안하게 하는 것은 우리가 우선적으로 힘

---

53) 吳知泳,「義軍과 官兵接戰」,『東學史(초고본)』(『총서』 1, 505쪽).

써 수련하는 것입니다"라는 말은 동도東道와 유도儒道가 별반 다르지 않다는 의미였다. "오늘 입도하면 내일은 형제가 되어 포덕하고 수행하며 백성들을 널리 구제하는 것이 본뜻입니다"라고 함으로써 결속력에 있어서는 오히려 동도가 유도보다 이롭다는 점을 이야기하기도 했다. 더 나아가 지금 도탄과 불구덩이에 빠져 있는 백성들을 구제하고 국가를 보전하기 위해서 하늘에서 "훌륭한 법규" 즉 동도를 내려 왕업을 영원토록 안정시켰다고 밝혔다.[54] 동도에 대한 정당성 부여는 사족士族이나 관료 등 일부 향촌 지배층의 자발적 참여에 중요한 기준이 되었다.

한편 자발적인 참여를 거부한 사족들은 '늑도勒道'를 통해 강제로 입도를 시켰다.[55] 늑도는 대체로 명사名士들을 대상으로 이루어졌다. 이는 당시 동학을 '사교邪敎'로 공격했던 향촌 지배층의 논리를 무력화시키고, 동학은 백성을 구제하고 국가를 보전하기 위한 참다운 '도학'이라는 자신들의 주장을 합리화하기 위한 것이었다. 뿐만 아니라 명사들의 입도는 기존의 성리학적 질서를 부정하고 도인들에 의해 새롭게 형성될 공동체적 질서로 향촌사회 내 다양한 세력들을 자연스럽게 포섭하는 효과를 가져왔다.

이와 같이 당시 향촌을 기반으로 하는 구성원들은 자의든 타의든 향촌사회에 남아 동학에 입도를 하거나 아니면 고향을 등지고 피난을 가야만 했다. 향촌 지배층 가운데는 사우祠宇를 땅에 묻고 피난을 떠나는 자들도 상당수 있었지만 대부분 동학에 입도하여 도인이 되었으며, 자의든 타의든 새롭게 형성된 사회적 연계망에 참여해야만 했다.

---

54) 『甲午斥邪錄』(8월 19일)(『총서』 11, 46~49쪽).
55) '늑도'란 처음에는 감언이설로 유혹하고 위협하다가 끝내 말을 듣지 않으면 주리 등 악형을 가하여 강제로 입도시키는 것을 일컫는다. 『避亂錄』(『총서』 9, 25쪽).

그 근본을 조사해보면 원래 다른 나라 사람들이 아니라 같은 나라 사람들이었다. 비단 같은 나라 사람일 뿐만 아니라 같은 고을과 같은 마을의 이웃들이었다. 그중에는 더러 친척이나 주객主客의 관계에 있는 사람들도 있었고, 대대로 친분을 맺어온 성이 다른 형제도 있었으며, 또 평소에 은혜를 입고 도움을 받은 자들도 있었다. <u>도를 믿느냐 믿지 않느냐는 것을 기준으로 갈라진 뒤에는 구적仇敵처럼 질시하고 살인을 한 것처럼 원수로 여겼다.</u> 말이 서로 통하지 않았고 생필품도 서로 도와주지 않았으며, 부족한 것을 서로 보태주지 않았고, 농사일도 서로 상관하지 않았다. 비록 이웃이나 옆집에 살더라도 초楚와 월越의 사이처럼 소원하게 지냈다.[56](밑줄―인용자)

이처럼 농민군이 향촌 지배층을 강제로 동학에 입도시킨 것은, 단순히 세력 확대라는 물리적·군사적 목적 외에 새로운 관계를 구축하기 위한 측면도 있었을 것이다. 위 인용에서 볼 수 있듯이, 그들은 도인과 속인俗人을 구분하여 자신들의 활동에 동참하지 않는 속인들을 차별하고 배제했다. 이와 관련해서 당시 황현은 다음과 같이 적었다.

<u>동학에 들어간 지 오래된 사람을 가리켜 '구도舊道'</u>, 최근에 새로 들어온 사람을 '신도新道'라 하였다. 평민을 가리켜 속인이라 하였으며, 속인 가운데 동학을 비방하는 사람은 이들을 협박하여 반드시 동학에 들어오게 하였는데, 이런 것을 늑도라 하였다. 그들이 이렇게 하는 것은 대개 세상 사람들이 <u>함부로 자신들을 적대시하지 못하게 하기 위한 것</u>이며, 서로서로 소리 높여 자신들의 도를 칭송하고 5만 년 동안 다함 없는 훌륭한 도라고 여기도록 하기 위한 것이었

---

56) 『避亂錄』(『총서』 9, 6쪽).

다.[57](밑줄—인용자)

즉, 그들은 보국안민의 실현을 목표로 삼고 있는 '훌륭한 도道'가 펼쳐지는 세상, 도인이라면 누구든지 서로 협력하는 세상을 만들고자 했다. 이를 위해 향촌사회 다양한 구성원들의 동참을 유도하거나 강제하기도 했다. 이러한 세상 만들기는 일상생활 속에서도 행해졌다.

　동학을 믿지 않는 사람들은 마음대로 길을 다닐 수가 없었다. 갑자기 비류匪類를 만났을 때 반드시 동학도의 방식으로 인사를 주고받는다면 다행히 무사히 지나갈 수 있었지만, 만약 그렇지 않으면 트집을 잡아서 끝내 말썽을 일으켰다. 이는 다른 이유가 있어서 그런 것이 아니라 그들과 같은 무리가 아니라는 혐의 때문이었다.[58](밑줄—인용자)

이들은 도인과 속인을 구분했을 뿐 아니라 도인들만의 생활방식을 만들어갔으며, 이를 실천함으로써 새로운 공동체적 질서를 형성하고자 했다. 기존에는 유교적 교양과 지식의 습득, 유교적 가치관의 공유가 향촌 내에서 지배적 위치를 부여했다면, 이제 입도 여부에 따라 그 위치가 결정되었으며, 이는 누구든지 참여할 수 있는 개방된 체제였다. 수령—사족에 의해 수직적으로 지배되던 향촌사회를 부정하고, 도인들 사이에 위계가 없는 수평적인 향촌사회로의 재편을 추구하는 것이었다. 이런 시도는 '2차 농민전쟁' 기포 전까지 향촌사회라는 일상생활공간 안에서 여러 가지 방식으로 시도되었다.

---

57) 其久染者謂之舊道新入者謂之新道平民謂之俗人俗人之毁道者必迫脅入之謂之勒道蓋欲擧世不敢議其爲賊也而相與盛稱其道以爲五萬年無極大道. 『梧下記聞』(『총서』 1, 109쪽).
58) 『避亂錄』(『총서』 9, 6쪽).

혹 사족으로서 노비와 주인이 같이 접에 들어간 자는 그 법을 따라 서로 접장이라고 부른다. 도한屠漢이나 재인才人의 무리도 역시 평민, 사족과 대등한 예를 행한다.[59]

비록 노예라 하더라도 동도에 들어오면 반드시 존대하여 감히 이름을 함부로 부르지 않았다. 상하의 구분과 귀천의 분별이 없어 옛날에는 없던 것이었다.[60]

이들은 일단 입도하여 도인이 되면 서로 '접장'이라는 존칭을 쓰도록 하고 의도적으로 사족과 천민이 동일한 위치에 앉도록 배치하는 등, 기존의 위계관계를 부정하고 동등한 관계로 재편하고자 했다. 이는 신분적인 위계뿐만 아니라 남녀노소 간에도 마찬가지였다. 선무사 정경원은 홍주 주변 접주들을 불러 모아 효유하는 과정에서 "너희들이 지금 효유문을 듣는데, 신분을 어지럽히고 등급을 없애서는 안 될 것이다. 양반은 대청에 올라 난간 밖에 엎드리고 상놈과 천인은 계단 중간에 엎드려서 듣도록 하라"고 일러 기존의 위계관계를 재확인하고자 했다. 이때 동학농민군은 "감히 거역하지 못했으나 불만스런 기색이 얼굴에 드러나는 자가 많았다"고 한다.[61] 당시 향촌사회는 수평적 관계로 빠르게 재편되고 있었던 것이다.

농민들은 손쉬운 절차를 걸쳐 입도만 하면 모두 도인이 되어 새롭게 구축된 세상의 일원이 될 수 있다고 믿었다. 그들이 만들고자 했던 새로운 세상은 결국 모든 향촌 구성원이 입도를 통해 도인이 되는 것이었으며, 도인들이

---

59) 士族而奴主俱從賊者互稱接長以從其法屠漢才人之屬亦與平民士族抗禮.『梧下記聞』(『총서』 1, 214쪽).

60) 雖其奴隸投入東徒則必尊待之不敢斥呼無上下之分貴賤之別古所未有也.『南遊隨錄』(7월 5일)(『총서』 3, 221쪽).

61) 『洪陽紀事』(7월 20일)(『총서』 9, 105쪽).

상하귀천 남녀존비 할 것 없이 서로 존중하고, 있는 자가 없는 자에게 베풀고 서로 돕는 수평적인 관계가 실현되는 세상이었다.[62]

4. 맺음말

어느 향촌 지배층은 1894년 농민전쟁을 "학學을 칭하고 도道를 칭하면서" 일으킨 '난역亂逆'으로 기록했다.[63] 이는 당시 농민군이 '동도東道'라는 매개물을 통해 자신의 정체성을 드러내고 자신의 행동에 정당성을 부여하고 있었음을 잘 표현한 것이다.

최제우에 의해 창도된 동학은 지배층의 배척에도 불구하고 삼남 전역으로 확산되었으며, 1890년대 들어서면서는 동학을 공인받기 위한 교조신원운동이 전개되었다. 동학교도들이 동학을 공인받기 위해 내세운 것은 '제폭구민'과 '척왜양'이라는 정치적 '레토릭'이었다. 하지만 중앙에서 지방까지 관리가 부패하고 일본과 서양의 정치적·경제적 침탈이 본격화되던 당시 상황을 고려했을 때, 제폭구민과 척왜양이라는 구호는 단순한 레토릭이 아니라 보국안민을 위한 의의 실천기제로 작용할 수 있었다. 그들은 동학을 보국안민이라는 의의 실천을 위한 학문으로 자리매김하면서 '사교邪敎'라는 지배층의 공격을 반박하고, 더 나아가 동학만이 의를 실천할 수 있다는 식으로 당대의 정치적·사회적 가치를 전유했다.

동학의 정치적·사회적 가치의 전유는 유교적 명분론의 어떤 측면을 침식하는 것이었고, 결국 향촌사회의 다양한 구성원들이 동학에 포섭되었다. 이

---

62) 홍종식, 「동학난실화」, 『신인간』 34, 1929, 45~46쪽.
63) 『甲午斥邪錄』, 「甲午十月初二日」(『총서』 11, 90쪽).

러한 전유와 침식, 그리고 포섭이 전면화된 것은 일본의 경복궁 침략이 전해진 6월 말부터였다.

일본의 경복궁 침략이라는 국가적 위기상황, 그리고 정부가 농민군 수습책으로 제시했던 집강차정은 정치적·사회적 가치에 대한 동학의 전유를 더욱 공고히 했다. 촌마다 설접을 통해 구성원 포섭이 진행되었으며, 누구나 손쉽게 입도라는 간단한 절차만 거치면 도인이 될 수 있었다. 이는 새롭게 형성된 포접包接이라는 사회적 연계망에 참여하는 것이었으며, 또한 제폭구민과 척왜양이라는 의의 실천으로 농민전쟁에 참여하는 것이었다.

일상생활의 공간인 향촌사회를 장악한 농민군은 스스로 도인이라 자인하고, 자신들의 활동을 '도인으로서 의를 실천하는 것'으로 정당화했다. 이들은 의를 실천하는 주체로서 향촌의 사회적 경제적 운영에 개입하는 등 지방관의 업무를 대행했으며, 한편으로 자신들만의 행세, 언어, 복장 등을 통해 기존 지배 양반의 권위를 부정했다. 이는 곧 수령-사족에게 부여된 기존의 권위를 부정하고, 농민군에 의한 새로운 관계를 구축하는 것이었다.

이와 함께 그들은 향촌사회에서 도인과 속인을 구분하여 도인에게 배타적 지위를 부여했으며, 도인들 간에 서로 존중하고 베풀어주는 수평적 관계를 추구했다. 그것이야말로 그들이 실현하고자 했던 새로운 관계, 새로운 세상이었을 것이다.

홍동현
역사문제연구소 연구원. 한국 근대 민중사를 전공하고 있다. 최근 개항기 민중의 일상과 자율성에 관심을 갖고 있으며, 1894년 동학농민전쟁 당시 동학농민군의 봉기의식에 대한 연구를 진행하고 있다. 대표논저로 「1894년 동학농민전쟁에 대한 문명론적 인식의 형성과 성격」, 「1900~1910년대 동학교단 세력의 '東學亂'에 대한 인식과 교단사 편찬」 등이 있다.

제3장 식민지 시기 민중의 셈법과 '자율적' 생활세계

—생활문서의 화폐기록을 통하여

| 이용기 |

1. 머리말

필자는 전남 장흥·강진 일대를 현지 조사하는 과정에서 수많은 계契 자료의 회계기록이 식민지기에도 상당 기간 동안 전통적 화폐단위인 냥兩-전錢-푼分 체제로 작성된 것을 확인하고 무척 당혹스럽고 의아했다. 주지하듯이 1905년 화폐정리사업으로 근대적 화폐제도가 확립되면서 일본과 동일하게 공식적 화폐단위로 원圓-전錢 체제가 확립되었고, 1909년까지 엽전을 비롯한 구화폐 회수가 광범하게 전개되었다. 그런데도 1920~30년대, 심지어 일부 자료에서는 1940년대까지 구화폐(葉錢)단위인 냥-전-푼 체제의 기록이 나타나는 현상을 어떻게 이해해야 하는가?

처음에는 단순히 원圓 대신 냥兩으로 기록한 것이 아닐까 생각했지만, 화폐단위가 '냥'에서 '원'으로 바뀌는 시점에 '5냥=1원'의 비가比價로[1] 환산

---

1) 최초로 근대적 화폐제도를 도입한 1894년의 '신식화폐발행장정'과 1905년 이후의 화폐정리사업에서 구화폐(엽전) 단위인 냥(兩)과 신화폐단위인 원(圓) 사이의 교환비율은 5:1로 설정되었다. 자세한 사항은 국사편찬위원회 편, 『화폐와 경제 활동의 이중주』, 2006,

제2부 민중의 경험과 의식세계 **201**

되었던 것이 확인되어 잘못된 추측임이 드러났다. 그렇다면 식민지기 중반—일부 지역에서는 후반—까지도 신식 화폐(圓貨)가 아닌 엽전이 더욱 널리 유통되었을까? 만약 그렇다면 식민지기에 대한 우리의 기본 인식을 바꾸어야 할지도 모르겠지만, 아무래도 1930년대까지 엽전이 주요 화폐로 기능했다고 보기는 어려울 것 같다. 그렇다면 혹시 1920~30년대에도 원(圓)-전(錢) 체제보다 냥-전-푼 체제가 재화의 가치척도와 계산단위로서 민중에게 익숙했던 것일까? 마치 우리가 외국에 나갔을 때 현지 통화를 원화로 환산해야 가격에 대한 감각이 생긴다거나, 주택 면적을 따질 때 공식적인 '제곱미터'보다는 '평'에 익숙한 것처럼 말이다. 하지만 당시는 일본은행권과 연동된 식민지 화폐제도가 이미 확립된 시기였으며, 그에 따라 신식 화폐가 널리 보급되면서 공식적인 차원에서는 원-전 체제의 화폐단위가 관철되고 있었다. 더구나 원-전 체제를 냥-전-푼 체제로 환산할 경우 5:1의 비가를 고려한 복잡한 환산 과정을 거쳐야 한다.[2] 그럼에도 불구하고 식민지화 이후 상당 기간 동안 전통적 화폐단위인 냥-전-푼 체제가 민중의 생활세계에서 일반적인 가치척도와 계산단위로 기능하고 있었다면, 그것을 가능케 한 현실은 무엇이고 그 의미는 어떻게 이해할 수 있을까?

사실 이 문제는 이미 선학에 의해 주목된 바 있다. 이영훈·전성호는 1930년대까지도 각종 계 자료의 회계기록이 냥-전-푼 체제로 표현된 것은 소량이나마 엽전의 현실적 유통을 반영하기도 하지만, "실제로는 일부 엽전의

117~157쪽 참조.

2) 엽전과 원화의 비가는 5:1로 고정되어 있었지만, 구화폐단위가 '냥-전-푼'의 세 단계인 데 비해 신화폐단위는 '원-전'의 두 단계이며 더구나 양자 모두 '전(錢)'이 포함되어 있었기 때문에 실제 환산은 의외로 복잡하다. 구화폐단위는 엽전 1닢(文)이 1푼으로 1냥=10전=100푼이고, 신화폐는 1원=100전이다. 그러므로 예를 들어 신화 3전은 엽전 1전 5푼, 신화 2원 23전은 엽전 11냥 1전 5푼으로 환산된다.

여전한 거래와 더불어 신화폐의 거래도 많았고, 두 화폐의 교환비율이 상당히 안정적인 가운데 농촌 주민들은 그들의 오래된 관례에 따라 엔 단위의 미가를 엽전 단위로 익숙하게 평가하였음을 의미"한다고 보았다.[3] 이는 현지 자료를 폭넓게 섭렵한 연구자의 날카로운 통찰력을 보여주지만, 구체적인 분석 없이 인상기적인 서술에 머물고 있다.

그러다 보니 다음과 같은 문제가 제대로 검토되지 못했다. 1930년대까지도 냥-전-푼 체제로 계산되는 것이 어느 정도까지 엽전이 유통되고 있는 현실에 의해 지지되는가? 왜 민중은 전혀 '오래된 관례'가 아니었던 복잡한 환산 과정을 거치면서까지 냥-전-푼 체제를 고수했는가? 만약 냥-전-푼 체제의 계산방식이 엽전의 광범위한 유통을 현실적으로 반영하는 것이라면, 농촌 지역에서 일종의 이중화폐구조가 작동하고 있었다는 의미일 것이다.[4] 반대로 그것이 복잡한 환산을 거쳐야 하는 불편함을 무릅쓴 민중 나름의 선택이었다면, 이는 '식민지 근대화'와 민중의 '거리(두기)'를 의미할 것이다. 그리고 실제 현실은 그 어느 중간에 걸쳐 있었을 것으로 보인다. 따라서 필자는 식민지기 중후반까지도 냥-전-푼 체제로 회계를 처리하던 '관례'의 현실적 기반과 그 함의를 궁구하여, 이를 '식민지 근대화'와 민중의 관계라는 차원에서 검토할 것이다. 이를 통해 최근의 식민지기 연구에서 근대적 통제성이나 근대적 발전상만 부각된 채 농민사회의 정신세계나 문화적 특

---

3) 이영훈·전성호, 「미가사 자료의 현황과 해설」, 『고문서연구』 18, 2000, 146~148쪽.
4) 세계사적으로 볼 때 일국일통화제는 20세기를 전후하여 형성되기 시작했으며, 여러 가지 통화가 경쟁적으로 존재하는 중층적 화폐유통구조가 오히려 일반적이었다. 이는 대체로 일상적인 구매에서 순환되는 지역적 소액통화와 지역 간 결제통화로 기능하는 금은화와 같은 고액통화가 맞물리는 구조였으며, 19세기 말 세계적으로 금본위제가 확립되면서 일국일통화제로 이행하게 되었다. 구로다 아키노부 지음, 정혜중 옮김, 『화폐 시스템의 세계사―'비대칭성'을 읽는다』, 논형, 2005.

질 등이 연구자의 관심에서 사라져버린 한계를[5] 돌파하기 위한 디딤돌을 놓고, '식민지 근대'를 비판적으로 사유할 방법으로서 민중사의 가능성을 제시해보고자 한다.[6]

2. 식민지 시기 엽전 유통의 추이

조선에 근대적인 화폐제도가 도입된 것은 1894년 '신식화폐발행장정新式 貨幣發行章程'이 시발이었으며, 이는 1905년에 착수된 '화폐정리사업'을 통해 일단락되었다. 갑오개혁 와중에 공포된 '장정'은 은본위제를 채택하고 5종

---

5) 정승진, 「동아시아 촌락 담론을 통해 본 한국 촌락의 위상―동아시아지역학에서의 농민문화라는 관점」, 『담론201』 11-1, 2008, 221쪽. '근대의 발전상'만을 강조하는 '식민지 근대화론'은 말할 것도 없고, 식민지에서의 근대적 변화를 적극적으로 고려하지 않는 '식민지수탈론'도 실제로는 근대주의적 인식틀에 기반하고 있기 때문에 농민들의 생활세계에서 엿보이는 비근대적 요소를 식민지적 근대의 '비정상'이나 '왜곡'의 지표로만 이해할 뿐, 이를 유의미한 역사학적 분석대상으로 삼는 데는 인색했다. 또한 최근에 근대 비판의 관점에서 새롭게 제기되는 '국민국가론'적 시각 역시 국가에 의한 위로부터의 근대적 통합·폭력의 관철(근대의 통제성)에 그 시야가 편향되어, 그와는 다른 맥락에서 형성·작동하는 민중의 생활세계에 대한 관심은 배제되고 있다.

6) 이 글에서는 '식민지 근대화'라는 개념을 '식민지 근대화론'으로 통칭되는 특정한 역사인식틀과는 무관하게, 일제에 의해 추동된 식민지 조선에서의 근대적 변화를 지시하는 서술적 용어로 사용한다. 또한 '식민지 근대(성)'라는 개념은 식민지의 근대성을 서구적=보편적 근대성에 비추어 왜곡되거나 결여된 것으로 보는 것이 아니라, 식민성과 근대성이 결코 떨어질 수 없는 '동일한 사태의 양 측면'(조형근)이기에 '모든 근대는 식민지 근대'(윤해동)라는 입장에서, 식민성을 통해 근대를 비판적으로 사유하려는 관점을 함축한다. '식민지 근대(성)론'에 대해서는 윤해동 외, 「한국 근대 인식의 새로운 패러다임을 위하여」, 『근대를 다시 읽는다 1』, 역사비평사, 2006; 윤해동, 『식민지 근대의 패러독스』, 휴머니스트, 2007; 조형근, 「근대성의 내재하는 외부로서 식민지성/식민지적 차이와 변이의 문제」, 『사회와 역사』 73, 2007 참조.

의 신식 화폐를 발행하면서도 화폐단위는 냥-전-푼 체제(이하 '냥 단위')로 유지했다. 그런데 본위화인 5냥 은화는 극소량만 발행되고, 2전 5푼의 백동화가 과잉주조와 사주私鑄 등에 의해 남발되어 악성적인 백동화 인플레를 초래했다. 1905년 일제는 조선을 일본의 화폐체제로 편입시키기 위해 화폐정리사업에 착수하여, '화폐조례'를 통해 금본위제를 채택하면서 원-전 단위(이하 '원 단위')의 화폐를 새로 발행하고 구화폐 회수를 개시했다.[7] 이후 1918년 4월 일본의 화폐법이 조선에 적용됨과 동시에 '구한국화폐 처분에 관한 법률'이 공포되어 1920년 말을 기한으로 엽전을 제외한 모든 구화폐는 통용을 금지하고, 이후 5년의 시한부로 구화폐를 신화폐로 교환했다.[8] 이처럼 두 차례에 걸친 구화폐 회수조치로 엽전을 비롯한 구한국화폐가 대거 회수되고, 그를 대신하여 1911년부터 일본 주화가 보조화로써 대량 유통되었다.[9]

[그림 1]과 같이, 1894년의 '신식화폐발행장정'에 의해 주조된 화폐(舊貨)는 1905~09년의 화폐정리사업을 통해 대부분 회수되었고, 1905년의 '화폐조례'에 의해 주조된 화폐(新貨)는 1910년까지 급격히 늘어났다가 그 이후부터 1915년까지 상당액이 회수되었다. 구한국화폐인 구화와 신화 모두 1918년의 '처분령'으로 인한 회수액이 극히 미미한 점(구화 1천 원 미만, 신화 약 64만 원)으로 보아, 이 조치 이전에 유통예상고의 대부분은 사실상 퇴장

---

7) 오두환, 『한국근대화폐사』, 한국연구원, 1991; 국사편찬위원회 편, 『화폐와 경제 활동의 이중주』, 2006, 121~149쪽.

8) 배영목, 『식민지 조선의 화폐 금융에 관한 연구』, 서울대학교 박사학위논문, 1990, 53쪽.

9) 일제 시기에 지폐는 조선은행권이 발행되었지만 주화는 일본 조폐국에서 주조한 10전·5전·1전 등의 일본 주화가 보조화로 유통되었다. 소액화폐는 전체 화폐유통고에서 극히 적은 비중이었으나, 민중에게는 지폐보다 주화가 더 가까운 화폐였다. 국사편찬위원회 편, 『화폐와 경제 활동의 이중주』, 2006, 174~175쪽.

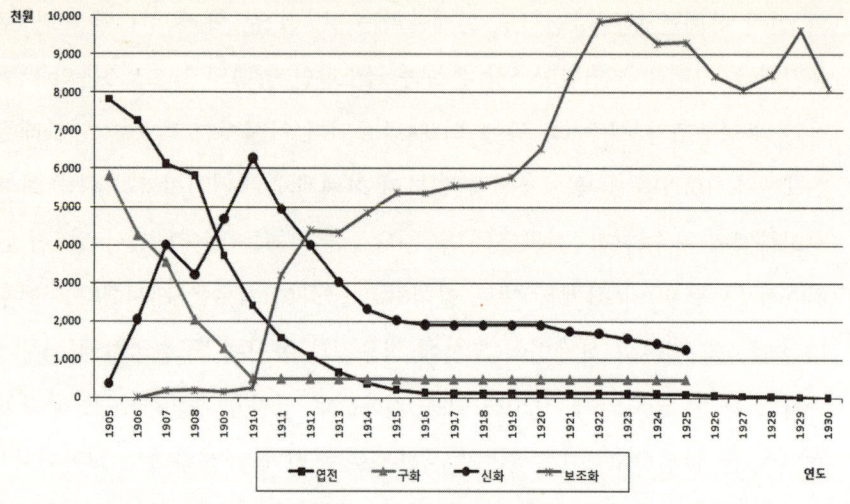

천원 10,000

* 출전: 조선총독부 재무국, 『朝鮮金融事項參考書』(1931년판).

[그림 1] 1905~1930년 소액 화폐의 유통예상고

상태에 있었고, 1925년 이후에는 통용·교환이 일체 금지되어 유통계에서 사라졌다. 엽전 역시 화폐정리사업을 통해 약 400만 원이 회수·수출되어 유통예상고가 절반 이하로 줄어들었고, 식민지기에 들어서도 지속적으로 회수되어 1916년부터는 10만 원대의 극히 미미한 수준으로 떨어졌다. 반면 일본 주화인 보조화는 1910년 식민지화 직후 급격히 팽창하여 1912년에는 소액화폐 중에서 선두로 올라섰고, 1920년대 초에 급상승하여 소액화폐의 압도적인 비중을 차지하게 되었다.

엽전은 법적으로 통용이 금지되지 않았으며,[10] 총독부의 유통예상고는 말

---

10) 엽전은 식민지기에도 법적으로 통용금지 혹은 효력정지 조치가 내려지지 않은 것으로 보인다. 1905년 화폐정리사업의 주목적은 악화(惡貨)인 백동화 회수였으며 급격한 구화폐 회수로 인한 금융공황을 우려했기 때문에 소재가치가 명목가치에 준하는 양화(良貨)였던

그대로 예상수치에 불과하다.[11] 그러므로 총독부 자료에서 유통예상고가 제로(0)가 되어 더 이상 집계되지 않는 1930년 이후에도 실제로는 엽전이 소량이나마 유통되었을 가능성을 배제할 수 없다. 그러나 엽전은 1910년대 초부터 이미 보조화에 소액화폐의 기능을 압도당했기 때문에, 계 자료에서 냥 단위로 회계가 이루어지던 1920~30년대에 민중의 일상생활에서 엽전이 기본 화폐로 통용되고 있었다고 생각되지는 않는다.

신문 자료를 검토해보아도, 구한국화폐 회수 시한이 종료된 1926년부터는 수십 년 혹은 수백 년 된 엽전 궤짝을 발견했다는 식의 흥미 유발성 기사가 간헐적으로 보도된 정도이다.[12] 1930년대에는 엽전이 사실상 전량 회수되다시피 하여 벽지에서 극소량이 사용되는 정도라고 보도되었다.[13] 그

엽전은 보조화로서 점진적인 회수를 추구했다. 오두환, 『한국근대화폐사』, 한국연구원, 1991, 272~273쪽. 1918년의 구한국화폐처분령의 경우에는, 소액화폐인 보조화(일본 주화)가 광범하게 유통되고 있었기 때문에 금융공황을 우려할 상황도 아니었는데 왜 엽전을 '당분간 통용'시켰는지 알 수 없다. 장기적으로는 완전 회수를 추구하면서도 그에 수반되는 비용에 대한 고려와 우수한 소재가치로 인해 민가에서 훼주(毀鑄)할 가능성을 우려했으리라고 짐작할 뿐이다.

11) 일제는 조선 후기부터 통용되던 엽전의 유통량을 '추정'해 기준점을 설정하고 매년 회수액만큼 차감하는 방식으로 유통예상고를 집계했다. 화폐정리사업 개시 시점에 정확한 근거 없이 대략 650만 원으로 유통예상고를 설정했지만(第一銀行 편, 『韓國貨幣整理報告書』, 1909, 111쪽), 1912년에 이미 회수액이 650만 원을 초과하자 이후 언젠가부터 총독부는 1905년 7월 화폐정리사업 개시 시점의 예상고를 약 792만 원으로 상향조정했다. 『朝鮮金融事項參考書』 1923년판.

12) 「"돈 항아리" 發堀―엽전 사백 량이 가득」, 『동아일보』 1927. 3. 10;「不景氣時代에 돈豊年! 한꺼번에 일천칠백 개」, 『동아일보』 1930. 10. 20;「葉錢五千兩 地下서 發掘」, 『동아일보』 1931. 9. 25;「古家重修中 葉錢이 山積」, 『동아일보』 1932. 4. 8;「美麗한 高麗磁器와 葉錢千餘個 發見, 鍾路 네거리에서 發堀」, 『동아일보』 1934. 9. 19;「엽전들은 독을 밭 갈다가 발굴」, 『조선일보』 1938. 8. 19.

13) 「25년간 조선재정변천 (4) 貨幣制度更新―엽전을 금본위로, 통화유통고 격증」, 『조선중앙일보』 1935. 10. 6.

런데 다음의 두 기사는 단발성 보도임에도 1930년대의 엽전 유통과 관련하여 흥미로운 시사를 준다.

> 대구 조선은행에 구한국시대의 엽전 33석石을 화물 자동차로 운반하여 와서 한 푼에 2리식 현행 화폐로 일천삼백 원을 밧구어간 로인이 잇다. 그 로인은 경남 창녕군 대지면에 사는 성락문 씨 (…) 작년에도 약 일천팔백 원을 밧구어 쓴 일이 잇다 하며 아즉도 약 팔천여 원의 엽전 뭉치가 남아 잇다 한다.[14]

> 금산군 금산면 음지리 김윤찬은 (…) 자기 주택 정원에서 예전에 사용하던 엽전 이천오백 양을 굴출掘出하야 읍내 각 고물상들에게 백 양대 이십 원식 매매하엿다 한다. (…) 자기 선친이 별세 당시에 자손의게 대하야 이 엽전은 언제든지 유세할 때가 잇슬 것이라고 하는 유언으로 지금까지 매치埋置 (…) 이런 거액의 엽전은 근래 히소하다고 일반은 운운.[15]

첫 번째 기사에 따르면, 구한국화폐의 법적 종료시한이 5년이나 경과했고 총독부 유통예상고가 제로(0)가 되었던 1930년의 시점에 일개 촌로가 어마어마한 양의 엽전을 갖고 있었으며,[16] 또한 다량의 엽전이 1931년에도 공식 비가(1푼=2리)에 따라 은행에서 원화로 교환되고 있었다. 두 번째 기사 역시 1938년의 시점에서 2천 5백 냥(25만 매)의 엽전이 공식 비가인 5:1(100냥 =20원)로 매매되고 있는 사정을 보여준다. 이 경우엔 선친이 매장해놓았던

---

14) 「葉錢 33石을 交換─現貨幣로 1,350圓에」, 『조선일보』 1931. 7. 16.
15) 「近來 稀有한 葉錢 二千餘兩發掘」, 『동아일보』 1938. 3. 29.
16) 이 기사의 주인공은 1930~31년에 1,800원과 1,350원 어치 엽전을 교환했음에도 여전히 8,000원 가량의 엽전이 남아 있으므로, 1930년 현재 무려 11,150원에 달하는 어마어마한 양의 엽전(55,750냥=557만5천 매)을 갖고 있었던 셈이다.

엽전이 고물상에게 판매된 것이지만, 화폐정리사업 이전에 이미 엽전이 구축驅逐되었던 백동화 유통 지역에서 1938년에 이러한 매매가 이루어지고 있다는 점을 고려하면,[17] 과거에 엽전 유통 지역이었던 곳에서는 1930년대 중후반까지도 소량이나마 엽전이 유통되었을 가능성과 적어도 제값을 받고 처분할 수 있었던 상황을 말해준다.

이상과 같이 총독부 조사와 신문 등 공식 자료를 통해 볼 때, 엽전의 유통량은 화폐정리사업을 통해 급전직하로 감소했고, 1910년대 초반에 이미 소액화폐 중에서도 보조화에게 주도적인 자리를 내주었다. 다만 엽전은 법적으로 통용이 금지되지 않았고, 총독부의 집계도 예상수치이며, 신문에서도 정가 교환 사실이 간헐적으로 보도되었다. 따라서 1920~30년대에도 지방에서는 엽전이 일정 정도 유통되었을 가능성이 있지만, 적어도 가장 널리 유통되는 화폐는 아니었을 것이다.

3. 농촌 지역에서 엽전 사용의 양상

각종 계契의 회계장부를 가지고 식민지기 민중의 일상생활에서 엽전이 실제로 어느 정도 사용되었는가를 파악하기는 대단히 힘들다. 실제로는 엽전이 사용되다가 신식 화폐가 유입된 뒤에 점진적으로 엽전을 대체해갔을 텐데, 회계장부는 모두 냥 단위로 기록하다가 특정 시점에서 일괄적으로

---

17) 1890년대부터 대량으로 주조되었던 백동화는 '악화가 양화를 구축한다'는 그레셤의 법칙과 달리 전국으로 확산되지 못했기 때문에 1905년 화폐정리사업이 개시될 시점에 전국은 백동화 유통 지역(경기·황해·평안·충청·강원)과 엽전 유통 지역(전라·경상·함경)으로 양분되어 있었다. 국사편찬위원회 편, 『화폐와 경제 활동의 이중주』, 2006, 143쪽.

원 단위로 변화한다. 그러므로 회계장부 기록만 가지고는 실제 엽전과 신식 화폐가 어느 정도 비중으로 사용되고 있었는지 파악할 수 없다. 계 자료를 직접 다루기보다는 우회로를 선택하여, 매일의 지출상황을 기록한 일기 자료를 통해 실생활에서 엽전이 사용되는 양상을 가늠해보자.

먼저 검토할 전남 구례군 류씨가의 생활일기는 류제양柳濟陽(1846~1922)이 기록한 『시언是言』(1851~1922)과 그의 손자인 류형업柳瑩業(1886~1944)이 기록한 『기어紀語』(1898~1936) 두 종류가 있다.[18] 『시언』에는 매매나 거래에 관한 기사가 그리 많지 않은데, 15건의 화폐 관련 기사 중에서 금액의 다소를 막론하고 냥 단위가 아닌 것은 단 1건에 불과하다. 이것도 실제 거래가 아니고 중국에서 발간된 책값을 기록한 것이다.[19] 『시언』에는 화폐 관련 기록이 많지 않아 엽전의 유통상황을 명확히 알기 어렵지만, 1922년까지도 구례 지역에서는 엽전이 우세했을 개연성을 시사한다.

『기어』에는 작성 주체인 류형업이 가계를 실제로 책임지고 있었기 때문인지 화폐를 매개로 한 매매나 거래 관련 기사가 많이 나온다. 일기가 시작되는 1898년부터 1911년 8월까지는 4건의 기사를 제외하고는 모두 냥 단위로 기록되었는데, 원 단위로 기록된 4건의 기사도 실제 지출이 아니라 특정한 금액을 일컫는 기사이다.[20] 그러다가 1911년 8월 21일~24일에 신

---

18) 구례 류씨가 일기는 한국농촌경제연구원, 『求禮 柳氏家의 생활일기 상·하』, 1991로 번역되었으며, 한국정신문화연구원 편, 『求禮文化柳氏 生活日記』(한국학자료총서 28), 한국정신문화연구원, 2000으로 영인되었다.

19) "王在莘이 『滄江稿』 6책을 가져왔다. 가격은 4圜이다."(1914. 3. 24.)

20) ① "충청도에 사는 이병태 주사께서 (…) 視察使의 從人으로서 여비로 3圜을 빌리길 청하니 소홀히 하기 어려워 5兩을 내어 행장에 넣어주었다."(1900. 3. 4.) ② "일본인들이 군량미를 운송 (…) 운임은 짐당, 10리당, 사람당 45전이라 한다."(1904. 1. 5.) ③ "토지의 結價를 정했는데, 매 필지마다 80냥씩 상납하거나 혹은 지폐 12원씩 납부하여야 한다. 지폐 1원은 엽전 5냥씩이며 혹 시세가 바뀌면 3~4전은 오르내린다고 한다."(1907. 1.

구 화폐의 통용과 교환비율에 대한 내용이 정리되고,[21] 그 뒤로 원 단위의 거래를 기록한 기사가 나타나기 시작한다. 그러나 1910년대 전반만 해도 대부분 냥 단위로 거래가 이루어지고 세금 납부도 대체로 냥 단위로 기록되었다. 1915년 말부터는 세금을 비롯한 공식적·대외적 지출이나 토지매매 같은 고액 거래에서 원 단위가 점차 많아지지만, 일상적·사적 거래에서는 여전히 냥 단위가 우세한 경향을 보인다. 이후 1920년대 초까지도 냥 단위의 고액 거래가 종종 나타나다가, 1922~23년 사이에 냥 단위 기록은 급작스럽게 줄어들고, 1924년부터는 엽전으로 거래한 기록이 나타나지 않는다.

이상 구례 류씨가의 일기를 정리해보면, 1911년부터 신식 화폐가 구례 지역에 유통되기 시작했고, 1918년 '구한국화폐 처분령'으로 구화폐가 통용 금지되고 마지막 회수에 들어갔던 1922~23년에 신식 화폐가 대거 유통되면서 엽전을 급속히 대체했던 것으로 보인다.

다음으로, 경상북도 예천의 박씨가 일기를 살펴보자.[22] 박씨가의 일기는 크게 보아 매일의 일상생활을 기록한 『일기日記』와 가계수지를 기록한 『일용日用』 두 종류가 있다. 가계수지부에 해당하는 『일용』의 경우, 대가大家에서 작성한 『일용』은 자료가 현전하는 1869~1922년에 모두 냥 단위로 기

20.) ④ "그는 순천군학교 한문 교사라는데, 매달 16원씩 월사금을 받는다고 한다."(1910. 10. 25.)

21) "舊銀貨(1원), 舊白銅貨(2전5푼), 舊銅貨(2전5푼)는 이제 사용하지 않는다"(21일). "新銀貨(50전 혹은 半圓), 新銀貨(20전, 10전, 5전), 新銅貨(1전, 半錢), 新白銅貨(5전)가 사용된다"(22~23일). "新舊紙貨는 통용되고, 1원의 액수는 鄕葉錢 5냥이므로 1원을 5냥이라 하여 代用한다"(24일).

22) 예천 박씨가의 일기는 한국정신문화연구원(한국학중앙연구원) 편, 『예천 맛질 朴氏家 日記 1~6』, 2002~2008로 영인되었고, 여기에 자세한 자료 해제가 실려 있다. 박씨가 일기는 19~20세기의 일상생활과 경제생활에 대한 장기적이고 자세한 정보를 담고 있는 고급한 시계열 자료로 주목되었으며, 낙성대경제연구실에서 이를 분석하여 안병직·이영훈 편, 『맛질의 농민들』, 일조각, 2001로 출간된 바 있다.

록되었지만, 소가小家의 『일용』은 1876~1914년에는 냥 단위로 기록되다가, 1915~26년분이 유실되고 다시 시작되는 1927년부터 원 단위로 정리되었다. 박씨가의 가계수지 정리는 1923~27년 사이에 원 단위로 전환되었을 것으로 보이지만, 자료 유실 관계로 더 이상 파악할 수 없다.[23] 실제 화폐 지출의 양상을 엿볼 수 있는 『일기』의 경우, 1918년 1월에 원 단위 거래 기사가 처음으로 등장하지만, 1920년대 초까지도 냥 단위가 압도적으로 우세했다.[24] 그러다 1925년부터 원 단위 기록이 눈에 띄게 증가하며, 1927년부터는 냥 단위 기록이 거의 사라진다. 이렇게 본다면 예천에서는 구례보다 3년 정도 늦은 1925~26년 사이에 신식 화폐가 급격히 증가하면서 엽전을 대체해갔던 것으로 보인다.

마지막으로 전남 장흥의 유생이 기록한 『정강일기定岡日記』(1938~1948)를 보자.[25] 작성 시기가 늦기 때문에 여기의 화폐 관련 기사는 대부분 원 단위이지만, 1938~42년에 냥 단위로 기록된 기사가 8건 나온다. 특히 첫 번째 기사는 300냥(엽전 3만 매)이나 가용금으로 보관하고 있었고, 또 그것을

---

23) 『일용』은 매일매일 가계수지를 정리한 자료이지만, 계산의 일관성을 유지하기 위해서인지 개별 수지 내역에 대해 냥과 원을 구분해서 기록하지 않고 냥이나 원 둘 중의 하나로 기록했다. 따라서 한 해에 1~2회 분기별로 일괄 정리하는 계 수지부와 마찬가지로 이 자료의 화폐단위만 가지고는 실제 엽전과 신식 화폐의 사용 비중을 알기 어렵다.

24) 1922년까지 원 단위로 거래한 기사는 7건에 불과하며, 1922년 3월 12일에도 세금을 냥 단위로 납부했고, 같은 해 윤5월 6일에도 송아지를 300냥에 매입했다. 한국학중앙연구원 편, 『예천 맛질 박씨가 일기』 5, 2007, 117쪽, 122쪽.

25) 『정강일기(定岡日記)』는 장흥군 용산면 관지리의 유생 김주현(金冑現, 1890~1950)이 1938~48년에 작성한 일기이다. 이 자료는 작성자 김주현의 아들인 김동홍(용산면 관지리 거주) 씨가 소장하고 있으며, 한국학중앙연구원에 마이크로필름화되어 있다. 『정강일기』에 대한 해제와 이를 분석한 연구는 김희태, 「『定岡日記』: 일제 말~광복 직후 장흥 유생의 일기」, 『지방사와 지방문화』 1, 1998; 김영희, 「일제 말기 향촌 儒生의 '日記'에 반영된 현실인식과 사회상」, 『한국근현대사연구』 14, 2000이 있다.

사용하려 한 상황을 전해준다.[26] 나머지는 부의(3건)처럼 가장 보수적이고 전통적인 생활영역이나 짚신 구입, 갓 수선, 고편藁編 구입 등 주변적인 수공업품 관련 지출이다. 일제 말 전시체제 시기에도 희소하지만 엽전이 유통되고 있었음을 보여준다. 이런 현상은 장흥의 특수한 사례일 수 있겠지만, 예천 박씨가 일기에서 냥 단위가 거의 사라진 1927년 이후에도 몇 차례 엽전으로 부의금을 지출한 기록이 나타난 것과 유사한 현상이다.[27]

이상과 같이 몇 가지 일기 자료에 따르면, 1920년대 중반 '구한국화폐처분령'을 경과하면서 민중의 일상적 생활세계에서도 신식 화폐가 급속하게 엽전을 대체했으며, 엽전은 일부 소소한 거래에 쓰이는 정도였을 것으로 보인다. 그럼에도 계의 회계장부에서 화폐단위가 냥에서 원으로 변하는 시점이 상당수 1930~40년에 걸쳐 있는 현상을 어떻게 이해해야 할까?

4. 전통적 화폐단위 지속의 의미

1) 화폐단위 변화 시점의 추이: '식민지 근대화'와의 상관관계

전통적 화폐단위가 현실의 엽전 유통과 괴리되어 지속되는 의미를 파악

---

26) "일전에 집안 경비 예비금 150냥은 궤짝에 넣고 150냥은 벽장에 넣어두었다. 쓸 데가 있어 찾은 즉 두 곳의 돈이 모두 은배(銀盃)에 날개가 달린 듯 사라졌다. 괴이한 일이로다, 괴이한 일이로다.[日前以家中經費豫備 金壹百五十兩藏置于櫃中 金壹百五十兩入置於壁欌矣. 有所用處尋覓 則兩處金 皆有如銀盃羽化而去. 怪事怪事]"(1938. 6. 16.)

27) 필자는 장흥군 현지조사 과정에서 부산면 효자리 문윤식 씨(1917년생), 용산면 척산리 김두석 씨(1918년생), 계산리 이병태 씨(1922년생), 어동리 임병옥 씨(1926년생), 관지리 김동홍 씨(1929년생) 등으로부터 본인들이 어렸을 때 혹은 젊었을 때 엽전을 썼던 경험을 들을 수 있었다. 이때만 해도 엽전은 주로 군것질 거리를 사먹는 것 같은 주변적인 소액 매매에 사용되었다고 한다.

하기 위해, 먼저 계 자료에서 화폐단위가 원 단위로 변화하는 시점의 추이를 검토해보자. 뒤에 별도로 첨부한 [참고자료]는 작성 연도가 일제 시기에 걸쳐 있어 화폐단위의 변화 시점을 추적할 수 있는 자료를 정리한 것이다. 여기에는 필자가 현지에서 확인한 전남 장흥·강진의 현지 자료, 고문서 자료집으로 영인된 전라도와 경상도의 일부 자료, 기존 연구에서 소개된 자료 등 총 51개가 정리되었는데, 이 중에는 개인의 가계수지 장부 2개와 서원의 회계장부 1개가 포함되었다. [참고자료]에서 확인할 수 있듯이, 화폐단위가 냥 단위에서 원 단위로 변화하는 시점은 대부분 1920년대 중반에서 1930년대 후반에 걸쳐 있다. 가장 빠른 것이 강진군 성전면 동령리 동계 자료에서 보이는 1922년이며,[28] 가장 늦은 것은 장흥군 용산면 상금리 족계 자료에서 보이는 1946년이다. 적어도 과거에 엽전 유통 지역이었던 전라도와 경상도에서는 일제 시기 중후반에야 냥 단위의 회계방식이 사라지는 것이 일반적인 현상이었을 것으로 짐작된다.

더욱 주목할 점은 지역과 조직의 특성에 따라 화폐단위의 변화 시점이 일정한 경향성을 나타낸다는 사실이다. 먼저, 비교 가능한 현지 자료가 다수 존재하며 서로 이웃해 있는 장흥과 강진을 통해 이 점을 살펴보자. 장흥군의 경우 관제적으로 조직된 부산면 금자리 진흥회(1927)를 제외하면 모두 1935년 이후에 원 단위로 바뀌는 데 반해서, 강진군은 거의 모두 1920년대에 바뀐다.[29] 이는 앞에서 보았듯이 개별 자료 차원에서도 가장 늦은 곳과 빠른 곳이 각각 장흥과 강진이었던 점과도 일맥상통한다. 그런데 이러한 경향적

---

28) 동령리의 경우 처음 기록이 시작된 해가 1922년이기 때문에 실제로는 그 이전부터 원-전 체제로 기록되었을 가능성도 배제할 수 없지만, 전체적인 상황을 볼 때 1910년대까지 올라가지는 않을 것 같다.

29) 강진군 자료 중에서 1920년대 이후에 원 단위로 기록된 것은 문서 작성 시점이 모두 1920년대 이후라는 점을 고려해야 한다.

차이는 식민지기의 근대적 변화에 대한 대응 양상과 관련된다. 장흥군은 근대적 변화에 소극적인 입장을 취했던 곳이고, 그중에서도 용산면과 부산면은 전통적 권위가 가장 두드러졌던 곳이었다. 반면 강진군은 근대적 변화에 상대적으로 잘 적응한 편이었는데, 그중에서도 성전면은 전국적으로 유명한 모범부락이 2개나 있는 '모범면'이었고, 병영면은 일찍부터 보부상의 활동이 활발하던 상업 지구였다.[30]

또한 화폐단위의 변화 시점은 조직 성향과 관련해 흥미로운 사실을 보여준다. 같은 장흥군의 '근대적' 외양과 명칭을 가진 3개의 조직 중 금자리 진흥회는 결성 시점인 1927년부터 가장 먼저 원 단위를 사용했고, 자미리 갱신근농공제조합更新勤農共濟組合 역시 시기는 늦지만 결성 시점(1937)부터 원 단위를 사용했다. 그러나 '조합'이라는 명칭에도 불구하고 주민들이 자발적으로 조직하여 실제로도 전통적인 계와 거의 동일한 운영방식을 취했던 장흥군 용산면 하금리의 보항조합保恒組合은 결성 뒤 한참 지난 1938년에야 원 단위로 전환되었다.[31] 또한 강진군 성전면 동령리와 오산리는 바로 옆에 붙어 있는 마을이지만, 모범부락인 동령리 동계 자료가 처음 기록이 시작된 1922년부터 원 단위를 사용한 것과 달리, 오산리 동계는 1929년에

---

30) 20세기 전반 지역사회의 근대적 변화에 대한 장흥과 강진의 대응 차이에 대해서는 이용기, 『19세기 후반~20세기 중반 동계와 마을자치—전남 장흥군 용산면 어서리 사례를 중심으로』, 서울대학교 박사학위논문, 2007, 19~28쪽 참조. 화폐단위의 변화가 가장 늦은 상금리는 장흥에서도 향교 활동이 가장 활발하던 곳이고, 가장 빠른 동령리는 모범부락이었다. 이용기, 「일제 시기 면 단위 유력자의 구성과 지역정치—전남 장흥군 용산면 사례를 중심으로」, 『대동문화연구』 67, 2009; 이용기, 「일제 시기 모범부락의 내면과 그 기억—전남 강진군 성전면 수양리 사례를 중심으로」, 『한국사학보』 38, 2010.

31) 금자리 진흥회와 하금리 보항조합에 대해서는 이용기, 『19세기 후반~20세기 중반 동계와 마을자치—전남 장흥군 용산면 어서리 사례를 중심으로』, 서울대학교 박사학위논문, 2007, 184~189쪽 참조.

원 단위로 변화했다. 더구나 장흥군 부산면 자미리의 경우, 같은 마을 안에서도 조직의 특성에 따라 회계장부의 화폐단위 변화 시점이 다르다. 마을의 내적 운영 이외에 대외적 지출(세금·잡부금 등)도 감당하는 동계洞契는 1935년에 냥 단위에서 원 단위로 변화했지만, 마을 내의 공동노동조직인 농계農契는 1939년에야 원 단위로 변화한다. 농촌진흥운동과의 관련 속에서 조직된 갱신근농공제조합은 회계장부가 시작된 1937년부터 원 단위로 기록되어 있어 처음부터 냥 단위가 아닌 원 단위를 채택했음을 알 수 있다.[32]

이처럼 같은 군이나 심지어 같은 마을 안에서도 조직의 특성에 따라 화폐단위 변화 시점의 차이가 나타나고, 바로 이웃한 장흥과 강진에서 변화 시점의 차이가 평균적으로 15년, 크게는 20년 이상 나기도 한다. 그리고 근대적 변화에 민감한 지역일수록, 관제적 조직일수록 원 단위 도입이 빠른 반면, 전통적 분위기가 강한 지역일수록, 자율적 조직일수록 냥 단위가 지속되는 경향이 있다.

그런데 각종 계의 회계장부에서 원 단위로의 변화가 집중적으로 나타나는 1920년대 중반부터 1930년대 후반의 시점에는 이미 엽전이 현저히 퇴조하고 신식 화폐가 기본적인 화폐로 기능하고 있었다. 그렇다면 전통적 화폐단위로 회계 처리가 이루어졌던 것은 실제로 엽전이 기본 화폐로 유통되고 있는 현실에 의해 지지되었던 것이 아니라,[33] '식민지 근대화'에 대한 민중

---

32) 자미리 갱신근농공제조합은 1934년에 조직되었지만 현전하는 수지장부는 1937년부터 기록되어 있다. 자미리 갱신근농공제조합 자료의 연호가 처음부터 쇼와(昭和)로 기록된 점에 비추어본다면, 결성 시점인 1934년부터 원 단위로 기록했을 것이다.

33) 만일 냥 단위 기록이 실제로 엽전이 기본 화폐로 유통되는 현실을 반영하는 것이라면, 그리하여 원 단위로의 변화가 농촌사회의 기본 화폐가 엽전에서 신식 화폐로 전환되는 것을 의미한다면, 바로 이웃한 장흥과 강진 사이에서 화폐단위의 변화 시점이 20년 이상 벌어진다는 사실은 이른바 '19세기 위기론'(이영훈, 「총설: 조선 후기 경제사 연구의 새로운 동향과 과제」, 『수량경제사로 다시 본 조선 후기』, 서울대학교출판부, 2004)보다

의 대응을 반영한 것 아닐까?

2) 전통적 화폐단위 지속의 동력: '전통의 고집'과 '민중의 감각'

(1) 전통의 고집: '식민지 근대화'에 거리 두기

이미 엽전이 주요 화폐가 아닌 시점에 원 단위를 냥 단위로 환산하는 복잡한 과정을 거치면서까지 전통적 화폐단위로 계의 회계를 처리한다는 사실은, 그것이 식민지 근대화에 대한 거부감에서 오는 '전통의 고집'일 것임을 시사한다. 식민지기 농민들은 근대적 변화에 대한 문화 접촉의 거부감을 갖고 있었던 바, 이는 식민권력에 의한 급격한 사회적 동원화, 즉 전통적 요소의 파괴와 신질서의 수립이라는 새로운 환경을 쉽사리 수용할 수 없었던 농민사회의 가치 구조와 사회윤리(ethos)에 기인한다.[34] 이러한 점은 계 자료에서 보이는 몇 가지 특징을 검토하면 더욱 분명해진다.

첫째, 계 자료의 연호年號에 주목해보자. [참고자료]에 정리된 50여 개의 계 자료는 거의 모두 연도 표기를 간지干支로 한다. 예외라면 금자리 진흥회가 기록 첫 해인 1927년에 쇼와(昭和) 연호를 간지와 병기했고, 극히 일부 자료에서 전시체제기에 쇼와 연호를 사용했다. 그런데 쇼와 연호를 잠시나마 사용한 경우는 관제조직(진흥회·근농조합), 모범부락(동령리·수암리)과[35] 그 이웃 마을(오산리), 보부상이 발달한 상업지구(하고리) 등이다. 또한 쇼와 연호

더 심한 화폐경제의 지역적 분열상을 의미할 것이다.

34) 마쓰모토 다케노리·정승진, 「근대 한국 촌락의 중층성과 일본 모델—사회적 동원화와 '전통의 창조' 개념을 중심으로」, 『아세아연구』 131, 2008, 205쪽.

35) 동령리와 수암리는 별도로 동계를 운영했지만, 일제 시기 행정동리 단위로는 신기리와 더불어 수양리에 편입되어 있었다. 수양리는 총독이 직접 순방할 정도로 전국적으로 유명한 모범부락이었다. 이용기, 「일제 시기 모범부락의 내면과 그 기억—전남 강진군 성전면 수양리 사례를 중심으로」 참조.

는 조직 결성 첫 해에만 사용했던 금자리 진흥회를 제외하면 모두 전시총동원체제하에서 사용되었다. 그마저 해방과 동시에 대부분 간지로 환원되며, 일부가 해방 직후 두 해 동안만 '건국建國' 연호를 사용하거나 간지와 서기를 병기했다. 일제의 농촌 통제·동원이 가장 극심했던 전시체제 시기에 일부에서 일탈적으로 전통적 간지 대신에 일본식 연호가 사용되었다가 해방과 더불어 곧바로 원상복구된다는 사실은, 간지의 사용이 그저 무의식적 관행이 아니라 나름의 '의식적 선택'이었음을 보여준다. 말하자면 농민들은 '제국' 차원에서 시행되던 공식적인 연호에 의식적으로 거리두기를 하면서 전통적인 간지 연호를 사용했던 것이다. 화폐단위의 변화와 유사하게 연호 사용 역시 근대적·관제적일수록 공식적 연호(쇼와昭和)를 수용하는 경향이 나타나는 것은, 역으로 냥 단위의 기록이 식민지 근대화에 대하여 '전통의 고집'을 통해 거리두기를 하는 의식적인 행위임을 말해준다.

둘째, 민중의 생활문서에서 간지 연호를 고수하는 것과 짝을 이루는 것이 음력의 고수이다. 물론 음력은 자연 주기에 크게 규정받는 농촌에서 뿌리 깊은 관행이었지만, 전시체제 시기에 식민권력이 양력 시행을 강하게 압박했던 것을 고려한다면,[36] 음력의 고수는 식민지 근대화에 대한 농민층의 거부감을 나타내는 것이기도 했다. 앞서 검토했던 『정강일기』에 따르면, 장흥의 유생 김주현이 일기를 쓰기 시작한 동기는 다름 아니라 일제의 양력 시행에 대한 거부감이었다.[37] 그는 음력으로 일기를 쓰면서 가끔씩 말미에 '피彼 ○ 월 ○ 일' 또는 '신新 ○ 월 ○ 일'이라고 양력 날짜를 메모했는데, 이는 '저

---

36) 정근식, 「시간체제의 근대화와 식민화」, 공제욱·정근식 편, 『식민지의 일상, 지배와 균열』, 문화과학사, 2006.

37) "금년부터 음력(舊曆)을 폐지하고 양력(新曆)을 시행하니, 장차 날짜마저 잃어버릴까 개탄스러워 오늘부터 일기를 시작한다.[至於曆日 自今年廢舊行新 則將未免有失日之歎 故以是日爲日記之始]"(1938. 5. 23).

들의 근대(新式)'와 '우리의 전통(舊式)'의 이항대립을 통해 (식민지)근대를 타자화하고 전통을 고수하는 관념을 나타낸다.[38] 또한 김주현은 일제가 1938년 말부터 구정舊正을 폐지하고 신정新正을 지내도록 강제한 것에 대응하여 구정을 고수했을 뿐만 아니라, 양력을 비난하고 음력을 존중하는 시를 짓거나 벗들과 함께 신정을 희화화하는 농담을 주고받곤 했다.[39] 이런 면을 볼 때, 민중의 생활문서에서 음력을 고수하는 것에도 역시 농촌사회의 관행인 동시에 '저들의 근대'에 대하여 '우리의 전통'을 고집하는 의미가 담겨 있을 것이다.

셋째, 낭 단위의 고수가 '전통의 고집'이라는 성격을 갖고 있는 점과 관련하여 계 자료가 거의 예외 없이 고문서 형식을 고수한다는 점도 주목할 만하다. [참고자료]에 정리된 자료 중에서 필자가 확인할 수 있었던 자료는 대부분 한지로 제책되고 한자로 종서縱書되었으며, 회계장부의 기록방식도 전통적인 고문서의 형식을 취하고 있다.[40] 단 하나 예외가 있다면 관설조직인 금자리 진흥회의 '금전대차부金錢貸借簿'이다. 필자가 현지에서 확인했던 다수의 일제 시기 자료 중에서 유일하게 행정문서에 사용되던 미농지美濃紙

---

38) 『정강일기』에는 양력을 메모할 때 주로 '피(彼)'가 많이 사용되고 '신(新)'이 그 다음이며 가끔씩 '양(陽)'이나 '나변(那邊)'도 쓰인다. 그런데 해방 후에도 여전히 '彼○月○日'이라는 용법이 사용되며 양력 1946년 1월 1일 기사에는 "彼陽曆 1월 1일. 西曆을 陽曆이라 한다"(1945. 11. 28)고 기록한 것으로 보아, '彼'(=저들)는 단순히 '일본'이 아니라 '신식(新式)'=근대를 의미한다.

39) 김주현은 전시 동원의 부담으로 맘 놓고 술을 먹기 힘들었던 양력 1940년 1월 2일에 오랜만에 벗과 더불어 술을 마시게 되자 '역시 신랍(新臘)이 좋다'고 농담(戲曰)을 했고 벗도 '그렇다'고 웃으며(笑曰) 맞장구를 쳤다(1939. 11. 23). 음력으로 1940년을 정리하는 시점에는 구정 금지를 비판하는 '구랍입시(舊臘入詩)'를 지었으며, 매일같이 만나던 벗과 헤어지면서 '내년 봄에 보자'고 농담 섞인 인사를 했다(1940. 12. 29).

40) 고문서의 회계 정리방식은 이영훈, 「호남 고문서에 나타난 장기 추세와 중기 파동」, 정구복 외, 『호남 지방 고문서 기초 연구』, 한국정신문화연구원, 1999, 308~332쪽 참조.

에 기록되었으며, 첫 해의 수지기록은 근대적 대차대조표 형식으로 정리되었고, 연도 역시 '쇼와 3년 구정묘(昭和 三年 旧丁卯)'라 하여 쇼와 연호를 기본으로 기록했다. 그러나 첫 페이지에 근대적 방식으로 회계정리를 했던 것과 달리, 동일한 내용을 바로 뒷 페이지에 다시 전통적인 고문서 형식으로 정리하였고, 다음 해부터는 아예 대차대조표 없이 고문서 방식으로 기록하며, 연호도 '쇼와'에서 간지로 바뀐다. 금자리 진흥회는 관설조직이었지만, 첫 페이지의 기록은 관에 의해 강제되었거나 관에 보여주기 위한 것이었을 뿐이고, 곧바로 전통적인 회계방식으로 돌아간 것이다.[41] 이는 근대적 대차대조표보다는 전통적 회계방식이 주민들에게 더 익숙하다는 요인과 더불어, 한편으로는 관의 사정거리에서 벗어나는 순간 의식적으로 고문서라는 전통적 방식을 고수하려는 주민들의 의도도 반영된 것으로 보인다.[42]

(2) 민중의 감각: '식민지 근대화'와의 거리

각종 계 자료에서 전통적 화폐단위가 지속되는 현상은 식민지 근대화에 대한 거리두기라는 의식적 행위일 뿐만 아니라, 식민지 근대화 과정에 쉽게 포섭되지 않는 민중의 독자적인 생활감각과도 관련된다. 구례 류씨가의 자료에는 이러한 추론을 뒷받침할 단서가 담겨 있다. 구례 류씨가는 영농營農과 가역家役에 많은 일고日雇를 고용했으며 『농가일기農家日記』에 이와 관련된

---

41) 금자리 진흥회는 관설조직임에도 실제로는 산업진흥·생활개선·부업장려 같은 일제의 '농촌 개량'과 무관하게 자율적인 풍속 교화 수준에서 기능했는데(이용기, 『19세기 후반~20세기 중반 동계와 마을자치—전남 장흥군 용산면 어서리 사례를 중심으로』, 서울대학교 박사학위 논문, 2007, 185~186쪽), 이러한 특성이 문서 형식의 변화에도 영향을 미쳤을 것이다.
42) 대부분의 식민지기 계 자료가 고문서 형식을 취하고 한글을 가급적 배제하고 한자로 기록한 것은 일종의 '전통의 창조'라는 성격도 갖는다. 필자가 전남 일원에서 확인한 바로는 이러한 양상이 반촌만이 아니라 민촌에서도 대체로 동일하게 나타난다.

사항을 자세하게 기록해놓았다. 이 자료는 매년 연간 고용상황을 총괄적으로 정리한 「고가회계일기雇價會計日記」와 피고용자별로 고용 관련 사항을 정리한 부분(「농가일기」)으로 구성되었다.[43] 이 중에서 「고가회계일기」는 연말에 월별 작업 종류, 작업 인원, 고가雇價 지급내역을 총괄 정리한 것으로, 임금을 지급하는 주체인 고용주의 입장에서 정리한 자료이다(내가 어디에 얼마를 지출했다). 반면 「농가일기」는 해마다 피고용자별로 고역雇役 일자, 고역 내역, 고가와 산출 근거를 기록한 것으로, 임금을 지급받는 피고용자(=고농雇農)를 기준으로 정리된 자료이다(누가 어떤 일로 얼마를 받는다 또는 누구에게 어떤 일에 대한 대가로 얼마를 준다).

여기서 주목할 점은 동일한 사항에 관해 고용주와 피고용자라는 서로 다른 입장에서 정리한 두 자료에서 화폐단위가 달리 기록되었다는 사실이다. 고용주 입장에서 정리한 「고가회계일기」는 처음에는 냥 단위이다가 1935년부터 원 단위로 변화되었다.[44] 반면 피고용자별로 정리한 「농가일기」는 자료가 끝나는 1942년까지 계속 냥 단위로 기록되었다. 자료의 성격을 고려해볼 때, 이런 차이는 고용주와 피고용자의 가치척도가 다르다는 사실을

---

43) 구례 류씨가의 고가(雇價) 기록의 원자료는 『각항사역책(各項使役冊)』(1902~1911) 1책, 『전가일기(田家日記)』(1912~1923) 7책, 『농가일기(農家日記)』(1924~1942) 4책이지만 모두 동일한 성격으로 제명만 달리한 것이다. '고가회계일기(雇價會計日記)'는 이 자료의 일부로서 해마다 별도로 총괄 정리한 부분이며, 1924~1942년에만 기록되었다. 이 글에서는 한국농촌경제연구원이 발간한 정서(正書) 자료(한국농촌경제연구원, 『求禮 柳氏家의 농가일기(1912~1942)』, 1991)를 활용하였는데, 이 자료의 편찬방식과 마찬가지로 '고가회계일기'는 독자적인 기록으로 취급하고 이를 제외한 나머지는 '농가일기'로 통칭한다.

44) 「고가회계일기」는 1935년부터 원 단위로 기록하기 시작하면서 "향엽전(鄕葉錢) 5냥은 1원이고 1냥은 20전이다"라는 메모와 함께 1인당 고가 2전(신식 화폐)에 대해 "엽전으로는 1인 1전"이라는 메모를 기록하였다. 냥 단위에서 원 단위로 변화하면서 엽전과 원화의 교환비율을 기록한 것이다.

보여준다. 피고용자별로 정리한 「농가일기」가 1942년까지도 냥 단위로 표기된 것은, 피고용자의 입장에서는 자신의 노동력 가치를 측정하는 기준으로 원 단위보다 냥 단위가 익숙하므로 개별 고역에 대한 계약을 냥 단위로 맺었기 때문일 것이다(가령 '타조打租 하루치 품삯은 1전 5푼'). 반면 고용주의 입장에서 정리한 「고가회계일기」에서 1935년부터 원 단위로 표기된 것은 피고용자와는 냥 단위로 계약을 하면서도 전체적인 고가의 가치를 측정하는 기준으로 원 단위가 익숙하므로 1935년부터 화폐단위를 변경한 것이다.[45] 말하자면, 지주로서 공식적·대외적 관계를 빈번하게 갖는 고용주에 비해 식민지의 근대적 변화와 접촉면이 적은 피고용자의 경우 1942년까지도 엽전 단위인 냥–전–푼이 가치척도로서 익숙했던 것이다. 결국, 구화폐인 엽전을 기준으로 한 냥 단위는 일제 말기까지도 민중의 생활세계에서 값어치를 따지는 표준, 즉 가치척도로 기능했다.

엽전을 기준으로 한 냥 단위가 하층민에게 더 강인하고 오래도록 가치척도로 기능했을 것이라는 점은 전남 장흥에서 필자가 들은 다음 구술에서도 확인할 수 있다.[46]

(문) 일기에나 동계 자료에 조선시대 화폐단위인 냥兩이 일정 말기까지 나오는데, 실제로 엽전이 쓰였나요?

---

45) 앞 장에서 보았듯이 류형업의 생활일기에서는 1922~23년 사이에 냥 단위에서 원 단위로 전환하는 경향이 나타났고, 1924년부터는 연말 가계수지도 원 단위로 정리했다. 그럼에도 류형업이 「고가회계일기」를 1934년까지 냥 단위로 정리한 것은 「농가일기」에서 보이듯이 1942년까지도 피고용자와의 계약을 냥 단위로 하였던 상황에서 비롯될 것이다.

46) 구술자 김동홍(1929년생)은 『정강일기』의 주인공 김주현의 막내아들로 장흥군 용산면 관지리에 거주한다. 그는 면내에서 덕망과 지력을 겸비한 유지로 꼽히며, 대단히 비상한 기억력의 소유자이다. 본문에 인용된 구술은 2005년 3월 28일 면담에서 일제 시기 엽전 사용에 대한 필자의 질문에 답한 진술 중의 일부이다.

(답) 그람, 쓰였제. 화폐의 호칭. 냥兩이라고 화폐가 나온 것이 아니라 화폐의 호칭. 그라면 충청도 경기도 가면 한 돈이라는 게 1전 아니여? 돈 '전錢'자. 한 돈이라는 것이, 1전이 한 돈이여. 한자 그대로 1전이 한 돈이여. 여그서는 2전이 한 돈이여. 왜 그러냐면 저기서는 1전을 엽전 열 닢 갖고 대를 쳤는디, 여기 하 시골, 여그 전라도 남해안 와서는 엽전 다섯 닢 갖고 1전을 쳤단 말이여. 한 돈. (…) 한 냥이란 것이, 열 돈이 한 냥 아니여? 10전이? 그란디 여그선 20전이 한 냥이여. (…) 불르기를 그렇게 불렀어. 20전 보고 한 냥, 2전 보고 한 돈. 원칙은 1전이 한 돈인디. (…) 그라고 그 전에 항간에 부녀자들은 '몇 전, 몇 전' 그라면 잘 몰라. '몇 냥, 몇 냥' 그래야 얼른 알아듣지. 우리 어려서도 그래. 허허.

(문) 아, 원이 쓰여도 오히려 냥으로 계산하는 게 빠르고요?

(답) 응, 냥으로. 1원 보고 닷 냥 그라고. 10전 보고 닷 돈. 한자로 풀이하면 그것이 한 냥인디. 10전인께. 그래도 닷 돈 그래. 1원 보고 닷 냥 그라고, 10원 보고 쉰 냥 그라고. 그랑께 20원이 100냥이여.

위 구술은 백동화 유통 지역이던 경기·충청도에서 백동화와 원화의 교환비율이 10:1이었음에 반해, 엽전 유통 지역이던 전라도에서는 엽전과 원화의 교환비율이 5:1이었던 사실을 정확하게 보여준다. 즉, 백동화 유통 지역에서는 10냥=1원의 비가比價가 설정되어 구화폐단위인 1냥=10전=100푼이 신식 화폐단위로는 1냥=0.1원=10전이었다. 반면 엽전 유통 지역에서는 5냥=1원의 비가가 설정되어 엽전 1냥(100닢)이 신식 화폐단위로 0.2원=20전에 해당했다.[47] 그래서 원래 글자의 뜻대로 하면 '1전錢=1돈'인데

47) 백동화는 소재가치가 엽전의 절반 수준인 악화였기 때문에 화폐정리사업에서 엽전에 비해 절반 가격으로 평가되었다. 자세한 사항은 오두환, 『한국근대화폐사』, 한국연구원,

"20전 보고 한 냥, 2전보고 한 돈"으로 불렀다는 것은 신화 2전=엽전 1전, 신화 20전=엽전 1냥이었던 엽전 유통 지역의 비가에 따른 것이다.

그런데 위의 구술에서 특히 주목할 점은 구술자가 어렸을 때도 '항간의 부녀자들'은 신식 화폐단위("몇 전, 몇 전")로 말하면 잘 알아듣지 못하고 엽전 단위("몇 냥, 몇 냥")로 말해야 얼른 알아들었다는 대목이다. 구술자가 1929년생이므로 그가 어렸을 때라면 1930년대 중반에서 1940년대 초 무렵일 텐데, 그 당시에도 공식적·제도적 화폐경제에 깊숙이 편입되지 않았던 인물들에게는 냥 단위가 가치척도로서 익숙했고, 그래서 우리에게는 이상하고 어렵게 들리지만 그들은 '10전을 닷 돈', '1원을 닷 냥'이라고 불렀던 것이다.[48]

이상에서 보았을 때, 결국 전통적 화폐단위인 냥-전-푼 체제가 고용농이나 부녀자 등 하층민 혹은 주변자들 사이에서 더 강인하고 오래도록 가치척도로 기능했으며, 경우에 따라서는 식민지 말기까지도 그러했을 것임을 알 수 있다. 앞에서 보았던 '전통의 고집'이 식민지 근대화에 대한 의식적 거리두기이며 주로 전통적 유지층에 의해 추동되었을 것이라면, '민중의 감각'은 식민지 근대화에 쉽게 포섭되지 않는 민중의 독자적 가치체계와 생활감각으로 존재했음을 의미한다.

1991, 261~274쪽; 국사편찬위원회 편, 『화폐와 경제 활동의 이중주』, 2006, 146~150쪽 참조.

48) 신구 화폐단위에는 모두 '전(錢)'이 포함되어 있다. 그런데 구화폐단위로 1전은 엽전 10닢(푼)으로 0.1냥이지만, 신화폐단위로 1전은 0.01원이다. 그래서 엽전 1전은 신화폐 2전에 해당한다. 이처럼 신구 화폐단위에서 '전'이 공통되기 때문에 구술 내용이 어렵게 들리는데, 본문에 인용된 구술을 잘 살펴보면 당시 사람들은 신식 화폐의 '전'은 실제로 '전'이라 발음하고, 구식화폐의 '전'은 '돈'이라 발음했을 수도 있겠다.

3) 전통적 화폐단위 지속의 현실적 기반

현실의 엽전 유통 실상과 괴리되면서까지 민중의 생활문서에서 냥 단위 회계기록이 지속되었던 것은 '전통의 고집'과 '민중의 감각'에 의한 것이지만, 이는 단지 관념적 차원이 아니라 그것을 가능케 하는 현실적 기반을 가지고 있었다. 그 현실적 기반은 민중의 일상생활 층위에서 전개되는 경제적 거래방식(경제적 기반)과 냥 단위 회계방식의 재정 운영 주체인 계 조직의 특성(조직적 기반)으로 나누어볼 수 있다.

(1) 경제적 기반: 현물거래와 신용거래를 포함한 교환체계

전통적 화폐단위가 관념적으로 오래 지속될 수 있었던 현실적 기반 중 하나는 화폐를 매개하지 않는 다양한 거래가 이루어지고 있었다는 사실이다. 이 글에서 검토한 50여 개의 계 자료는 대개 19세기부터 일제 시기까지 걸쳐 있는데, 대부분의 회계장부는 지급내역을 주로 화폐로 기록하고 있다. 그렇지만 이는 실제 화폐를 매개로 한 수입과 지출 이외에도 계산의 통일성과 일관성을 위해 화폐를 기준으로 가치를 환산한 것까지 포함하기 때문에, 회계장부만 가지고는 실제 거래에서 화폐의 비중을 알기 힘들다.[49] 그러므로 기존 연구에 기대어 20세기 전반의 교환체제에서 화폐가 어느 정도 실제적인 지급수단으로 기능했는지를 파악해보자.

---

49) 영암 남평 문씨 족계(族契) 용하기(用下記)는 수입·지출내역을 지급수단별로 조질(租秩, 벼), 미질(米秩, 쌀), 전질(錢秩, 화폐)로 명확히 구분하고 있는데, 나머지 자료는 대개 지대수입 외에는 별도의 구분 없이 수지 내역을 기록했다. 특히 20세기에 들어서면 거의 대부분의 지출 내역이 화폐로 기록된다. 그런데 현물(租·米)을 판매하여 화폐로 전환시켰음을 의미하는 용어인 '작전(作錢)'조차도 실제로는 현물의 판매가 아니라 단지 화폐를 기준으로 환산한 가격(가치)를 의미하는 경우가 많다. 김건태, 「조선 후기 계의 재정 운영 양상과 그 성격—전라도 장흥군 용산면 상금리 서계를 중심으로」, 『한국사학보』 38, 2010. 따라서 계 자료의 화폐단위 기록을 모두 실제 화폐로 지불한 내역으로 보기엔 무리가 따른다.

우선, 19세기만 해도 농가 생산물의 상품화율은 20~30%로 추정된다. 그리고 화폐경제는 시장의 세계, 재분배의 세계(국가재정), 호혜의 세계에서 다른 양상을 나타냈다. 시장에서는 화폐경제의 성장이 가장 괄목할 만하고 동전이 화폐로서 압도적 우위를 차지했지만, 재분배의 세계에서 동전은 국가 지불수단으로서 위상을 신장했음에도 여전히 지배적인 지위를 차지하지는 못했고, 호혜의 세계에서는 현물 사용이 뿌리 깊게 존속되었다.[50] 영암 남평 문씨 족계의 경우에는 19세기 내내 지대수입(租) 중에서 50% 정도만 판매(作錢)되고 나머지 50% 정도는 현물(租·米)로 운영되다가, 식민지기에 이르러 벼의 판매율이 급속하게 증가해 1930년대에 100% 판매하는 것으로 변했다.[51] 또한 19세기 전반만 해도 현물 지출의 비중이 컸지만, 점차 현금 지출의 비중이 증가하여 20세기에 들어서는 전체 지출의 73%가 현금으로 지급되었다.[52] 한편 1900년 무렵 예천 박씨가 사례에서는 전체 지출의 2~3할 정도가 외상거래로 추정되며, 화폐가 아닌 현물결제방식의 판매는 전체 판매 중에서 건수로 41%, 금액으로 8%를 차지했다.[53]

이렇게 본다면, 식민지기에도 현금을 매개로 한 거래 이외에 물물교환이나 현물결제 같은 현물거래, 외상거래와 대차거래 같은 신용거래 등 다양한 거래방식이 존재했을 것이다. 앞서 검토했던 구례 류씨가의 「농가일기」를 보아도, 고가雇價를 모두 화폐(엽전)를 기준으로 계산·계약하면서도, 실제로

---

50) 국사편찬위원회 편, 『화폐와 경제 활동의 이중주』, 2006, 83~85쪽.
51) 박이택, 「촌락 내부 계약에 있어서 지급 표준과 지급수단(1667~2000)」, 『민족문화연구』 38, 2003, 24쪽.
52) 김하림, 「조선 후기 족계의 재정 운영―남평 문씨 '족계 용하기'를 중심으로」, 성균관대학교 석사학위논문, 2009, 21~23쪽.
53) 이헌창, 「농촌 재화 시장의 구조와 변동: 1841~1934」, 안병직·이영훈 편, 『맛질의 농민들』, 일조각, 2001, 143~144쪽.

는 대부분 연말에 일괄 정산하면서 피고용자가 납부해야 할 빚이나 지세 등 채무관계를 변제하는 방식으로 청산하거나 현물(米·麥)로 지급했고,[54] 현금으로 지급하는 경우는 일부에 지나지 않았다.

그렇지만 다른 한편으로는 늦어도 19세기 후반에는 화폐가 모든 거래의 기본적인 가치척도로 자리 잡았다는 점을 고려해야 한다. 1900년경에 예천 박씨가의 시장거래는 주로 동전(엽전)을 매개로 이루어졌고, 현물결제나 신용거래에서도 동전이 가치척도로 기능했으며, 신용거래가 개재되면서도 최종적인 채무의 결제수단으로 동전이 사용되는 경우가 많았다. 이처럼 동전이 물물교환과 신용거래를 지원했고, 그럼으로써 적은 화폐량으로도 거래를 원활하게 할 수 있었다.[55]

이렇게 본다면, 1920년대 중반 이후에도 냥 단위가 가치 측정의 기준으로 작동할 수 있었던 것은 계의 수입·지출에 엽전이 주로 사용되어서가 아니라 오히려 신식 화폐(원화)가 적게 사용되어서는 아닐까?[56] 말하자면, 현금(원화) 거래 못지않게 현물거래와 신용거래가 광범하게 이루어지고 있으면서도 전체 거래의 가치척도로 화폐가 확고하게 자리 잡았기 때문에, 원화도 아니고

---

54) 예를 들어, 고농 박귀엽의 1932년분 25일치 작업에 대한 고가(雇價) 5냥 6전 중에서 4냥 7전 5푼은 1931년도 지세금으로 제하고 나머지 8전 5푼은 1933년 지세금에서 제하였고, 1933년분 60.5일치 작업에 대한 고가 6냥 1전 중에서 5냥은 쌀 1두로 대신 지급하고, 나머지 1냥 1전은 1934년 지세금에서 제했다. 한국농촌경제연구원, 『求禮 柳氏家의 농가일기(1912~1942)』, 1991, 191~192쪽.
55) 국사편찬위원회 편, 『화폐와 경제 활동의 이중주』, 2006, 84쪽; 이헌창, 「농촌 재화 시장의 구조와 변동: 1841~1934」, 안병직·이영훈 편, 『맛질의 농민들』, 일조각, 2001, 145쪽.
56) 구례 류씨가 생활일기에는 전황(錢荒)을 우려하는 기사가 종종 등장하는데, 『시언』에서는 1920년(6. 13)에, 『기어』에서는 1920년(8. 11, 11. 5)과 1930년(1. 17, 5. 13, 7. 1)에 나타났다. 예천 박씨가 일기에도 1930년(9. 3)에 전황을 우려하는 내용이 실렸다. 이처럼 주기적으로 화폐 부족상황이 발생한 것도 지역 차원에서 화폐유통이 그리 원활하지 못했던 것의 일단을 보여준다.

현물(벼)도 아니라 일종의 관념의 영역에 해당하는 엽전(냥)이 계 자료에서 회계의 기본단위로 기능할 수 있었을 것이다. 더구나 소액거래가 많이 이루어지는 대면관계에서는 반드시 공식 화폐(보조화)가 아니어도 현물·신용과 더불어 일부 엽전이 매개되기 더욱 쉬웠고, 그렇기 때문에 촌락·문중 같은 공동체적 관계망 속에서는 엽전이 실제 지급수단이 아니어도 가치척도로 상당 기간 존속할 수 있었을 것이다.[57]

(2) 조직적 기반: (동)계의 공공성

냥 단위 회계기록이 지속될 수 있었던 현실적 기반과 관련하여, 그러한 자료를 생산·운영하는 '계'라는 조직의 특성에도 주목해야 한다. 계는 한국 사회에 고유하고 독특한 성격의 조직으로 한국인의 사회적 결속의 원리를 압축적으로 담고 있다.[58] 특히 이 글에서 주목하는 동계는 조선 후기에 재지 사족의 향촌 지배 기구로 시작되었지만, 19세기를 경과하면서 신분적 성격을 탈각하고 전체 주민의 참여 속에서 생활공동체인 마을의 자치조직으로 거듭나는 경우가 많았다. 동계는 19세기 말, 20세기 초에도 반촌과 민촌을 가리지 않고 널리 확산되었는데, 대개 유교적 규범을 표방했지만 실제로는 촌락민들의 공동체적 결속과 상호부조적 연대를 구현하고 있었다.[59] 다시

---

57) 화폐의 기능은 ① 지급수단(재화와 용역의 교환의 매개수단), ② 이연지급(移延支給)의 표준(채무의 최종적 결제수단), ③ 회계단위 또는 가치척도, ④ 가치의 저장수단 등으로 볼 수 있다. 국사편찬위원회 편, 『화폐와 경제 활동의 이중주』, 2006, 7쪽; 박이택, 「촌락 내부 계약에 있어서 지급표준과 지급수단(1667~2000)」, 『민족문화연구』 38, 2003, 1쪽. 1930~40년대에 엽전은 이러한 화폐의 기능 중에서 주로 가치척도로 기능했던 것이며, 나머지 기능은 원화나 부분적으로는 현물이 수행했을 것이다. 식민지기의 거래관계에서 물물교환, 대차거래, 현금결제 등이 실제로 어떤 비중으로 이루어졌을까 하는 문제는 앞으로의 과제로 남긴다.

58) 김필동, 『한국사회조직사연구—계 조직의 구조적 특성과 역사적 변동』, 일조각, 1992.

말해, 20세기에 동계는 식민권력에 의한 근대적 변화와 사회적 동원화에 대한 농민사회의 '지연된 적응'의 완충 장치로서 중수되는 경우가 많았고, 유교적 의미와 상징체계로 구성되어 있지만 구래의 양반문화와 달리 상부상조나 친목도모의 성격을 띠었다. 그런 의미에서 '만들어진 전통'이라 할 수 있는 식민지기의 동계는 시장이나 규율권력의 관통에 의해서도 해체되지 않는 농민들의 독자적인 생활문화 영역을 반영하고 있다.[60]

(동)계는 구래의 관습을 재구성한 것이든 '전통의 창조'이든지 간에 '만들어진 전통'의 담지체로서 '전통(舊式)'을 표방함으로써 내적 결속과 외적 권위를 높이려 했다.[61] 그런 맥락에서 앞서 검토했던 간지와 음력의 고수, 전통적인 방식의 회계 정리와 고문서 형식 등 '전통의 고집'을 체화한 조직이기도 했다. 결국 전통의 담지체로서의 동계는 식민지 근대화에 대한 거리두기를 통해 전통적 화폐단위(냥)를 지속시킬 조직적·문화적 기반이 될 수 있었다.

다른 한편 동계는 적어도 원칙이나 관념의 차원에서나마 동 주민 전체의 평등한 참여를 전제로 하며, 계원인 주민들 사이의 호혜적 관계를 특성으로 한다.[62] 식민지기의 동계가 실질적으로 평등주의를 구현한 것만은 아니었으

---

59) 이용기, 「19세기 후반~20세기 중반 동계와 마을 자치—전남 장흥군 용산면 어서리 사례를 중심으로」, 86~157쪽.

60) 마쓰모토 다케노리·정승진, 「근대 한국 촌락의 중층성과 일본 모델—사회적 동원화와 '전통의 창조' 개념을 중심으로」, 『아세아연구』 131, 2008, 212~213쪽.

61) 19세기 말에서 20세기 전반에 동계가 촌락 자치조직으로서 광범하게 중수되는데, 그중 대부분은 '전통성'을 강하게 띠었다. 그리고 이러한 현상은 반촌에 한정되는 것이 아니어서, 민촌의 동계도 유교적 내용과 형식을 갖춘 경우가 많았다. 이용기, 「19세기 후반~20세기 중반 동계와 마을 자치—전남 장흥군 용산면 어서리 사례를 중심으로」, 137~141쪽 참조.

62) 이시재는 실체로서의 계 조직과 구분되는 '계의 원리'가 '평등주의적인 호수성(互酬性, reciprocity)에 입각한 교환체계' 또는 '그물 모양의 일반화된 교환체계'라고 하며, 이로 인해 촌락(동계)과 동족 집단(족계) 내에서 평등주의적 관념을 조직의 형태로 구체화하고

며 마을 내의 유력자층을 중심으로 운영되었겠지만, 동계의 주도 세력은 전체 주민을 의식하고 어떤 수준에서든 그들의 동의를 이끌어내야 했다. 이는 동계가 일종의 '민중적 공공성'을 담지한 촌락 단위의 공공영역일 수 있음을 의미한다.[63] 이처럼 동계는 마을 내의 엘리트만이 아니라 주변자들까지 포괄해야 했기 때문에, 촌락민 다수가 공유하던 '민중의 감각'이 계의 운영에 강하게 투영될 수 있었다.

결국 전통적 화폐단위 지속은 '식민지 근대화와의 거리(두기)'와 그것을 가능케 하는 현실적 기반, 즉 화폐경제로의 제한적 편입이라는 경제적 조건과, 전통의 담지체이자 민중적 공공성을 내장한 (동)계라는 조직적 기반이 맞물린 결과라고 할 수 있겠다. 그러나 전시동원체제를 경과하면서 이와 같은 식민지 근대화와의 거리(두기)는 임계점을 넘어서게 된다. 식민권력은 전시동원체제를 통해서 민중의 일상적 생활공간인 마을 내부에까지 지배력을 침투시켰고, 이러한 위로부터의 폭력적·조직적 강제에 직면한 민중은 원화를 엽전으로 환산하던 관행을 더 이상 고수할 수 없게 되었다. 식민권력의 근대적 폭력이 최고조에 달했던 전시동원체제하에서 냥 단위의 회계기록이

집단의 강제성을 제도화할 수 있다고 분석하였다. 이시재, 「조선시대의 계와 촌락생활」, 한국정신문화연구원 편, 『전통사회의 가족과 촌락생활』, 1991, 116~120쪽.

63) 정승진은 식민지기에 동회(洞會)가 종교적 영역(部落祭)과 분리되면서 (의제)혈연으로서의 성격을 탈각하고 공공적 지연조직으로 개편되었다고 보았다. 정승진, 「동아시아 촌락 담론을 통해 본 한국 촌락의 위상—동아시아지역학에서의 농민문화라는 관점」, 『담론201』 11-1, 2008, 242~243쪽. 또한 이시재는 계에 참가한 사람들은 모두 권리와 의무에서 형식적인 평등을 향유할 수 있었고, 주관적으로는 개별적 이익을 추구하며 가입과 탈퇴가 자유로운 형식을 구비했기 때문에 계가 '사회의 맹아'로서의 성격을 갖는다고 했다. 이시재, 「조선시대의 계와 촌락생활」, 한국정신문화연구원 편, 『전통사회의 가족과 촌락생활』, 1991, 93쪽. 두 논의 모두 시론적인 문제제기긴 하지만, 필자는 근대 시기의 동계를 '민중적 공공성'이나 농촌사회에서의 '최소주의적 공공영역'이라는 차원에서 탐구할 여지가 있다고 판단한다.

최종적으로 소멸되었다는 사실은 민중의 '자율적' 생활세계가 '식민지 근대'로부터 결코 자유로울 수 없었던 참담한 역사적 현실을 웅변하는 것이다.[64]

5. 맺음말

이상에서 20세기 벽두에 근대적 화폐체제가 확립되고 한 세대가 지나도록 민중의 생활문서에서는 전통적 화폐단위로 회계기록이 지속되었던 사정을 살펴보았다. 이를 정리하면 다음과 같다.

첫째, 총독부 자료, 신문, 일기 등을 검토한 결과 늦어도 1920년대 중반에는 농촌 지역에서도 신식 화폐가 엽전을 압도했으며, 엽전은 지역사회 내에서 소액화폐의 기능을 보조적으로 수행하는 정도였던 것으로 보인다. 둘째, 그럼에도 1920년대 후반~1940년대 초까지도 냥 단위로 회계를 처리하던 관행은 식민지 근대화에 대한 거부감에서 오는 '전통의 고집'과 식민지 근대화와는 다른 차원에 존재하는 '민중의 감각' 때문에 지속될 수 있었다. 즉, 현실에서의 엽전의 유통 양상과 괴리되어 전통적 화폐단위를 지속시킨 동력은 식민지 근대화에 대한 의식적인 거리두기와 식민지 근대화에 포섭

---

64) 민중의 일상적 삶의 공간인 촌락이 일제 말 전시 총동원체제를 계기로 근대국가 시스템에 강하게 규정되었다는 사실은 민중과 근대의 관계를 이해하는 데 중요한 함의를 가지며, 민중사의 차원에서 전시동원체제가 중요한 획을 긋는 시기구분의 근거가 될 수 있음을 시사한다. 그렇다고 해서 전시동원체제의 가동과 더불어 민중의 자율성이 소멸되는 것은 아니다. 민중의 자율적 생활세계는 애초부터 권력의 자장 안에서 형성·작동하고 있었고, 총동원체제하에서도 과거와는 다른 수준·방식·층위에서 재구성되고 변이되었다고 봐야 한다.

되지 않는 민중의 독자적인 가치체계나 자율적인 생활문화였다고 볼 수 있다. 셋째, 전통적 화폐단위의 지속은 단지 관념적 차원만이 아니라 공식적 화폐경제가 사회의 저변까지 일원적으로 장악하지 못하는 상황에서 현물거래와 신용거래도 광범하게 존재하는 현실과, '만들어진 전통'이자 '민중적 공공성'의 담지체인 (동)계라는 조직적 기반 위에서 작동되었다. 그러나 식민권력의 지배력이 민중의 '자율적' 생활세계까지 침투해 들어온 전시동원 체제하에서 전통적 화폐단위는 가치척도의 기능마저 상실하게 된다.

이러한 논의의 함의는 권력에 의해 일방적·일원적으로 규정되지 않는 민중의 '자율성'을 발견하고, 그것을 통해 '식민지 근대'를 상대화시키고 나아가 비판적으로 사유할 수 있는 가능성을 모색하려는 것이다. 마쓰모토·정승진에 따르면, 식민지기의 동계 같은 농민 간 공동연대의 관습은 '전통의 창조'라는 의식을 통해 유지되고 있었다. 그리고 이러한 전통이 '발견'되는 계기는 ① 지방유지(재촌지주)가 식민당국에 대항하는 과정에서 유교 이데올로기를 바탕으로 전통적 가치와 윤리 규범을 강조하고, ② 기층 농민이 도덕경제(moral economy)를 주장하는 근거로서 '빈곤의 공유' 관념에 입각한 '평등의 압력'과 같은 전통적 질서규범을 이용한 것이었다.[65] 이와 마찬가지로 '전통의 고집'과 '민중의 감각'이 계 또는 촌락이라는 공동체적 관계망을 매개로 결합되면서 식민지 근대화에 대한 부적응과 기피를 산출했고, 이를 통해 농민층의 독자적 생활세계·문화영역이 형성될 수 있었던 것이다. 이와 같은 식민지 근대화와의 거리(두기)는 '제국에 오염되지 않은' 민족적 정체성(Sorensen)이나 '두터운 민족의 벽'(宮田節子)을 의미하며,[66] 더 적극적으로

---

65) 마쓰모토 다케노리·정승진, 「근대 한국 촌락의 중층성과 일본 모델—사회적 동원화와 '전통의 창조' 개념을 중심으로」, 『아세아연구』 131, 2008, 217~218쪽.
66) Sorensen, Clark W, "National Identity and the Creation of the Category 'Peasant' in

본다면 일제에 의해 '인민의 완고함'으로 불렸던 '저항으로서의 보수'(공제욱)일 수도 있겠다.[67] 그러나 이는 '민족'의 코드만으로 설명될 수 없고, '근대성의 구성적 외부로서의 식민성'이나 '국민국가 기획의 구성적 외부로서의 민중'이라는 차원에서 바라볼 필요가 있다.[68]

전통적 화폐단위의 지속이라는 작은 창을 통해 본 민중의 생활세계는 제국 – 식민체제의 공식적인 화폐경제구조에서 완전히 독립적이거나 자유로운 것은 아니었지만, 그럼에도 근대 국민/국가 형성의 전제조건의 하나인 화폐의 통일성을 실제적으로 혹은 생활문화의 층위에서 균열시키기도 했다.[69] 이처럼 식민지기에도 상당 기간 전통적 화폐단위가 지속된 것은 식민

Colonial Korea", Gi-Wook Shin and Michael Robinson (eds.), *Colonial Modernity in Korea*, Harvard Univ. Press, 1999; 宮田節子, 『朝鮮民衆と'皇民化'政策』, 未來社, 1985(마쓰모토 다케노리·정승진, 「근대 한국 촌락의 중층성과 일본 모델—사회적 동원화와 '전통의 창조' 개념을 중심으로」, 209쪽과 214쪽에서 재인용).

67) 공제욱, 「의복 통제와 '국민' 만들기」, 공제욱·정근식 편, 『식민지의 일상, 지배와 균열』, 문화과학사, 2006, 162쪽. 일제는 화폐정리사업 당시 엽전 환수가 더디게 진척되는 이유를 "엽전을 상실하는 것을 국가 유일의 재보(財寶)를 잃는 것처럼 믿는" "인민의 완고함" 때문이라 하였다. 第一銀行 편, 『韓國貨幣整理報告書』, 1909, 120쪽.

68) 식민성은 그것이 있음으로써만 근대성이 자신을 근대성이라고 주장할 수 있다는 점에서 근대의 구성적 요소이지만, 근대성의 보편화 전략에도 불구하고 끝내 그것으로 환원되지 않으면서 오히려 근대성의 전개 과정 자체를 변이시키기 때문에 근대의 외부가 된다. 이런 의미에서 식민성은 근대성의 '구성적 외부'로 이해될 수 있다. 조형근, 「근대성의 내재하는 외부로서 식민지성/식민지적 차이와 변이의 문제」, 『사회와 역사』 73, 2007, 406~408쪽. 마찬가지로 민중은 국가라는 정치공동체의 '내부'를 구성하고 존속시키기 위해 필수적으로 요청되는 요소임에도 국가 프로젝트로 완전히 포섭되지 않고 또한 그것에서 사실상 배제되는 '외부'라는 의미에서 '구성적 외부'(포함 – 속의 – 배제)로 볼 수 있다. 장훈교, 「공간적 은유의 전환—'구성적 외부'에서 바라본 민중과 민중사에 대한 연구노트」, 『역사연구』 18, 2009, 44~51쪽.

69) 총독부가 엽전을 법적으로 통용 금지하지 않았기 때문에 농촌 지역에서 엽전이 상당 기간 유통되었던 것을 공식적 화폐경제구조에 대항하는 민중의 독자적인 화폐(경제)권이 실재했던 것으로 파악하기는 곤란하다. 그러나 근대(국민)국가는 일반적으로 국민통합의

권력에 의해 추동된 근대적 변화가 전사회적으로 전일적·일방적으로 관철되는 것이 아니라, 수많은 균열, 불균등, 배제, 탈주 등으로 얼룩진 울퉁불퉁한 양상으로 '식민지 근대'가 전개되고 있었음을 보여준다.

제국은 식민지를 단일한 질서로 통합해내기가 쉽지 않았으며, 민중은 국가의 지배에 규정당하면서도 결코 그것에 일방적으로 포섭·회수되지 않는 나름의 '자율적'인 삶의 영역과 논리를 갖고 있었다. 이를 가능케 한 힘이 근대국가 시스템의 통합과 균질화에 대항하는 의식적 저항이든 식민지 근대화에 조응하지 못하는 일종의 '문화지체'이든, 민중의 '자율적' 생활세계는 지배의 헤게모니 구축에 균열을 내고 지배가 포착하지 못하는 잔여 혹은 끝내 넘어설 수 없는 임계점을 드러내는 '차이의 공간'이라 할 수 있다.[70]

국가적 차원의 공식적 질서와 달리 전통적 화폐단위를 고수한 '서발턴적 차이'는[71] 그 자체가 저항성을 의미하지는 않지만, '식민지 근대화'를 추구

전제요소로서 화폐의 통일성을 추구하며(니시카와 나가오 지음, 윤대석 역, 『국민이라는 괴물』, 소명출판, 2002), 총독부 역시 화폐정리사업과 구한국화폐 처분령을 통해 일원적인 식민지 통화체제를 구축하고자 했다. 엽전에 대해서도 '당분간 유통'을 통해 점진적 회수를 추구했지 결코 엽전을 소액면 보조화로 영속시키려는 입장은 아니었다. 따라서 엽전의 실제적인 유통과 엽전 단위의 가치측정 관행이 지속된 것은 식민당국의 의도적 활용이나 방치로 보기는 힘들다.

70) 김택현, 「다시, 서발턴은 누구/무엇인가」, 『역사학보』 200, 2008, 650쪽. 서발턴 연구에서 말하는 '차이의 공간'이란, 권력이 더는 어찌할 수 없는 대중의 '압축할 수 없는 최소'(발리바르)나 '결정 불가능 지대'(고병권)와도 일맥상통한다. 고병권, 「코뮨주의와 대중」, 고병권·이진경 외, 『코뮨주의 선언』, 교양인, 2007, 58~59쪽.

71) 서발턴 연구자들은 지배가 통합·동일성을 강제할 때 그것이 끝내 완성되지 못하도록 거기에 틈새를 내는 저항적 의식과 실천을 '서발턴적 차이'라 하는데, 이는 "지배담론이 완전히 전유할 수 없는 것, 포획에 저항하는 타자성"으로서 어떠한 '긍정'의 소산이라기보다는 '부정'의 소산이다. 그렇지만 그람시는 바로 이러한 '부정'이야말로 서발턴 저항의식의 필수적인 출발점이 된다고 했다. 김택현, 「다시, 서발턴은 누구/무엇인가」, 『역사학보』 200, 2008, 650~651쪽 참조.

한 식민 지배의 한계를 드러내고 그에 대한 저항이 싹틀 수 있는 잠재적 기반이 될 수 있을 것이다.

이용기

한국교원대학교 역사교육과 조교수. 한국 근현대 사회사를 전공했고 민중의 일상적 생활공간인 마을과 지역에서 지배와 자치, 전통과 근대가 충돌·접합·굴절되는 양상과 거기서 엿보이는 민중의 자율성을 탐구하고 있다. 구술사와 지역사에 관심이 있으며, 최근에는 '민중적 공공성'이라는 개념이 가능한지 고민 중이다. 대표논저로 『근대를 다시 읽는다』(공저), 「1860~1970년대 동계의 식리방식의 변화와 '합리성'의 이면」, 「일제시기 모범부락의 내면과 그 기억」, 「일제시기 면단위 유력자의 구성과 지역정치」, 「마을에서의 한국전쟁 경험과 그 기억」 등이 있다.

지역	마을	종류	자료명	기록연도	兩→圓 연도	연호 (干支 이외)	출전
전남 장흥군	용산면						
		장전	동계	협신계안	1849~1967	1935년		현지자료
		척산	동계	동계안	1934~현재	1937년		현지자료
		어서	동계	어서동계록1	1863~1984	1938년		현지자료
		모산	상부계	상부계	1886~1938	1938년		현지자료
		모산	동계	동중연하기2	1874~1947	1938년		현지자료
		모산	동계	동계전장기3	1911~1942	1939년		현지자료
		신기	동계	동계전장기	1922~1968	1940년		현지자료
		관지	동계	동계책1	1919~1979	1940년		현지자료
		하금	조합	보항조합문기1	1927~1963	1938년		현지자료
		하금	동계	동계수지부1	1943~1958	*1943년		현지자료
		상금	서계	서계1	1846~1978	1937년		현지자료
		상금	동계	동계책1	1887~1977	1943년		현지자료
		상금	족계	모의안명부	1926~2002	1944년		현지자료
		상금	족계	동지계1	1818~1966	1944년		현지자료
		상금	족계	화수계문부	1935~2003	1945년		현지자료
		상금	족계	가현문계안1~2	1816~1965	1946년		현지자료
	부산면	금자	진흥회	진흥회 금전대차부1	1927~1981	*1927년	첫해만 昭和 병기	현지자료
		효자	동계	효자리동계	1938~현재	*1938년		현지자료
		자미	동계	동중대동계안2	1923~1971	1935년		현지자료
		자미	조합	갱신근농조합 수입지출부1	1937~1950	*1937년	昭和→干支 (45년 이후)	현지자료
		자미	농계	농계안	1915~1992	1939년		현지자료
전남 강진군	성전면	동령	동계	대동조합 (대동계)	1922~1954	*1922년	42~44 昭和, 45~46 建國	현지자료
		동령	동계	가좌전목록	1922~1941	*1922년		현지자료
		동령	상부계	상부계 자산대장	1940~현재	*1940년	昭和→干支 (45년 이후)	현지자료
		수암	동계	동계책	1932~현재	*1932년	42, 43년 昭和	현지자료
		오산	동계	가좌전책	1907~1947	1929년	39, 40년 昭和	현지자료
		오산	서계	서재계	1913~1943	1929년		현지자료
		월산	동계	소동계안1~2	1883~1935	1928년		현지자료
		월산	서계	서계안	1900~1958	1927년		현지자료
		대월	서계	서계	1894~1929	1925년		현지자료

						원단위 변화 시점		
	병영면	하고	동계	금전출납부1	1934~1969	*1934년	39~45. 4 昭和, 45. 10부터 干支	현지자료
		하고	동계?	농군진세봉상책 1~2	1855~1969	1923년	38~45. 1 昭和, 46~47 서기 병기	현지자료
전남 영암군	영암읍	장암	족계	족계용하기	1741~1927	모두 냥		고문서집성 21
		장암	족계	소종계	1930~현재	1934년	미확인	수량경제사
		망호	족계	문중계	1816~현재	1927년	미확인	수량경제사
		망호	동계	동계	1860~현재	1939년?	미확인	박이택
전남 나주군	다시면	초동	동계	동계전여책	1931~1940	*1931년		나주자료집 2
	문평면	동원	족계	私宗契冊	1811~1957	1941년		나주자료집 3
		동원	족계	私門契案	1918~1957	1941년		나주자료집 3
전남 구례군	토지면	오미	동회	오미동전곡책	1916~1922	모두 냥		오미동문서
		오미	족계	문화류씨 重本券正案	1913~1925	모두 냥		오미동문서
		오미	족계	문화류씨계안	1913~1925	1925년		오미동문서
		오미	족계	문화류씨대종계안	1924~1925	*1924년		오미동문서
		오미	족계	문화류씨대동계	1924~1925	*1924년		오미동문서
전라 (기타)	광주시	양과	동계	동계하기책	1850~1995	1928년		양과동향약
	임실군	둔덕	동계		1812~현재	1932년	미확인	이영훈·전성호
경북	예천군 용문면	저곡	개인	小家日用	1853~1934	1927년		박씨가일기
		저곡	개인	大家日用	1869~1922	모두 냥		박씨가일기
	경주시	이조	서원	용산서원	1713~?	1929년	미확인	이영훈·전성호
	안동군	법흥	족계		1915~?	1929년	미확인	이영훈·전성호
		천전	동계	의장소	?~?	1934년		현지자료

비고: 원 단위로의 변화 시점 중 * 표시는 자료가 시작되는 첫 해를 나타냄.

출전 표시: 고문서집성21(한국정신문화연구원, 『고문서집성』 21, 靈岩 南平文氏編, 1995); 나주자료집(성균관대학교 대동문화연구원, 『전라도나주목사회자료집』, 2009); 오미동문서(한국농촌경제연구원, 『구례군 사회조직 문서: 1871~1935』, 1991); 양과동향약(광주민속박물관, 『광주양과동향약』, 1996); 박씨가 일기(한국정신문화연구원 편, 『예천 맛질 박씨가 일기 1』, 2002); 수량경제사(이영훈 편, 『수량경제사로 다시 본 조선후기』, 서울대학교출판부, 2004, 305~307쪽); 박이택(박이택, 「촌락 내부 계약에 있어서 지급표준과 지급수단(1667~2000)」, 『민족문화연구』 38, 2003, 10쪽); 이영훈·전성호(이영훈·전성호, 「미가사 자료의 현황과 해설」, 『고문서연구』 18, 2000, 147쪽)

제4장 근대국가 수립과 청소년의 소외
—해방 후 북한의 조선소년단 활동을 중심으로

| 한봉석 |

1. 머리말: 민중사와 불편함의 문제

한국사에는 매우 아쉬운 순간들이 더러 있다. 예컨대 개인의 행복을 생각할 시점에 국가적인 해체나 퇴보라는 국면이 발생함으로써 전자가 계속 부재의 공간으로 이어지게 된 순간들이다. 사실 대한제국 시기에 필요했던 것은 근대적 개혁과 주체 형성을 통한 근대국가의 토대 구축이었다. 그러나 한일 강제병합은 그러한 자발적 선택의 기회를 앗아갔다. 그리고 이윽고 해방이 되었을 때, 마찬가지로 남과 북은 통일문제는 물론 새로운 근대국가를 어떻게 만들 것인가 하는 논의의 시간을 필요로 했다. 그 귀결이 사회주의국가였든 자유주의 국가였든 간에 필요한 건 선험이 아닌 생각할 시간이었다. 그러나 신탁통치 파동은 이러한 숙고의 시간을 한 방에 날려버릴 명분을 제공했다. 남과 북의 야욕가들은 이 기회를 틈타 선진적인 양극의 근대적 문물과 제도를 수용하면서 편향적이고 여백이 없는 근대국가제도를 수입하는 데 급급했다. 그리고 전쟁은 근대적 주체로서 개인의 행복이나 자각 따위의 고민을 저 멀리 날려 보내는 데 일조했다.

그로부터 훌쩍 세월이 흘러 1980년대 민주화운동과 함께 탄생한 민중사는 이렇게 생긴 여백에 대한 최초의 학술적 대응이었다. 비록 계급적인 분석 도구를 빌렸지만, 지배자가 아닌 피지배자에 주목했고, 그 용어의 타자성으로 인해 이윽고 '민중'이라는 용어를 탄생시켰다. 그러나 이 역시 역사 속에서 다양한 개인을 부각시키는 데는 미흡했다. 그리고 1990년대 하나의 도그마가 몰락하고, 포스트모더니즘이 한국에 소개되었다. 이 속에서 민중사는 보다 다양한 주체에 대한 고민으로 다시 한 번 변곡점을 맞이하게 되었다.

그런데 포스트모더니즘 시대는 이전 세대에게 익숙하지 않은 하나의 개념을 가지고 있었다. 진정 중요한 것은 개인, 즉 주체라는 발상이다. 특히 이는 뉘 집 자식인지도 잘 모를 프랑스 출신 다양한 사상가들의 이름과 용어들을 통해 한국사회 곳곳에 뿌려졌다. 그 결과 학술적 영역에서도 균열이 생겼다.

방법론적으로만 본다면 이른바 '새로운 민중사'라는 것은 일상과 개인, 그리고 구조, 다시 관계에 천착하는 유럽의 학풍과 방법론을 다수 차용하고 있다. 페르낭 브로델(Fernand Braudel)의 시간의 삼중구조에 대한 관심, 알프 뤼트케(Alf Luedtke)의 인간 본연의 본성과 구조에 대한 관심, 나탈리 제먼 데이비스 등의 미시사, 그리고 구술사에 이르기까지 다양한 방법론이 새로운 민중사에 공존한다.[1] 그러나 이 새로운 민중사에는 균열이 있다. 즉 연구자 개인의 위치설정에 따라 각자의 결이 달라진다. 가령 젠더를 주체 구성의 기준으로 볼 때, 어떤 연구들은 순식간에 불편한 연구들로 위치지어진다. 반면 구조에 천착할 경우 다시 어떤 연구들은 지나치게 에피소드를 위주로

---

1) 포스트모더니즘 이후 역사학의 조류에 대해서는 조지 이거스 지음, 임상우·김기봉 옮김, 『20세기 사학사』, 푸른역사, 1999; 김기봉 외, 『포스트모더니즘과 역사학』, 푸른역사, 2002 참조.

한 논문으로 격하된다. 따라서 새로운 민중사는 단일화할 수 없는 대상이지만 총체적으로는 각자의 문제인식이 지닌 '불편함'의 다양한 반응이라고 이해하면 좋을 것이다.

이 글은 그중에서도 북한의 근대국가 수립 과정에서 청소년의 소외를 그 불편함의 근거로 삼고자 한다. 청소년은 지극히 근대적인 발견이며, 그 연령과 정의에는 개별 근대국가의 지향이 담겨 있다. 그런데 해방 후 남과 북에 청소년의 공간은 없었다. 해방공간은 온통 새 시대의 청년과, 그보다는 못하지만 귀히 여길 소년들로 가득 차 있었고, 그 중간에 위치해야 할 '질풍노도' 따위는 안중에도 없었다. 그렇기에 청소년은 조숙한 '소년'과 미숙한 '청년' 양자에 조금씩 찢어져 있었다.

일제시대 이래 도시를 중심으로 한 근대교육, 징병제, 그리고 서구에서 도래한 보이스카우트 등 청소년을 발견할 단초는 여기저기 존재했지만, 남과 북은 손쉬운 선택을 했다. 정권 수립을 위해 당장 활용할 인원이 필요했던 남과 북은 각각 독일·중국에서 빌려온 청년 담론과 소련에서 빌려온 청년 담론으로 저마다 정권의 친위대 혹은 인전대를 만들어냈다. 북한에서 바로 이들의 후비대로 위치지어진 것이 바로 이 글에서 다룰 조선소년단이다.

기존 연구에서 북한의 청소년들에 대한 관심은 적지 않았다. 각 사회주의권 소년단과의 비교·대조가 이루어졌으며, 이들의 정치사회화에 대한 고찰도 여러 분과에서 접근되었다. 또한 교육을 통한 규율의 일상화에 대한 심도 있는 이야기들이 오고갔다.[2] 그러나 정작 청소년의 정의, 유래, 그리고 그

---

2) 대표적인 연구는 다음과 같다. 먼저 교육과 규율, 그리고 종합기술교육에 관해서는 각각 이항규, 『북한 사회주의 보통교육의 형성, 1945~1950』, 서울대학교 박사학위논문, 2000; 신효숙, 『소련군정기 북한의 교육』, 교육과학사, 2003; 조정아, 「종합기술교육의 도입과

대상에 대한 분석은 소홀했다. 이는 해방 직후에 대한 분석에서 더욱 그러하다. 이 글에서 청소년의 소외를 다루면서 그 분석대상으로 소년단을 설정한 이유는, 해방공간에서 상대적으로 청소년을 더욱 포괄할 가능성이 있었던 것이 바로 소년단이기 때문이다. 해방 직후 북한의 소년단은 그 연령의 상한선이 18세에 이르렀으며, 개인의 정체성을 형성하는 중요한 시기를 독점했다. 또한 청소년기를 특징짓는 개인의 자기결정, 사춘기의 도래, 저항 역시 소년단이 민청보다 상대적으로 선행되며, 그 폭도 넓다.

이러한 문제인식 아래, 이 글에서는 해방 후 5년간 소년단의 활동을 통해 청소년 담론이 어떤 식으로 소외되어갔는지 살펴보고자 한다. 그를 위해 2절에서는 역사적으로 청소년 담론이 어떻게 아동 혹은 청년으로 분리되었는지를 소련의 경우를 토대로 살펴볼 것이다. 3절에서는 이렇게 구분된 아동과 청년 중 해방 이후 북한의 청소년 연령대를 포괄하고 있던 소년단체, 즉 소년단에 호명된 담론의 내용을 살펴보도록 할 것이다. 그리하여 소외된 청소년 담론의 자리를 차지하고 있던 것은 무엇이며, 이것이 결국 북한의 근대국가 형성 과정에서 어떠한 의미인지를 생각해보고자 한다.

현 실태: '전면적으로 발달된 인간의 형성', 북한연구학회 편, 『북한의 새인식 7—북한의 교육과 과학기술』, 경인문화사, 2006 등의 연구를 들 수 있다. 또한 소년단에 대해서는 김옥자, 「정치사회화 과정으로서 조선소년단 연구」, 경남대학교 석사학위논문, 2006; 김종수, 『북한 청년동맹 연구—체제 수호의 전위대, 청년동맹』, 한울, 2008; 이종순, 「북한 청소년에 대한 정치사상 교육」, 숭실대학교 석사학위논문, 1999; 차승주, 『북한 조선소년단에 관한 연구—사회 통합 기제로서의 역할을 중심으로』, 서울대학교 박사학위논문, 2010 등이 대표적이다.

2. 혁명기 소련의 청소년과 피오네르 활동

1) 잃어버린 청소년의 나라

원래 연령대를 구분하는 아동, 청소년, 청년 같은 구분은 역사적·문화적인 개념이다. 유럽의 경우 아동의 천진난만함이 사회적으로 인정받는 데만 예수 탄생 이래 1,600여 년이 소요되었다. 또한 근대적 의미에서의 청년의 주목 역시 17~18세기 이후에 나타났다. 그리고 청소년층이 아동과 분리되어 독자적인 정체성을 인정받은 것은, 학자에 따라 다소 다르지만 아무리 소급해서 추산해도 18세기 중반 이전을 올라가지 못한다.[3]

그러나 흔히 사회주의권 국가들은 당과 청년단체의 관계에 주목함으로써 청소년 담론보다는 청년·아동의 구분법을 더 선호했다. 한편으로 그것은 사회주의의 조직론과 관련이 있었지만, 다른 한편으로는 역시 문화, 즉 차르 러시아의 관습과 관련이 있다.[4] 물론 혁명 전 러시아에 청소년이라고 불릴

---

3) 연령대에 대한 정의는 시대별, 국가별로 다르다. 예를 들어 오늘날 국제법상 아동은 18세 미만이지만 여기에는 유아, 어린이, 소년, 연소자, 미성년자, 청소년 등 다양한 개념이 포함된다. 우리가 흔히 생각하는 아동은 6세에서 12세까지의 초등학교 시기의 학령기 아동인데 이조차 확고한 것은 아니다. 프랑스의 아동이 역사적으로 발견되는 과정을 연구한 아리에스는 오늘날과 같이 아동이 가족의 중심으로 등장한 시기를 17세기 정도로 비정하고 있다. 청소년에 관한 것도 마찬가지이다. 청소년기는 유년기의 마지막과 이른 성인기를 지칭하는데 개인적인 인격이 형성되는 시기로 대개 18세 이전까지를 일컫는다. 그에 대한 탐구는 고대 희랍 시기부터 존재했다. 그러나 우리가 오늘날 생각하는 '청소년'이라는 개념은 19세기 말 20세기 초에 등장했다. 청년층에 대해서는 논쟁이 있지만 역시 길리스(Gillis)가 주장했듯이 근대적 맥락의 청년 개념은 18세기 후반에 비로소 확산되기 시작했다. 필립 아리에스 지음, 문지영 옮김, 『아동의 탄생』, 새물결, 2003, 43쪽; 박언하·백현욱·조미숙 지음, 『아동복지론』, 광문각, 2009, 11~12쪽; Matthias Neumann, *The Communist Youth League and the Transformation of the Soviet Union, 1917~1932*, 2011, p. 5 참조.

4) 사회주의체제에서 청년동맹은 프롤레타리아 독재가 공고화된 뒤 프롤레타리아트의 광범한 문화교양사업에서 중요한 역할을 담당한다. 따라서 청소년보다는 당의 주력인 청년층이

만한 집단이 아예 없었던 것은 아니다. 이른바 'sokol'이라고 지칭된 도시 중산층 청소년단체는 물론이고, 소수에 불과했지만 도시 노동자들에 의한 청소년조직 결성도 드물게 관찰되었다. 이러한 움직임은 1905년에 그 절정기를 맞이했지만, 상대적으로 낮은 교육율과 근대화는 도시 지역 바깥에서 이런 경향성을 차단했다.[5]

그런데 주로 전통적인 러시아 문화를 반영했던 이런 여러 청소년조직들은 곧이어 도입된 보이스카우트운동에 의해 단일한 형태로 정리되기 시작했다. 20세기 초 영국에서 등장한 이 운동은 원래 대영제국의 확장과 급속한 산업화에 따른 유동인구의 증가와 행정인력의 공백에 대한 요구에서 출발했다. 이 운동은 당시 급격히 늘어난 중산층 청소년들을 주류사회로 흡수하기 위해, 종래 미성숙하다고 여겨지던 청소년의 에너지와 가능성을 통제하고 새로운 사회질서와 대안문화를 그들에게 제공하고자 했다.[6] 이런 발상은 전 세계의 주목을 받았고, 결과적으로 러시아에도 수입되었다. 실제 이 운동은 도입된 이래 3~5만 명에 달하는 회원을 확보했고, 1914년 정부로부터 정식 승인을 받아낼 정도로 성장했다. 그러나 발생지인 영국 및 다른 지역과 러시아에서의 보이스카우트 운동은 결정적인 차이점을 지녔다. 바로 그 단체의 조직대상이 청소년이 아닌 아동이었다는 점이다. 그나마도 부르

보다 주목을 받았으며 그 대상 연령도 폭넓은 경향이 있다. 일례로 구소련과 중국의 경우 청년단체였던 콤소몰의 연령대를 14세~28세까지로 비교적 넓게 비정했다. 이는 대개 비사회주의권 국가들의 청소년 연령대가 25세까지인 데 반해 다소 넓은 편이다. 김종수, 『북한 청년동맹 연구―체제 수호의 전위대, 청년동맹』, 한울, 2008, 40~41쪽 참조.

5) Matthias Neumann, *The Communist Youth League and the Transformation of the Soviet Union, 1917~1932*, 2011, pp. 1~3 참조.

6) Reuven Kahane, *The Origins of Postmodern Youth: Informal Youth Movement in a Comparative Perspective*, Walter de Gruyter, Berlin, New York, 1997, pp. 56~57 참조.

주아지를 대상으로 했던 이 운동은 혁명 이후 다른 조직으로 대체되었다. 그것이 곧 오늘날 조선소년단 건설사업의 전범이 된 소련의 '레닌 청년개척자 전소련연맹', 혹은 '소년개척단'이라고 불리는 피오네르(Pioneer)와 청년단체인 콤소몰(Komsomol)이었다.[7]

이런 현상은 차르 러시아가 실은 "잃어버린 청소년"의 나라라고까지 불렸던 농업국가였기에 가능했다. 도시를 제외한 대부분의 지역이 농촌이었던 러시아에서는 청소년기라고 불릴 시기가 매우 짧았다. 조혼, 그리고 교육시설의 부재, 아동 시기부터의 농업에의 종사 같은 요소들은 농촌에서 청소년의 독자적인 공간과 문화의 발생을 허락하지 않았다. 이는 그대로 당대의 관용적 표현에서도 관찰된다. 근대 초 러시아에서는 유소년기를 지칭할 때 흔히 0~14세는 'rebenok'(영어의 chid에 해당)로, 14세 이상의 청소년 혹은 젊은이들은 'podrostok'(영어의 Adolescene 혹은 Youth에 해당)로 부르곤 했다. 청소년기에 대한 별도의 담론이 미약했음을 보여주는 사례라고 볼 수 있다. 이는 국민의 80%가 농촌에 거주했던 당시의 현실을 반영한 것이다. 결과적으로 볼셰비키가 정권을 장악했을 때, 그들은 관습적인 감각에서 14세를

---

7) 피오네르는 1919년 5월 25일 러시아 내전 당시 수도인 모스크바에서 있었던 전반적 군사교육의 날 기념식에 '아동 공산주의 부대'라 칭한 일련의 모스크바 어린이들이 참석한 데 그 기원을 둔다. 이후 1922년 2월 13일 모스크바시 크라스노프레쓰넨스크 지구에서 제1차 회의를 개최하고 소련 역사상 처음으로 16인쇄소 산하에 피오네르 분단이 조직되었다. 또 1924년에 '10월 혁명단(Octobrist)'이 생기면서 피오네르는 10~15세를, 옥차브리타는 7~10세를 담당하는 형식이 완성되었다. 한편 콤소몰은 1918년 10월 창단된 대중 엘리트조직으로 그 가입 연령이 14~28까지로 당의 정책을 보위했다. 차승주, 『북한 조선소년단에 관한 연구—사회 통합 기제로서의 역할을 중심으로』, 서울대학교 박사학위논문, 2010, 17쪽; 북조선 민청중앙교양부 번역과 옮김, 『삐오네르단 지도원의 수책』, 청년생활사, 1949(RG 242, SA 2012, box 1, 1-111 RG 242, SA 2012, En. NM299, 1/111), 3~4쪽 참조; 김종수, 『북한 청년동맹 연구—체제 수호의 전위대, 청년동맹』, 한울, 2008, 41쪽.

기준으로 아동단체와 청년단체를 구분하게 되었다.[8] 그리하여 향후 전 세계 사회주의 국가에 영향을 끼칠 하나의 모범이 탄생했다. 즉 아동단체와 청년 단체의 이분법이다.

2) 소년, 공화국의 상징이 되다

초기 볼셰비키는 새로운 공화국의 상징으로, 전 세계에서 가장 대우받고 사랑받는 공화국의 상징이자 '인민'의[9] 근간으로 청소년이 아닌 아동을 위치시켰다. 이는 러시아의 유년기에 대한 관례적인 인식을 근간으로 한 것이기도 했고, 보다 진보적이고 약자에 관대한 공화국의 이미지를 만들어내기 위한 전략이기도 했다. 따라서 아동에 대한 인간적 대우, 여성과 프롤레타리아트 해방 등 가장 진보적인 사회적 이미지가 상호 결합되었고, 이것이 아동을 매개로 선전되었다.[10] 또한 그들에게 부르주아적 악영향을 끼칠 만하다

---

8) Matthias Neumann, *The Communist Youth League and the Transformation of the Soviet Union, 1917~1932*, 2011, pp. 5~6 참조.

9) 원래 해방 3년간 북한에서는 공민, 대중, 인민이라는 용어가 혼용되었다. 공민이란 공민권을 가진 18세 이상을 지칭하고 일반적으로 국민의 의미로도 사용되었다. 한편 대중은 군중이라는 용어와 함께 계급적 의미가 강조되지 않는 국민, 시민의 개념으로도 사용된다. 그러나 1947년 6월 이후 국내 소식과 관련하여 인민이라는 용어가 주도적으로 자리 잡았다. 따라서 여기서는 국민, 대중, 민중, 인민, 공민 등 다양한 용어 중에서 근대국가의 시민, 근대국가의 국민이라는 정도의 의미와 현대 북한의 용례를 따라 '인민'을 사용하도록 할 것이다. '인민'의 역사성에 대해서는 이신철, 「'인민'의 창조와 사라진 '민중'—방법으로서 북조선 민중사 모색」, 『역사문제연구』 23, 2010 참조.

10) 소비에트는 초기에 아동을 위한 독자적인 법령을 제정하기보다는 가족법이나 노동법 등 기존 법령들 속에 아동의 처우개선을 삽입하는 방식으로 아동 권익을 보호했다. 예를 들어 1917년 이후 특정한 분야에서 아동노동 전면 금지나 종교 교육 금지, 그리고 1928년 이후 아동을 지원하는 기구들—병원, 학교, 고아원 등—의 설립이 이루어졌다. Catriona Kelly, *Children's World, Growing up in Russia 1891~1991*, Yale University Press, New Haven and London, 2007, p. 62 참조.

고 여겨진 것들—보이스카우트, 종교 교육—은 단계적으로 정리되었다. 기존 전통 러시아의 토대와 마찰이 있었지만, 교육 현장에서 콤소몰–피오네르의 우위성도 1927년경을 고비로 점차 확립되기 시작했다. 결과적으로 피오네르의 대상자였던 아동들은 고도로 정치화되기 시작했다.[11]

아동에 대한 각종 진보적인 이미지와 혼재되어 있던 이미지들은 1930년 대를 거쳐 교육개혁과 더불어 정리되기 시작했다. 이에 대한 결정적인 역전은 1941년 독일의 침공을 통해 이루어졌다. 전쟁은 종래 아동에게 묻어 있던 달콤한 부분을 모두 앗아갔다. 전쟁 기간은 물론, 전후를 통해 이제 어린이들은 애국주의적·군사적 요구에 부합해야 했으며, 학교 수업 역시 애국주의 교육의 테두리 안에서 진행되었다. 또한 비슷하게 진보적인 이미지를 공유하던 미래의 시민들은 이제 젠더적으로도 분할되었다. 소비에트의 각종 선전물, 문학작품 등은 이전 시기의 '성인에게 적대적이고 자율적이며 인내하는 아동상' 대신 국가와 가족에 충성하고 신뢰할 만한 '미성년'을 묘사하기 시작했다. 또한 이전 시기에 함께 공화국의 상징을 짊어지고 있던 남녀 아동의 역할도 분리되기 시작했다. 여자아이는 점차 어머니의 역할을 강요받았고, 남자아이, 즉 소년이 이제 공화국의 미래이자 인민의 근간으로서 표상되기 시작했다. 동시에 피오네르의 찬양대상도 레닌과 스탈린 등 여러 혁명 동지들에서 스탈린 일인으로 고정되었다. 스탈린은 이제 구약성서에

---

11) 부르주아 중산층 소년을 위한 거대한 조직이었던 보이스카우트는 1917년 피오네르의 조직 구성과 양식 등에 상당 부분 영향을 끼쳤지만 해체되어야 했다. 또한 아동에 대한 종교 교육 역시 이듬해에 전면적으로 금지되었다. 그러나 아동에 대한 종교 교육은 교육의 총책임 부서였던 문화·교육인민위원부(Narkompros)가 단순히 종교적 편견을 제거하라는 정도의 수준의 테제만 제시하고 실제 교육은 각 지방과 학교의 자율에 맡겼기 때문에 현실에서 효력이 발휘되기까지 시간이 걸렸다. Sheila Fitzpatrick, *Education and Social Mobility in the Soviet Union 1921~1934*, Cambridge University Press, 2002, pp. 18~40 참조.

나오는 신이자, 가장 인자한 공화국의 전위로서 찬양되었다. 결과적으로 전후 소비에트에서 이상시된 아동은 가족에 순종적이며 엄격한 규율을 준수하는 남자 어린이, 즉 소년으로 그 의미가 축소되었다.[12] 그 결과 담론 공간에서 청소년, 여자 어린이 등에 포함되었던 다양한 가능성은 퇴화될 수밖에 없었다.

한편 1910년대 이전 유럽에서 가장 풍부하게 논의되었던 소련의 교육체계에 대한 실험은, 레닌이 쓰러진 뒤 점차 스탈린 체제에 부합하는 형태로 정리되었다. 원래 마르크스가 교육에 관해 제시했던 아이디어는 육체노동과 정신노동 간의 차별을 최대한 줄인 '전면적으로 발달된 인간'상이었고, 이를 구현하기 위해 '종합기술교육'이 강조되었다.[13] 그리고 이러한 발상은 소련 초기 교육 논의의 한 축을 이루었다. 1920년대에 등장한 '종합기술교육'은 레닌의 아내 크룹스카야(Nadezhda Konstantinovna Krupskaya)와 뇌졸중으로 쓰러진 레닌을 대신해 교육행정을 이끌던 루나차르스키에 의해 전개되었다. 이들은 다소의 차이에도 불구하고 아동의 창발성이라는 측면에서 교육과 노동을 합치시키고자 했다. 그러나 1921년 3월부터 실시되었던 신경제정책과 스탈린의 등장은, 엄격한 형식과 규율을 강조하는 마카렌코(Makarenko, Anton Semyonovich)의 교육관을 부각시켰다.[14] 당시 마카렌코는

---

12) Catriona Kelly, *Children's World, Growing up in Russia 1891~1991*, Yale University Press, New Haven and London, 2007, pp. 111~128 참조.

13) 이상 조정아, 「종합기술교육의 도입과 현 실태: '전면적으로 발달된 인간의 형성'」, 북한연구학회 편, 『북한의 새인식 7—북한의 교육과 과학기술』, 경인문화사, 2006, 128~139쪽 참조.

14) 일찍이 마카렌코는 1927년 GPU가 설립한 청년 노동자 코뮌인 체르친스키 코뮌에서 몇 가지 중요한 점들을 착안했다. 군대식 조직과 훈련, 그리고 제목, 깃발, 군대음악 등의 동원의 중요성이 그것이다. 그는 이를 통해 소비에트 애국주의를 고무시키는 방식을 발견했다. S. 캐슬·W. 뷔스텐베르크 지음, 이진석 옮김, 『사회주의 교육의 이론과 실천』,

공산주의적 인간상에 대해 분명한 생각을 가지고 있었는데, 그 핵심은 규율과 권위의 준수, 집단과의 조화 등이었다. 그리고 이러한 교육관은 인적·물적으로 그대로 북한에 수입되었으며, 교육이론으로 번역되어 널리 소개되었다.

그 결과 소비에트 러시아는 가정과 국가에 충실한 미래 인민으로서의 아동상, 이를 지지할 조직으로서의 피오네르, 그리고 조숙한 청소년들의 단체─그러나 실제로는 청년단체로 불렀던─콤소몰, 규율과 엄격한 유희를 강조하는 교육체계를 완성할 수 있었다. 이는 후발 사회주의 국가군들에 하나의 모범으로 제시되었다.

3. 북한의 소년과 소년단 활동

1) 청소년 담론의 부재

해방 직후 남과 북의 청소년 담론은 어떠했을까? 원래 전통사회에서 '소년'이라는 말은 '아동'과 '청년'의 용례를 같이 지니고 있었다. 그러던 것이 1910년대 근대적 학제의 일반화로 인해 어느 정도 구분되기 시작했다. 이로 인해 원래 서구에서 '청소년'의 뜻을 지녔던 '청년'이 조선에서는 보다 진화되어 성인의 역할, 새 시대의 일꾼으로서 보다 성인의 뜻에 가까워졌다. 반면 원래 청소년의 자리에 놓여야 할 '소년'이 보다 '아동'에 가까워지면서 아동과 소년은 혼용되었고, 흔히 아동의 개념에 보다 가까운 개념이 되었다.[15] 소년의 연령에 대한 논의가 있긴 했지만 그보다는 '소년이 무엇을 해

푸른나무, 1990, 103~115쪽 참조.

15) 이기훈, 『일제하 청년 담론 연구』, 서울대학교 박사학위논문, 2005, 99쪽 참조.

야 하는가'를 두고 어떤 이가 소년이 될 것인지가 결정되는 형국을 취하곤 했다. 그 결과 1920년대 말에 이르면 이 역할을 맡을 소년의 연령이 대략 12세에서 18세까지로 갈무리되었다.[16]

해방공간에서도 독자적인 청소년 담론을 찾기란 힘들었다. 이는 식민지기 동안의 균열에도 불구하고 여전히 근대적 교육제도의 혜택이 턱없이 부족했고 도시와 농촌 간의 문화적 격차도 여전히 컸던 데 기인한다. 해방후 북한이 기본적으로 청소년들을 국가의 인민으로 수렴할 가능성은 1949년의 문맹퇴치선언과 초등의무교육제 준비에 착수하고서야 비로소 생겨났다.[17] 따라서 해방 직후에는 소파 방정환이 낳은 어린이, 그리고 민족주의와 사회주의의 세례를 통해 부각된 조숙한 청년만이 있을 따름이었다.

정권 차원에서도 청년을 제외하고는 별반 특기할 만한 관심을 보이지 않았다. 김일성 역시 관습적으로 청년 이하의 유소년을 지칭할 때 소년, 소년학생, 학생, 청소년 등을 혼란스럽게 사용했다. 그나마도 그 포괄하는 연령대와 내용은 분명하지 않았는데, 1950년대에 이르면 이런 혼란이 대략 '소년'이라는 호칭으로 갈무리된다.[18] 이는 소년단의 창단에서도 드러났다.

---

16) 이기훈, 「1920년대 '어린이'의 형성과 동화」, 『역사문제연구』 8, 2002, 21~22쪽 참조.
17) 1944년 5월 조선총독부의 조사에 의하면 남북을 통틀어 전체 인구 중 86%가 어떤 정규교육도 받지 못했다. 이는 해방 후 문맹률로 이어져 북한 지역의 경우 최소 전체 인구의 42%인 230만 명이 문맹이었다. 신효숙, 『소련군정기 북한의 교육』, 교육과학사, 2003, 142, 232쪽 참조; 이항규, 「북한 사회주의 교육의 형성: 교육 기회 확대를 중심으로」, 북한연구학회 편, 『북한의 새인식 7—북한의 교육과 과학기술』, 경인문화사, 2006, 12쪽 참조.
18) 그러나 이때의 소년은 별도로 청소년 담론을 고려한 것이라기보다는 성인 이전의 단계라는 의미가 강했다. 해방 직후 북한에서 청소년층의 호칭은 상황에 따라 달라졌다. 흔히 교육에 관해 언급할 경우 청소년이나 학생 소년을, '로동'이나 소년단 조직에 관해 언급할 때는 '소년'을 사용했다. 청소년 용례의 경우 현재 남아 있는 자료들의 발간 시기에 따라 후일의 용례가 반영되었을 가능성이 있어 신뢰하기 어렵지만, 전반적으로 1950년대에 이르면 소년이라는 용례가 일반화된 것으로 보인다. 특히 미성년의 '로동'을 금지할 목적이었던

1946년 6월 6일, 비교적 늦게 창단된 조선소년단은 김일성이 항일무장투쟁 시기에 만들었던 '새날소년동맹', '소년탐험대', '아동단' 등의 전통을 이어 받은 것으로 북한에서는 설명되고 있다.[19] 그러나 실제로는 당시 기독계 계열의 소년층에 대한 영향력 강화, 그리고 소련의 콤소몰·피오네르 체제의 영향을 받은 측면이 강했다. 여기에 일제시대 이래 관습적으로 사용된 '소년'의 용례와 연령대가 굳이 소련의 그것과 충돌하지 않았던 것도 별도의 청소년단체에 대한 고민을 더는 데 한몫 했을 것이다.

그러나 근대국가 수립의 시차에 따른 현실적인 차이가 발생했다. 대상 연령 자체가 피오네르의 그것처럼 엄격하게 세분화되지 못했던 것이다. 현대 북한에서 소년단의 가입대상은 7세~13세층을 대상으로 한다. 한편 해방 직후에는 그 대상이 9~15세였고, 근로단체인 민청은 그 대상을 16~25세까지로 제시했다.[20] 하지만 실제 운용에서는 이를 지키지 못했다. 실제로 당시 소년단과 민청 가입자들의 연령대는 종종 상호 중복되었고, 딱히 연령

『북조선 노동자, 사무원에 대한 로동법령』의 경우 16세까지의 소년들이 주된 대상이었던 것으로 보아 일반적으로 소년의 상한을 대략 16세 정도까지로 보았던 듯하다. 조선로동당중앙위원회 엮음, 『김일성 저작집 1』, 조선로동당출판사, 1979, 26, 38쪽; 조선로동당중앙위원회 엮음, 『김일성 저작집 2』, 조선로동당출판사, 1979, 12, 23, 25쪽 참조.

19) 특히 1926년 12월 15일 김일성이 중국 무송 지역에서 만들었다는 '새날소년동맹'은 그 직접적 기원으로 간주되고 있다. 그러나 소년단의 기원에 대해서는 확인하기 어렵다. 항일 무투 시기를 기원으로 보는 북한의 주장에 대해서는 당시 15세로 이제 막 공산주의 사상에 입문한 김일성이 이를 만들 수 있었을까 하는 상식적 반론에서부터, 문서의 신빙성에 대한 의심까지 다양한 반론이 있었다. 그러나 김일성 자신이 유격 근거지에서 반군사조직의 성격을 가진 '소년선봉대'와 유사한 조직들을 만들었을 가능성은 있다. 이에 대한 자세한 정리는 차승주, 『북한 조선소년단에 관한 연구—사회 통합 기제로서의 역할을 중심으로』, 서울대학교 박사학위논문, 2010, 50~51쪽; 김종수, 『북한 청년동맹 연구—체제 수호의 전위대, 청년동맹』, 한울, 2008, 80~81쪽; 김일성, 『세기와 더불어 1』, 조선로동당출판사, 1992, 제3장 '길림 시절' 참조.

20) 찰스 암스트롱 지음, 김연철·이정우 옮김, 『북조선 탄생』, 서해문집, 2006, 171쪽 참조.

이 가입 기준이 되었던 것은 아니었다.[21] 이는 실제 연령층과 연동되어 기대되는 교육수준, 사회주의 교양수준 등이 교육제도의 미비와 높은 문맹률로 인해 정확하게 연결되기 힘들었기 때문이다. 그 결과 포괄적 범위에서 민청에 요구되는 당성과 기준에 흡족하지 못한 이들의 사회화 과정에서 첫 번째 조직은 소년단이 될 수밖에 없었다.

결과적으로 해방 직후 북한에서 청소년 담론은 별도로 발굴되지 못했다. 특히 사회주의 국가의 일상을 점유하는 조직체계라는 측면에서 볼 때, 청소년 담론은 분열 흡수될 수밖에 없었다. 그리고 이렇게 분열된 층 가운데 보다 많은 연령층을 흡수했던 소년단은 소비에트의 피오네르보다 상대적으로 연령대를 과대 대표하게 되었다. 이렇게 과대 대표된 소년단에게 북로당은 사회주의 인민, 즉 성인에게 강조되는 '규율'을 정치교양으로, 그리고 사회주의 아동에게 강조되는 '유희'를 그 문화로 제공하게 될 터였다.

2) 소년에의 호명

(1) 일제 잔재의 청산 혹은 변주

해방 이후 북한의 소년층이 가장 흔하게 접했던 담론 중의 하나는 일제 잔재 청산이었다. 그러나 사회 전반적으로 친일파 청산에 대한 목소리는 높았지만 그 내용은 모호했다. 실제 북한의 친일파 청산은 보안대를 제외한

---

21) 1949년 북조선민청중앙위원회에서 발간한 『동맹 강령 및 규약 해설』은 민청 가입 연령을 16세~26세로 규정하고 있지만, 김종수가 지적했듯이 이는 당시 1948년까지의 기록들과 일치하지 않는다. 김종수, 『북한 청년동맹 연구—체제 수호의 전위대, 청년동맹』, 한울, 2008, 141쪽 참조. 또한 실제로 평안북도 선천군의 사례를 보면 민청 간부 중에서도 14세가 몇 명 있었는가 하면 소년단원 중에도 18세가 드물지 않았음을 알 수 있다. 「(선천) 제2중 민청위원회 및 초급 단체 필사 명부 제시에 관하여」, 『1947년도 잡철』(box 84, 4/8); '민주소년단 입단원서', 「평북 선천군 수청면 안산동 수청면 민주소년단 제2분단(1947. 3. 1)」, 『1947년 소년단 입단철』(box 89, 4/30).

분야에서는 대체로 누구를 특정하기보다는 극단적인 친일파들이 북한 지역을 이탈하여 남하하는 방식 등을 통해 자연스럽게 정리된 경향이 강했다.[22] 그리고 이런 경향은 소년단 사업에도 그대로 연결되었다. 김일성과 소년단 지도를 맡고 있던 민청 중앙은 여러 차례 친일 잔재 청산에 대해 언급했다. 이는 학교 내외는 물론 일상생활 전반에 대한 언급 속에서 다양한 의미로 반복되었다.[23] 소년단의 기본 활동지침을 핵심적으로 요약한 소년단 서약도 이 점에서 별반 다르지 않았다.

소년단 서약

나는 소년단에 들면서 여러 동무들 앞에 아래와 같은 서약을 한다.

진정으로 자유로운 조선과 인민을 위하여 투쟁하며 적극적으로 아름다운 민주주의 조선을 애호하며 <u>모든 정신으로 일본 착취자들을 미워할 것이다.</u> 항상 <u>학교</u>에서 공부 잘하는 <u>모범적 생도</u>가 되며 교사와 어른들을 <u>존경</u>하며 <u>규율</u>을 지킬 것이다.

<u>가정</u>에서나 마을에서나 <u>부모와 어른들을 존경</u>하며 <u>위생</u>을 지킴으로서 자기 건강과 동무의 건강을 위할 것이다. 열성적으로 소년단에서 일하며 소년단을 만들며 <u>규율</u>을 지키기 위하여 투쟁을 할 것이다. 나는 언제든지 소년단의 위대한 명예와 진정함을 누구든지 더럽히지 못하게 할 것이다.[24] (밑줄─인용자)

---

22) 기광서, 「친일파 처리, 그 배제와 수용의 메커니즘」, 한국역사연구회 웹진, 2004; 전현수, 「해방 직후 북한의 과거사 청산(1945~1948)」, 『대구사학』 69, 2002, 47쪽 참조.
23) 일제 잔재는 대개 민주조선 건설을 반대하는 일제의 세력이나 당의 규율을 저해하고 부르주아지를 돕는 반동분자, 조직생활을 반대하는 자 등 온갖 나쁜 사상 경향을 통칭하는 성격이 강했고, 실제로 그 내용은 그리 분명하지 않았다. 조선로동당중앙위원회 엮음, 『김일성 저작집 1』, 조선로동당출판사, 1979, 25, 42, 46, 47쪽; 『김일성 저작집 2』, 17, 46쪽 참조.
24) 「1947년 소년단 입단원서」(box 89, 4/30).

소년단 서약은 기본적으로 피오네르의 그것을 전범으로 했다.[25] 그리고 얼핏 일본 제국주의 청산을 시도하고 새로운 국가의 동량이 될 것을 선언하는 것처럼 보인다. 또한 단속적이나마 근대적 위생과 규율을 언급함으로써 소년단의 근대적 지향을 보여주는 듯도 하다.

그러나 실제로 이 서약은 여러 가지 교차하는 영향력이 근대 국가주의의 형태로 귀결되었고, 그것이 어떤 반성이나 고려 없이 소년에게 그대로 요구되었다는 점을 보여준다. 언뜻 흔한 이야기 같아 보이는 모범, 존경, 규율, 위생 등의 단어들은, 실은 일제시대 수신서의 생활덕목에서 가장 빈번하게 강조되었던 것들이다.[26] 과거 천황제 교육의 한 축이었던 '수신교육'은 주로 충과 효, 그리고 모범적인 삶과 규율을 끊임없이 강조했다. 이는 비록 학교 내 교과목에서 시작되었지만 1930년대 후반 동원체제 이래 일상에서 쭉 강조되고 있었다. 이런 담론들은 조선의 전래된 이야기들과 결합되거나 창작되었기 때문에 '천황', '신사참배' 등 가시적인 것보다 노골적이지는 않았지만, 결국은 국가주의로 귀결되는 논리를 내포하고 있었다.[27] 해방 이후

---

25) 피오네르 서약문은 "쓰탈린 사업"과 공산주의 승리를 다짐하고 훌륭한 공민이 되기 위한 생활을 배울 것을 맹세하는 두 줄로 되어 있다. 자세한 것은 북조선 민청중앙교양부 번역과 옮김, 『뻬오네르단 지도원의 수책』, 청년생활사, 1949(RG 242, SA 2012, box 1, 1-111 RG 242, SA 2012, En. NM299, 1/111), 22쪽 참조.

26) 일제시대 조선총독부의 수신서를 분석한 이병담은 수신서에 나타난 생활 덕목을 개인, 가정, 학교, 사회, 국가 생활, 그리고 천황주의라는 기준으로 분석한 바 있는데, 이는 천황과 군국주의 부문을 제외하고는 모두 소년단 선서문에 재현되었다. 즉 규율의 준수, 위생, 그리고 부모의 은혜에 대한 감사, 친구와 선생에 관한 항목은 모두 수신서에서 세일 강조되던 항목들이었다. 이병담, 『한국 근대 아동의 탄생』, 제이앤씨, 2007, 120~130쪽 참조.

27) 그중 대표적인 것이 충(忠) 의미의 변조다. 일제는 조선 민족의 저항과 애국의 상징이었던 충을 천황에 대한 충성으로 재담론화했다. 김순전 외 공저, 『제국의 식민지 수신』, 제이앤씨, 2008, 82~83쪽 참조.

북한에서 과도기 동안 수신 과목을 유지하고, 연이어 이를 대체할 과목으로 한동안 '인민'을 개설했던 것은, 새로운 정부도 천황을 제외한 '수신'의 기능이 필요하다고 판단했기 때문이었다.[28] 따라서 실제 일제 잔재 청산에서 국가주의를 지지하는 관습이나 사고들은 전혀 배제되지 못했다. 핵심을 짚지 못한 학교와 소년단 차원의 일제 잔재 청산은 추상적일 수밖에 없었다.

일제 잔재의 불분명한 정리는 소년단의 지도 목적으로 민청이 제시한 문서들에서도 나타난다. 1947년 민청 중앙상무위원회가 소년단 활동의 강화를 위해 각 지방 민청에 하달한 「제 14차 민청 중앙상무위원회 결정서 제12호 '소년단 생활 지도방법'」(이하 '지도방법') 역시 이런 현실을 반영하고 있다.[29]

5장으로 된 이 문서에서 특히 일제 잔재 청산이 강조된 부분은 2장 5항이다. 소년단의 지도를 목적으로 한 이 문서에서도 역시 일제 잔재란 학교와 초급 단위에서 "교내의 일본 제국주의의 일절 남은 제도와 습관을 없애기에 항시 노력하여야 한다"에 머무르고 있다. 그렇다면 일제 잔재로 남은 제도와 습관은 무엇일까? 북로당은 학교 단위에서 일제 잔재의 내용을 확정하는 대신 이와 동등하게 청산되어야 할 대상들을 일제 잔재와 함께 엮는 방식을 구사했다. 그리고 이를 통해 정의된 타자가 곧 '자유주의 풍조'와 '기독교'였다.

사실 자유주의 풍조란 별게 아니었다. 당시 민청 학소부에 제출된 각 소년단의 활동 보고서에는 다음과 같은 자유주의 풍조들이 소개되어 있다.

---

28) 해방 후 수신 과목의 폐지 추이에 대해서는 신효숙, 『소련군정기 북한의 교육』, 교육과학사, 2003, 183쪽 참조.
29) 「제14차 중앙상무위원회 결정서 제12호—소년단 생활 지도방법에 대한 결정서」(box 125, 6/53).

예를 들어 "이봉석 동무" 외 4명은 "문맹자이면서도 한글학교에 한 번도 나오지 않은" 만행을 저질렀으며, 현물세를 내러 갈 때 부르는 노래인 '읍내 가는 길'을 부르며 조퇴하는 것에 각 반장들은 분노했다.[30] 또한 평북 선천 군 수청면 지역의 반장 지병하 동무는 선생이 부과한 사업을 거부하는 것은 물론 닭서리를 해서 대목인민학교를 "도둑양성소라는 더러운 이름"으로 불리게 했다는 비판을 받았다.[31] 즉 학교 단위에서 자유주의 풍조란 규율과 규칙을 깨는 행태를 주로 지칭한 것이었다.[32]

한편, 기독교는 강력한 라이벌이자 감시대상이었기 때문에 지목되었다. 해방 이후 기독교계와의 잦은 갈등, 그리고 신의주 사건 당시의 경험은 초급 단체 단위에서 종교 학생에 대한 끊임없는 감시로 이어졌다.[33] 민청의 지도 아래 소년단 내에서는 기독교 학생들의 동태와 분포 비율이 계속 주시되었다. 공식적인 제재는 없었지만 교회 집회는 매주 관찰되었고, 교재인 『유년 만국통일 주일공과』에 대한 분석도 수반되었다.[34] 소년단 문서에서 빈번하

---

30) RG 242 SA 2005 En. NM299, box 89, 4/31(item7).

31) 「대목인민학교 소년단 3월분 사업 집행 정형에 대한 총결 보고서」, 『3월분 사업 집행 정형 총결 보고서 제출의 건(1949. 4. 12)』(RG 242, SA 2005, En. NM299, box 88, 4/22).

32) 원래 자유란 "자본주의사회에서 진보적인 사상을 누르고 부르죠아 반동 사상을 퍼뜨리기 위하여 수단과 방법을 가리지 않는 저들의 책동"을 이야기한다. 그리고 자유주의 풍조란 프롤레타리아트 독재 시기에 강철 같은 당의 규율을 방해하는 행동들로, 분권적인 조직을 만든다거나 새 민주조선 건설을 반대하는 온갖 책동을 지칭한다. 이는 다시 때에 따라 일제 잔재의 청산과 기독교 세력의 배제, 그리고 사회주의 교양 및 유희, 남과 북의 대립이라는 세 개의 주제와 결합하면서 때에 따라 그 내용을 달리했다. 조선로동당중앙위원회 엮음, 『김일성 저작집 1』, 조선로동당출판사, 1979, 25쪽 참조.

33) 찰스 암스트롱은 1945년 11월 23일 평안북도 신의주에서 벌어진 중학생들의 반소반공시위였던 신의주 사건을 계기로 김일성이 청년의 소외 문제에 관심을 가지게 되었다고 지적하고 있다. 자세한 것은 찰스 암스트롱 지음, 김연철·이정우 옮김, 『북조선 탄생』, 서해문집, 2006, 162쪽 참조.

게 발견되는 '종교 학생층의 동향'은 학교별 맹원 수, 가입 정당 등과 함께 초기부터 민청에서 세밀하게 관리되었으며, 종종 소년단원이 종교 학생층에 대한 프락치 활동을 수행하기도 했다.[35] 이런 행태를 합리화하기 위한 논리가 바로 이들 종교 학생들의 규율을 무시하는 자유주의 풍조 혹은 일제 잔재의 유습이었던 것이다.[36]

그러나 이 내용들은 실제 일제 잔재 청산과는 거리가 있었다. 이는 단지 북로당이 근대국가 수립에 필요한 인민의 정체성 확보를 배제의 대상을 부각시킴으로써 이루고자 했기에 동원된 수사일 따름이었다. 따라서 정작 청산되었어야 할 일제 잔재, 즉 천황제 내의 국가주의 등은 청산되지 못하고 소년층에게 그대로 전달되었다. 이 잔재들은 소련의 언어와 문화로 재구성될 터였다.

(2) 사회주의 인민의 규율과 유희

일제 잔재 청산이 '인민'에 소속되지 않는 이들을 배제하는 데 사용되었다면, 소년단에 끊임없이 강조되었던 규율, 그리고 올바른 유희는 인민의

---

34) 「선천군 신부면 백현교회 검열지(1950. 1. 29)」; 「소년단원 기독교 신자 통계(1950. 1. 25)」(box 93, 4/41). 이때 주일학교에서 사용되었던 '교재'는 '만국통일주일공과'로서 예수교 장로회 평양교회 교육부가 1940년에 발행한 것을 복사해서 이용되었다.

35) 평북 선천군 학소부에 올라온 '독립기도단'에 대한 프락치 공작 보고서에는 소년단원이 주일교회에 참석하거나 종교 관련 모임에 가입하여 이들의 동태를 관찰하는 모습이 잘 드러나 있다. 안봉진, 「1947년도 잡철─옥호동 제2기 캄푸대」, box84 Item 4/8; 「종교 학생 조사의 보고─북조민청 선천공업학교위원회(1947. 6. 19)」, 국사편찬위원회 편, 『북한 관계사료집 10』, 국사편찬위원회, 1990, 212쪽 참조.

36) 당시 캄푸 생활 중 일요일 예배를 관찰한 한 감독관은 이들이 "학생으로서 캄푸 생활을 하는데도 불구하고 일요일이라 하여 찬송가, 예배 보는 방이 두 방이 었"음을 결점으로 지적하였다. 안봉진, 앞의 글; 김종수, 『북한 청년동맹 연구─체제 수호의 전위대, 청년동맹』, 한울, 2008, 102쪽 참조.

정체성을 형성하는 데 이용되었다. 그리고 이는 교육과 소년단 활동 지도 양 방향을 통해 이루어지게 된다.

해방 후 북한의 교육행정은 인민위원회 산하 교육부를 중심으로 이루어 졌다. 하지만 소련군 민사행정 전담 기관으로 설치되었던 '소련 민정국' 소속 고문들이 이를 실질적으로 지원하고 있었다. 인적으로는 소련 한인들로 구성된 교사진들이 대거 북한으로 유입되었는데, 그들은 대부분 당·정 간부 양성소 및 교육행정 기구의 실무를 담당했다. 그리고 이 과정을 통해 1946년 12월, 소련의 교육체계를 근거로 북한의 학교교육체계가 마련되었다. 부족한 교재들을 충당하기 위해 소련의 교재들이 번역 수입되었으며, 소련의 선진 교육체계와 이론을 습득하기 위해 유학생들이 소련으로 파견되었다. 그 과정에서 소련의 교수요강, 교육과정, 교육이념 등이 자연스럽게 북한 사회에 정착되었다.[37]

그런데 해방 직후 취학률이 급격히 높아졌다고 하지만 도농 간의 문화적 격차를 좁히는 것은 물론 학교 안팎의 교양을 연결했던 것은 사실 소년단의 역할이었다. 이 소년단의 활동지침 역시 스탈린 체제 당시 정식화된 규율과 유희의 개념을 그대로 반영했다. 앞서 살펴본 「지도방법」에는 이 점이 잘 드러나 있다.[38] 소년단 생활을 지도할 목적으로 작성된 이 문서는 크게 소년

---

37) 이 과정에서 북한에 도입된 것은 마카렌코에 의해 정식화된 교육이었다. 원래 '종합기술교육' 을 전인교육으로 이해했던 레닌의 아내이자 교육가였던 크룹스카야가 생각한 노동에 대한 존중은 낮에 공부하고 별도로 시간을 내서 공장에서 일하는 식의 학습방식이 아니었다. 이것은 그녀가 회피하고자 했던 "3R", 즉 읽고, 쓰고, 외우는 과거의 방식과 다를 바 없는 것이다. 그러나 스탈린 체제는 전문교육을 강조했고, 마르크스가 제시한 아이디어를 학습과 일터라는 공간의 연결방식으로 해소시켰다. 그리고 북한 역시 이를 그대로 채택했다. 신효숙, 『소련군정기 북한의 교육』, 교육과학사, 2003, 69쪽, 96~101쪽 참조. 흔히 소련군정 기관이라고 칭해지는 소련민정청의 기구와 확대 과정에 대해서는 전현수, 「해방 직후 북한의 과거사 청산(1945~1948)」, 『대구사학』 69, 2002, 37쪽 참조.

단의 조직, 소년단원의 임무와 활동 내용, 소년단 입단 및 제명에 따른 절차, 회의방식, 소년운동의 일반사업, 소년단 지도원에 대한 지침으로 구성되어 있다. 이 중에서도 소년단의 규율과 유희에 관련된 것은 2장과 중복된 3개의 5장 중 '유희'에 관련된 장이다.

먼저 2장은 임무와 활동 내용을 여러 가지로 설명하는데, 소년단 선서와 마찬가지로 규칙을 잘 지키는 모범적 소년을 강조한다. 그런데 이는 「지도방법」 전반에서 강조되고 있는 학생 규율의 구체적인 한 형태에 불과하다. 이렇듯 선서문은 물론이고 지도방법에서 누차 강조되는, 그리고 사회 전반적으로 강조되는 학생 규율의 문제는, 기실 앞서 언급한 마카렌코의 교육이념에서 기인한 것이다. 원래 마카렌코는 '옳은 교양'의 습득을 통해 올바른 '사회주의 인간'형이 형성된다고 보았다. 그리고 넓은 교양, 옳은 교양의 결과는 곧 규율의 준수였다. 이때 옳은 교양은 자발성에 근거해야 하는데, 그 자발성은 오로지 "광범한 정치교양, 일반상식, 서적, 신문, 로동, 사회사업" 등을 통해 육성될 수 있었다. 문서에 반영된 '규칙'은 마카렌코에 의하면 규율의 간소화 형태였다.[39] 그리고 이런 옳은 교양, 규율을 통한 사회주의 인민으로의 성숙과 직결되는 소년의 문제가 바로 아동의 유희였다.[40]

5장 '소년운동에 있어서의 일반사업'은 소년의 놀이, 즉 유희에 관해 서술하고 있다. 이때 유희의 구체적 형태는 담화회, 유희, 창가, 벽신문, 원족

---

38) 「제14차 중앙상무위원회 결정서 제12호—소년단 생활 지도방법에 대한 결정서」(box 125, 6/53).

39) 이상, 아·스·마까렌코 지음, 박태준 옮김, 「가정교양」, 『나의 아동 교양사업』, 북조선교원문화일꾼직업동맹 인민교육사, 1949, 162~165쪽 참조(RG 242, SA 2012, En. NM299, 1/17)

40) 소련은 1943년 8월에 학생규칙을 채택, 학생규칙의 제시를 사회주의 교육의 기본방법으로 제시했다. 또한 학생들이 학교에서 규율을 준수하는 것은 도덕적 교양의 기초를 형성하는 방법으로 중시되었다. 신효숙, 『소련군정기 북한의 교육』, 교육과학사, 2003, 101쪽 참조.

尺, 견학 등으로 소련 피오네르의 활동을 그대로 본뜬 것이다. 그런데 「지도방법」의 유희에 대한 설명은 독특하다. 문서는 이러한 유희가 단순히 육체발전으로 끝나서는 안 되며, 사회적 의식을 함께 훈련할 수 있는 형태여야 한다고 지적한다. 또한 그것은 일부 소년들의 것이 아니라 보다 많은 대중을 위한 형태여야 했고, 동시에 투쟁의식을 고무할 수 있는 형태여야 했다.[41] 이는 마카렌코의 유희 개념으로부터 큰 영향을 받은 것으로 풀이될 수 있다. 마카렌코가 보기에 사회주의 인간형을 만들어낼 옳은 교양이 이루어지지 않는 것은 잘못 놀았기 때문이다. 보다 원어식으로 표현하자면 "잘못 조직된 유희"로 인해 "옳지 못한 교양"이 형성되는 것이다. 따라서 올바른 유희란 반드시 '로동'과 '사상교양'을 강조해야 그 의미가 있고, 계획성이 있어야 한다는 것이 그의 생각이었다.[42] 이러한 과정을 통해 조직된 올바른 유희는 결국 소년들의 이기주의와 야심을 없애고, 자신의 능력에 도취된 자만에 대한 경계를 교양할 수 있게 된다.[43] 따라서 소년단의 일반사업, 즉 소년을 대상으로 한 유희 활동은 그것이 캠프 활동이든 산책이든 간에 집단주의, 조직생활, 규율 등을 엄격히 강조했다.[44] 특히 당시 조소문화협회의 번역작업을 통해 활발하게 소개되고 있던 '사회주의 리얼리즘' 역시 이러한 경향을 더욱 부채질했다.[45] 이상은 모두 스탈린 체제 당시 형성된 아동상을

---

41) 「제14차 중앙상무위원회 결정서 제12호—소년단 생활 지도방법에 대한 결정서(1947년 ○월 ○일)」, RG 242, SA 2005, En. NM299, box 125, 6/53 참조.

42) 팽영일, 「마카렌코(A. S. Makarenko)의 훈육방법론으로서의 전망」, 『비교교육연구』 제12권 2호, 한국비교교육학회, 2002, 218쪽 참조; 아·스·마까렌코 지음, 박태준 옮김, 「가정교양」, 『나의 아동 교양사업』, 북조선교원문화일꾼직업동맹 인민교육사, 1949(RG 242, SA 2012, En. NM299, 1/17), 181~183쪽 참조.

43) 북조선 민청중앙교양부 번역과 옮김, 『삐오네르단 지도원의 수책』, 청년생활사, 1949(RG 242, SA 2012, box 1, 1-111 RG 242, SA 2012, En. NM299, 1/111), 45쪽 참조.

44) 팽영일, 앞의 글, 221쪽 참조.

그대로 반영한 것이다. 특히 '자만'에 대한 경계는 아동의 자기결정권과 판단력을 아동상에서 배제했던 전후 소비에트의 결정을 그대로 반영하고 있다.[46] 이러한 규율, 유희, 충성하는 아동상은 딱히 천황제의 유산으로 남은 국가주의적 잔재들과 별반 갈등을 일으킬 여지도 없었던 것이다.

결과적으로 교육과 조직, 그리고 유희에 대한 이러한 하위 담론들은 그것의 방법론적 적절성이 검토되기도 전에 사회주의체제의 정당성에 묻어서 그대로 북한의 소년층에 제공되었다. 또한 이것은 소비에트체제가 구축한 아동상보다도 일정 정도 퇴보한 수준이었다. 소비에트의 경우 마카렌코의 정식화나 전후의 애국주의 열풍에도 불구하고, 이전 시기의 활발한 논의를 토대로 미시적인 부분에서 전통적인 담론이나 청소년 문화가 일부나마 남아 있을 여지가 있었다.[47] 그러나 북한의 경우 매우 단기적인 기간에 이를 수입하고 교육율을 끌어올리는 데 집중함으로써 이러한 논의 과정이 매우 부족했다. 그 결과 청소년에 대한 호명은 전적으로 국가주의에 필요한 것으

---

45) 해방 직후 북한에 소련의 문물이 도입·소개된 것은 소련에서 '주다노프주의'가 절정에 달했을 때였다. "문화가 정치적 통제에 종속되어야 하며, 예술은 사회주의 사실주의의 틀을 따라야" 하고, 문학과 미술, 음악, 연극 등이 모두 대중의 교화와 이데올로기적 행동주의의 일부분이 되어야 한다는 안드레이 주다노프의 주장은 액면 그대로 북한에 소개되었다. 찰스 암스트롱 지음, 김연철·이정우 옮김, 『북조선 탄생』, 서해문집, 2006, 284쪽 참조.

46) 소비에트는 혁명 직후 아동상을 부각시키면서, 서구의 "어른에 적대하는 청소년"상을 일부 받아들였다. 그 결과 1920년대 초반까지 아동상에는 성인에 준하는 판단력과 자아결정력 등이 강하게 반영되어 있었다. 그러나 전후 가족과 체제에 충성하는 아동상을 정리하면서 이런 담론들은 모두 거세되었다. Catriona Kelly는 이 점이 예술 작품에도 드러난다고 지적했는데, 일례로 전쟁 전 아동의 그림은 성인과 토론하는 작품들이 드물지 않았으나 전후 아동들의 그림이 주로 고개를 숙이거나 동물을 안고 있는 것이 주종이 되었던 것은 그 영향 때문이었다고 지적했다. Catriona Kelly, *Children's World, Growing up in Russia 1891~1991*, Yale University Press, New Haven and London, 2007, pp. 126~127쪽 참조.

47) *Ibid*, p. 121 참조.

로만 채워지게 되었다. 이제, 노는 것도 가열차게 놀아야 할 때가 된 것이다.

(3) 대립의 정치교양

북로당은 이렇듯 소련의 소년단조직과 교육체계를 급격히 흡수했지만 소년단조직 자체에 대한 관심은 상대적으로 미약했다. 그러나 1946년 말 소년층에 대한 기독교 계열의 영향력에 대한 심각한 고려는 소년단 활동의 활성화를 촉구하는 계기가 되었다. 그 결과 북로당은 점차 소년단의 활동에서 정치적 테제를 강화하기 시작했다. 북로당의 이러한 점진적인 관여는 현재 남아 있는 평북 선천군 지역의 문서들을 통해 잘 드러난다. 이하에서는 이를 통해 정치교양 측면에서 북로당의 소년에 대한 호명이 어떻게 변화해갔는지를 간략히 살펴볼 것이다.

평북 선천군 지역을 다룬 노획문서들은 당시 소년들을 호명하는 내용이 시기적으로 변화하는 양상을 잘 보여주고 있는데, 이는 크게 세 시기로 구분할 수 있다. 첫 시기는 1946년 10월부터 이듬해까지로, 소년단조직의 정비 시기이다. 이때는 "자유주의 풍조"를 배척하는 것이 핵심이었는데, 실제로는 '인민'의 동화와 배제에 필요한 물적 토대를 구축하는 시기였다. 그리고 그 배제의 대상은 기독교 세력이었다. 다음은 1948년 2월~7월까지 진행되었던 모범분단 창조운동의 시기로서, '민주 대 반동'이라는 대립구도와 애국주의가 등장함으로써 내부의 동화와 배제가 아닌 '우리'와 통칭 제국주의라고 불리는 타자들과의 관계 수립을 의도했던 시기이다. 마지막은 1948년 11월부터 1949년 12월까지로, 여러 운동이 지속적으로 전개되면서 '민주 대 반민주'의 구도를 주장하고, 이를 북한과 남한으로 대칭시키고자 했다.

첫 시기에 소년단을 지도했던 민청 학소부가 주도했던 것은 학생층의 관리였다. 이때 초점이 된 것은 당 중앙사업의 방조, 유동 학생층(귀향 및 도주)

에 대한 관리, 정치교양사업을 통한 자유주의 풍조 방지였다. 특히 민청은 하기나 동기 휴가로 일시 귀향한 학생 소년층을 주목했다. 학소부에 따르면 이들 휴가 중 학생 소년들은 주로 "자유주의, 향락주의, 분파주의"로 흐르기 쉽기 때문에 해당 군 민청에서 특별히 주시하고 조직해야 했다.[48] 그러나 이러한 자유주의, 향락주의 등등의 이면에는 평북 선천군을 둘러싼 정치적 배경이 있었다. 원래 이 지역은 전통적으로 기독교 세력이 강세였다. 비록 1947년 경 선천군 단위에서 정치적 주도권이 공산당을 중심으로 일차적으로 정리되었다 하더라도 여전히 일상에는 기독교 세력이 남아 있었다.[49] 따라서 북로당이 지방의 헤게모니를 장악한 후 각급 학교에서 도주하는 학생들이 점차 늘어나고 있었다. 이를 방지하기 위해 민청은 맹증 발급이나 학교 출석률에 대한 과도한 집착을 보였지만, 도주학생은 1949년까지도 계속 존재했다.[50] 따라서 북로당-민청은 이 지역의 정세에 민감했고, 조직적인 토대를 보다 강화하고자 했다. 그 결과 이 시기에 소년단은 조직체계를 갖추고

---

48) 「학소 제22호—동기 휴가 중 야간의 출입 금지와 자위대 강화에 대하여」(box 84, Item 4/8).

49) 평안북도 선천군 지역은 원래 남교회, 북교회, 중앙교회 등 대규모 교회들이 번영했던 곳이다. 이러한 교세를 바탕으로 해방 후 수양동우회의 신성학교 출신들이 청년학생운동을 주도했다. 한편으로 천도교의 교세 또한 기독교보다는 못하지만 농촌을 중심으로 만만치 않은 세력을 형성하고 있었다. 그러나 일찍이 김성보가 추적한 바와 같이 1946년부터 시작된 일련의 민주개혁 와중에 선천군 내 세력관계는 공산당 측에 거의 넘어간 상황이었다. 그럼에도 계속해서 학교 단위 학생들의 탈주는 이어졌고, 교회의 영향력과 천도교의 영향력 역시 완전히 정리된 것은 아니었다. 김성보, 「지방 사례를 통해 본 해방 후 북한사회의 갈등과 변동—평안북도 선천군」, 『동방학지』 125, 2004, 174쪽, 179쪽, 185쪽, 208쪽 참조.

50) 「동맹 지도 기관 3차 선거 이후 남면위원회 1년간 사업 총화 보고(1949. 12. 22)」(box 89, 4/31), 141쪽; 「학소부 지시 제5호(1947. 5. 22)—제 통계표 제출에 관한 지시」(box 84, 4/8).

인민학교 하급생까지 동원이 가능한 형태의 기초 토대를 구축할 수 있었다. 물론 학소부가 학생 중심으로 움직이다 보니 농촌소년단과 학교소년단 간의 교양의 질적 차이가 나타났고, 이는 양 집단의 갈등양상에 대한 우려도 자아냈지만, 조직적인 토대를 형성한 것은 사실이었다.[51] 이를 통해 북한은 체제에 이질적인 분자들을 '자유주의 풍조'에 물든 자로 호명하고 배제함으로써 다음 단계로 나아갈 준비를 할 수 있었다. 물론 그 과정에서 소년단은 종교 학생의 동향을 파악하고, 조직망이 성글은 농촌 지역에 투입됨으로써 실제적인 추진력을 제공했다.

1948년 2월~7월까지 진행되었던 모범분단 창조운동은 이러한 물적 토대를 바탕으로 진행될 수 있었다. 1947년경 소년단의 조직적 성장은 인민학교와 초급중학교 학생의 42% 정도를 장악하는 데 그치고 있었다.[52] 이런 상황에서 북조선 로동당은 점차 청년층에 비해 월등히 많은 인민학교에 대한 통제, 그리고 학교 외곽—농촌, 가두, 공장—의 소년층을 체제 내화시킬 필요성을 느끼게 되었다.[53] 결국 1948년 1월 14일, 민청 제49차 중앙상무위

---

51) 「제33차 상무위원회 회의록(1947. 9. 16)」; 「제44차 상무위원회 회의록—제1인민학교 소년단 개조직 상황에 대하여(교본 침투, 사업에 관하여)」, 『사업일지—군 상무위원회 회의록』(box 85, 4/12).

52) 소년단원과 소년단조직은 1947년 3월에는 단원 609,929명, 단 1,783개로 확장되었다. 1948년 1월에는 좀 더 확장되어 단원 66만 명, 단은 3,080개에 이르렀다. 「자료 85: 소년단 사업 개선 강화에 관하여—북조선로동당 중앙상무위원회 제28차 회의 결정서(1947. 3. 19)」; 「제49차 중앙 상무위원회—모범소년단 창조운동의 전개에 대한 결정」(box 89, 4/17, part 10) 참조. 한편으로 북한에서 보통교육의 기회는 계속 확대되어 인민학교 학생 수는 1947년에 134만여 명이었고, 초급 중학교 학생 수는 21만여 명에 달했다. 자세한 것은 신효숙, 『소련군정기 북한의 교육』, 교육과학사, 2003, 139쪽의 '표 8. 보통교육 기회의 확대 추이' 참조.

53) 이러한 고민의 한 원인은 기독교의 주일학교가 제공했다. 당시 북로당 중앙상무위원회는 소년단 활동이 저조해져 아동층이 주일학교로 흡수됨으로써 자유주의 풍조가 아동에게

원회는 급변한 정세를 바탕으로 '모범소년단 창조운동 전개에 대한 결정서'를 채택했다. 결정서는 형식주의 문제, '민주와 반동'이라는 대립구도, 그리고 '애국주의' 고양을 강조했다.[54]

단 당시 '민주'란 말은 "아름다운 민주주의 조선을 애호하며" "민주건설사업"을 공부해서 "민주주의 교양"을 충분히 심화시킨다는 정도에 머무르고 있었다.[55] 즉 아직 "사회주의 사상과 정신" 그 이상을 넘어서지는 않았던 것이다.[56] 이때 타자로 설정된 '반동'은 "반동 미군정", "반동음모", "미제국주의의 반동 정책", "남조선의 반동파"였다.[57] 정치교양사업의 총결은 바로 이 "반동분자에 대한 적개심이 어느 정도 앙양되었"는지 확인하는 과정도 포함하고 있었다.[58] 애국주의, 혹은 애국열은 일찍부터 강조되었는데, 이

스며드는 것을 매우 우려했다. 「자료 85: 소년단 사업 개선 강화에 관하여—북조선로동당 중앙상무위원회 제28차 회의 결정서(1947. 3. 19)」 참조.

54) 결정서는 현하 소년단 사업의 형식주의적 측면, 지도 작풍, 관문주의 경향을 비판하고 3가지 개선안을 제시했다. 첫째, 민주와 반동에 대한 교육을 함으로써 반제적·애국적 정신을 배양하고, 둘째, 지나친 관문주의를 극복하며, 셋째, 교원 초급 단체를 강화해서 이를 보완할 것이었다. 또한 모범분단 창조운동은 3계단으로 진행할 것이 결정되었는데, 준비 계단으로 1948년 2월부터 1계단을 하고 단은 소년단 교본에 따라 제반 사업을 조직할 것, 2계단은 1948년 3, 4, 5월을 민주주의 경쟁운동 기간으로 삼고, 마지막 3계단은 총결 기간으로 '모범'에 대해 표창하고 사업을 마무리할 것이 결정되었다. 이는 각급 민청 단체와 중앙 민청 소년부가 지원할 것이 결정되었다. 「제49차 중앙상무위원회—모범소년단 창조운동 전개에 대한 결정(1948. 1. 14)」(box 89, 4/31).

55) 「1947년 소년단 입단원서」; 「수청면 소년단 학습회 통계표(1948. 3. 31)」, 『하부문서철(수청면 소년단 위원회)』(RG 242, SA 2005, En. NM299, box 89, 4/30); 「제14차 중앙 상무위원회 결정서 제12호—소년단 생활 지도방법에 대한 결정서」.

56) 북한 교육에서 강조되었던 사회주의 사상과 정신, 그리고 민주주의 교육에 관해서는 신효숙, 『소련군정기 북한의 교육』, 교육과학사, 2003, 106쪽, 125쪽 참조.

57) 「2월분 사업 계획서—삼성인민학교(1948. 2)」(box 270, 16/17); 「모범소년단 창조운동 총결」; 「제49차 중앙상무위원회」(box 89, 4/31).

58) 「승리의 깃발 쟁취운동을 총결하기 위한 검열 보고」(box 85, 4/13).

시기 소년단에 제공된 애국주의의 특징은 '반제'를 포함한 애국주의였다. 또한 그 애국주의의 대상에는 "남조선에 들어온 미국놈들"에게 압박받고 있는 "남조선 어린이들"도 포함되어 있었다.[59] 그리고 이 반제 애국주의와 반동의 구체적으로 설정된 '내부의 타자'가 바로 종교 아동이었다. 그러나 1948년 2월부터 시행되었던 모범분단 창조운동에서는 이러한 '종교 아동'에 대한 배제가 그렇게 엄중하지 못했다. 어디까지나 이 시기 운동은 정치교양사업의 내용 확립과 조직체계의 침투가 핵심적 목적이었기 때문에, 1947년도에 주목되었던 소년단의 종교 아동 감시는 잠시 그 속도를 조절하는 모습을 보이고 있다.

1948년 11월부터 1949년 12월까지, 소년단의 사업은 명백히 남과 북의 대립각을 세우는 방향으로 진행되었다. 평북 선천군에서 창발되어 지역 내에서 이루어진 승리의 깃발 쟁취운동(1948년 11~12월), (선천)군적 모범분단 창조운동(1949년 2~5월), 승리의 깃발 재쟁취운동(1949년 11~12월)은 자발성을 표방했지만 모두 북로당의 호명에 의한 것이었다. 이 시기에는 '민주 대 반동'에서 '민주 대 반민주'의 구도로 전환되었다. 미제와 더불어 "남조선 괴뢰정부"가 본격적으로 '반민주'로 간주되었다.[60] 즉 '사회주의 인민 대 제국주의 세력'이라는 추상적 의미의 구도가 현실적인 남북 대립이라는 내용을 확보하게 된 것이다. 당시 소년단 일반에 시행되었던 문예체육사업의 내용들은 당시의 분위기를 잘 보여준다.

평북 선천군에서 일반적으로 관찰되었던 문예체육사업은 노래반, 무용반,

---

59) 「남북조선 정당사회단체 연석회의에 보내는 축하문」(box 89, 4/31). 북한에서 초기의 애국주의 교양은 단순히 신변과 일상생활을 애호하는 것으로 시작되었다. 초기 애국주의 교양에 대해서는 김광운, 『북한정치사연구 1』, 선인, 2003, 325쪽 참조.

60) 「모범분단 창조운동 총결 보고서—석화인민학교 소년단(1949. 5)」(box 278, 16/29).

연예반 등의 반 활동과 캄푸 생활, 체육대회였다. 흥미로운 점은 그 내용이다. 한 예로 무용반(혹은 연예대)에서는 인민항쟁가에 맞추어 발레를 췄다. 발레를 잘 추는 기준은 '날랜 몸동작' 같은 것이 아니었다. 발레를 추면서 "남조선에서 벌어지고 있는 항쟁을 눈에 그려보며 무용으로써 남조선에서 날뛰고 있는 반동배들을 때려 부수겠다는 증오심을 배양"할 수 있어야, 그 발레는 박수 받을 만한 것이 되었다.[61] 정치교양사업 또한 북로당의 정치적 지향과 긴밀하게 연동되기 시작했다. 1949년경, 소년단의 소년은 대략 다음과 같은 문장을 외울 수 있는 단계에 도달했다.

남조선 어린이들은 보고 싶고 배우고 싶은 우리 한글을 못 배울 뿐만 아니라 김 장군의 노래는 입 밖에 내지도 못하고 아무런 자유도 주지 않고 억누르고 있습니다. 이 남조선 어린이들을 생각할 때마다 애국심은 끓어오릅니다. 남조선에 들어온 미국 놈들은 요즈음에는 유엔조선위원단이라는 허수아비들을 끌어다 놓고 5월 9일에 단독정부선거를 실시하겠다고 날뛰고 있습니다. 우리들은 조선을 영원히 분렬하려는 이러한 선거를 절대 반대합니다. (…) 민주 역량이 단결되어 있고 민주 개혁이 실시됐을 뿐만 아니라 이것을 더욱 튼튼히 만들기 위하여 싸우고 있으며 지금 우리 소년들은 더욱 제국주의 놈들을 미워하며 나라를 사랑하는 애국소년이 되기 위하여 모범소년단 창조운동을 하고 있습니다. 우리들은 이북 조선 어린이들의 가진 자유를 남조선 어린이에까지 (끼)치기 위하여 싸울 것을 맹세하면서 하로 바삐 유엔조선위원단 놈을 내쫓고 조선민주주의인민공화국을 세워주기를 바라마지 않습니다.[62]

---

61) 「용담인민학교 소년단」(RG 242, SA 2005 En. NM299. box 270, 16/17).
62) 「남북조선 정당사회단체 연석회의에 보내는 축하문(1948. 4. 12)」(RG 242, SA 2005, En. NM299, box 89, Item 4/31).

결과적으로 이 시기에 이르면 소년단은 담론과 형식 면에서 최종적인 완성을 보았다고 할 수 있다. 즉 담론상으로는 '인민'에 해당하는 그것이 소년에게 주어졌으며, 그 인민의 내용은 점진적으로 나와 타자를 갈등관계에 위치시키는 방식으로 정리되었다. 또한 형식상 소년단은 피오네르의 그것을 조직적으로 그대로 이어받아 일상에 확립시켰다. 그 과정에서 일체의 교양사업 등은 모두 북로당의 독자적인 고려라기보다는 스탈린 체제가 정식화시킨 것을 활용했다. 그랬다. 조국은 해방되었다. 새로운 근대국가는 성인들에게는 멋질지도 모른다. 그러나 형식과 내용은 빌려왔다. 그 결과 아동에게 적합하게 조율된 유희와 성인에게 적합하게 조율된 정치를 정작 청소년이 표현해야 하는 상황이 되었다. 이제 독자적인 문화 공간을 상실한 청소년들이 조율된 유희와 고도의 정치 담론을 가지고 북한의 새로운 인민이 될 차례였다. 시간은 걸리겠지만 소년에게 선택지는 없었다.

4. 맺음말

이 글에는 약간 오해의 소지가 있다. 해방 직후 남과 북의 청소년 중에서 북한 청소년들의 처지만 살펴보았기 때문이다. 그래서 근대 국민국가 수립 과정의 폭력성에 대한 비판이 어느 일방에 대한 비판으로 잘못 읽힐 수 있다. 그러나 해방 직후 남과 북은 같은 토대에서 출발했기에 근대적 의미의 청소년 문화와 담론이 지극이 빈약했다. 그리고 양자 모두 이 빈자리를 다른 곳에서 다른 이가 실험했던 근대적 양식들로 채워 나갔다.

청년 및 소년단체 조직에서 북한은 사회주의 국가 일반의 조직론을 그대로 채택했다. 그 과정에서 소련의 콤소몰과 피오네르가 북한 청소년, 청년층

조직의 전범이 되었다. 여기에 청소년을 위한 공간은 없었고, 이들은 각각 정치교양의 수준에 따라 민청과 소년단에 흩어지게 되었다. 그중에서도 특히 해방 직후 소년단은 오늘날과 다르게 청소년층을 과대 대표하는 경향을 띠었다. 그리고 이 소년단 활동은 미래 인민에게 기대되는 성인의 정치교양과 규율, 그리고 아동에게 적합하게 만들어진 유희를 신체화시키는 데 적극적으로 활용되었다. 그 결과 당시의 청소년층은 소련식으로 정제된 사회비판의식이 강한 유희와 사회주의 국가를 지지하는 인민의 정치교양이라는 양 테제를 일상에서 소화해야만 했다.

한편으로 이러한 정치교양은 일제 잔재의 영향, 그리고 소련의 교육론을 바탕으로 이루어져 있었다. 북로당은 초기 정치교양의 큰 틀을 '민주 대 반동'의 구도로 설정함으로써 '민주조선'에 부합할 인민과 배제할 자를 솎아내는 데 활용했다. 그리고 한국전쟁 직전 이 구도는 '민주 대 반민주'로 전화되어 남과 북의 전쟁을 합리화하는 데 이용되었다.

결과적으로 북의 청소년들은 근대국가 수립기에 자신들의 문화와 공간을 국가에 의해 선점 당했다. 더구나 그 내용은 근대적인 담론의 형태를 띠고 있었지만 자생적으로 구성한 것도 아니었다. 오늘날 남한 사람들이 북한 청소년의 모습을 보면서 느끼는 이질감에는 이 시기에 도입된 제도에 대한 이물감도 반영되어 있는 셈이다. 그러나 마찬가지로 남한의 청소년들 역시 1950년대 말까지 독자적인 청소년 담론과 공간을 얻지 못했다. 4H 클럽 등이 그 역할을 대신했지만 이것은 원조와 농촌 교도에 관련된 조직을 청소년층이 전유했던 데 불과했다. 그리고 이렇게 부재한 담론의 연속은 급기야 자정이 되면 컴퓨터를 꺼버리겠다는 신데렐라 이야기보다 진부한 귀결을 맞이하게 되었다. 장대비를 맞으며 수령님의 구겨진 현수막을 쥐고 울고 있는 소녀나 청소년의 유희를 국가가 통제하겠다는 발상은 그리 멀리 떨어져 있지 않다. 그리고 이러한 풍경은 1945년, 자신의 운명을 스스로의 머리가 아닌 이데올로기를 빌려 사고하면서 시작되었던 것인지도 모른다. 지금도 그러하듯이.

한봉석
역사문제연구소 연구원, 강릉대학교 강사. 1950년대 미국의 대한원조, 청소년의 문화 등에 대한 연구를 진행했다. 최근에는 한국 현대사의 젠더·섹슈얼리티 관계에 대한 관심을 확장하고 있다. 대표논저로는 「1950년대 말 농촌 지도의 한 사례—지역사회 개발사업 현지 지도원의 활동을 중심으로」, 「Korean American 1.5세의 독도수호운동과 한인민족주의의 변화—워싱턴 디씨 지역을 중심으로」 등이 있다.

제3부

민중에 대한 인식과 재현

3부를 묶으며

1980년대 한국의 민중사학이 전제한 '민중'은 정치적 민주화와 근본적 개혁을 추구하던 당시의 진보적 지식인과 떼어놓고 생각할 수 없다. 이것은 당시 지식인과 민중의 관계가 긴밀했다는, 실체론적 차원의 진술이 아니다. 민중은 노동자, 농민, 소상인 등 어느 하나의 구성요소로 환원될 수 없는 집합적 범주이다. 나아가 민중은 당시의 지식인이 산출·확산시킨 지적 구성물이다. 이 언급을 지식인이 특정한 사회세력과 사회정세를 조성해내는 초월적 역량을 가졌다는 의미로 받아들여서는 곤란하다. 군부정권이 부과한 개발독재와 정치적 억압이 한계에 이르러 각계각층의 불만이 터져 나오는 저항적 국면 속에서, 당대의 지식인들이 그들을 '민중'으로 개념화하는 데 성공했다는 의미이다. '민중'은 일단 산출되자 현실인식과 사회운동 방면에서 '변혁운동의 주체'로 실체화되어갔다. 이제 민중은 한편에서는 지식인의 타자他者로 표상되면서 지식인의 나약함과 타협성을 넘어서는 힘의 원천으로 설정되었다. 그러나 다른 한편에서는—비록 표면적으로는 망각되었지만—'민중'의 발생사적 조건, 즉 지식인의 구성물이라는 조건이 지식인과 민중의 연결을 보증하는 궁극적인 토대로 작용했다.

그리고 20~30년이 지났다. '새로운 민중사'를 지향하는 이 책의 3부에는 '민중에 대한 인식과 재현' 문제를 다룬 세 편의 글이 실렸다. 왜 이 글들은 민중의 인식과 재현에 관심을 가질까. '민중사학'의 전성기에 이 주제가 특별히 주목받은 적은 없는 것 같다. 이는 예전에 비해 지금, '민중을 파악하고 떠올리는 일'이 힘들다고 느껴지게 된 까닭은 아닐까. 이와 같은 '민중의 비가시성非可視性'도 민중에 포괄되던 구체적 개인·계층들의 실체적 속성으로 볼 수 없다. 이는 지식인의 감각에서 비롯된 것이다. 민중의 비가시성은 이전과 같은 '지식인과 민중의 연결', 좀 더 엄밀하게는 이전과 같은 '지식인의 민중 개념화'가 재생산의 위기에 처한 사태를 반영한다. 위기의 배경을 상세하게 논할 여유는 없지만 한국사회의 정치적 민주화와 동유럽 사회주의권의 몰락 등 대내외적 정세의 변화, 포스트모더니즘 사조의 도입으로 인한 지식인 담론의 지형 변동 등이 복합적으로 맞물린 결과로 생각된다.

　　「식민지기 '집합적 주체'에 관한 개념사적 접근」은 '민중=운동적 주체'라는 민중사학의 입장을 중요하게 받아들이면서도, 민중사학이 농민이나 노동자 등 '민중'에 포함시켰던 계층이 역사적으로 볼 때 반드시 '민중'이라는 용어로만 지칭되지 않았다는 점, 즉 '말과 사물(사람) 사이의 불일치' 문제에 주의를 기울이고 있다. 이 글은 유럽에서 정초되어 세계 각국으로 확산된 개념사 연구방법론을 활용하여 일제 식민지기에는 운동적 주체를 가리키는 용어로 '민중'과 '대중'이 경쟁했다는 점, 국내의 경우 1920, 30년대에는 기존의 선입관과 달리 '인민'의 사용이 매우 저조했다는 점 등을 규명했다.

　　「일제시기 본부 살해 사건과 여성주체의 재현」은 식민지기 남편을 살해한 여성들과 이들에 관한 지식인의 담론을 분석하여, '민중 속의 민중'이라 할 여성들의 주체성과 성性적 욕망이 남성담론을 구성하는 데 보이지 않는 토대(=구성적 타자)가 되었다는 점을 역설한다. 이 글은, 민중사학의 입장에서는 모두 동일한 '민중'으로 파악되었을 부부관계 속의 평범한 남녀가 실은 가부장제 아래서 비대칭적 관계로 존재했다는 점, 젠더적 위계 속에서 약자였던 여성의 성은 과도하게 인성화人性化하여 배제되거나(독부) 표백되었다는(소부) 점, 그렇지만 젠더관계에서의 주체성이란 처음부터 존재했던 주체성을 발현하는 그런 형식은 아닐 것이라는 점 등을 주장한다.

「'인민'의 창조와 사라진 '민중'」은 북한 사회주의체제의 형성과 전개 과정에서 농민이 가진 민중적 속성, 즉 '공동체성과 저항성'이 점차 탈각되면서 북한의 국가체제를 떠받치는 '인민'으로 주조되어갔다는 사실을 규명하고 있다. 이 글은 민중성을 어떻게 회복할 것인가를 궁극적인 목표로 설정하며, '소외된 인민' 속에서 그러한 민중성이 어떤 형태로 존속해왔는가를 규명하는 것이 '북조선 민중사'의 핵심과제라는 점을 야심차게 표명한다. 나아가 이 글은 민중성이 불변적인 것이 아니라 가변적이며 민중은 체제 내에 포섭되기도 하는 역사적 존재라는 점을 지적함으로써, 민주화 이후 현대 한국의 민중 문제를 고민하는 데도 중요한 시사점을 준다.

이상의 세 글은 대상 시기와 소재, 접근방법 등에서 차이가 있지만 민중사학의 민중 인식과 차별화된 입지를 가졌다는 공통점이 있다. 민중사학의 민중은 대체로 '변혁운동의 주체', '민족적·계급적 모순의 담지자', '피지배층 다수' 등으로 표상되었다. 그러한 표상에 대응하여 세 글은 각각, 운동적 주체를 가리키는 용어와 실재의 간극에 주목하고, 두 모순에 젠더적 모순을 대비시키며, 다수의 가시적 민중이 비가시화된 역사적 맥락을 탐구했다. 필자들도 피력했듯이 이런 시도는 아직 문제제기적 시론에 불과할 것이다. 방법론적 보완과 이론적·실증적 연구의 확대 등 후속작업도 필요하다. 그렇지만 이런 글들을 통해 새로운 민중사를 향한 발걸음을 이미 내디뎠다고 자평하고 싶다. 아낌없는 비판과 격려를 바란다.

제1장 식민지기 '집합적 주체'에 관한 개념사적 접근[*]

| 허수 |

1. 머리말

이 글은 첫째, 식민지기 '민중' 개념의 존재 양태를 살펴보는 작업의 하나로 이 시기 『동아일보』의 기사 제목에 나타난 '집합적 주체' 관련 용어를 분석하고자 하며,[1] 둘째, 식민지기 개념 연구를 위한 유의미한 방법론을 모색하고자 한다.

첫째 목표와 관련하여, 그동안 '민중' 개념에 관한 연구는 1970~80년대의 '민중'을 중심으로 이루어졌다.[2] 최근에는 개항기 및 해방 후 '민중' 혹은 이와 연관된 '집합적 주체'에 관한 연구가 이루어졌다.[3] 이러한 선행연구

---

* 이 글은 『역사문제연구』 23호(2010년 4월)에 실린 「식민지기 '집합적 주체'에 관한 개념사적 접근」을 단행본 구성에 맞게 분량을 대폭 줄인 것이다.
1) 여기서는 '집합적 주체'의 의미를 '하나의 단위로 묶어서 언급되는 다수의 행위자' 정도로 규정한다.
2) 전명혁, 「'민중사' 논의와 새로운 모색」, 『역사연구』 18, 2008; 장상철, 「1970년대 '민중' 개념의 재등장─사회과학계와 민중문학, 민중신학에서의 논의」, 『경제와 사회』 74, 2007; 강정구, 「민중은 어떻게 상상되었나?」, 『한국시학회 제15차 전국학술대회 논문집』, 2005.
3) 박명규, 『한국개념사총서 4. 국민·인민·시민─개념사로 본 한국의 정치주체』, 소화, 2009;

성과를 참조하되 '민중' 개념이 우리 사회에서 처음 사용되던 초기 상황에
대한 역사적 이해가 무엇보다 필요하리라 생각된다. 또한 '민중' 개념의 이
해를 위해서는 '민중'이라는 용어를 인접 용어들과 함께 고찰하는 것이 필
요하다.[4] 여기서는 식민지기 집합적 주체를 가리키는 용어를 '국민', '인민',
'민중', '대중' 등 네 개를 중심으로 살펴보고자 한다.[5]

김동택, 「대한매일신보에 나타난 '민족' 개념에 관한 연구」, 『대동문화연구』 61, 2008;
김성보, 「남북 국가 수립기 인민과 국민 개념의 분화」, 『한국사연구』 144, 2009; 황병주,
「1960년대 비판적 지식인 사회의 민중인식」, 『기억과 전망』 21, 2009.

4) 이 글에서는 '민중'을 '국민', '인민', '대중'처럼 '집합적 주체'를 가리키는 용어의 하나로
취급한다. 그럼에도 불구하고 논의를 '민중'에서 시작하는 데는 다음과 같은 이유가 있다.
즉 '민중'은 식민지기뿐만 아니라 1970~80년대 한국 사회운동의 독특한 경험을 집약하고
있어 그 자체로 중요한 함의를 가지기 때문이다. '민중'의 의미를 20세기 한국사 속에서
본격적으로 규명하는 작업은 다음으로 미루되, 여기서는 독자의 이해를 돕기 위해 1920년대
초에 그것이 가졌던 일반적인 의미를 간략하게 언급해두고자 한다. '민중'이 한국에서
확산된 것은 1920년대이다. 1919년 3·1운동을 계기로 정치의식이 각성된 한국인들의
활동을 당시 지식인들은 '민중'으로 포착하려는 경우가 많았다. 1920년대 초에 당시 지식인
들이 특히 '민중'이라는 용어를 선호한 데는 일본의 상황이 영향을 끼쳤다. 하가 노보루(芳賀
登)에 따르면 일본에서 '민중'은 다이쇼 데모크라시 초기인 1913년 무렵에 출현했으며,
정치적으로 집단화·폭력화한 다수의 사람을 '폭도'와 준별하기 위한 개념으로 사용되기
시작하여 '일반 인민'이라는 의미로 확장되었다. 芳賀登, 『民衆槪念の歷史的変遷』, 雄山閣,
1984, 351~352쪽. 그런데 일본의 그것이 '일반 인민'을 가리키면서도 '중류·중등 이하'라는
계층적 의미를 덧입은 데 비해, 식민지 조선에서 '민중'은 "二千萬 [朝鮮]民衆"이라는
표현에서 단적으로 알 수 있듯이 '조선 민족 구성원' 전체와 사실상 등치되었던 점이
특징적이다. 허수, 「'民衆' 개념 속의 식민지 경험」, 『경계에 선 민중, 새로운 민중사를
향하여』(역사문제연구소 정기심포지엄 자료집, 2009년 12월 5일), 62~67쪽.

5) '집합적 주체'에는 '민족(民族)', '군중(群衆)' 등도 포함될 수 있다. 그러나 분석의 출발점과
초점을 식민지기 '민중'에 두고 그 분석의 시야를 확장하는 차원에서 네 용어를 시야에
넣은 것이지, '집합적 주체' 일반을 검토하는 것이 궁극적인 목표가 아니기 때문에 '민족'은
제외했다. '민족'은 '민중'과 병렬적으로 논의하기 어려울뿐더러, 좀 더 상위의 용어라고
생각되며, 빈도수나 그것이 가지는 의미상 별도의 본격적인 조명이 필요하기 때문이다.
'군중'은 '민족'과는 달리 '민중'과 병렬적으로 비교해볼 만한 용어지만, 미처 이것까지
포함해서 고찰하지는 못했다. 또한 식민지기에 '시민'이라는 용어도 적지 않은 빈도수를

한편, 이 글에서 첫 번째 목표에 못지않게 중요하다고 생각하는 것은 식민지기 개념 연구를 위한 방법적 모색이다. 개념사 연구가 태동한 유럽뿐만 아니라 이웃 중국과 일본의 개념사 연구가 자국의 자료상황이나 인프라의 조건 위에서 특성화된 연구성과를 거두고 있는 데 비해, 한국의 개념사 연구는 아직 시작단계라 할 수 있다.[6] 우리도 체계적인 자료의 축적과 잘 기획된 연구방법론의 수립이 필요하다. 이 글은 우선 현재의 조건 위에서 식민지기 개념 연구를 진척시키려면 어떤 방법을 사용할 수 있는지 탐색하고자 했다. 여기서는 이미 국가정보화사업으로 전산화되어 있는 '한국 근현대 신문잡지' 데이터베이스 자료를 이용하여 주요 용어에 대한 계량적 분석을 시도하는 일에 착목했다.

2. 『동아일보』와 '집합적 주체'

'국민', '인민', '민중', '대중'의 네 용어가 식민지기에 어떤 변동 양상과 용례를 보였는지에 대해서는 아직 정리된 바가 없으므로, 이를 위해서는 이 용어들의 변화를 포괄적·시계열적으로 살필 수 있는 자료의 선택이 필요하다. 여기서는 『동아일보』의 기사 제목을 주요 분석대상으로 삼았다. 그

보이기는 하지만, 이 용어는 주로 '시민대회' 등의 용례로 사용되었으며 또 그 용례를 살펴볼 경우 '면민대회(面民大會)', '부민대회(府民大會)' 등도 함께 검토해야 하는 별도의 작업이 필요하므로 일단 이번 검토대상에서는 제외했다.

6) 다음 글이 좋은 참조가 된다. 송승철, 「미래를 향한 소통—한국 개념사 방법론을 다시 생각한다」, 한림대학교 한림과학원, 『한림대학교 한림과학원 인문한국사업 동아시아 기본 개념의 상호소통사업 제1회 국제 학술대회—동아시아 개념의 절합과 횡단』(2009년 9월 25일).

이유는 첫째, 접근 및 이용의 편의성이다. 주지하듯이 『동아일보』는 현재 국사편찬위원회의 '흔국사데이터베이스'에서 1920년부터 1962년까지 기사 제목의 검색 및 원문 이미지 형태의 본문 열람이 가능하다.[7] 둘째, 상대적으로 균질적이며 장기지속적인 자료라는 점이다. 식민지기에는 잡지나 신문, 특히 민간 발행지는 오랫동안 안정적으로 발간되기 어려웠다. 이런 가운데 『동아일보』는 1920년부터 1940년까지 발행되었을 뿐만 아니라 해방 직후부터 재발간되었으므로 해방 이후의 용어 변동 양상과 대비해서 드러나는 식민지기의 특성을 파악하는 데도 유용하다.[8]

이상의 사항을 염두에 두고 『동아일보』 기사 제목에서 '국민', '인민', '민중', '대중'의 네 용어를 각각 검색한 뒤, 그 결과를 이 글의 목적에 맞게 가공하는 과정을 거쳐 본격적으로 검토해보고자 한다.

먼저 '흔국사데이터베이스'에서 『동아일보』 기사 제목에 나타난 네 용어를 검색한 합계는 모두 11,333건이다. 이것은 1920년부터 1962년까지의 내외신 기사를 모두 포함한 검색 결과이다. 이 1만여 건 기사의 용어별 분포 상황을 정리하면 [그림 1]과 같다.

---

7) 현재 '흔국사데이터베이스'에 수록된 『동아일보』의 기사 총수는 113만여 건에 달한다. 그중 해방 이전은 82만여 건, 해방 이후는 30만여 건이다. 국사편찬위원회 홈페이지의 '흔국사데이터베이스' 화면의 주소는 다음과 같다. http://db.history.go.kr/front/dirservice/dirFrameSet.jsp?pREC_ID=8547&pUrl=%2Ffront%2Fdirservice%2Fcommon%2FlistLargeMain.jsp&pCODE=&pType=

8) 물론 『동아일보』의 기사 제목만으로 특정한 용어의 양태를 판단하는 데는 많은 한계가 있을 것이다. 그러나 『동아일보』의 기사 제목은 당시 특정 용어의 사회적 용례를 반영할 뿐만 아니라, 역으로 구독자들에게 영향을 끼친 측면도 있다. 따라서 현재 식민지기 개념사 연구에 필요한 기초 자료의 축적이라는 점에서 『동아일보』의 기사 제목 분석은 용어의 사회적 유통을 살펴보기 위한 표본조사의 가치를 가진다고 본다.

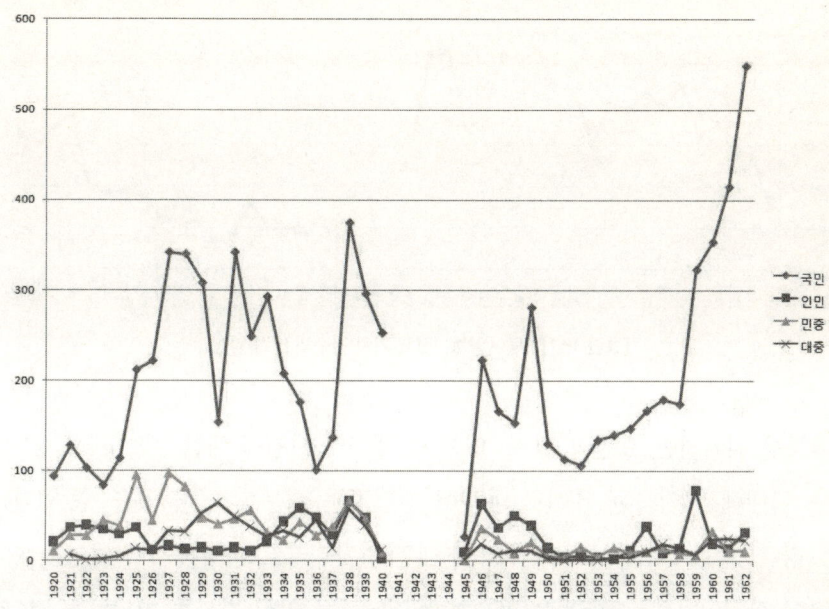

[그림 1]『동아일보』기사 제목에 나타난 주요 용어의 빈도수

[그림 1]을 보면 여타 용어에 비해 '국민'의 빈도수가 두드러지며, 이러한 경향은 특히 1950년대 말과 식민지기에 현저하다. 여타 용어는 상대적으로 빈도수가 낮다. 그런데 [그림 1]의 결과로부터 첫째, 절대빈도수보다는 발행 면수 증감이나[9] 총독부의 정간조처[10] 등으로 인한 연도별 기사 총수의 변화를[11] 반영한 상대빈도수를 추출해야 한다. 둘째, 분석대상에서 외신 기사外信記事를 분리할 필요가 있다. 외신 기사의 제목도 신문 독자에게 특정 용어의

---

9) 발행 면수는 창간 시점에 4면으로 출발하여 1929년 무렵 8면까지 증가했으나 해방 직후에는 2면으로 축소되기도 했다.

10) 식민지기『동아일보』에 대한 조선총독부의 정간조처는 모두 4회이며, 총 정간 기간은 569일이다. 박찬승,『언론운동』, 한국독립운동사편찬위원회·독립기념관 한국독립운동사연구소, 2009, 329쪽.

11)『동아일보』전체 기사 건수의 변화양상은 [그림 1-1]과 같다.

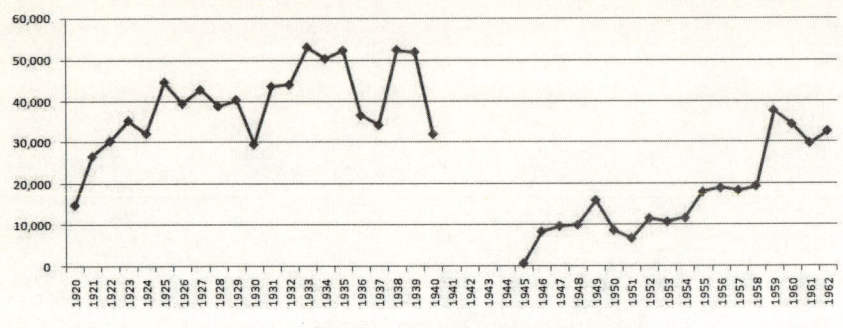

[그림 1-1] 『동아일보』 전체 기사 건수의 변화 양상

유통을 자극하는 요인이 될 수 있으며, 해외의 사건에 대한 보도 기사 중에
는 국내에서 익숙한 용어로 바꾸어 전달하는 경우도 더러 있을 수 있다.
그러나 식민지 조선사회의 내적 용례를 일차적으로 파악하기 위해서는 외
국의 사건이나 단체명 등을 단순하게 전달하는 외신 기사는 제외하는 것이
바람직하다. 다만 해외에서의 한국인 활동과 관련된 기사는 국내 기사로
간주하여 분석대상에 포함했다.

[표 1] 해방 전후 『동아일보』 기사에 나타난 주요 용어의 구분

	국내	국외	계
일제 시기	1,798	4,868	6,666
해방 후	3,944	723	4,667
계	5,742	5,591	11,333

[그림 1]에서 이상의 두 사항을 고려하되, 이 글의 주된 관심 분야인 식민
지기 부분을 특화하면 [그림 2], [그림 3]과 같다.[12]

---

12) 해방 후와 달리 식민지기에는 총 기사 수에서 절대빈도수의 변동과 상대빈도수의 변동양상이
대동소이하다. 분석 과정에서는 상대빈도수뿐만 아니라 절대빈도수에 대한 파악도 필요하

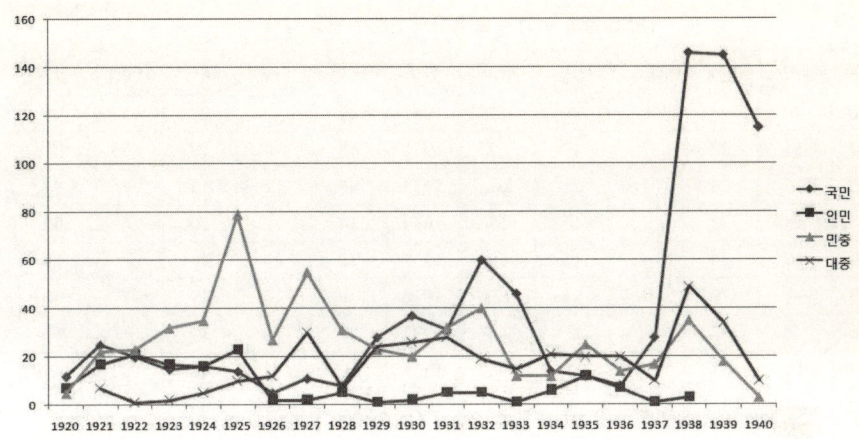

[그림 2] 일제 시기『동아일보』기사 제목에 나타난 주요 용어의 빈도수 변동 양상(절대빈도)

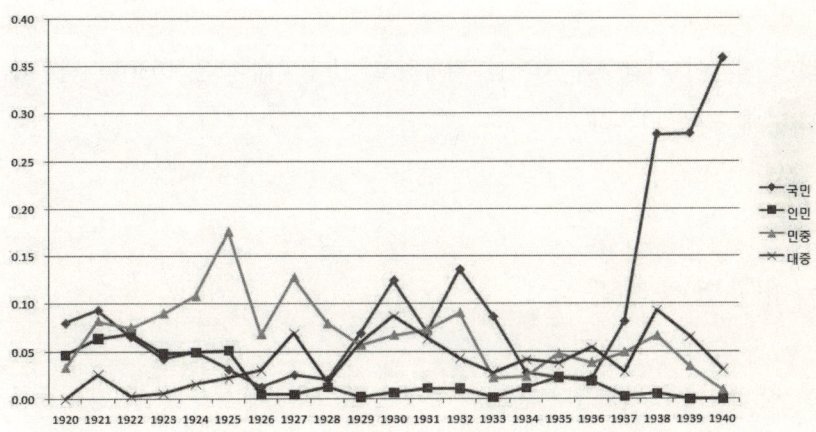

[그림 3] 일제 시기『동아일보』기사 제목에 나타난 주요 용어의 빈도수 변동 양상(상대빈도)

전체적으로 볼 때, 1920년대에는 '민중'의 빈도수가 가장 높고, 1930년 이후에는 '국민'이 강세를 보이는 점을 알 수 있다. '인민'은 하향추세를

다. 그런 까닭에 이 장의 분석에서는 [그림 2]와 [그림 3]을 함께 활용할 것이다.

[표 2] 일제 시기 주요 용어의 빈도수 변동 양상

연도	국민	민중	대중	인민	합계	연도	국민	민중	대중	인민	합계
1920	6	5	–	6	17	1931	31	32	27	5	95
1921	16	22	7	17	62	1932	58	40	18	5	121
1922	16	23	1	21	61	1933	46	12	15	1	74
1923	15	32	2	16	65	1934	14	12	20	6	52
1924	16	34	4	15	69	1935	12	23	20	11	66
1925	11	79	10	21	121	1936	8	14	19	7	48
1926	5	27	12	2	46	1937	27	16	10	–	53
1927	11	53	30	2	96	1938	141	34	48	3	226
1928	7	31	7	5	50	1939	142	19	33	–	194
1929	24	23	23	1	71	1940	115	3	10	–	128
1930	36	20	25	2	83	합계	757	554	341	146	1,798

그리며 시간이 지날수록 최저를 기록하고 있다. '대중'은 1930년 전후와 1938년에 높게 나온다.

3. 유형별 용례 분석

이 장에서는 [그림 2]의 빈도수 동향 등을 염두에 두면서 각 용어들의 용례를 분석하기로 한다. [그림 2]의 용어별 빈도수를 숫자로 나타낸 것이 [표 2]이다. '국민'이 여전히 757건으로 최다를 기록했으며, 그 뒤로 '민중'(554건), '대중'(341건), '인민'(146건)의 순서를 보인다. 각 용어별 용례를 살펴보기 위해 각 용어가 들어가 있는 기사 제목을 보면서 해당 용어가 드러난 단어의 최소단위를 주제어로 뽑았다. 주제어는 될 수 있는 대로 기사 제목에 들어 있는 형태를 그대로 살리고자 했다. 그 결과 도출된 주제어는

[표 3] 주제어의 유형 구분과 그 의미

구분	유형	형태	분석적 의미
1	단독형	용어+조사	가장 유동적인 용례
2	수식어 전치형	수식어+용어	중간 단계의 유동성
3	복합명사형	명사+용어 용어+명사	안정적·공식적 용례

'국민'이 154개, '민중'이 141개, '대중'이 105개, '인민'은 57개이다.[13]

한편, 집합적 주체 관련 용어 간의 비교를 위해 주제어를 형태별로 세 유형으로 구분하면 [표 3]과 같다.

단독형은 집합적 주체 관련 용어가 단독으로 사용된 용례이다. "조선 민족은 (…) 예의를 존중하는 국민이라"(1920. 4. 1) 등이 여기에 속한다. 이 범주에는 '용어+조사'의 형태를 취하는 경우도 포함시켰다. "보건은 국민의 생명"(1921. 3. 16) 등이 그것이다. 여기서 '국민'이 문장 내의 다른 용어, 즉 '보건'이나 '생명'과 갖는 연관성은 다른 두 유형에 비해 우연적이고 유동적이다.[14]

---

13) 다른 용어에 비해 '국민'의 주제어가 빈도수 757개에 비해 적은 것은 특정한 주제어의 빈도수 비중이 높기 때문이다. 예컨대, '국민부(國民府)'와 '국민부원(國民府員)'이 각각 87건과 86건, '국민정신총동원(國民精神總動員)'이 86건이다. 그 다음이 '국민'(35건), '국민 등록'(31건) 순이다. 이에 비해 '민중'은 '민중대회'(31건), '민중보건'(26건), '민중운동자대회'(25건) 순으로 '국민'의 경우에 비해 주제어의 편중이 적다. 그러나 '민중' 단독으로 사용된 경우는 134건으로 네 용어 중에서 가장 많다. '대중'은 단독으로 사용된 경우가 51건으로 다소 많은 편이며, 그 다음이 '대중생활'(31건), '소비대중'(15건) 순이다. 나머지는 10건 이하가 대부분이다. '인민'도 단독 용례는 69건으로 많지만, 다음 순서가 '인민혁명군'이 8건이고, 그 외는 모두 10건 미만이다.

14) '○○적', '○○화' 등의 형태는 다른 일반 조사와 연결된 형태에 비해서는 좀 더 관용적인 형태로 사용되므로 반드시 단독형이라 하기 어려운 면도 있지만, 사례가 많지 않아서 그다지 일반화된 용례는 아닌 것으로 간주해 단독형에 포함시켰다. 한편, '민중(民衆)

수식어 전치형修飾語前置型은 집합적 주체 관련 용어가 앞에 나온 수식어의 꾸밈을 받는 용례다. 여기에는 "무지無知 민중"처럼 일반 형용사가 오는 경우와 "군산 민중", "4만 대중"처럼 지역명이나 숫자가 오는 경우도 포함시켰다. 이러한 '수식어 전치형'은 다음에 살펴볼 '복합명사형'보다는 용어의 사용이 안정적이지 않지만, 지역명이나 숫자 및 일반형용사 등과 결합되는 패턴을 보인다는 점에서 단독형보다 안정적인 용례에 속한다고 할 수 있다.

복합명사형은 집합적 주체 관련 용어가 다른 명사와 함께 복합어로 사용되는 용례이다. '국민학교', '민중운동자대회', '대중연예대회', '인민혁명군' 등이 여기에 속한다. 이 복합명사형에는 사건명이나 단체명이 많고 '국민학교' 등의 경우처럼 한 개의 단어로 사용되는 경우가 많아서 안정적이고 공식적인 용례에 속한다고 할 수 있다.

집합적 주체 관련 용어별로 세 유형의 분포를 비교한 것이 [표 4]이다. '국민'의 경우 복합명사형이 압도적 다수인 데 비해, '인민'은 단독형이 거의 절반에 이른다. '국민'과 '인민'이 대조적인 양상을 보이는 한편, '민중'과 '대중'은 중간적인 모습을 보인다. '민중'과 '대중'의 경우 복합명사형이 60% 남짓으로 세 유형 중 가장 비중이 높다. 그러나 단독형도 20%대로 적지 않은 비중을 보이는 것이 특징이다. 이상의 자료에서 보이는 상황과 분류법에 유의하면서 구체적인 용례를 고찰하고자 한다.

1) 복합명사형

(1) 국민

'국민'의 경우 [표 2]에서 드러나듯이 1930~1933년에는 매년 30회 이

성원(聲援)의 경우처럼, '용어+명사'의 형태 가운데 내용적으로 '주어+술어', 혹은 '용어+조사+명사'의 연결관계를 가진 소수 사례도 이 유형에 포함시켰다.

[표 4] 유형별로 본 주요 용어의 분포양상

유형 \ 주요 용어	국민		민중		대중		인민		합계	
단독형	41	5.4	158	28.5	72	21.1	69	47.3	340	18.9
수식어 전치형	21	2.8	59	10.6	60	17.6	39	26.7	179	10.0
복합명사형	695	91.8	337	60.8	209	61.3	38	26.0	1,279	71.1
합계	757(건)	100(%)	554(건)	100(%)	341(건)	100(%)	146(건)	100(%)	1,798(건)	100(%)

상, 1938년~1940년 동안에는 100회 이상의 높은 빈도수를 보인다. 그중 중요한 용례는 전시 총독부 정책(299건), 국내외 독립운동(219건), 전시戰時생활(33건), 교육기구(25건), 친일 협력단체(16건) 순이다.

전시 총독부 정책과 관련해서는 국민정신 총동원운동이 129건으로 최대이며 그 다음이 정신작흥운동精神作興運動(44건), 국민등록國民登錄(36건) 순이다. 국내외 독립운동에 속하는 용례는 주로 조직 명칭을 가리키는 경우가 많다. 대부분은 국외 독립운동과 관련된 것이며, 국민부 관련 용례가 173건으로 가장 많다.[15]

이처럼 '국민'의 용례는 일제시대에 양극화 양상을 보였다고 말할 수 있다. 한편에서는 일제 말 전시체제기에 총독부가 조선 사람을 '국민'으로 호명하면서 인적·물적으로 동원하고 통제하는 맥락에서 사용했고, 다른 한편에서는 만주 등 국외에서 일제 식민 통치에 저항하는 독립운동의 맥락에서 사용되었던 것이다.

---

15) 국민부는 1929년 3월 만주에서 정의부(正義府)·신민부(新民府)·참의부(參議府)를 통합하여 조직된 독립운동단체이다. 한국역사정보통합시스템 홈페이지의 시소러스 '국민부' 내용 참조.

(2) 민중

'민중'의 중요 용례는 국내외 독립운동(110건), 계몽운동(44건), 보건(40
건), 연극·연예(15건) 등이다. 국내외 독립운동의 경우 '민중'은 민중대회 사
건(31건)과[16] 전조선민중운동자대회全朝鮮民衆運動者大會(31건)처럼[17] 대부분 국
내 운동과 관련하에 사용되고 있어서, '국민'의 경우와 대조적이다. 계몽운
동 관련한 용례의 세부 내용을 보면 '민중의원'(1930년대 중후반), '민중의
료'(1930년대), '민중극단'(1920년대 초), '민중교육'(1920년대 말) 등이 있다.
보건 관련 용례는 1930년대 초에 집중적으로 나오며 전염병 유행 방지, 체
육 보급 등과 함께 논의되고 있다. 연극·연예 관련 용례는 대체로 1920년대
에 많다.

크게 보면 일제하 '민중'의 용례는 계몽운동과 독립운동을 포함한 사회운
동 부문에 집중되어 있으며, 그 외에 민중보건, 민중문화 등에 부분적으로
사용되었음을 알 수 있다.

(3) 대중

중요 용례는 책 이름(41건), 생활고·전시생활(35건), 연극·연예(26건), 사회
주의운동(21건) 순이다. 책 이름의 경우 1930년을 전후해서 『대중문학전집』
등 문학서적이나 조선농민사朝鮮農民社에서 발행한 『대중독본大衆讀本』 등 농
민 계몽용 도서, 기타 『대중』이라는 잡지 등에 많이 사용되고 있다. '대중'
개념을 사용한 사회주의운동 관련 용례가 1927년을 중심으로 21건 나온

---

16) 1929년 12월 23일 일제가 신간회(新幹會) 간부 44명과 근우회(槿友會) 간부 47명을 검거한
    사건. 『한국사연표』, 한길사, 1994 참조.
17) 1925년 4월 서울에서 일제의 탄압에 항의하며 '붉은 기'를 갖고 일으킨 만세시위. 한국역사정
    보통합시스템 홈페이지의 시소러스 '전조선민중운동자대회' 내용 참조.

점 등을 고려하면, '대중'은 일본의 사회주의운동과 밀접한 관련을 가졌다고 추정할 수 있다. 생활고·전시생활 관련 용례가 그 다음 순이다. 특히 1938년에 15건이 밀집되어 있는데, 이때의 기사를 보면 대부분 인플레 아래서 생활하기 힘든 상황을 보도하고 있다. 이 경우 도시의 생활인을 가리키는 용례가 많다. 연극·연예 관련 용례는 1930년대 초와 1930년대 말에 분포해 있다. 이런 양상은 '민중'의 용례가 1920년대 후반에 많이 쓰인 것과는 차이가 난다.

(4) 인민

'인민'은 그 자체로 사용된 경우를 제외하면 다른 용어에 비해 집중된 표현이 두드러지지 않는다. 가장 빈도수가 높은 것은 1934~1936년간 집중적으로 등장한 '동북인민군', '동북인민혁명군東北人民革命軍', '인민혁명군' 등의 용례인데, 이것도 모두 합해 15회에 불과하다. 그 외에는 하나의 개념어 혹은 중요한 용례를 보이는 복합명사는 찾기 힘들다.

2) 수식어 전치형

이 유형의 용례에서 사용되는 수식어를 성격에 따라 분류해보면, '지명', '숫자', '계급/계층', '전칭', '기타(단순수식)'의 5개로 나눌 수 있다. 5개 분류별로 해당 용례 건수를 집계한 것이 [표 5]이다. 또한 수식어의 내용을 정리한 것이 [표 6]이다. 이 양자를 보면 집합적 주체 관련 용어별로 일정한 경향성이 드러난다.

'국민'은 대부분 '2세국민', '소국민小國民', '장래국민' 등 어린이를 지칭하는 용례로 사용되었고 전체적으로 빈도수가 낮다.

'민중'은 '전칭' 용례의 비중이 약 63%로 가장 높다. 즉 '세계 민중'에서

[표 5] 수식어의 구분 및 주요 용어별 분포 양상

구분 \ 주제	국민		민중		대중		인민	
지명	0	0	6	10.2	0	0	26	66.7
숫자	0	0	7	11.9	4	6.7	4	10.3
계급/계층	0	0	2	3.4	52	86.7	0	0
전칭	1	4.8	37	62.7	3	5.0	6	15.4
기타(단순수식)	20	95.2	7	11.9	1	1.7	3	7.7
계	21(건)	100(%)	59(건)	100(%)	60(건)	100(%)	39(건)	100(%)

부터 '일본 민중', '조선 민중', '반도 민중' 등 민족이나 국가, 세계 단위로 전체 구성원을 지칭할 때의 용례로 사용되는 경우가 가장 많다. '근로 민중'과 같이 계급적·계층적 용례로 사용되는 경우는 매우 적다.

'대중'의 경우 '계급/계층'을 뜻하는 수식어와 결합한 용례가 약 87%로 압도적 다수를 이룬다. 이는 '민중'과는 다른 점이다. '노동자·농민', '근로', '생산', '어업', '소작', '무산' 등 직업이나 근로를 뜻하는 수식어와 결합되기도 하고, '청년', '학생', '여성' 등 계층적 용어와 함께 쓰이는 경우도 많다. 이런 용례는 1920년대 중후반에서 1930년대 초에 많다. 한편, '소비 대중', '수요대중' 등 소비 주체의 측면을 강조한 용례도 있다. 이런 용례는 1930년대 중후반에 몰려 있는 것이 특징이다.

'인민'의 경우 주로 지명을 가리키는 수식어와 함께 사용되고 있다. 수식어 전치형 용례의 경우 '인민' 용례는 대부분 1920년대 전반에 국한되어 있어서, 주로 1920년대 후반 이후에 출현하는 '대중'의 용례 분포와 대조를 이룬다.

수식어 전치형과 관련된 이상의 분석 결과를 놓고 '대중'과 '인민'·'민중'

[표 6] 수식어로 사용된 용어

	국민	민중	대중	인민
지명	–	군산·목포·북평면· 성천·예천·川外	–	7면·각면各面·강서· 고흥·남포·동래·兩面· 부근附近·삼군三郡· 西城부근·서흥·송정동· 순천·순천지방·안성· 안악군·양편·연도·영원 ·옹진군·저도·창성춘천 ·태탄·홍성
숫자	–	누천累千·다수· 여러·이천만	4만·만명의·백만·천삼 백만	25만·다수· 이백여·천여 호
계급/ 계층	–	근로	근로·노농·농민·무산無 産·생산·세궁민細窮民 ·소년·소비·소작·粟食· 수요·어업·여성· 일반소비·청년·학생	–
전칭	全	세계·일반·일본·전국· 全반도·전조선의· 조선·조선일반	일반	일반·조선
기타	2세·亡·소· 장래·제2· 제2세·銃後	무지無知·신흥·피해	수난受難	동정同情·무고無辜· 지방

의 관계를 생각하면 다음과 같다. 첫째, 1920년대의 '대중'과 '인민'은 용어 사용의 시기별 부침浮沈 양상을 대조적으로 보여주는 사례라 생각된다. 즉 '대중'은 1920년대 중반 이후 사회주의적 '계급'의 영향을 받으면서 계급이나 계층, 도시 소비 주체 등의 함의를 담은 용례로 막 사용되고 있던 상황을 보여준다고 할 수 있다. 반면 '인민'은 조선의 경우 이미 개항 무렵부터 갑오개혁에 이르는 기간에 "국가 또는 지역이라는 공동체의 정체성을 담보한 구성원이라는 내포를 갖기 시작"했으므로,[18] 1920년대 초 『동아일보』에

---

18) 김윤희, 「근대 국가 구성원으로서의 인민 개념 형성(1876~1894)」, 『역사문제연구』 21, 2009, 314쪽.

서 지역명과 결합되어 사용된 '인민'은 시간적으로 좀 지난, 과거의 용례에 속한다고 할 수 있다.[19]

둘째, '대중'과 '민중'은 각각 계급적 성격과 민족적 성격을 가진 것으로 구별된다고 할 수 있다. '대중'이 계급을 가리키는 수식어와 사용된 경우가 많은 것에 비해, '민중'은 전칭 수식어와 함께 사용된 경우가 많기 때문이다.

3) 단독형

집합적 주체 관련 용어가 단독형으로 사용되는 경우가 가장 분석하기 까다롭다. 일정한 세부 용례별 유형을 파악하기 힘들기 때문이다. 그러나 [표 4]에서 볼 수 있는 바와 같이 그 비중은 전체의 약 19%로서 결코 무시할 수 없다. 용어별로 보아도 '국민'의 단독형 용례는 매우 적은 반면 '인민'의 경우 전체 용례의 절반에 가깝다. 또한 '민중'의 단독형 용례는 158건으로, 이 숫자는 그 다음 순위인 '대중'의 72건보다 2배 이상이나 많다.

우선 각 용어별 용례에서 단독형 용례가 차지하는 비중이 가장 큰 '인민'과 가장 적은 '국민'을 상호 비교해보자.

[표 7]에서 '국민'은 단독형으로 41건이 보이는데, 이는 '국민' 용례 전체에서 5%에 불과하다. 이와 대조적으로 '인민'의 단독형 용례는 69건으로 '국민' 단독형 용례의 약 1.5배에 불과하지만, 이미 언급한 바와 같이 '인민' 용례 전체에서 차지하는 비중은 매우 높다.

'국민'의 단독형 용례 중 1920년대 전반의 용례를 살펴보면, 한편에서는 각종 청년회나 강연회의 연설 제목으로 사용되는 경우가 더러 있으며, 다른 한편 외국 인사가 우리나라 사람을 가리키거나 외국 사람을 가리킬 때,[20]

---

19) 불특정 다수를 가리키는 용례와 관련하여 '대중'이 '인민'을 대체했는지의 여부는 구체적인 내용 분석 등을 통해 밝혀낼 수 있을 것이므로, 이 작업은 다음 기회로 미루고자 한다.

[표 7] 단독형 용례의 연도별 변동 양상

	1920	21	22	23	24	25	26	27	28	29	30	31	32	33	34	35	36	37	38	39	40	합계
국민	1	2	3	2	6	1	0	0	0	0	0	1	0	0	0	0	2	1	6	5	11	41
민중	4	6	3	7	14	8	12	16	21	6	4	8	5	3	3	2	3	17	5	3		158
대중	0	0	0	0	2	3	1	4	1	2	10	4	0	8	5	6	3	6	9	2		72
인민	2	12	11	10	10	10	1	0	1	0	2	5	4	1	0	0	0	0	0	0		69

또는 국제적 관심사[21] 등에 사용되는 경우도 있다. 그러나 후자의 경우 식민
지 조선 사람의 자기인식이 반영된 용례라고는 하기 힘들다. '국민'의 대표
적 용례는 오히려 1930년대 중후반에서 잘 드러난다. 1936년부터 그 이후
의 용례는 대부분 전시 통제와 관련된 언설이 대부분이다. '국민'도 주로
"국민적 자각", "국민적 태세 완비", "국민적 조직력", "국민적 신념" 등
통합적 맥락에서 사용되며, 그 연장선상에서 "국민의 적" 등과 같이 피아
구분법 속에서 거론되는 경우가 대부분이다.

'인민'의 용례는 1920년대 전반에 집중적으로 분포되어 있고, 1930년대
초에 약간의 분포를 보인다. 기사의 게재 시기와 관계없이 '인민'은 부정적
이거나 피해자의 입장을 나타내는 단어와 결합되어 사용되는 경우가 많다.
'불법행위', '불평', '공갈', '불리不利', '대손실', '구타', '난자亂刺', '고혈膏

---

20) 「朝鮮民族은 風彩堂堂, 學動悠悠, 言語嚴肅, 文化高尙, 禮儀를 尊重하는 國民이라 敎養만
   普及되면 東洋文明國의 首球될 것임, 入京한 米加州上院議員 「델즈맨 떠불유한」 氏談」,
   『동아일보』 1920년 4월 1일자, 2면; 「獨逸國民은 活民施, 우리나라 학생은 녜전보다 다소
   줄어, 삼일절과 국치긔념일에는 뎡그 집회, 史學을 硏究하고 歸國한 朴勝喆氏談(肖)」, 『동아
   일보』 1925년 6월 8일자, 2면.
21) 「國民과 民族의 團結」 上·中·下, 『동아일보』 1924년 12월 8일자~12월 22일자. 이 연재기사
   는 에스페란토로 작성되었다.

血', '감금·투옥', '비난', '충돌' 등이 그것이다. 물론 '친절', '생명', '자각' 등도 있지만 매우 낮은 비중이다. 이처럼 주로 고통과 억압받는 사람을 가리키며 사용된 '인민'의 용례는, 통합의 주체이자 피아를 구별하면서 '우리 측'의 단결을 강조하는 문맥에서 사용된 '국민'의 용례와 대조적임을 알 수 있다. 또한 이러한 '인민' 용례를 앞서 살펴본 '수식어 전치형'의 '인민' 용례와 연결해서 생각하면, 정치의 객체이자 고통의 담지자인 '인민'은 근대의 사회운동적 주체보다는 전통적인 성격에 가까운 속성으로 사용되었다고 생각된다.

한편 '민중'과 '대중'의 단독형 용례를 살펴보면 '국민' 및 '인민'과는 사뭇 다른 양상을 보인다. '민중'의 경우 '인민'과 마찬가지로 '민중불평', '민중의 고혈', '민중은 대불만', '우매愚昧한 민중' 등 부정적인 이미지와 결합한 사례가 21건이다. 그러나 이것은 전체 빈도수 158건에 비해 매우 낮은 비중이다. 그밖에는 '민중의 力', '민중과 지도자', '자각한 민중' 등 긍정적이거나 적어도 중립적인 문맥에서 사용되는 것이 대부분이다. 특히 주목할 점은 1924, 25년에는 '미래는 민중의 것'이라는 강연 주제로 4차례 등장하고,[22] 1928년에는 염상섭이 「조선과 문예, 문예와 민중」 및 「소설과 민중」 이라는 제목으로 각각 7회씩 연재한다는 사실이다.[23] 이 외에도 1929년에는

---

22) 「新興靑年會巡講來沙: 生命의 躍動(曹奉岩), 未來는 民衆의 것이다(朴一秉)」, 『동아일보』 1924년 3월 27일자; 「新興靑年會仁川에서 講演: 行程에 있는 疑心을 깨트리고(辛鐵), 誰能禦之(金燦), 未來는 民衆의 것이다(朴一秉), 新思想大廉賣(曹奉岩), 水平線上에서본 女性(鄭鍾鳴), 現代女性의 苦痛(裵赫秀)」, 『동아일보』 1924년 4월 18일자; 「光州勞働共濟會主催 思想問題大講演: 生存의 平和策(朴珂圭), 少作運動의 學術的 考察(宋奉瑀), 兩面으로 본 資本制度(薛炳浩), 現代經濟組織과 女性解放(鄭鍾鳴), 未來는 民衆의 것이다(朴一秉)」, 『동아일보』 1924년 8월 18일자; 「思想大講演, 今明兩日間 鐵原에서 大衆의 兵卒이 되어 水平의 世界(曺奉岩), 世界의 大勢, 未來는 民衆의 것이다(金漢卿)」, 『동아일보』 1925년 2월 7일자.
23) 廉相涉, 「朝鮮과 文藝, 文藝와 民衆」 제1회(全7回), 『동아일보』 1928년 4월 10일자〜廉相涉,

「민중과 영화」라는 제목의 기사가 3회 연재되었다.[24] 이처럼 지식인들이 신문지상에서 '민중'을 중심으로 하는 기사 제목을 싣고 수차례 연재한 사실은 당시 '민중'의 용례 가운데 중요 부분이 사회운동적 차원에서 계몽적 혹은 선전적 의도로 사용되었음을 뜻하는 단적인 사례이다.

이런 용례와 관련하여 '대중'의 용례를 함께 살펴볼 필요가 있다. '대중'의 단독형 용례는 1924년부터 사용되기 시작해서 1930년에 최대치에 달한다. 이 역시 부정적인 이미지와 결합되는 경우는 드물고 '민중'의 경우와 마찬가지로 중립적이거나 긍정적 이미지와 결합되어 사용된다. 특히 '대중'도 연재기사 제목으로 사용되는 경우가 있어서 '민중'과 비교할 만하다. 1930년에 「영화인 대중에게 소訴함」이라는 제목으로 5회가 연재되었고,[25] 비슷한 기간에 「푸로레타리아 시가詩歌의 대중화 문제 소고小考」라는 제목으로 4회가 연재되었다.[26] 1935년에는 「장래할 세계대전과 대중의 경제생활」이라는 제목으로 3회가 연재되었다.[27] 조금 전에 살펴봤듯이 『동아일보』에

「朝鮮과 文藝, 文藝와 民衆」 제7회(全7回)」, 『동아일보』 1928년 4월 17일자; 廉相涉, 「小說과 民衆, 「朝鮮과 文藝, 文藝와 民衆」의 續論」 제1회(全7回), 『동아일보』 1928년 5월 27일자~廉相涉, 「小說과 民衆, 「朝鮮과 文藝, 文藝와 民衆」의 續論」 제7회(全7回), 『동아일보』 1928년 6월 3일자.

24) 金潤雨, 「民衆과 映畵」 제1회(全3回), 『동아일보』 1929년 11월 19일자~金潤雨, 「民衆과 映畵」 제3회(全3回), 『동아일보』 1929년 11월 21일자.

25) 徐光霽, 「映畵勞働者의 社會的 地位와 任務, 映畵人 大衆에게 訴함」 제1회(全5回), 『동아일보』 1930년 2월 24일자~徐光霽, 「映畵勞働者의 社會的 地位와 任務, 映畵人 大衆에게 訴함」 제5회(全5回), 『동아일보』 1930년 3월 2일자.

26) 朴完植, 「푸로레타리아 詩歌의 大衆化問題小考」 제1회(全4回), 『동아일보』 1930년 1월 7일자~朴完植, 「푸로레타리아 詩歌의 大衆化問題小考」 제4회(全4回), 『동아일보』 1930년 1월 10일자.

27) 朴南洙, 「新時代의 展望, 經濟; 將來할 世界大戰과 大衆의 經濟生活」 上, 『동아일보』 1935년 6월 19일자~朴南洙, 「新時代의 展望, 經濟; 將來할 世界大戰과 大衆의 經濟生活」 下, 『동아일보』 1935년 6월 21일자.

1929년에는 「민중과 영화」라는 연재기사가 실렸고, 1930년에는 「영화인 대중에게 소愬함」이라는 연재기사가 실렸다. 당시 영화가 문화적 측면에서 주목되었음을 알 수 있다.[28]

이상과 같이 1920, 30년대 식민지기 조선 지식인들의 연재기사나 강연 제목에는 '민중'과 '대중'이 자주 등장했는데, 그러한 양상은 두 용어가 사회운동에서 상호경쟁관계에 있었음을 나타낸다고 볼 수 있다.

연재기사를 제외하면 '민중'과 '대중'의 단독형 용례에서 뚜렷한 변별점을 찾기 힘들다. 1920년대 전반에 "민중의 力"이 있는가 하면 "대중의 총명"이라는 표현도 있다. 1925년에 "민중아 예술화하라"라는 부르짖음이 있은 직후 "대중아 자중自重하라"라는 경구警句도 뒤따른다. 1938년에는 '스포츠의 민중화', '민중적인 동래 줄다리기 싸움' 등이 기사화되었는데, 마찬가지로 같은 해에 '스포츠 대중화', 1939년에는 '고유 운동 경기의 현대화·대중화', '조선 고유 궁술의 대중화' 기사 등이 나온다. 이때 고유 운동 경기란 줄다리기 등을 포함한 명절놀이를 가리킨다. 즉, 사실상 같은 대상을 가리킨 것이다.

4. 맺음말

이 글에서는 식민지기 '민중' 개념 연구에 필요한 기초 자료 축적을 위해, '집합적 주체'에 해당하는 '국민', '인민', '민중', '대중'의 네 용어를 중심

---

28) 유사한 주제의 연재기사에서 집합적 주체를 다르게 사용한 것이 우연인지 아니면 필자의 일정한 경향성을 반영하는지 여부는 향후 좀 더 포괄적이고 세밀한 분석을 통해 파악할 필요가 있다.

으로 계량적 분석을 시도했다. 2절에서는 '흔국사데이터베이스'의 『동아일보』 기사 제목 가운데 1920년부터 1962년까지 네 용어를 키워드로 해서 얻은 1만여 건의 검색 결과를 이 글의 분석에 알맞게 가공했다. 외신 기사를 분리해내고, 실제 신문에 게재된 기사 숫자 가운데 해당 용어가 차지하는 비중을 추출해냈다. 그리하여 일제 시기 네 용어의 빈도수 및 연도별 개략적인 상황을 살펴본 바, '국민', '민중', '대중', '인민' 순으로 각각 757건, 554건, 341건, 146건이 나왔다. 시기별로는 1920년대에 '민중'이 많이 나왔고, 1930년 이후로 가면 '국민'의 상승세가 급증함을 알 수 있었다. '인민'은 1920년대 초에 비중이 높은 편이었으나 중반 이후부터는 최저 수준을 유지했고, '대중'은 1930년 무렵에 높게 나왔다.

3절에서는 각 용어별 용례를 좀 더 구체적으로 분석했다. 이를 위해 『동아일보』 기사 제목에 나타난 용어의 용례를 사용된 형태에 따라 '복합명사형', '수식어 전치형', '단독형'의 세 가지로 나누고 각 유형별로 네 용어의 용례를 살펴보았다. 분석의 결과를 정리해보면 다음과 같다. '복합명사형'과 같이 안정적·공식적 성향을 지닌 용례에서는 주요 용어별 특징이 상대적으로 분명했다. '국민'은 지배와 저항의 용례로 양극화 양상을 보였고, '민중'은 국내 사회운동(계몽운동 및 독립운동)에, 그리고 '대중'은 도시 대중의 일상과 '사회주의운동'의 영향을 많이 보였으며, '인민'은 이런 용례가 매우 적었다.

그런데 '수식어 전치형'이나 '단독형'의 용례를 살펴보면 주요 용어 간에 일정한 얽힘이 보인다. '수식어 전치형'의 경우 '대중'의 용례는 '민중'과 각각 '계급적' 틀과 '민족적 틀'로 구분되면서도 양자는 모두 사회운동적 주체의 측면을 일정 정도 공유하고 있었다. 이런 경향은 '단독형'에서 더 두드러지는 바, '대중'과 '민중'은 사회계몽 등 주요 사안을 둘러싸고 비슷한 시기에 서로 경쟁하는 관계에 놓여 있었다.

이 글에서는 일제 시기 『동아일보』 기사 제목에 착목하여 나름의 기준과 접근을 통해 이상과 같은 수준의 결론을 도출했다. '집합적 주체'라는 범주를 제시하여 '민중' 개념의 다양한 접점과 함의의 역사적 존재 양태를 살펴볼 수 있는 단서를 마련했고, 용례별 유형 구분을 통해 공식적 층위와 그 이하의 층위에서 사용되는 용례의 상이한 양상에도 일정 정도 접근할 수 있었다.

그러나 이 글의 분석은 한정된 대상을 피상적으로 살펴본 것에 지나지 않는다. 이 글의 결론을 입증하고 강화하기 위해서는 더 많은 데이터와 심도 깊은 분석이 필요함은 물론이다. 향후의 연구로 이 과제를 해결해 나가고자 한다.

허수
한림대학교 한림과학원 부교수. 한국 근대 사상사를 전공했고 최근의 관심 주제는 '한국 민중 개념의 형성과 변천', '20세기 한국사에서 종교와 근대의 관계' 등이다. 현재 '교조신원운동기 동학교단과 정부 간의 담론투쟁', '민중사학과 학술운동' 등에 관한 연구를 진행하고 있다. 대표논저로 『이돈화 연구—종교와 사회의 경계』, 『식민지 근대, 오래된 미래』가 있다.

제2장 일제 시기 본부 살해 사건과 여성주체의 재현

| 장용경 |

1. 들어가며

이 글에서는 식민지기 본부 살해本夫殺害에 관한 담론들에서 여성주체가 어떻게 재현되는가를 1920년대와 1930년대, 남성과 여성 담론으로 나누어 고찰하기로 하겠다.

1920년대부터 신문이나 경찰 자료에 나타나는 본부 살해 여성들은, 타고난 독부毒婦나 혹은 강제결혼으로 상징되는 제도의 희생자인 소부小婦의 이미지로 그려졌다. 이런 인식은 살해 사건의 책임을 어디에 귀착시킬 것인가라는 사법 담론의 연장으로서, 그 책임의 소속 여하에 따라 그 여성들을 배제하는 것으로 결론짓거나, 평범한 여성을 살인자로 만든 남성 위주의 사회를 개혁해야 한다는 주장으로 귀결되었다.

1930년대 후반에는 이 책임 소재 논란과 별도로 본부 살해와 관련된 여성주체의 경험이라는 측면에서 문제가 다루어졌다. 주체 이해의 내면화라 할 수 있는 이런 담론은, 일단 책임 소재 공방에서 한발 물러나 '객관적으로' 사건과 주체를 이해하려는 노력이라고 할 수 있겠지만, 그렇다고 젠더

중립적인 것은 아니었다. 이 글에서는 이기영의 「소부」와 백신애의 「소독부」를 텍스트로 하여 여성주체성이 어떻게 재현되는지, 그리고 그 차이는 남성과 여성에 따라 어떻게 구별되는지 살펴보도록 하겠다.

일제 시기 본부 살해는 조선의 3대 특수범죄로 인식되었지만, 그에 대해서는 단편적인 연구만이 존재할 뿐이다.[1] 연구가 부진한 이유는, ① 부인이 남편을 죽인 '사건' 자체가 너무 명확하기 때문에 다른 설명이나 상상의 여지가 없어 보이고, ② 일제 시기의 본부 살해 담론들에 대한 분석이 젠더 정치적 요소에 대해 맹목이었기 때문이라고 할 수 있다. 이 글은 본부 살해 사건에 대한 본격적인 분석이라기보다는, 본부 살해 사건에 대한 담론들을 젠더적으로 보정하려는—그것이 가능하다면—시도라고 할 수 있다.

2. '독부'와 '소부'

1) 음란한 '독부'

일제시대 본부를 죽인 여성에 대한 가장 일반적이고 대중적인 이미지-인식은 '독부毒婦'였다. ① 간부와 공모하여 본부를 죽인 경우, ② 전처 소생을 학대하거나 죽인 경우, ③ 불의의 사생아를 출산하고 이를 죽인 영아 살해 등의 경우에 '독부'라는 이름이 붙었다. 본부 살해 중에서도 간부와 공모하여 본부를 죽이거나 본부를 참혹하게 죽인 경우에는 어김없이 '독부'라는

---

1) 류승현, 「일제하 早婚으로 인한 여성범죄」, 『여성: 역사와 현재』, 국학자료원, 2001; 장용경, 「식민지기 본부 살해 사건과 '여성주체'」, 『문화와 역사』 13, 2007; 최애순, 「식민지 조선의 여성 범죄와 한국 팜므파탈의 탄생—방인근의 『마도의 향불』을 중심으로」, 『정신문화연구』 115, 2009.

수식어가 붙었다.

　본부本夫와 아자我子를 참살한 희대의 미인 독부

　김성녀는 십여 년 전에 삼산동 리문훈(45)과 결혼하고 이래 동거하던 중 작년 음력 10월경에 자기 아들 중손이(7)가 생래의 병으로 항상 앓음으로 부엌에서 양잿물을 먹여 죽인 후 남편에게는 병으로 죽었다 속이고 있다가 그해 음력 11월 2일에 남편에게 그 일이 발각되어 싸움한 끝에 매를 조금 맞고 크게 분개하여 전부터 추한 관계를 계속하여오던 간부 양관규(34)와 공모하고 동월 4일 밤에 남편이 잠든 ○를 이용하여 독기로서 남편의 얼굴을 갈라 참혹히 죽인 사실인데 (…)[2]

　이런 독한 예를 들자면 한이 없다. "본부를 교살한 독부", "간부 두 명과 공모하여 남편을 죽인 '희세의 독부'가 범행 후 3년 만에 잡혔다", "간부를 교사하여 본부를 타살한 독부", "본부를 독살코저 3차나 음독 식혀─홍원에 희세 독부(18)", "본부 모살한 간부는 경찰에 피착, 간부는 도망하야 수색 중", "본부 작살斫殺한 독부", "잉자孕子를 살해 도피, 간부와 공모코 친자를 살해 독부는 남포서에 피체" 등의 기사는 일부분에 불과하다.

　위 기사들의 제목만 봐도 알겠지만, 독부의 이미지를 형성한 요소는 ① 간부가 있다는 점, ② 살해 방법이 잔인하다는 점, ③ 무정하다는 점 등으로 요약할 수 있다. 1921년 『동아일보』의 한 기사는 「본부를 살해하고 사형을 불복不服, 년놈은 공소」라는 제목을 뽑았는데, 이 '년놈'이라는 단어가 간부와 공모하여 남편을 살해한 여성에 대한 남성 일반의 증오 감정을 단적으로

---

　2) 『東亞日報』 1924년 4월 28일. 기사는 이해하기 쉽도록 현대어로 고쳤다. 이하 기사들 모두 동일하다.

드러내준다.

'독부'란, 결혼의 파경이나 삼각관계의 파국에서 나타난 여성의 행동 유형과 결과를 '독부'라는 본래적 인성人性을 설정하여 설명하는 방식인데, 이는 설명이라기보다는 사후적 낙인찍기에 가깝다. 아래 인용문은 독부의 설정이 사건 설명에 어떻게 이용되는지를 잘 보여주는 사례이다.

> 피고인 안 씨는 우용술禹用述의 처로서 상피고인相被告人 양○택楊○澤은 이웃집에 거주하는 자인 바 1928년 음력 8월 16일경부터 양 명은 은근慇懃을 통하게 되었던 바, 피고인 안 씨는 본부가 있으면 양○택과 동서同棲하기 어렵다고 생각하여, 동 피고인에 대해 그 후 정교情交 때마다 우용술을 살해했으면 한다고 종용했는데, 양○택은 항상 그를 수락하지 않았다. 그런데 그 교정交情이 깊어짐에 따라 1929년 음력 8월 20일 안 씨는 그 거택에서 다시 그를 살해할 것을 강요하고 교시하자, 양○택은 그녀의 정열을 묵살하기 어려워 드디어 그에 따라 가성소다를 (…)[3]

피고인 안 씨로부터 비롯된 '은근', '정교', '종용', '정열'이 남편 살해에 이르는 모든 사건을 계획하고 추동하는 동기가 되었다는 것이다. 독부는 '음란함'이라는 자체의 동인을 가지고 있었다.

그런데 '독부'라는 규정은 남편을 죽인 여성에 대한 단순한 호칭이 아니었다. 김정실이 적절하게 지적했듯이, 남편을 죽인 범죄자를 '남편을 죽인 년'으로서, '유교 도덕적 해석으로 보아 당연히 범죄 중 가장 중대한' 강기범綱紀犯으로 취급하는[4] 것이었다. 즉 본부 살해는 남자 한 사람을 죽인 사건

---

3) 伊藤憲郎 편, 『性慾と犯罪』, 1931, 6쪽.
4) 김정실, 「여성 범죄, 본부 살해 12. 남편을 죽이게 한 것은 결국 누구냐」, 『東亞日報』

이 아니라, 법익法益이라고 불리는 가부장제에 대한 도전이자(남편을 죽인 것) 남성 위주 사회에 대한 심각한 도전(남편이 아닌 다른 남자와 관계)이었으며, 그렇기 때문에 남성들의 반응은 극렬하고 그 여자에 대한 부정은 거셌다. 결국 '독부'는 남성 중심 사회의 근저를 해치는 존재로 인식되었던 것이다.

강제결혼이나 조혼 등 자기가 결정하지 않은 운명을 순순히 받아들이기란 쉬운 일이 아니다. 부모가 정해준 남자가 싫어 강에 뛰어들어 자살한 여성이나, 인습 결혼에 반대하여 직공, 배우, 작부로 전전한 여성, 결혼생활을 청산하고 창기가 되어 대만에 팔려간 여성들이 한둘이 아니었다. 집에 돌아가고 싶어 남편을 죽이거나 불을 지른 여성도 많았다. 그런데 여기서 문제가 되었던 것은 애정 없는 결혼생활 끝에 간부가 생겨 본부를 죽인 경우이다. 이런 경우 사회의 근간인 부부관계를 어그러뜨리는 패륜이자 사회적 범죄로 취급되었고, 도덕적 단죄와 형벌적 배제가 동시에 작동했다. '불령선인不逞鮮人', '빨갱이'와 마찬가지로, '독부'라는 낙인 역시 윤리-형벌 혼합에서 만들어진 '불온한 존재'였던 것이다.

어떠한 계기가 본부 살의 양형에서 중요한 역할을 하는 것일까? 먼저 (…) 기수旣遂는 무겁고, 미수는 가볍다. (…) 두 번째로 그 범행에 이르는 사정 특히 동기의 여하이다. 간부간부姦夫姦婦가 공모하여 본부를 모살하는 경우가 가장 정상이 무겁다는 것에는 이론이 없다. 이하 순차로 정부情夫에 대한 사모, 남편의 불령不逞, 시집에서의 학대, 부부 관계에 대한 혐오 등등 동기에 동정할 만한 사정이 있다면 결과가 미수에 그치면 그 양형은 가볍게 된다.[5]

1933년 12월 24일.

5) 不破武夫, 『刑の量定に關する實證的研究』, 嚴松堂書店, 1943, 35~36쪽.

대다수 참고 사는 수많은 선량한 여성들과 대비되는, 잠재적 피해자인 남성의 증오와 복수심를 자극하는 독부의 대표적인 인성人性은, 한 남성에 대한 성적 소속과 종속에서 벗어나, '윤리적 규범'을 어기면서까지 자신의 욕망을 채우려 들지도 모른다는 불안감이었을 것이다.[6] 법률적–윤리적 혼합물로 만들어진 '독부'라는 이미지가 한 사람에게 고착되면, 그 사람은 윤리적 제어 장치가 없는 것이기 때문에 교정대상이 아니었다. 그렇기 때문에 '음란함(=思想=빨갱이)'을 마음에 품은 독부를 평범한 사람들 속에서 '솎아내는' 것이 행형行刑의 목표였다.

피고 S녀(당25년)는 15세 때 K와 결혼했지만, 1928년 봄경 한 마을 피고 I와(당26세) 정교 관계를 맺은 이래 K와의 사이가 좋지 않았다. 이리하여 1929년 2월 말 S는 I에게 K를 살해하고 같이 살자고 하여, 그 후 수회에 걸쳐 실행 방법을 신중히 협의하고 그 기회를 엿보던 중 1930년 4월 3일 밤이 깊어 K가 술에 취해 자고 있자 두 사람이 협력하여 가는 끈으로 그를 목 졸라 살해하였다. 두 명 모두 사형(1933년 9월 29일).[7]

---

6) '동성애'에 대한 푸코의 다음과 같은 설명은 독부라는 이미지–인식, 곧 사건의 인과를 인성화(人性化)하는 방법을 잘 보여주고 있다. "고대의 민사법이나 교회법의 규정에 따르면 남색은 금지된 행위들의 한 유형이었으며, 이를 범한 자는 법률적 제재의 대상일 뿐이었다. 그런데 19세기에 와서 동성애자는 하나의 인물형–과거, 병력과 유년기, 기질, 삶의 형태, 그리고 노골적인 해부학과 신비한 생리학을 동반한 인물이 되었다. (…) 그의 내부 도처에 그의 섹슈얼리티가 현존했으며, 그의 모든 행동들 안에는, 이를 지배하는 은밀하고 능동적인 원리로서 섹슈얼리티가 자리 잡고 있었다. (…) 예전의 남색가는 일시적인 탈선자였으나, 오늘날 동성애자는 하나의 종(種)이다."(밑줄—인용자) 미셸 푸코 지음, 이규현 옮김, 『성의 역사 1. 앎의 의지』, 나남, 2004, 43쪽.

7) 不破武夫, 『刑の量定に關する實證的研究』, 嚴松堂書店, 1943, 26쪽.

목 졸라 죽인 사건 결과에 대한 단순한 응보가 아니라 죄질, 곧 사람의 인성에 대한 판단과 배제가 행해진 것이다.

이런 '독부' 이미지는 누가 어떤 필요에 의해 만들어냈을까? 아마도 공동체나 젠더적 질서가 해체 위기에 처해 있을 때 이를 다잡는 한 가지 방법으로 화근을 특정 사람들에게 전가한 데서 비롯되었을 텐데, 이 이미지의 생산과 유통, 그것을 가능하게 했던 사회적 조건, 이미지 생산의 주도층 등에 대해서는 면밀한 고찰이 필요할 것이다. 아울러 일시적 일탈을 인성人性화하여 배제하는 방법의 계보 또한 추적해야 할 것이다.

2) 희생자 '소부'

1920년대 초반부터 강제결혼 반대를 중심으로 여성 범죄 문제를 제도적 혹은 사회적 문제로 인식하는 시각이 나타나기 시작했고, 급기야 1920년대 후반에는 신간회, 농민회, 청년회 등에서 조혼이나 강제결혼 폐지를 현안으로 내세우기 시작했다. 명천 등지에서는 조혼 반대운동을 벌이던 운동자가 구속되기도 했다.

이런 분위기 속에서 본부를 살해한 여성을 제도의 피해자로 인식하는 감각이 생기게 된다. 그런 시각을 가장 잘 보여준 것이 경성부인병원장이었던 일본인 고도우(工藤武城)였다.[8] 그는 조선 여성의 범죄에 관심이 많았는데, 1929년에는 본부 살해를 다룬 「조선 특유의 범죄(朝鮮特有の犯罪)」를,[9] 1930년에는 「조선 부인의 영아 살해에 대한 부인과학적 고찰(朝鮮婦人嬰兒殺害の婦人

---

8) 工藤武城: 1878년 熊本縣 출생. 東京産科婦人科病院 醫員 근무. 1903~1905년 독일 바이에른 뷔르츠부르크대학 및 프로이센 베를린대학 부인과에서 수학 및 근무. 여자비뇨기학 전공. 1905년 12월 漢城病院 산과부인과 부장으로 초빙. 이후 漢城病院을 그만두고 京城婦人病院 개원(http://db.history.go.kr).

9) 工藤武城, 「朝鮮特有の犯罪」, 『朝鮮』 1929년 3, 4, 6~9, 12월호 연재.

科學的考察)」을,[10] 그리고 1933년에는 「조선 특유의 범죄: 본부 살해범에 대한 부인과학적 고찰(朝鮮特有の犯罪: 本夫殺害犯の婦人科學的考察)」을 총 9회에 걸쳐 『조선朝鮮』에 연재했다. 의사였던 그는 산부인과학과 범죄학의 개념들을 사용하여 조선 여성의 영아 살해와 본부 살해를 분석하려 했는데, 지금 보면 그의 분석은 생경한 과학적 개념과 남성 지배자 욕망의 기괴한 혼합물이라고 보는 것이 적당하다.

그는 당시 형무소에 수감되어 있는 본부 살해범에 대한 통계 자료를 토대로 '실증적'인 조사를 행했다고 주장한다. 그의 주장의 핵심을 다음과 같이 정리할 수 있다. ① 조선은 다른 나라에 비해 남성 살인범보다 여성 살인범의 비율이 월등히 높은데, 여성 살인범의 대부분이 본부와 시가인媤家人 살해와 관련이 있다. ② 여성 살인범의 연령은 20세 이하가 과반을 점하고 있다. ③ 본부 살해는 범인의 생활 정도, 교육 정도와는 상관이 없고, 범죄 주체도 정신적·신체적 결함이 없는 보통의 조선 여자이다. 즉 범죄의 주체는 그리 특별하지도 선천적이지 않다. ④ 그런데 범죄의 객체인 남성은 성욕적(과음過淫, 교접 불능, 과도한 연령차로 인한 교접 불능, 질투광), 신체적(극도의 용모 추악, 기형), 정신적(조포粗暴, 나태·극빈, 방랑, 알콜중독) 결함을 가지고 있는 자가 대부분이다. ⑤ 본부 살해의 원인은 조혼, 노비제도의 여폐, 여자 인격 무시, 이혼 불가능 등의 조선 제도의 결함에 있다.[11]

즉 조선 여성의 본부 살해는 20대 이하의 '보통' 여성이 저지르는데, 이를 유발하는 요인은 조선 남성의 정신적·신체적 결함과 조혼 및 강제결혼으로 대표되는 조선의 사회적 결함이라는 것이다. 물론 고도우도 본부 살해의 1/4이 간통과 관련되어 있다는 사실을 인정하지만, 간통 또한 결혼제도의

---

10) 工藤武城, 「朝鮮婦人嬰兒殺害の婦人科學的考察」, 『朝鮮』 1930년 2~4월호 연재.
11) 工藤武城, 「朝鮮特有の犯罪: 本夫殺害犯の婦人科學的考察」, 『朝鮮』 1933년 2~8월호 연재.

결함과 밀접한 연관이 있다고 주장한다.

본부 살해의 이유가 상대 남자 쪽의 문제에 있다는 주장은 두 가지로 생각해볼 수 있다. ① 조사가 형무소에서 행해졌기 때문에 본부 살해 여성이 본부를 죽인 이유를 유리하게 댈 수밖에 없는 환경이라는 점, ② 일본인 부인병원 원장이라는 조사자의 견지와 입장이 강하게 작용하고 있다는 점이다. 조선 남성에 대한 폄하 및 그것을 지탱해온 조선의 결혼제도에 대한 악평가를 통해, 더 억압받는 조선인 여성에 대한 '인자한 동정자' 혹은 구원자의 위치에 서고자 하는 식민 지배자의 욕망이 강하게 반영된 것이다.

이런 식민 지배자의 욕망으로 굴절된 희생자로서의 조선 여성 담론은 김정실金正實에게로[12] 이어진다. 그는 본부 살해범이 "가르침이 없고 지도를 받지 못한 일 여성으로서, (…) 그들의 성행이 악하거나 생장의 모든 조건이 불우의 경우에 처하였다는 선천적 조건이 없었"다고 했다. 이 '무식하고 순한' 조선 여성이 범죄를 저지르는 것에 대해, "사회는 모름직이 생각는 바가 있어야 할 것이고 이런 죄악 발생의 필연성을 가지고 있는 데 대하여 책임을 져야 할 것"이며,[13] "남편을 살해하게 된 그 모든 원인과 그 모든 환경을 달리하였더라면 아마도 한 사람의 피도 흘리지 않고서 말지 않았겠는가 하는 것은 조금이라도 이런 불상사에 관심을 가지고 생각하는 사람의 공통된 의사"라고 주장했다.

김정실의 글은 고도우의 글을 거의 베낀 것인데, 그래도 김정실의 '여성주의적' 시각이 어떤 맥락에서 나왔는가를 살펴볼 필요는 있다. 김정실이 본부를 살해한 여성이 건전하다는 증거로 거론한 것은 "애비, 남편, 아들

---

12) 金正實(남): 1904년 서울 출생. 일본 중앙대학 법학부 졸업, 동아일보 기자(일제시대), 제2대 국회의원(자유당), 단국대 설립자.

13) 김정실, 「본부 살해의 사회적 고찰 2」, 『東亞日報』 1933년 12월 10일.

살해, 간음 등 여러 가지 범행을 상습같이 행하는 여자나 잔인성을 풍부하게 가진 여자(죽은 후에 껍질을 벗기고, 몸을 동강내는 등), 남성적이어서 과도한 성적 욕망을 가지고 남자 등에게 자진해서 봉변을 보이려는 등의 특징을 가진" 여자가 하나도 없다는 것이었다.[14] 이런 규정이 여성의 건전성의 증거라면 '순진하지 않은' 여성은 하나도 없을 것이다. 여하튼 1920년대 이후 피해자로서의 순진한 여성 이미지는 '독부'와 함께 성과 관련된 여성 범죄자에 대한 이미지–인식의 한 축을 이룬다.

물질의 결합은 상대적이오, 정신의 결합은 절대적이다. 순진한 여성은 그것만을 꿈꿀 뿐이다. 이 꿈을 깨칠 때에 구원한 여성의 그림자는 그대로 살아지고 마는 것이다.[15]

서대문형무소 제952호 여수女囚

연령 15년 8개월

본수本囚는 연령 15년 4개월 때 25세의 유 모와 결혼했는데, 아직 초경初經이 내조來潮하지 않은 소녀형의 체격인 데다, 유 모의 황음荒淫과 과방過房에 대한 고통을 참지 못하고 실부모實父母를 사모함이 심했다. 마침 실가實家가 멀리 이사한다는 소식을 듣고, 본부를 살해하면 황음·과방의 고통에서 벗어나 실가에 돌아갈 수 있겠다는 유치한 생각에서 이런 일을 저질렀던 것.[16]

---

14) 김정실, 「본부 살해의 사회적 고찰 11. 본부를 살해한 여성은 원래 악독한 사람이었든가」, 『東亞日報』 1933년 12월 23일.

15) 城東生, 「강제결혼은 인도상의 문제」, 『東亞日報』 1929년 5월 16일.

16) 工藤武城, 「朝鮮特有の犯罪本夫殺害犯の婦人科學的考察」, 『朝鮮』 1933년 2월, 74~75쪽.

이런 대비를 통해, 못된 제도와 못난 조선 남성에게 희생당하는 순진한 피해자 여성상이 만들어진다. 이 희생자상을 만들어내는 과정은, 동시에 사회적 진실과 정의에 대한 사명감을 가진 새로운 세대의 지식인이 탄생하는 과정이기도 했다.

> 웨 여자에게 처녀성을 요구하면서 남자는 동정童貞을 가질 생각이 없나. 여성 범죄의 근본을 보려거든 남자 본위의 사회조직을 개조하고 사회의 제재나 법률상의 형벌도 남녀동등으로 함이 아니면 안 될 것이다.[17]

고도우가 피해자로서의 조선 여성을 내세워 조선인 남성 일반에 대한 일본인 남성의 우위성을 증거하려고 했다면, 김정실은 피해자 여성과의 관계를 통해 과거 조선사회 및 남성들과의 차이를 드러냄으로써 자신들을 정립하려 했던 것으로 보인다.

그런데 주목할 것은 김정실이 『동아일보』에 본부 살해에 관한 긴 글을 연재하면서도, 본부 살해범 중 간부가 있는 여성에 대해서는 한마디도 언급하지 않았다는 사실이다. 여러 가지로 해석할 수 있겠지만, 간부가 있다는 것은 희생자로서의 여성이라는 이미지를 흐리는 것이기 때문에 이들 '음란한' 여성을 남성 지식인이 대변한다고 자처할 수는 없었을 것이다.

요컨대, '독부'라는 담론이 본부 살해 여성을 음란하다는 이유로 배제하면서 다른 대다수 '선량한' 여성을 보호하고자 하는 담론이라면, '소부'라는 담론은 여성의 성을 표백하거나 회피함으로써 남성이 피해자 여성을 대변하고자 하는 담론이라 할 수 있다. 즉 '독부'나 '소부'나 모두 무의식적으로

---

17) 김정실, 「본부 살해의 사회적 고찰 12. 남편을 죽이게 한 것은 결국 누구냐」, 『東亞日報』 1933년 12월 24일.

'여성의 불온한 성'을 참조하면서 그에 대한 배제와 표백에 근거하여 증식했던 것이다.

3. 여성주체의 재현과 그 차이

본부 살해에 한정해서 말한다면, 1930년대 후반에는 살해의 책임 소재를 떠나 그 사건에 휘말린 당사자의 내면을 이해하고자 하는 담론이 나오기 시작한다. 백신애의 「소독부」(1938)와 이기영의 「소부」(1939)가 대표적이다. 왜 이 시기에 주체의 내면에 대한 이해로 시점이 옮겨가는지에 대해서는 면밀한 고찰이 요구되지만, 대체로 다음과 같은 요인이 추동력이 되었을 듯하다. ① 1930년대 후반 사회 전체를 대상으로 한 개조와 개혁에 대한 관심이 차단당하자 내적 탐구의 문제로 관심이 전환되기 시작했다는 점, 그리하여 실천적 관점보다는 이해의 관점에서 사물과 사건을 보기 시작했다는 점을 들 수 있겠고, 이와 맞물려 ② 조선사회에 대한 단속이 '사상'보다 '풍기'에 집중되었다는 점을 들 수 있을 것이다.

이런 상황에서 나온 백신애와 이기영의 소설은 본부 살해와 관련된 여성 내면에 시점을 두면서도 그 여성을 재현하는 방식이 다르다는 점에서 주목할 만하다. 여기서는 두 글이 여성주체를 재현하는 방식의 차이가 젠더적 차이에 기인한다고 설정하고, 이 차이를 어떻게 사고할 수 있을지 생각해보고자 한다.

1) 백신애의 '소독부' : 성적 착취와 거부하는 주체
백신애의 소설은 식민지의 남녀차별적인 사회관계에서 여성이 겪는 특수한 주체적 경험에 초점을 맞추고 있다. 이 경험은 여성주체라는 일반적인 관념으로 환원될 수 있는 것은 아니고, 선택하지 않은 결혼과 결혼생활의 각 계기에서 느껴지는 종속 및 이질감, 그에 기초한 거부·항변 등의 대응으로 나타난다.

> 아, 에이 빌어먹을 개새끼 같은 하느님아! 네가 분명 하느님이라면, 애, 그 악하고 악한 도둑놈의 연놈을 그대로 둔단 말인고. 당장에 벼락 천둥을 내려 연놈을 한꺼번에 박살내어버릴 일이지. 아니올시다. 아이 무서워, 거짓말이올시다. 그 연놈에게 죄가 있을 리 있나요. 다 내 팔자지요.[18]

남편에게 배신당하고 미쳐버린 여인이 다리 밑에서 하는 항변이다. 이 여인은 모두를 팔자에 돌리는 바보가 될 수도 없지만, 그렇다고 사회적·문화적으로 자율적인 주체로 존재할 여지도 없다. 그러므로 광인의 분열은 순응과 거부의 다른 표현이자, 선택하지 않은 종속적 구조와 우발적 사건들에 여성주체(=서발턴)가 대응하는 방식이기도 할 것이다.

주체가 처해 있는 종속과 그에 대한 이질감, 거부로서의 주체 현상이 잘 드러난 소설이 1938년 『조광朝光』에 발표된 「소독부小毒婦」이다. 「소독부」의 주인공 '색시'와 '갑술이'는 색시의 친정인 옥천동의 앞뒷집에서 자랐는데, 갑술이는 커서 남의 집 머슴살이로 돌아다니면서도 색시에게 마음을 두고 있었다. 그런데 갑술이가 석골리라는 동리에서 머슴살이를 하는 동안 색시는 최 서방에게 시집을 가고 말았다.

---

18) 백신애, 「광인수기」, 최혜실 편, 『아름다운 노을 (외)』, 범우, 2004, 195~196쪽.

색시는 지난해 봄 지금으로부터 꼭 일 년 전인 삼월달에 열네 살의 어린 나이로 시집을 왔다. 키가 유달리 숙성하여 열네 살이라도 그리 꼬마 색시로는 보이지 않으나 그래도 분홍 인조견 저고리에 검정을 드린 당목치마를 입은 허리는 한 줌이나 되어 보이며 두 귓볼이 상큼한 맛이 말할 수 없이 어려 보였다. 그는 최 서방에게 시집오던 날부터 무섭고 괴롭고 하여 이를 갈면서도 시집오면 으레 그런 것으로만 알고 조금도 반항하지 않고 꼬박꼬박 아내 노릇을 하여왔다.

스물일곱 살인 최 서방의 무시무시한 성욕을 반항 없이 받아오는 색시의 가슴속은 최 서방이 무섭고 다―만 키 크다고 시집보내준 그의 부모가 원망스러웠다. (…) 그리고 최 서방에게도 그 무섭고 슬픈 뜻을 조금이라도 보이면 당장 아 보내든지 때리든지 할까 봐 겁이 났다.[19]

위 글에는 색시가 선택하지 않은 '무섭고 괴로운' 결혼생활과 최 서방의 무시무시한 성욕으로 인한 성적 '착취'에 대한 이질감과 거부감이 잘 드러나 있다. 그것은 스물일곱 살의 최 서방과 열다섯의 색시라는 관계에서 어쩌면 필연적으로 일어날 수밖에 없는 일이었고, 관계 자체가 비윤리적인 것이었다.

최 서방은 슬그머니 아랫목에 가 비스듬히 누웠다. 색시는 꼬든 새끼를 뭉쳐놓은 후 빗자루로 방 안을 대강 쓸어놓고 난 후 "불 끌까요" 하고 남편을 바라보았다. "그래 끄고 자지" 하며 싱긋이 웃는다. 색시는 불을 끄려고 입술을 오므렸다 말고 "내 바느질할 게 있는데…" 하며 벌떡 일어난다. 색시는 남편의 그 웃음이 무엇을 의미하는 것이며 또 얼마나 자기의 고통이 됨을 잘 아는 까닭에 일부러

---

19) 백신애, 「小毒婦」, 위의 책, 225쪽.

불을 끄지 않으려는 것이었다.

"바느질은 무슨 오라질 바느질이야. 다— 그만두고 일찍 자지" 하며 허리를 숙이어 '훅' 하고 불을 꺼버렸다.

문제는 갑술이의 출현이었다. 갑술이는 색시가 시집을 가자 얼마 동안은 바람이 들어, 살던 머슴살이도 집어던졌다. 나중에는 색시가 시집간 '돈들빵이'로 이사를 가 "낮에 최 서방이 일하러 가면 색시를 찾아와서 멀끔히 바라보다간 눈물이 글썽글썽하여가지고는 핑 달아나곤" 했다. 색시 마음이 편할 리가 없었다. 그렇지만 "자기가 아무리 갑술이를 좋아한다고 하나 이미 최 서방의 아내가 되었으니 이제는 할 수 없는 일이 아닌가 하는 생각만 할 뿐이다."[20]

어느 날 색시가 나물 캐러 간 사이, 색시집에 들른 갑술이는 최 서방과 맞닥뜨린다. "이미 두세 번이나 일없이 자기 집에 놀러온 것을 보고 아는 터"라, 이야기를 하자는 최 서방에게 갑술이는 '술 한 잔 받아올 터이니 천천히 이야기하자'며, 받아온 술에 초산을 섞는다. 최 서방은 "못 이긴 체 받아들고 한 입에 쭉 들이"켜, 목을 쥐어뜯으며 죽었다. 순사 두 사람에게 묶여 주재소로 끌려가는 색시와 갑술이 때문에 "동리는 물 끓듯 소란"하다.

"아이그 무서워라. 암창궂기도 하지."

"글세 말이지 열다섯 살밖에 안 먹은 계집년이 사나이를 죽이다니!"

"아—니 갑술이 놈하고 언제부터 붙었는고… 서방질을 하다니… 고런 죽일 년이 어디 있소."

---

20) 위의 책, 230쪽.

"년놈이 의논하고 죽인 게지 어린 년이 어쩌면…."

(…) 이리하여 간부와 공모하여 남편을 독살한 십오 세의 독부가 생겨났다.[21]

　"이리하여 간부와 공모하여 남편을 독살한 십오 세의 독부가 생겨났다" 는 표현은, '서방질'한 '죽일 년'이라는 동네의 여론에서 색시를 구해내는 것이다. 즉 본부를 살해한 여성은 원래부터 '암팡진 독부'가 아니었다는 것 이다. 한편, 색시가 결혼할 상대를 선택한 것은 아니었지만, 남편의 정신적· 신체적·성격적 결함으로 인한 일방적 피해자인 것만도 아니었다. 최 서방의 죽음은 그가 못나서도, 색시가 독하거나 간부를 사랑해서도 아닌 우발적 사건이었던 것이다. 백신애에게 본부 살해란, 갑술이, 최 서방, 혹은 색시 자신의 의향 어느 하나로 온전히 귀속될 수 있는 것이 아니고, 이 모두와 연관되면서도 이로 환원할 수 없는 사건이었다. 백신애의 '소독부'라는 표 현은 결국 '독부'를 해체하는 것이었다.

　한편, 색시는 결혼한 최 서방의 접근이 무섭고 낯설기는 하지만 "최 서방 의 아내가 되었으니 이제는 할 수 없는 일"이라고 체념하며, "너의 남편만 죽고 없으면 나하고 살지"라는 갑술이의 말에 그런 말 말라며 머리를 흔든 다. 즉, 색시는 최 서방과 분리되어 새로운 생활과 관계를 추동할 수 있는 욕망을 가진 존재로 설정된 것은 아니었다. 백신애에게 여성주체란 충족시 켜야 할 능동적 욕망을 가진 존재라기보다는 이런저런 종속된 국면에서 이 질감·거부감을 표출하는 서발턴적 주체로 보인다.

---

21) 위의 책, 233쪽.

2) 이기영의 '소부' : 여성주체의 성애화

1939년 4월에 간행된 『문장文章』에는 이기영의 「소부小婦」가 실려 있다. 그 주인공은 16~17세의 상금이라는 여자이다. 상금이는 옹백이라는 열네살 사내아이와 결혼을 한 상태였다. 그런데,

> 상금이는 남편까지 상일꾼을 만난 것이 퍽 아팠다. 아니 그것은 제가 무식한 대신, 남편을 잘 얻고 싶었다. 공부나 하는 남편이라면 뒤끗이나 바랄 수 있지. 이건 철부지가 가갸 뒷다리도 모르니 더구나 적막강산이다.[22]

남편인 옹백이는 무식할 뿐만이 아니었다. 나무하러 갔다가는 "지게 끝에다가 진달래 꽃망울이를 한 다발 해 꽂았다. 그것을 보면, 나무는 하다 말고 아이들과 같이 꽃을 꺾기에 더 바빴던 모양이다. 상금이의 눈앞에는, 그가 상투바람으로 갈기 머리를 더풀거리면서 어린애들처럼 꽃을 쫓아다니는 환영幻影이 어른거린다." 상금이의 남편인 옹백이는 아직 처자식을 '거느릴 만한' 사내가 아닌, 어린애였다. 상금이는 시집이 뭔지 몰랐지만 신랑은 "어른 같아야 하고, 그것은 어딘지 모르게 무서워야 한다"고 생각했었다. 그래야만 "상슬이 좋아서 내외 간에 의합하게 잘 산다"는 말을 들었던 것이다. 그렇지만 "가난해서 있는 집과 혼인을 하고 싶었던" 부모는 "개도야지 같이 먹기만 위주로 하는" 옹백이와 혼인을 시켰다.

> 옹백이는 자리에 눕기가 무섭게 잠이 든다. 한번 잠이 들면 밤새도록 내처 잔다. 상금이는 어떤 때 치워서도 그를 살며시 끌어안아 본다. 것분하게 품안으로

---

22) 이기영, 「小婦」, 『文章』 1939년 4월, 2~26쪽.

땡겨온다. 그러면 나긋나긋한 **뼈마디**가 참으로 어린애를 껴안은 것 같다. (···)
온몸을 만져보아야 어디 하나 어른 같은 구석이 도무지 없다.

상금이는 그럴 때마다 정이 떠려져서 한숨을 내쉬고 돌아누웠다. 그리고 고요히
흐르는 눈물이 남몰래 베게모를 적시었다.[23)]

상금이는 웅백이의 남성성을 원하고 있다. 이 남성성이란 성적인 것만이
아니라 '시집'이라는 타처에서 '우산'이 되어주는 것인데, 이는 곧 타자인
여성이 기거할 만한 공간을 확보하는 것이었다. 성적 결합은 그 공간 확보의
결과가 될 것이다. 그러나 웅백이는 상금이의 성적 욕구를 채워주지 못할
뿐만 아니라, 상금이가 '자기 사람'이라는 의사도 표시하지 못할 만큼 어머
니에게 매여 있다. 그래서 상금이는 "골나는 대로 하면, 고것을 당장 닭의
모가지 비틀 듯, 비틀어 죽이고 싶"다고 생각한다.

이때 구장 집 아들 태수가 상금이에게 접근한다. 태수는 "후리후리한 키
에, 코가 준수하고, 두 눈은 열끼가 다래다래한 데다가, 흰 달걀처럼 탁 트인
얼굴"을 가진, 상금이가 동경하던 사람이다.

하루 이틀─ 정이 깊어갈수록 그들은 죽을 둥 살 둥, 정신을 몰랐다. 자연
이웃 간에 소문이 파다해지고 그 말은 집안 식구의 귀에도 들어가지 않을 수
없었다. 그는 시어머니한테 능지가 되도록 뚜드려 맞았다. 인두로 단근질을
당해서 목 뒤에 시퍼런 숭터가 나기까지 했다.

상금이는 그럴수록 태수를 못 잊었다. 그는 태수와의 첫사랑을 위해서는 무슨
짓이라도 하고 싶다. 조금도 겁날 것이 없었다. 사실 그는 시집온 지 해가 바뀌었다

---

23) 위의 책, 15쪽.

하지만, 열일곱 살 먹은 처녀를 곱게 진이고 온 셈이다.

금단의 열매를 따 먹기가 불찰이다. 그는 태수와 함께 살 수만 있다면 웅백이를 독약을 멕여 죽이기라도 할 것 같다.(17쪽)

그러던 어느 날 밤 상금이는 태수를 뒷산에서 만났다.

사내는 여자를 마주 포용했다.

(…) "내 고것을 죽일 테니."

"뭐 죽여?"

태수는 두 눈을 크게 떴다. 껴안았던 팔이 맥없이 푸러진다.

"그럼 못 죽여, 양잿물을 사탕물에 타 먹이면 담박 죽을 걸!"

태수는 그 말을 듣자, 고만 머리끗이 쭈뼛해진다. 요 계집이 정말 매섭구나 하는 생각이 든다. (…) 태수는 여자의 심상찮은 태도에 어떤 불안을 느낀다.

"난 오늘 밤 양단간 구정을 짓자고 당신을 만나잿수…. 그것을 죽이기가 싫걸낭 가치 달어납시다. (…) 난 정말 이대로는 못살겠우."

"어디로 달어나?"

"당신만 가치 간다면 어디던지…."(19~20쪽)

그날 밤 상금이는 집에 돌아와 보따리를 쌌으나, 태수는 "그런 계집을 오래 상관했다가는 자기까지 무슨 일을 당할는지 모른다"고 생각하고, 거짓 약속을 하고는 자초지종을 상금이 시어머니에게 귀띔한다. 이 일이 있은 뒤 상금이는 그녀에게 다시 접근하는 태수를 물리치고 화단의 화초 가꾸기에 "재미를 붙이고" 그런대로 "마음을 잡는 것" 같았다. 그러나 "화초는 해마다 꽃이 피고 열매를 맺건마는, 웅백이는 좀처럼 크지 않는다. 상금이는 몇 해나 더 적막한 화단을 모아야 할는지? 그의 장래는 오히려 아득하다."[24]

이 소설에는 한 여성이 본부를 살해하거나 간부와 함께 출분出奔하게 되는 과정의 계기가 다 들어 있다. 그런데 이기영의 글이 여타 신문 기사와 다른 점은, 성적 욕망을 가진 독립된 한 '여자'를 설정하여, 간통이나 본부 살해에 이르게 되는 내면의 일관된 과정을 형상화하려 했다는 점이다.

이 소설에서 이기영이 중요하게 생각한 것은 '화단에 핀 화초'로 환유되는 여성의 '성욕'이다. 응백이는 이 화단을 보호하거나 가꾸려는 의식과 능력이 없고, 태수는 이를 능욕하려 할 따름이었다. 두 남성에 대한 양자택일적 선택을 강제한 것은 강제결혼이 낳은 상황일 것이다. 일반적으로 독부毒婦의 문제로 규정되거나, 고도우의 '분석'에서는 '심한 연령 차이로 인한 교접불능'으로 분류될 만한 사태를, 내면에 성 욕망을 지닌 '자율적인 여성 주체'를 상정하여 이해하려 했다는 점에서, 이기영은 여성주체성을 이해할 여지를 두었다고 할 수 있다.

그런데 이때 성적 욕망을 가진 여성주체는 분석을 위한 이론적 허구가 아닌 내면의 실체적 본질로 상정된다. 여성은 성애적性愛的 주체로서 상정되는 것이다. 그렇다면, 남성이 여성에게 속해 있다고 상정되는 성욕을 인지한 후에 이에 대해 취할 수 있는 태도는 무엇일까? ① 여성 안에 있는 독자적인 성욕망의 인정을 통해 여성의 성적 선택권을 인정하거나, ② 그 성욕을 '독부'의 외설猥褻로 한정하고 일반 여성의 그것은 억압·통제, 침묵케 할 수 있을 것이다. 이기영은 위와 같은 기로에서 "상금이는 화단을 가꾸고 있을 뿐 장래가 아득하다"고 끝을 맺었다.

---

24) 위의 책, 25~26쪽.

3) 여성주체 재현과 그 차이

백신애가 말하는 여성주체성과 이기영의 여성주체성을 비교해보면 다음과 같은 차이점을 발견할 수 있다. 이기영은 채워야 할 성적 욕망을 가진 여성주체를 상정한다. 16~17세의 상금이와 14살의 응백이를 두 주인공으로 내세운 자체가, 채워질 수 없는 여성의 욕망을 말하고자 한 설정으로 보인다. 반면 백신애에게 여성주체성은 성적 문제의 해결보다는 '성적 착취'에 대한 두려움과 거부감으로 드러난다. 백신애의 「소독부」가 스물일곱 살의 최 서방과 열다섯 살의 색시를 주인공으로 설정한 것은, 여성주체성의 문제가 이런 불평등하고 종속적인 관계에 기인한다고 보고, 이에 대한 거부 가능성으로서의 여성주체를 상정하려는 것으로 보인다. 이 차이를 일단 욕망의 능동적 충족 주체와 수동적인 거부의 주체라고 말할 수 있을 텐데, 이 차이는 어디서 기인하는 것일까?

이기영의 욕망을 가진 성애적 주체로서의 여성주체 설정은 남성적 주체성 모델을 여성에게 투사한 것이라고 할 수 있다. 이는 여성을 욕망의 주체로 인정하는 효과를 가지고 있지만, 그렇기 때문에 남성-여성이라는 관계 속에서 여성의 종속적 상황을 호도할 수도 있고, 또한 이 상황에서 여성주체성이 발현되는 방식에 대해 맹목적일 수 있다. 서발턴이라는 문제 설정의 여지가 이기영에게는 없어지는 것이다. 더구나 남성이라는 특수한 주체화 모델을 보편화하여 이를 토대로 여성의 심리와 행위를 재현한 것은, 재현을 통한 젠더관계의 식민화라고도 할 수 있을 것이다. 다음과 같은 김일엽의 항변은 이 점과 관련하여 많은 시사를 준다.

내가 사랑 업는 구부舊夫와 아조 작별하고 참말 단독한 인격적의 생활을 하게 된 때는 작년부터이엇다. 이때 세평世評은 대개 나를 나물하는 말뿐이엇섯다.

모론母論 재래의 도덕을 고수하는 어른들이 나를 비난함은 용혹무괴容或無怪라 하겟지마는 새로온 이상과 도덕에서 산다는 소위 신인新人들까지 나를 독부毒婦라 비난함은 무슨 까닭인가. 글로나 말로나 사랑 업는 결합은 죄악이오, 이해 업는 결혼은 강간이나 다를 게 업다 하는 저희들이 나의 행동을 비난함은 아모리 생각해도 망평妄評에 지나지 못한다.

이때 나의 행동은 누구의 유혹도 아니고, 또한 일시적의 경망도 아니다. 나는 단지 사랑 업는 결합에서는 일각이라도 속히 떠나는 것이 나의 인격과 이상을 위하는 최고 신조인 것을 직각하였다. 만일 이때 내가 새로이 연인이 있었다 할진대 나의 행동을 부천浮淺한 여자의 일시적 성적 충동에 불과햇다 하야도 말이 되지마는 나는 이때에 아모도 연인이 없었다.[25]

김일엽의 주장은 다음과 같이 정리할 수 있다. 즉 김일엽이 "사랑 업는 구부舊夫와 아조 작별"한 것은 "참말 단독한 인격적의 생활을" 위해서이지, "부천한 여자의 일시적 성적 충동" 때문은 아니었다는 것이다. 이 말에서 김일엽 자신의 이혼이 부천한 여자의 성적 충동에서 나온 것으로 오해받을 지 모른다는 불안감이 엿보인다. 결국 성애적 주체를 통해 여성을 재현한다 는 것은, 성적 욕망=무의식을 통해 의식적 주체를 허물어뜨리는 장치로도 활용될 수 있음을 보여주는 것이 아닐까 생각된다. 1939년 『문장』에 실린 김동인의 「김연실전」은 그 대표적인 경우이고, 이기영의 설명도 이와 크게 다르다고 할 수 없을 것이다.

만약 종속 가운데서 여성적 주체의 특수성을 말하거나(백신애), 성적 욕망 만이 아니라 '단독한 인격' 전체로 인정받고자 한 것(김일엽)이 일제시대 여

---

25) 김일엽, 「一切의 世態을 斷하고」, 『三千里』 1934년 11월호, 87쪽.

성들이 말하는 주체성의 두 형식이라고 한다면, 이는 결국 실제적·담론적 지배자로서의 남성성에 대응한 분열이라고 할 수 있을 것이다. 여기서 담론적 지배란 성애적性愛的 주체와 대상으로 여성주체를 고정하여 재현하려는 남성들의 욕망이라고 할 것이다.

4. 나가며

이 글에서 주목하고자 한 것은 본부 살해 사건의 원인과 경향이 아니다. 그런 사회사적 주제는 흥미로운 것이기는 하지만, 자료에 나타난 사건 자체가 젠더적 시선에 정향되어 있어서 이 시선에 대한 보정이 먼저 필요하다. 일제 시기 본부 살해 담론을 만들어낸 시선들을 분석대상으로 삼은 것은 이런 이유 때문이다.

1920년대부터 1930년대 초중반에 걸쳐 본부 살해에 대한 신문 기사 등은 그 사건을 일으킨 여성 당사자의 인성人性에 관한 논의가 주류를 이루었다. 이 논의들은 여성이 독하고 음란하기 때문에(毒婦) 남편을 죽였다는 측과, 결국 여성이 그런 지경에 이른 것은 못난 남성 위주의 사회에서 여성의 열악한 지위 때문이라는(小婦) 주장으로 대별될 수 있다. 독부 담론이 극단적인 성적 욕망을 가진 여성을 독부화하여 배제함으로써 남성중심사회와 '선량한' 대다수 여성을 '보호'하려는 의도를 강하게 드러낸다면, 소부 담론은 여성을 주체의식과 (성적) 욕망도 없는 가련한 희생자로 만듦으로써 이들에 대한 새로운 대변자를 자처한다. 이 두 담론은 식민지기 조선사회의 남성 세대 간의 인식 차이라고도 할 수 있겠지만, 중요한 것은 이들 모두 남성의 담론으로서, 여성의 주체성과 성적 욕망을 배제하거나 표백하는 기능을 했다는 점이다. 여성의 주체성과 성적 욕망은 이들 남성 담론에 대한 구성적 타자였다고 할 수 있다.

1930년대 후반에 들어서 본부 살해와 관련해 여성의 주체성에 대한 논의가 대두되는데, 대표적인 것이 백신애와 이기영의 소설이었다. 백신애는 본부 살해 여성을 인성화하여 이해하는 방식을 해체하고, 종속적인 관계에서 이질감이나 거부로 나타나는 여성주체성에 주목한다. 하위주체로서의 여성의 상황을 포착하려 한 듯하다. 반면 이기영은 성적 욕망을 가진 성애적 주체를 설정하는데, 성애화된 여성주체라는 '실증성'을 설정해 여성의 심리와 행위를 재현하려는 것이었다. 그런데 이런 실증성의 설정은 젠더적 종속관계를 은폐하거나, 성적 욕망=무의식이라는 설명 틀을 통해 여성의 의식적 주체('단독적 인격')를 허무는 장치로도 활용될 수 있었다. 결국 1930년대 '종속'과 '동등한 인격'의 인정이라는 두 가지 여성 담론은, 남성들의 성애적 주체 설정이 은폐하거나 축소하려고 한 부분에서 시작된 것이다.

과거의 담론과 사건을 젠더화한다는 것은 '객관적 사실'을 탐구하고자 하는 역사연구에 많은 어려움을 야기한다. 우선은 젠더적 종속관계 속에서 여성이나 남성의 상대방에 대한 상호 주체적 관계 자체를 탐구대상으로 해야 할 것인데, 그것도 이미 젠더적으로 시각이 제한된 사료를 통해 그 관계를 역사화할 수밖에 없다. 이는 어쩌면 막다른 길일 수도 있지만, 이 길만이 젠더 관계사를 민주적으로 재현할 수 있는 길이 아닐까 생각한다.

장용경
국사편찬위원회 편사연구사. 한국 근대 사상사를 전공했다. 한국 근대 사상에서 보편—특수의 간극에 대한 자각 및 그 처리방식을 연구하는 한편, 식민지기 남성과 여성의 담론을 대화적으로 재구성하는 데도 관심을 가지고 있다. 대표논문으로 「'朝鮮人'과 '國民'의 間隙」, 「해방 전후 林和의 政治優位論과 문학의 독자성」, 「諷刺와 寓話사이에서—한국에서 『동물농장』 번역의 정치」 등이 있다.

제3장 '인민'의 창조와 사라진 '민중'*
―방법으로서 북조선 민중사 모색

| 이신철 |

1. 머리말

조선민주주의인민공화국(북조선)의 역사에서 민중은 어떤 형태로 존재하고 있는가, 또 그들의 역사를 어떻게 서술할 수 있을까라는 문제는 그리 간단한 문제가 아니다. 먼저 민중이란 무엇인가에 대한 정의가 필요하다. 북조선의 구성원을 가리키는 말로서 민중이라는 용어가 사용되지 않기 때문이다. 대한민국(남한)에서 민중의 사전적 정의는 '국가나 사회를 구성하는 다수의 일반 국민'이지만, 더 많이 통용되는 의미는 '피지배계급으로서의 일반 대중'이다. 즉 국가나 지배계급에 대한 저항성을 내포한 개념으로 사용되는 경우가 일반적이다. 서구적 개념으로 따지자면 시민(사회)에 가까운 말이 될 것이다. 다만 서구의 시민이 개인에 기반해 있는 반면, 민중은 집단 또는 공동체에 기반해 있는 점이 차이일 것이다.

그런데 북조선은 노동계급만이 지배계급으로 남아 있을 뿐, 착취제도는

---

* 이 글은 『역사문제연구』 23호, 2010년에 실린 것을 일부 수정한 것임.

청산된 사회로 스스로를 인식하고 있다. 국가권력을 노동계급이 장악하고 있기 때문에 저항의 대상과 주체가 동일화된 것이다. 때문에 북조선에서는 국가 또는 계급에 대한 저항의 개념이 강한 '민중'이라는 용어가 사용되지 않는다. 같은 맥락에서 국가 중심의 용어인 국민이라는 용어도 사용되지 않는다. 대신 시민 또는 국민을 지칭하는 개념으로 공민이나 대중, 인민이라는 용어가 사용된다.

'공민'이라는 용어는 엄밀하게는 공민권을 가진 18세 이상을 지칭하지만, 일반적인 국민의 의미로도 사용된다. '대중'은 '군중'이라는 용어와 함께 계급적 의미가 강조되지 않는 국민, 시민의 개념으로 사용된다. 그렇지만 이들 용어도 실제 사용될 때는 주로 '혁명적 군중' 또는 '인민대중'처럼 계급적·혁명적 지향성을 내포한 의미로 사용된다.

이처럼 북조선에서는 인민대중, 혁명적 군중 등의 용어로 민중을 호명하고 있다. 민중의 이해관계는 그 영도계급인 노동계급에 의해 대변되며, 노동계급은 당을 매개로 국가권력을 장악하고 있다고 할 수 있다. 그런데 이같은 사회에서는 민중의 다중성이나 저항성이 발현되기 어렵다. 북조선의 역사서술에서 당과 국가의 혁명 역사와 더불어 '인민'의 역사만이 존재하는 것은 바로 그런 이유 때문이다.

북조선의 역사서술은 인민사와 당사의 체계 속에서 이루어지고 있다. 인민사는 인민대중의 일반적인 생활과 투쟁 등 역사 전반에 대해 기술한 것이다. 『조선통사』, 『조선전사』가 바로 그런 것들이다. 당사는 인민의 투쟁이 당에 의해 어떻게 준비되고 조직·지도되었는가라는 관점에서 당의 역할을 중심으로 기술한 역사서술이다.[1] 물론 당이 출현한 이후의 역사서술에서

---

1) 이신철, 「조선민주주의인민공화국의 6·25 남북전쟁에 대한 연구동향」, 국사편찬위원회 편, 『북한의 한국사연구동향 (2) 근·현대편』, 2003 참조.

이 두 가지 역사서술은 유기적으로 결합되어 있어야 한다. 여성과 농민 등 특정 민중의 투쟁사가 기록되기도 하지만, 그 역시 혁명적 인민사 또는 당사의 맥락 안에서 진행되고 있음이 자명한 사실이다. 이렇듯 당사와 인민사는 밀접한 연관을 가지고 있다. 이는 국가와 당에 의해 역사 해석이 독점되고 있음을 의미한다.

이 같은 역사서술방법은 당이나 국가가 '인민'의 역사를 어디까지 대변할 수 있는가라는 근본적인 문제를 제기한다. 이는 곧 북조선의 변혁주체 또는 개혁주체로서 '인민'이 존재할 수 있는지, 아니면 다른 어떤 대안이 필요한지의 문제와도 직결된다. 좀 더 좁혀 말하자면, 노동계급이 농민이나 여타 다른 계급의 이해관계를 어떤 방식으로 대변하고 있는지, 그들이 대변하는 이해관계가 얼마만큼 실제적인 것이고 소통적인 것인지 살펴볼 필요가 있다는 것이다.

한편 대한민국의 민주화 과정에서 생성되었던 변혁주체로서의 민중론이 '민주화 이후'의 사회에서 '계급 중심주의'와 그 획일성을 비판받고 있는 상황과의 비교도 필요하다. 즉 민중의 다중성이나 독자성, 지식인의 역할과 재현 문제 등의 관점에서도 검토될 필요성이 있다는 것이다. 남한의 계급적 민중론에서 변혁주체로 노동자·농민과 더불어 도시 빈민이 설정되었던 것처럼, 민중이라는 개념이 계급 연합적 성격을 지니고 있고, 한 걸음 더 나아가 여성·소수자 등과 같은 계급 외적 요소들까지 포괄하는 개념이라는 측면에서 다중적인 성격을 지닌다는 점은 이론의 여지가 없을 것이고, 북조선의 '인민' 개념 속에도 그러한 다중적인 민중이 포괄되어 있기 때문이다.

이러한 문제의식의 해답을 찾기 위해 이 글은 북조선의 역사에서 사라져 버린 민중 담론과 '인민'의 관계를 살피고자 한다. 먼저, 북조선에서 '인민'이 어떻게 창조 또는 재창조되었는지, 그 의미는 무엇인지 살필 것이다. 그리고 그 과정에서 소외된 민중 또는 인민들이 북조선의 현실 속에 어떻게 존재하고 있는지, 또 그들은 어떻게 변혁주체로, 변혁의 방법으로서 자각하고 기능할 수 있는지 살펴보고자 한다. 다만 선행연구에서 이런 검토가 이루어진 적이 없으므로, 이 글은 상당 부분 시론試論적 성격을 띠고 있음을 밝혀둔다.

2. 인민의 창조

한국의 근대국가 수립 과정이 식민지 경험에 의해 왜곡되었다는 점은 주지의 사실이다. 대한제국이 일본의 식민지가 되었다는 사실은 한국의 근대국가 수립운동이 독립운동 또는 식민지 민족해방운동으로 전환되었음을 의미했다. 또, 그 운동의 주체 형성 과정은 곧 새로운 근대국가의 주체가 형성되는 과정이기도 했다. 즉, 조선 후기 이래 근대 국민국가 수립의 과정에서 민중의 저항운동과 개화 세력의 개혁운동을 통해 근대 주체로서의 '민'의 자각이 시작되었지만,[2] 그것이 집단적 주권의식이나 시민의식으로 발전되기 전에 식민화의 길을 걸음으로써 근대 주체의 형성은 전혀 다른 모습으로 양분되어 나타나게 되었던 것이다.

---

2) 이 같은 포괄적인 견해를 보인 연구로는 김성보, 「남북 국가 수립기 인민과 국민 개념의 분화」, 『한국사연구』 144, 2009, 70쪽; 정창렬, 「백성의식, 평민의식, 민중의식」, 『현상과 인식』 5-2, 1981; 서영희, 「개화파의 근대국가 구상과 그 실천」, 한국사연구회 편, 『근대 국민국가와 민족 문제』, 지식산업사, 1995; 김동택, 「근대 국민과 국가 개념의 수용에 관한 연구」, 『대동문화연구』 41, 2002; 왕현종, 『한국 근대국가의 형성과 갑오개혁』, 역사비평사, 2003 등 참조. 그런데 필자는 민의 자각이 곧 서구적 개인, 즉 시민의 형성을 의미한다고 할 수 있을지 의문이라는 점에서 아직도 많은 연구 과제를 안고 있다고 생각한다.

다시 말하면 각기 다른 방향에서 형성되기 시작한 민의 자각은 근대화 과정을 거치면서 하나의 시민의식으로 자리 잡지 못하고, 해방정국에 이르기까지 각기 다른 길을 걸어가고 있었던 것이다. 이 같은 단절은 결국 위로부터의 개혁 과정에서 형성된 민의 자각은 대한민국의 '국민'의식으로, 아래로부터의 민의 자각은 조선민주주의인민공화국의 '인민'으로 수렴 또는 표상되는 결과를 초래했다고 할 수 있다. 그것은 최소한 대한민국과 조선민주주의인민공화국의 건국 주체들에 의해 주장되고 공포되었다.

해방 후 사회주의자들과 중도 좌파 인사들은 왜 '인민'이라는 호명을 선호했을까? 명확한 이유는 아직 제대로 해명되지 않았지만, 혁명을 추구하는 사회주의자들이 민의 권리와 주체성을 강조하는 '인민'에 더 친연성을 느낀 데 비해, 국가를 중시하는 민족주의자들은 국가에 종속되는 개념인 국민을 선호했을 개연성을 주목하는 의견이 제기되어 있다.[3]

아직 국가가 수립되지 않았던 시점에서 새로운 국가의 주체로, 자각된 민을 표상하는 용어로 사회주의자들이 '인민'을 호명했을 개연성도 있다. 반면 대한민국 임시정부의 법통을 강조한 우파 정치인들이 '국민'이라는 호명 속에서 임시정부의 법통 계승이라는 자신들의 정치적 의도를 관철시키려 했던 점도 영향을 미쳤을 것이다. 임시정부 환국 이후 김구는 "우리를 신뢰하야 주는 국민의 뜻을 고맙게 또 든든하게 생각한다"라며 국민을 호명했다.[4]

일제 시기에 민(衆)을 지칭하던 대중이나 민중, 인민 등의 용어 중에 사회주의자들이 주로 인민을 사용하게 된 것은 아마도 1935년 코민테른 7차 대회 이후 '반파쇼 인민전선' 노선의 영향을 받은 것이 아닐까 한다. 현재

---

3) 김성보, 「남북 국가 수립기 인민과 국민 개념의 분화」, 『한국사연구』 144, 2009, 74쪽.
4) 『동아일보』 1945. 12. 1.

누가 인민이라는 번역어를 선택했는지, 어떤 의도가 포함된 것인지, 어떤 과정을 통해 전파되었는지 등에 관해 명확히 검정된 바는 없다. 그렇지만 당시 이 노선이 중국공산당을 통해 전달되었다는 점과 1933년 중국공산당이 만주에서 반일 연합전선으로 인민혁명군 건설을 결정했고, 그에 따라 동북인민혁명군이 결성되었다는 점을 주목할 필요가 있다. 김일성을 비롯한 많은 사회주의자들이 만주에서 활동하고 있었고, 그들은 중국공산당에 가입했거나 그 영향하에서 민족해방운동을 전개하고 있었기 때문이다.

특히 김일성은 1934년부터 동북인민혁명군에서 활동했다. 또한 북조선 측은 1932년 김일성이 처음으로 결성 과정에 참여했던 유격대를 조선인민혁명군으로 명명하고 있다. 이 같은 사실과 함께 1936년 김일성이 주도했던 조국광복회의 강령은 흥미로운 점을 시사한다. 조국광복회는 10대 강령의 첫 항에서 "조선 민족의 총동원으로 광범한 반일 통일전선을 실현함으로써 강도 일본 제국주의의 통치를 전복하고 진정한 조선인민정부를 수립할 것"을 표방했다.[5]

조국광복회 자체가 코민테른 7차 대회의 영향 아래 통일전선체를 지향하면서 건설된 조직임을 상기한다면, 이 시기에 김일성과 그 주변 공산주의자들은 억압받는 조선 '민족'을 대변하는 신국가의 주체로 '인민'을 호명하고 있었다고 볼 수 있다. 그리고 그 방법은 광범한 통일전선이었다. 김일성에게 통일전선의 주체인 인민은 '민족'이면서 '민중'이었다. 또 '대중'이기도 했다. 아래와 같은 회고는 그 사실을 잘 보여준다.

우리에게 담보가 있었다면 그것은 2천만 민중의 힘이었다. 2천만을 잘 훈련시켜

---

5) 『김일성 저작집 1』(1930. 6~1945. 12), 조선로동당출판사, 1979, 127쪽.

도처에서 들고일어나 일본 군경들을 족치면 나라를 독립시킬 수 있으리라는 배심이 우리에게 있었다. (…) 나라를 찾자면 <u>2천만 민중</u>이 합심해야 하며 <u>2천만 민중</u>을 한마음 한뜻으로 뭉치게 하자면 령도의 중심, 통일 단결의 중심이 있어야 한다는 진리를 뼈에 사무치도록 깨달았기 때문이었다. 내가 김혁, 차광수, 최창걸과 같은 사람들을 그토록 사랑하고 잊지 못해 하는 것은 그들이 나에 대한 노래를 짓고 나를 지도자로 내세워서가 아니다. 바로 그들이 <u>우리 민족</u>이 그처럼 절절하게 바라면서도 실현할 수 없었던 통일 단결, 우리 <u>인민</u>의 자랑이고 영광이며 무궁무진한 힘의 원천인 참다운 통일 단결의 시원을 열어놓고 우리나라 공산주의 운동에서 령도자와 <u>대중</u>의 일심동체를 이룩한 통일단결의 새 력사를 피로써 개척한 선구자들이기 때문이다.[6] (밑줄—인용자)

김일성은 독립 투쟁에서 지도자와 대중의 결합이 중요함을 역설하는 한편, 2천만 민중의 광범위한 반일 통일전선의 필요성을 언급했다. 그리고 그것이 민족과 인민의 이익을 대변하는 것임을 주장하고 있다. 이는 훗날 회고한 자료라는 점에서 1930년대에 실제로 이런 용어를 사용했다는 증거로는 불충분하다. 그렇지만 해방 이후 김일성의 연설에서 민중이라는 용어가 점차 사라져간 점을 감안한다면, 비록 회고라 하더라도 당시의 인식을 반영하려 노력했음을 알 수 있다. 김일성의 이런 인식은 해방 직후에도 표현되었던 것으로 확인된다. 1945년 10월 김일성은 청진에서 행한 연설에서 민족, 민중, 대중, 인민 등의 용어를 혼용해 사용했다.[7]

---

6) 김일성, 「제4장 새로운 진로를 탐색하던 나날에」(1930. 5~1930. 12), 『김일성 저작집 46』(1930. 5~1933. 2), 조선로동당출판사, 1996, 44쪽, 107~108쪽.
7) 김성보, 「남북 국가 수립기 인민과 국민 개념의 분화」, 『한국사연구』 144, 2009, 75쪽(김일성, 『민족대동단결에 대하야』, 조선공산당청진시위원회, 1945). 이 문건은 『김일성 저작집』에는 실려 있지 않다.

1946년 초에도 비슷한 호명이 등장한다. 1946년 신년사에서 김일성은 민족, 인민정치, 인민생활 등의 용어와 함께 민족통일전선의 주체로 '인민'을 호명하고 있다.[8] 이때 다른 용어는 사용되지 않았다. 그런데 2월 8일 진행된 '북조선 민주주의 정당, 사회단체, 행정국, 인민위원회대표협의회에서 한 보고'에서는 인민뿐 아니라 민족, 대중, 민중이라는 용어가 혼용되고 있다. 식민지기 농민의 열악한 상태를 설명하면서 등장한 용어이기는 하지만, 심지어 국민이라는 용어도 등장한다. 그는 식민지기 농민의 상태에 대해 "일본 침략 정책은 자기의 노력으로 전 국민을 먹여 살리는 반수 이상의 농민들에게 토지가 없게" 했다고 비판했다. 이 연설에서 '민중'이라는 용어는 식민지기뿐 아니라 해방 이후의 민중들에게도 사용된다. "미증유의 민중의 정치적 열성의 향상과 조선 인민들의 열렬한 애국심과 민족적 문화가 부활", "민중의 이익을 반영하며 조선에 민주주의적 질서를 건설", "민중들 사이에 광범한 문화계몽사업을 전개시킬 것"[9] 등의 표현이 나타나고 있다.

이 같은 사례들은 해방 직후 인민이라는 용어가 압도적으로 많이 사용되고 있기는 했지만, 민중이라는 용어도 같은 의미로 사용되고 있었음을 확인시켜준다. 그렇지만 이 연설을 끝으로 김일성의 연설이나 담화에서 민중이라는 용어는 더 이상 확인되지 않는다. 조선공산당 북조선분국의 기관지 『정로』에 보도된 그의 연설은 당대의 자료라는 측면에서, 또 당의 공식 입장을 대변하는 자료라는 점에서 신뢰성이 높고 그 의미 또한 크다. 이 신문에 실린 연설문들에서는 민중 대신 인민, 대중, 군중 등의 용어가 그 자리를 차지한다. 이 시기 『정로』에서 확인되는 김일성의 민중에 대한 호명은 [표

---

8) 김일성, 「신년을 마지하면서 우리 인민에게 드림」, 『정로』 1946. 1. 1.
9) 김일성, 「목전 조선 정치 형세와 북조선인민위원회의 조직 문제에 관한 보고」, 『정로』 1946. 2. 10.

[표 1] 『정로』에 실린 김일성의 언술에 나타난 민중 호명

날짜/게재일	기사명	호명
1946. 1. 1	신년을 마지하면서 우리인민에게 드림	민족, 인민
1946. 2. 8/2. 10.	목전 조선 정치형세와 북조선인민위원회의 조직 문제에 관한 보고 (북조선 민주주의 정당, 사회단체, 행정국, 인민위원회대표협의회에서 한 보고)	인민, 민족, 대중, 민중, 국민
1946. 2. 14.	북조선임시인민위원회 각위원의 포부 ─북조선임시인민위원회 위원장 김일성동지 담	조선인민, 인민
1946. 3. 1.	3·1의 교훈을 본받어 건국사업에 매진하자!	민족, 인민, 대중, 근로대중, 혁명군중, 군중, 애국전우
1946. 3. 1/3. 4.	3·1운동의 정신계승 민주주의 국가를 건설 ─평남3·1운동기념대회에서	삼천만 백의동포, 민족, 대중, 군중, 인민, 동포
1946. 3. 9.	토지개혁법령발포는 민족적 복리의 출발	조선인민, 인민, 민족, 동포, 농민대중
1946. 4. 5/4. 10.	김일성장군의 축사 (북조선인민교원직업동맹 결성식)	조선인민, 조선민족, 인민
1946. 4. 10/4. 20.	토지개혁사업의 총결과 금후과업에 대한 보고 ─조선공산당북조선분국 제6차 확대집행위원회	인민대중, 인민, 군중, 조선인민, 군중, 인민군중
1946. 5. 1.	5·1절을 기념하면서 동포에게 고함	동포, 근로대중, 인민, 민족
1946. 5. 1/5. 2.	5·1절을 마지하며 조선동포에게 고함	동포, 대중, 인민, 민족

1]과 같다.

김일성의 연설에서 민중이라는 호명이 확인된 2월 8일은 공교롭게도 북조선 임시인민위원회가 결성된 날이다. 이후 그의 연설에서 민중이 사라지고 인민이 핵심어로 등장한 것은 임시인민위원회 건설과도 연관이 있어 보인다. 그런데 1979년에 발간된 『김일성 저작집』에는 이날의 연설에 등장한 '민중'이 '인민'이나 '인민대중' 또는 '대중'으로 수정 기록되었다. 일제에 대한 저항주체였던 '조선 민중'은 '조선 인민'으로 대체되었고, 국민이라는 용어는 '붉은 군대의 위력'에 대한 언급과 함께 삭제되었다.[10]

이런 조작은 민중이 사라지고 인민이 통일된 호명으로 등장하는 과정에 정치적 이유가 내포되었음을 보여주고 있다. 그것은 식민지기의 민족해방운동의 주체를 넘어서, 신국가 건설과 인민민주의 혁명 또는 사회주의 혁명이라는 새로운 정치적 과제를 수행해 나갈 주체를 새롭게 창조하려는 정치적 의도로 해석할 수 있다.

다시 말하면, 1946년 초 김일성 세력은 계급 노선보다 통일전선 노선을 강조한 자신의 혁명 노선을 수행해 나갈 주체를 '인민' 또는 '인민대중'으로 호명하고 구성하기 시작했던 것이다. 이는 자신의 통일전선적 노선을 담는 용어로 '인민'을 선택한 것이기도 했지만, 해방 직후 민중의 자주적 정권 기관으로 인민위원회가 광범하게 건설되고 있었던 현실을 반영하기에도 충분한 호명이었다. 인민이라는 호명이 가지는 이런 정치적 의미는 같은 시기 김일성의 다른 연설에서도 확인할 수 있다.

우리는 진보적 민주주의에 기초한 자주 독립국가를 건설하여야 합니다. 그러기 위하여서는 민주주의 인민공화국을 세워야 합니다. 지금 나라의 방방곡곡에서는 인민대중의 창의에 의하여 인민위원회들이 조직되고 있습니다. 우리는 하루빨리 모든 지방에 인민위원회를 조직하고 그에 토대하여 민주주의 인민공화국을

---

10) 김일성, 「목전 조선 정치 정세와 북조선 임시인민위원회의 조직에 관하여」, 『김일성 저작집 2』(1946. 1~1946. 12), 조선로동당출판사, 1979. 이 같은 조작은 1946년의 신년사에도 나타난다. "민주주의 정치를 완전히 실행하야 조선 인민으로 하야곰 진정한 자유를 얻도록 노력해야 한다"(『정로』)라는 표현이 "민주주의적 시책들을 실시함으로써 인민대중에게 진정한 자유를 보장하여주며 인민 생활을 실질적으로 개선하여야 합니다"(김일성, 「신년을 맞이하면서 전국 인민에게 고함」, 『김일성 저작집 2』(1946. 1~1946. 12), 조선로동당출판사, 1979, 2쪽. 밑줄―인용자)라고 수정되어 있다. 조선 인민이 인민대중으로 바뀌고 인민 생활에 관한 부분이 추가되었다. 인민 생활에 관한 부분은 연설의 앞부분에 한 번 등장했던 내용인데, 『김일성 저작집』에는 한 번 더 추가되었다.

세워야 할 것입니다. (…) 우리가 광범한 인민대중을 굳게 묶어세우기 위하여서는 각계각층의 모든 애국적 민주 력량을 망라하는 민족통일전선을 형성하여야 합니다.[11] (밑줄—인용자)

이 연설 역시 후대에 조작되었을 가능성이 있지만, 인민(대중)과 인민위원회, 인민공화국의 관계를 설명하고 있다는 점에서 혁명과 건설의 주체로 인민을 호명하는 이유를 설명하는 자료로서 의미가 있다. 이 문서에서 김일성은 새로운 독립국가를 인민공화국으로, 그 실현 주체를 인민대중으로 설정하고 있다. 그리고 그 권력은 인민대중의 창의에 의한 인민위원회로부터 시작된다고 주장하고 있다. 인민대중은 각계각층의 애국 민주 역량에 의해 민족통일전선으로 묶이는 과정을 거친다.

그럼 인민대중은 누구인가? 해방 직후 김일성이 호명한 인민대중은 '각성되지 못한 인민'을 포괄하는 개념이었다. 그리고 봉건 세력과 부르주아 자산계급 세력, 애국적 민주 세력들이 그 '각성되지 못한 인민'들을 서로 전취하기 위해 경쟁하고 있는 것으로 파악했다. 그래서 이들 인민대중을 쟁취하기 위한 민족통일전선운동이 핵심적 위치를 차지하게 되는 것이다. 또 그렇기 때문에 앞으로 수립될 국가는 '부르죠아공화국'도 '소비에트공화국'도 아닌 '민주적 인민공화국'이 되어야 했다. 나아가 그는 민족통일전선운동이 일제와 싸우기 위한 것일 뿐만 아니라, 해방된 오늘에도 필요하다고 주장한다. 다만 그 내용과 형식에서 "일제 잔재와 봉건 잔재를 쓸어버리며 나라의 완전 자주 독립을 실현하기 위한 것으로서 그 운동은 합법적이며 공개적인 형식으로 진행"된다는 점에서 차이가 난다고 주장했다.[12]

---

11) 김일성, 「진보적 민주주의에 대하여—평양로농정치학교 학생들 앞에서 한 강의」(1945. 10. 3), 『김일성 저작집 1』(1930. 6~1945. 12), 조선로동당출판사 1979, 284~285쪽.

김일성의 이런 언급은 새롭게 건설될 '민주주의 인민공화국' 건설의 주체에서 배제될 세력과 주체가 될 '인민대중'의 범주가 정해지는 과정이기도 했다. 먼저 매판자본가, 지주, 민족 반역자, 친일파들은 '반인민 세력'의 이름으로 인민의 범주에서 배제되었다. 다만, 그들도 인민의 이익을 옹호하기 위해 정치적 전향을 할 경우 인민의 범주에 포함될 수 있었다. 그것은 "돈 있는 자 돈으로, 지식 있는 자 지식으로, 힘 있는 자 힘으로"라는 그의 통일전선관이 보여주는 바 그대로였다. 이 같은 인민관의 형성은 박헌영, 최창익 같은 사회주의자들도 동의했던 것들이었다.

김성보는 이를 "인민과 인민의 적으로 나누는 이분법적 가치관, 근로계급을 중심으로 한 인민 구성의 이해, 역사발전의 주체로서 인민을 이해하면서도 지도자의 영도를 강조함으로써 실제 정치에서는 수동적 동원의 대상으로 인민의 위상이 파악되는 인민상"으로 이해했다. 또 이는 19세기 말, 20세기 전반기에 민에 대한 일반적 호칭으로 사용되던 인민은 물론 '인민주권론'의 맥락에서 이해되어온 근대의 보편적 인민 개념에서도 크게 벗어난, 사회주의 이념에 의해 재정의된 인민 개념으로 보았다.[13] 해방 공간에서 인민이 수동적 동원의 대상으로 파악되었다고 보기에는 무리가 있지만, 인민과 인민의 적으로 나누는 이분법적 가치관이 형성되었다는 분석은 경청할 필요가 있다.

민중을 혁명주체로 이끌기 위한 호명으로서 이 같은 인민 개념을 해방공간의 사회주의자들이 순식간에 합의하고 사용한 것은 아니었다. 민중이라는 호명은 우익이나 중도 우파에 의해 주로 사용되었지만, 그들의 전유물은 아니었다. 김일성의 연설에서 민중이 사라진 뒤에도 민중이라는 호명은 다

---

12) 위의 글, 282~285쪽.
13) 김성보, 「남북 국가 수립기 인민과 국민 개념의 분화」, 『한국사연구』 144, 2009, 80쪽.

른 방식으로 여전히 사용되었다.

1946년 3월 1일 평양에서 거행된 '평남 3·1운동 기념대회'에서 김일성은 연설을 통해 삼천만 백의동포를 민족, 대중, 군중, 인민의 이름으로 호명했고, 결의문에서는 민족과 인민만을 호명했지만 정작 결의문의 제목은 「민중 결의문」이었다.[14] 3월 15일자 『정로』는 사동탄광의 모범적인 당세포 활동을 소개하면서 이들이 민중 사이에서 모범적으로 역할하고 있다고 보도했다.[15] 1946년 10월에 진행된 강동군의 김일성 환영대회의 명칭도 '환영 민중대회'였다.[16] 1947년에도 『로동신문』은 중국과 소련의 민중 동향과 함께, 민중의 김일성 환영과 같은 기사를 다루고 있다.[17]

『로동신문』에서 국내 소식과 관련하여 '민중'이라는 용어가 사라진 것은 1947년 6월 이후이다. 이 시기를 전후하여 '인민'이라는 용어가 민중을 대신해 주도적 위치를 확고히 잡은 것으로 보인다. 김일성에 의해 1946년 초부터 배제되기 시작한 민중이라는 호명이 1년여가 흐른 뒤 당의 공식 기관지에서도 사라진 것이다.

그런데 인민의 창조 과정에서 주의 깊게 살펴보아야 할 점이 몇 가지 있다. 먼저 해방 직후 국가 수립단계에서 형성된 인민 개념이 단순히 서구적 '인민주권' 개념을 차용한 것이 아니라, 식민지 민족해방운동의 과정에서 형성된 민족통일전선 개념에 입각해 성립되었다는 점이다. 개인의 자각이

---

14) 『정로』 1946. 3. 4.

15) 『정로』 1946. 3. 15.

16) 『로동신문』 1946. 10. 18.

17) 국내 소식: 「민중의 열광적 환호 속에 국제직련대표단을 전송—평양역전광장에서 환송대회」 (1947. 4. 4), 「감격에 넘친 민중들 김 장군께 감사문작성」(1947. 6. 29). 국외 소식: 「북조선 각시인민위회 수립1주년을 경축하여 동북연변지구민중대회—북조선인민위원회에 통전문」 (1947. 3. 5), 「수십만 민중 레닌 묘전에서 쓰딸린 동무 만세를 웨치며 붉은 광장에 대시위행진 —모쓰크바의 5·1절」(1947. 5. 8).

미흡하고 시민사회의 영역이 형성되기 이전에 식민지를 경험한 상황에서 자연스럽게 형성된 새로운 개념이자 새로운 주체였던 것이다. 이것은 식민지 권력이 민중을 직접적으로 억압하고 있는 상황에서, 그 극복의 주체로 설정되었던 민중의 민족해방의지를 계승하면서, 해방 후 신국가 건설이라는 공동의 목표를 실현시켜 나갈 새로운 주체로서 '인민'이 창조되었음을 의미한다. 즉 해방 직후 인민의 개념에는 공동의 목표를 매개로 한 집합적 또는 공동체적인 성격과 함께, 반식민·반제국주의라는 강력한 저항성을 가진 민중 개념이 내재되어 있는 것이다.

두 번째로 우리가 면밀하게 검토해야 할 부분은 인민의 구성 변화이다. 해방 이전과 해방 직후, 그리고 정부 수립 이후 인민의 구성과 성격이 주어진 과제에 따라 조금씩 달라지는 점을 주목할 필요가 있다. 엄밀히 말하면 해방 직후의 인민은 사회주의 인민이 아니라 인민민주주의 단계의 인민이다. 일제 시기의 인민 또는 민중이라는 호명이 반식민지 민족해방운동의 주체적 성격을 가진 것이었다면, 해방 직후의 인민은 반제 반봉건과 독립국가 수립운동을 그 임무로 하고 있었다. 이런 성격 변화는 1957년의 공식적 인민규정을 보면 쉽게 드러난다. 조선로동당출판사에서 펴낸 『대중정치용어사전』은 인민을 "일정한 시기에 있어서의 그 나라의 혁명 과업을 해결하는 데 함께 참가할 수 있는 주민"으로 규정한다. 또 "인민을 구성하는 요소는 그 나라가 처한 력사적 조건에 따라 변한다." 1950년대 중반 북조선 인민은 "친미파 민족 반역자들을 제외한 모든 사람"을 의미했다.[18] 결국 북조선의 인민은 혁명단계에 따라 새롭게 구성되고 재창조되는 혁명의 주체인 것이다.

---

18) 『대중정치용어사전』, 조선로동당출판사, 1957, 214쪽.

세 번째로 살펴보아야 할 것은 국가와 인민의 관계이다. 북조선에서 인민은 그 형성 과정부터 현재에 이르기까지 자신의 목표와 국가의 목표가 동일하게 설정되어 있다. 자주 독립국가 수립의 목표가 이미 달성되었고, 공식적으로 사회주의 단계 진입이 선포된 이후의 규정에서도 '나라의 혁명 과업'에 대한 참가 유무로 인민의 성격이 규정되고 있다. 이 점은 국가 건설 이전의 인민도 논리적으로는 국가의 이해관계에 의해 규정되어 있었다는 점과 함께 고려할 필요가 있다. 즉 식민지기에도 아직 세워지지 않았지만, 이제 곧 수립될 민중 또는 민족, 인민의 이익을 대변하는 새로운 국가를 전망하면서 인민의 구성과 '의무'(곧 혁명 목표)를 설정하고 있었던 것이다. 이 같은 흐름이 해방 직후에도 이어졌음은 이미 살펴본 바와 같다.

인민 형성 과정의 이런 문제들은 근본적으로 국가와 인민의 이해관계가 어디까지 일치할 수 있는가라는 본원적 의문을 제기한다. 국가 또는 예비국가와 인민의 이해관계는 식민지기 또는 혁명적 시기에는 상당 부분 일치하거나, 공동전선을 펼 수 있는 공간이 상대적으로 넓다. 그런데 인간이 일생을 끊임없이 혁명적 과업을 위해 살 수 있는가, 특히 사회의 모든 구성원이 그렇게 될 수 있는가라는 물음에는 회의적이다. 그것이 아무리 사회주의 국가라 할지라도 국가의 억압성을 극복한 단계라고는 할 수 없기 때문에 더욱 그러하다.

사회주의 국가에서도 여전히 지속되는, 또는 가장 큰 병폐로 지목되고 있는 관료주의 문제, 그리고 프롤레타리아 '독재'가 근본적으로 내포하고 있는 폭력성의 문제는 어떻게 해결할 것인가도 남는다. 사회주의 단계의 독재가 공산주의 단계의 인간 해방을 목표로 하고 있다 해도, 그것은 본원적 문제를 해결해주지 못한다. 해방을 위한 과정으로 국가의 억압을 어디까지 받아들일 것인가의 문제가 있기 때문이다. 더군다나 북조선은 2009년 4월 개정헌법에서 공산주의 관련 문구를 삭제했고, 김정일도 정치의 목표를 공산주의가 아닌 사회주의로 설정했다.[19] 이러한 변화가 '독재'를 지속할 수 있는 명분이 될 수 있을지는 몰라도, 국가가 인민에 대한 억압을 계속할 수 있는 정당성을 부여하는 것은 아니라는 데 문제가 있는 것이다.

결국 해방 후 북조선에서 새롭게 창조된 인민과 국가는 식민지기 민족해방운동에서부터 국가 수립 시기까지의 저항정신에 바탕한 민중성을 강하게 공유하고 있었지만, 국가가 건설되는 순간 인민과 국가는 민중성(민중주의)과 국가성(국가주의)이라는 경쟁관계를 피할 수 없게 되었다. 그리고 시간이 갈수록 국가성(국가주의)은 주도적 자리를 차지하게 되고, 인민의 민중성(민중주의)은 점차 탈각되어가는 과정을 거치게 되었다.

3. 인민의 균열과 민중, 그리고 국가

북조선에서 인민은 식민지기의 계급적·민족적 저항성, 해방 직후의 반봉건적 혁명성과 국가주의, 정부 수립 이후의 혁명적 국가 건설 노선 등의 요소들이 결합되어 새롭게 창조되었다. 결국 '인민'의 이중성, 즉 아래로부터의 민중성과 위로부터의 국가성이라는 성격은 이미 출발부터 뒤섞여 내재되어 있었던 것이다. 그것은 필연적으로 두 가지 요소의 직접적인 충돌이 예비되어 있음을 의미했다.

그 충돌의 징후는 해방 직후부터 발견된다. 인민의 주도 세력인 노동자들의 조직화 과정도 예외가 아니었다. 해방 직후 1945년 11월 30일 결성된

---

19) 『연합뉴스』 2009. 9. 29.

조선노동조합전국평의회 북조선총국은 대회 결의문을 통해 "북부조선에 있어 비록 임시자치기관이나 로동자계급도 참가한 인민주권임을 망각하고 노동규율 국가규율을 파괴함을 간과할 수 없다"고 천명하면서 그 같은 경향을 '무정부주의적 산디칼리즘'이라고 천명해, 인민위원회가 자신들도 참여한 인민주권임을 인정하고 있다. 또한 당면과제인 민족통일전선 결성에 적극 참여할 것, 그리고 "일본 제국주의 잔재 급及 반민족분자를 숙청하는 데서만 민족통일전선은 굳게 되며 인민공화국 건설의 주도적 역할을 할 수 있음"을 주장하고 있다. 앞으로 수립될 국가의 성격을 노동자계급이 주도하는 인민정권으로 규정하고, 그 실현을 위한 통일전선에 적극 참여하겠다는 이야기이다.

총국은 한편으로 "로동자의 이익 옹호와 복리 증진을 위하야 로동 입법을 국가에 요구하여 단체규약권을 주장"함으로써 자신들의 계급이익 관철을 요구하기도 했다.[20] 노동의 이익을 요구하고 있지만, 다른 한편에서 아직 확정되지 않은 국가의 이익과 그것을 일체화하고 있었던 것이다. 이것은 노동자의 이익, 나아가 인민의 이익이 건국이라는 목표에서 일치하고 있다는 시각을 반영한다. 또한 이것은 그 내부에 이미 두 가지 요소의 충돌이 나타나고 있었음에도 불구하고, 노동자 또는 그 조직이 인민주권의 주체이자 새로운 국가 건설의 주체로 자리 매김되는 과정이기도 했다.

이후 노동조직은 건국 과정에서 조선로동당과 보조를 맞추어 자신의 역할을 큰 충돌 없이 진행했다. 이 시기에 근대 주체로서 인민의 형성이 본격화되었다. 그것은 토지개혁법, 노동법과 남녀평등법 등의 법률 제정 과정에서 근로 인민들의 욕구가 반영되는 형태로 진행되기도 했고, 보통강 개수

---

20) 『정로』 1945. 12. 5.

공사와 같은 대규모 토목공사를 통해 이루어지기도 했다. 각종 학교의 건립이나 성인 교육을 통해 인민들 사이에는 자신감과 함께 당과 국가에 대한 신뢰와 일체감이 형성되어가기도 했다.

국가가 내건 민주개혁이 어느 정도 성과를 달성할 즈음, 국가는 '통일정부 수립', 즉 '국토완정'을 인민의 새로운 임무로 내걸었다. 곧이어 일어난 전쟁은 정부 수립 이후 드러날지도 모를 국가와 노동계급의 충돌을 잠시 유보시켰다. 그런데 전쟁의 현실은 민중들에게 국가와의 신뢰보다는 생존의 문제로 다가왔다.

의용군 지원이 자신의 문제가 되었을 때, 민중은 적극적으로 전쟁에 참전하는 경우도 있었지만, "지금 야단났소. 청년들이 이왕 인민군대에 나가게 된다고 하며 술만 먹고 있으니 이제는 세상이 다되지 않았오"라며 자조하거나, 도망을 통해 저항하기도 했다. 원산시 당원의 11.6%가 도피하고, 남포시당 36개 세포위원장과 당원의 12%가 도피했다. 이런 사태의 결과 전쟁 초기의 미군 폭격 직후, 각 생산직장의 생산율과 출근율은 전반적으로 급격히 감퇴했다. 예를 들어 원산차량공장은 11.5%, 남포제련소는 21%의 출근율을 보이는 데 그쳤다.[21]

전쟁이 진행될수록 인민의 생존권은 더욱 곤경에 처했다. 미군의 공습은 일상을 죽음의 공포로 몰아넣었다. 일본을 통해 경험된 원자폭탄 투하에 대한 두려움은 절대적인 생명의 위협이었다. 일시적이긴 했지만 국토의 대부분을 잃었고, 학살의 공포가 지배했다. 그럼에도 국가와 인민의 결합은

---

21) 「적기의 폭격하에서와 그로 인한 피해의 복구 정리를 위한 당 단체들의 사업 정형에 대하여—당 중앙정치위원회 제48차 회의 결정서」(1950. 7. 29), 조선로동당 중앙위원회, 『결정집』(1947. 8~1953. 7 당 중앙정치위원회), 13~15쪽. 이 같은 내용은 이신철, 「전쟁 피해와 조선민주주의인민공화국 사회의 변화」, 『역사문제연구』 6, 2001, 23~24쪽 참조.

강고했다. 비록 70만 명 이상의 월남자가 발생했지만, 그것은 전황에 비하면 적은 숫자였다.

국가가 내건 구호는 "미국 간섭자들의 야수적 침공을 반대하여 조국의 독립과 자유와 민주를 고수하기 위한 정의의 전쟁"이었다.[22] 그것은 곧 "미제와 이승만 역도의 무력 침공을 반대하는 조선 인민의 투쟁은 조국의 자유와 독립을 위한 정의의 조국 해방 전쟁인 동시에 국내 반동 세력을 반대하는 첨예한 계급투쟁이며, 인민민주주의제도를 고수하기 위한 혁명전쟁"이었다. 또한 그것은 "조선전쟁을 확대하여 세계대전을 일으키려는 미제의 책동을 분쇄하고 세계 평화와 안전을 수호하며 사회주의 진영의 동방 초소를 고수하기 위한 투쟁"으로 정의되었다.[23]

북조선의 당과 지도부는 자신들이 일으킨 전쟁을 인민의 투쟁, 정의의 전쟁으로 규정하고 조국의 자유와 독립, 그리고 민주를 위해 투쟁할 것을 독려했다. 그들이 말하는 조국이란 식민지에서 벗어난, 봉건계급으로부터 토지를 획득한, 그리고 인민의 손으로 세운 새로운 국가를 의미했다. 당과 국가의 존립이 인민의 이익을 존속시키는 절대조건으로 부상한 것이다. 전쟁 중에 선전된 이런 논리는 인민의 총력전이라는 실질적인 성과로 이어졌다. 당의 결정이나 전시체제에 대한 저항은 거의 없었다.

문제는 전쟁의 발발 과정에서 인민의 동의가 추상적인 수준이었다는 점

---

22) 김일성, 「모든 력량을 전쟁 승리에로 총동원할 데 대하여—조선로동당 중앙위원회 정치위원회에서 한 결론」(1950. 6. 26), 『김일성전집 12』, 21쪽; 박헌영, 「조선인민군 창건 三주년 기념—평양시 경축대회에서 진술한 박헌영 동지의 보고」, 『근로자』 제2호(63), 1951. 2. 25; 『로동신문』 1951. 2. 9.

23) 『정당사』(조선로동당 역사교재), 혁신사, 1964, 250쪽. 북조선의 전쟁 인식에 관해서는 이신철, 「조선민주주의인민공화국의 6·25 남북전쟁에 대한 연구동향」, 국사편찬위원회 편, 『북한의 한국사연구동향 (2) 근·현대편』, 2003 참조.

이었다. 그들이 동의한 것은 국토완정이었다. 그것이 전쟁을 통해 달성할 목표라는 데는 동의한 적이 없었다. 전쟁은 발발 순간부터 철저히 북침으로 설명되었다. 인민의 동의 없이 진행된 전쟁은 인민의 생명을 담보로 한 국가의 이익 관철 과정이었고, 그것은 국가와 인민이 서로 다른 길로 들어섰음을 알리는 공개적인 선언이자 행동이었다. 다만 그것은 국가와 당에 의해 왜곡되어 잠복해 있을 뿐이었다.

이런 상황은 전후 복구 과정을 거치며 인민의 이해와 국가의 이해가 합치되면서 일시적으로 봉합되었다. 전후 복구 과정에서 인민은 나날이 들어서는 새 건물들을 보면서 자신을 위안하고 혁명에 대한 신념으로 하루하루를 버텨 나갔다. 6·25 남북전쟁 당시 월북해 김일성종합대학의 학생이었던 성혜랑은 자신과 동료들이 맨발로 동원된 작업장에서 동료들보다 뒤처지는 것이 싫어 낮잠 시간까지 반납했던 경험에 대해 이렇게 기록했다. "잘 수가 없었다. 이 위대한 대낮에 밭고랑에 죽은 거지 아이처럼 곯아떨어질 내 몸뚱치가 수치스러웠다. (…) 동무들이 오침을 마쳤을 때 나는 뒤떨어졌던 내 이랑의 김매기를 거의 마쳤다."[24]

전후 복구와 천리마운동의 시기를 거치며 등장한 수많은 노동영웅들은 바로 이런 분위기 속에서 생산되었다. 당시의 분위기를 목격한 안재홍은 "조국의 독립과 민족의 자유 및 인민의 영원한 번영 발전과 자립 자존의 영예를 위하여는 강의 불굴 영웅 무쌍하게 싸워대는 공산주의자들"이라고 표현했다.[25] 이 과정에서 북조선 민중은 다시 한 번 전후 복구와 사회주의 건설기에 적합한 '인민'으로 재창조되고 있었던 것이다.

전후 복구 시기 '인민화'의 가장 중요한 부문은 농업이었다. 농업 협동화

---

24) 성혜랑, 『등나무집』, 지식나라, 2000, 236쪽.
25) 안재홍 지음, 박문덕 엮음, 『안재홍 유고집』, 조국통일사, 1965, 30쪽.

의 과정은 곧 농민들이 인민으로 자각해가는 과정이었다. 그것은 1950년대 중반 이후 농민들이 스스로를 역사발전의 주체로 인식하고 탈바꿈해가는 과정이기도 했다. 그것은 또한 불가능하게 여겨지는 사업을 당의 지도와 스스로의 노력에 의해 실현했을 때 느끼는 자부심과 자신감에 의해 실현되어갔다.[26]

이는 곧 사회의식의 '근대화'가 진행된 것으로서, 그 근대적 자각은 '개인'으로서의 독립적 자각이 아니라 당과 국가를 따르면 무엇이든 가능하다는 집단적 주체로서의 자각, 즉 '인민'으로서의 자각이었다.[27] 이 점은 전후 인민으로서의 자각에도 서구식 근대 주체인 개인·시민으로서의 자각보다는, 민중적 공동체성에 대한 자각이 주요한 측면으로 작용하고 있었음을 보여주는 대목이다.

농업 협동화 과정에서 한 가지 유의해서 살펴보아야 할 부분이 있다. 바로 농민들이 자신들의 오래된 삶의 방식인 소거리, 품앗이 등의 전통을 살려 농업협동조합의 최소 노동단위인 분조에 활용하는 모습이다. 이에 대해 북조선 과학원 고고학 및 민속학연구소는 마을 단위의 공동체 문화가 연장된 것으로 파악했다.[28] 일상사적 관점에서는 이와 같은 경향을 침묵하는 다수에 의한 소극적 '저항'으로 이해하기도 하지만, 그것은 근대 규율을 민중이 전유하는 방식의 하나라는 점에서 재검토될 필요가 있다. 즉 국가가 요구하는 근대 규율과 농민적 또는 근로자적 수용방식이 상호 충돌적인가, 상호

---

26) 김성보, 「전쟁과 농업 협동화로 인한 북한 농민 생활의 변화」, 홍성찬·허수열·김성보·배성준·이상의·이경란 공저, 『해방 후 사회경제의 변동과 일상생활』, 혜안, 2009, 335쪽.

27) 위의 글, 337쪽.

28) 과학원 고고학 및 민속학연구소 민속학 연구실, 『조중 친선 농업협동조합 농민들의 문화와 풍습』, 과학원출판사, 1960, 174쪽(김성보, 「전쟁과 농업 협동화로 인한 북한 농민 생활의 변화」, 326쪽에서 재인용).

보완적인가라는 문제를 생각하지 않을 수 없는 것이다. 다시 말하면, 국가가 요구하는 규율 자체에 집합성과 공동체성이 포함되어 있었기 때문에 농민적 전유의 방식이 '저항'적이었다고 보기는 힘든 측면이 있는 것이다.

그렇다면 국가와 인민의 균열은 언제 다시 드러나는가? 그것은 아마도 국가적 규율이나 이익 추구에 대한 공감과 설득력이 떨어지는 상황, 즉 집합성과 공동체성이 결여되거나 약화된 경우일 것이다. 그런 점에서 1956년의 '8월 전원회의 사건'을 주목할 만하다. 이 사건은 단순히 사회주의 건설을 둘러싼 노선 투쟁의 의미를 넘어 민중과 국가권력 간의 일정한 대립관계를 반영하고 있다고 볼 수 있는 부분이 적지 않다. 많은 연구들이 이 시점을 주목한 것은 그런 가능성을 염두에 두었기 때문일 것이다.

이와 관련하여 눈여겨보아야 할 대목이 직업동맹을 둘러싼 논쟁이다. 직업동맹위원장 서휘가 제기한 일련의 문제들은 단순한 권력투쟁의 차원을 넘어서는 내용을 담고 있었다. 그가 제기한 문제들은 대표적으로 직맹의 단체협약 체결권 보장, 이와 관련된 직업동맹의 규약 개정 문제, 그리고 시간외 노동에 관한 문제 등이었다.

직업동맹은 전쟁 발발 이전에 이미 국가와 단체협약을 맺고 있었지만, 전시체제에 돌입하면서 중지되었다. 그런데 1956년 서휘가 단체협약 체결을 다시 주장하고 나왔다. 그 내용은 이전의 단체협약보다 노동자의 권익을 더 강조한 것이었다. 단체협약은 1946년과 1950년 두 차례 체결되었는데, 1950년의 그것은 "인민경제계획을 실행 및 초과 실행하며 노력조직을 개선하여 노동 규율을 강화하고 (…) 물질문화 생활수준을 향상시킬 데 대한 호상 간의 책임성을 제고할 목적"으로 성립되었다.[29] 그에 반해 1946년의 그

---

29) 조몽우, 「공화국 로동법의 발전」, 『우리나라 법의 발전』, 평양: 국립출판사, 1960, 133쪽.

것은 "노동자, 사무원의 집단을 대표하여 단체계약을 체결하며 제기된 노동 문제들의 심의 해결에 참가할 수 있다"고[30] 규정했다.

1946년의 협약이 노동자 사무원의 권익과 그것을 대변한 단체의 권한을 강조한 것이라면, 1950년의 그것은 국가와 단체가 경제성장과 생활 향상의 공동 책임 주체라는 데 초점을 맞추고 있다. 그런데 1956년에 이르러 서휘는 1946년의 내용을 담은 단체협약 체결을 주장하고 나선 것이었다. 그의 주장은 상당 부분 일선 노동자들의 업무 과잉에 따른 불만요소를 반영한 것이었다.

그렇지만 서휘의 문제제기는 전원회의 사건을 거치면서 반당적 사상으로 비판되었다. 이후 직업동맹을 둘러싼 노선 투쟁은 1957년 직업동맹의 하급 간부까지 대부분 교체됨으로써 마무리되었다. 1959년 8월엔 노동부가 폐지되고, 노동부가 담당했던 노동 규준량과 임금 사정 업무 등 상당 부분의 노동 행정 업무가 직업동맹중앙위원회로 이관되었다. 이는 직업동맹이 국가 기구화되었음을 의미했다.[31]

직업동맹의 국가기구화는 노동자의 권익을 주장할 통로가 폐쇄되었음을 의미하는 것이었다. 이는 곧 억압에 저항함으로써 자신의 이해관계를 관철하고자 하는 노동자의 민중성과 저항성이 국가 이익으로 회수되었음에 다름 아니다. 이런 변화는 비단 노동조직뿐 아니라 사회 전반에 걸쳐 진행된

---

30) 위의 글, 120쪽.
31) 직업동맹을 둘러싼 투쟁과 그 국가기구화에 관해서는 김연철, 『북한의 산업화와 경제 정책』, 역사비평사, 2001; 박영자, 「북한 노동자조직에 관한 연구 (상): 국가 건설에 좌절된 노동자 자주결사」, 『정세와 노동』 5, 2005; 「북한 노동자조직에 관한 연구 (하): 전위에 의한 현장 권력의 침식」, 『정세와 노동』 8, 2005; 김종수, 「북한 근로 단체 '침체기' 연구: 1960년대를 중심으로」, 『21세기정치학회보』 17-3, 2007; 예대열, 「해방 이후 북한의 노동조합 성격 논쟁과 노동 정책 특질」, 『역사와 현실』 70, 2008; 박창희, 「정전 후 북한 노동자조직의 성격 변화」, 『사림』 34, 2009 등 많은 논문이 다루고 있다.

것으로 보아도 무리가 없을 것이다.

'인민'을 주도적으로 이끌어야 할 노동조직의 국가기구화는 계급이익을 관철시키려는 인민의 민중성을 급격히 마비시키는 기능을 했을 것임이 자명하다. 정부 당국은 사상 통제의 기제를 통해, 또는 반미와 통일이라는 혁명 과제의 제시를 통해 국가에 대한 저항(민중성)을 애국(국가성)으로 대체하려 했지만, 이는 그리 단순한 과제가 아니었다.

국가는 국가의 이익을 관철시키기 위한 이데올로기로 사회주의적 애국주의를 표방했다. 인민과 국가 이데올로기의 균열은, 인민이 국가적 과제나 애국주의에 어긋나는 사례들을 질타한 김일성의 연설에서 쉽게 찾을 수 있다.

김일성은 평양에 사는 어떤 늙은 지주가 "나이 72살이나 되고 그의 아들들이 다 국가의 혜택으로 공부하고 대학까지 나왔는데도 계속 불만을 품고 우리를 반대하였"다고 비판했다. 그리고 인민반에서 그를 쫓아내버린 사실을 언급하면서 "사실상 제국주의의 본성이 변할 수 없는 것과 같이 지주, 자본가의 본성도 변하지 않"는다고 주장했다.[32] 김일성은 이 지주가 인민을 위한 국가의 헌신에도 불구하고 끝까지 국가에 적대적 감정을 버리지 못하자, 인민 스스로 그를 '인민'에서 배제한 사실을 정당한 것으로 설명했다.

배제와 폭력적 방식의 투쟁은 국가와 인민의 관계에서만 관철되는 것이 아니라 대외관계에서도 표출되었다. 김일성은 미국과의 대결을 위해 전쟁도 불사한다는 사상을 다음과 같이 강조했다.

---

32) 김일성, 「우리의 인민군대는 로동계급의 군대, 혁명의 군대이다. 계급적 정치교양사업을 계속 강화하여야 한다」(1963. 2. 8), 『김일성 저작집 17』(1963. 1~1963. 12), 조선로동당출판사, 1982, 85~86쪽.

우리는 모든 전쟁을 일률적으로 반대하거나 두려워할 것이 아니라 반대로 남조선에서 미국놈들을 몰아내고 조국을 통일하기 위하여 어느 때든지 한 번은 꼭 그놈들과 해방 전쟁을 하여야 하겠다는 사상으로 튼튼히 무장되어 있어야 합니다. 우리의 간부들과 당원들은 물론, 늙은이들과 녀성들, 지어 어린이들까지도 다 이런 혁명사상으로 철저히 무장하도록 교양하여야 합니다.[33]

　　국가가 제시한 사회주의 건설이라는 인민의 임무를 기준으로 진행되는 '인민에 의한 인민의 배제', 그리고 미국이라는 외부적 억압에 대해 전쟁을 포함한 폭력적 대응에 기반한 인민과 국가 이익의 일체화는, 역설적이게도 인민으로부터 탈각된, 또는 소외된 민중들을 끊임없이 양산할 수밖에 없는 구조였다. 국가와 국가(기구)화된 인민의 대표기구들이 동의한 인민의 혁명적 과제가 언제나 인민의 동의를 얻을 수 있는 것은 아니기 때문이다. 이런 상황은 반대자들의 토론이나 문제제기마저 힘들게 한다. 그것이 혁명기이거나 전시가 아니라면 갈등은 언제나 표출될 위험을 안고 있었다.

　　전쟁이 끝난 뒤 인민들은 월남자들을 미군이나 국군과 마찬가지로 적대시했다. 그들을 배신자로 낙인찍는 순간, 그 가족들에게도 굴레가 덧씌워졌다. 이런 배제와 억압은 곧 사회문제가 되었다. 김일성은 월남인 가족 차별에 대해 "형이나 동생이 월남한 것을 어떻게 책임"질 수 있겠느냐며 월남인과 그 가족을 동일시하는 것을 비판했다. 더불어 당이나 국가기구에 출신성분을 따지는 풍조가 만연해 있는 것과 관련해 당 간부들이 "공연히 수준이 어린 지도원들을 내려 보내서 간부들의 환경을 캐고 꼬리표를 붙이는 놀음

---

33) 김일성, 「당 사업을 개선하며 당대표자회 결정을 관철할 데 대하여: 도, 시, 군 및 공장 당책임비서협의회에서 한 연설」(1967. 3. 17~3. 24), 『김일성 저작집 21』(1967. 1~1967. 12), 조선로동당출판사, 1983, 251쪽.

을 하고"있다며 질타했다.

그러나 그의 질타는 매우 제한적인 것이었다. 그가 사례로 제시하며 비판한 것은 월남자 가족 중에 인민군에서 혁혁한 공로를 세워 이미 간부로 등용된 이들에 대한 꼬리표 붙이기였다. 그는 "새로 젊은 간부들을 등용할 때에는 주위 환경을 알아볼 필요"가 있다고 주장했다. 물론 그는 "주위 환경을 알아보는 것도 그것이 간부들에게 미칠 수 있는 영향 관계를 알아보고 해당한 교양 대책을 세우자는 데 목적이 있는 것이지, 결코 환경이 나쁜 사람들을 버리자는 데 목적이 있는 것이 아"니라고 주장했다.[34] 그러나 그의 언급은 결국 출신성분 조사를 정당화하는 것이었다. 김일성의 주장이 통일전선적 가치에 기초해 있는 것은 분명하지만, 그것은 국가 이데올로기를 적극적으로 수용한 인민에게만 해당되었다.

인민에 의해 배제된 인민 또는 민중은 비단 월남자 가족만이 아니었다. 귀환 포로와 귀국 동포 등에 대한 차별을 바로잡아야 한다거나, 여성의 지위 향상을 주장하는 김일성의 연설을 통해 이들에 대한 배제를 확인할 수 있다. 김일성은 1959년 당 간부들에게 행한 연설에서 "어떤 동무들은 귀환병이라면 덮어놓고 의심하며 그들의 뒤를" 캔다며 불필요하게 성분을 따지는 풍조를 비판했다. 그는 또 "인테리라고 하여 덮어놓고 보수주의자로 규정하는 것이 잘못"이라고 주장했다. 그리고 "강선제강소 같은 데에서는 뒤떨어진 일부 인테리나 문제가 있는 귀환병들을 노엽게 할가봐 반혁명분자들과의 투쟁을 좀 중지하자고 제의하는 데까지 이르렀"다며 출신성분을 문제 삼는 당시 풍조의 심각성을 지적하고 있다.

김일성은 당시의 상황을 "지난날의 경력이 복잡한 사람들을 모조리 떼여

---

34) 위의 글, 147쪽.

버리려는 좌경적 편향"과 "이런 사람들과 등질가봐 겁이 나서 반혁명분자들과의 투쟁을 사실상 포기하려는 투항주의적 경향"이 병존하는 것으로 파악했다. 그의 결론은 불필요하게 성분을 따지는 것은 잘못이지만, 반혁명분자들과의 투쟁을 약화시킬 것이 아니라 더욱 강화해야 한다는 것이었다.[35] 그는 인민에 의한 인민의 배제를 정당화하고 있었다. 더욱 심각한 것은 당시의 상황을 우려하는 현장의 목소리가 나왔음에도, 그것이 묵살되고 있었다는 사실이었다.

이런 경향은 정도는 약했지만 귀국 동포들에 대한 배척에서도 나타났다. 김일성은 북조선 인민들이 귀국 동포들과 잘 어울리지 못하고 심지어 맞서는 현상까지 나타나고 있다고 비판했다. 그는 "일부 일군들은 그들이 일본말을 하고 자본주의 냄새가 난다고 하여 그들과 잘 사귀려 하지" 않는다고 지적했다. 그런데 이런 현상에 대한 그의 해답도 다른 경우와 크게 다르지 않았다. 그는 일본에서 돌아온 사람들이 오랫동안 자본주의사회에서 살았던 만큼 그들의 머릿속에 자본주의 사상이 많을 수 있다면서, "그럴수록 우리는 그들을 우리 사람으로 만들기 위하여 그들과 가깝게 지내고 꾸준히 교양하여야"[36] 한다는 것을 해답으로 제시했다.

여성에 대한 차별 시정에 관한 김일성의 언급도 꾸준하게 있었다. 그는 1962년의 연설에서, 여성들을 교원으로 잘 받아들이지 않는 경향이 있다면서 "남자가 아니면 못하는 것처럼 생각하는 뒤떨어진 봉건사상 잔재"를 없

---

35) 김일성, 「당 사업 방법에 대하여—생산기업소 당 조직원 및 당위원장들, 도, 시, 군 당위원장들의 강습회에서 한 연설」(1959. 2. 26), 『김일성 저작집 13』(1959. 1~1959. 12), 조선로동당출판사, 1981, 137~138쪽.

36) 김일성, 「당 사업을 개선하며 당대표자회 결정을 관철할 데 대하여: 도, 시, 군 및 공장 당책임비서협의회에서 한 연설」(1967. 3. 17~3. 24), 『김일성 저작집 21』(1967. 1~1967. 12), 조선로동당출판사, 1983, 161쪽.

앨 것을 촉구했다. 더불어 "녀성들이 산전 산후 휴가를 받는 것을 시끄럽게 여기는 데" 대해서도 비판했다.[37)]

그런데 5년 뒤인 1967년 연설에서도 그는 여전히 여성 간부들을 업신여기며 할 수 있는 일도 시키지 않는 경향에 대해 비판했다. 그는 "전번 협의회에서 녀성 간부들을 체계적으로 키울 데 대하여 그렇게도 강조하였는데 녀성 간부들의 비률이 올라가기는 고사하고 중산군 같은 데서는 도리여 떨어졌"다면서 당의 정책이 집행되지 않는 상황을 비판했다. 그런데 김일성이 제시한 여성 차별의 문제해결방법 역시 국가주의나 사회주의적 애국주의를 벗어난 것은 아니었다. 그는 "녀성 간부를 등용한다고 하여 아무 능력도 없는 사람을 덮어놓고 올려놓아서는 안" 된다면서 '인민경제학원에서 공부시킨 피살자 가족들' 가운데 마흔 살 정도 되고 한창 일할 때인 사람들을 교양을 통해 대담하게 등용할 것을 주장했다.[38)]

이처럼 북조선에서 '인민'으로부터 배제된 인민 또는 민중의 모습은 곳곳에서 포착된다. 그런데 그들에 대한 대책은 한결같이 어떻게 그들을 인민으로 재탄생시킬 것인가에 집중되어 있었다. 그 기저에는 사회주의적 애국주의에 기반한 국가주의가 관철되고 있으며, 그 기준에 합당한 인민만이 평등과 권리를 누릴 자유를 보장받았다. 생활상의 요구나 개인의 이익이나 욕망에 기반한 인민의 요구는 소통의 공간을 얻기조차 힘든 상황이었던 것이다.

---

37) 김일성, 「보통교육사업을 개선강화할 데 대하여」(1962. 10. 16), 『김일성 저작집 16』(1962. 1~1962. 12), 조선로동당출판사, 1982, 434쪽.

38) 김일성, 「당 사업을 개선하며 당대표자회 결정을 관철할 데 대하여: 도, 시, 군 및 공장 당책임비서협의회에서 한 연설」(1967. 3. 17~3. 24), 『김일성 저작집 21』(1967. 1~1967. 12), 조선로동당출판사, 1983, 152~153쪽.

4. 민중사 모색

해방 직후부터 인민이 혁명의 주체로 새롭게 호명되기 시작하면서 민중이라는 호명은 사라졌다. 그런 변화는 국가에 포섭된, 또는 국가와 공동의 목표를 가진 인민을 새로이 탄생시켰지만, 다른 한편 그로부터 배제된 민중을 탄생시켰다. 이들은 공식적인 당사나 인민사에 긍정적인 모습으로 등장하지 않는다. 때로는 반혁명분자이거나 반인민분자, 때로는 반당분자의 모습으로 나타난다.

그런데 북조선 언론에도 가끔 민중이 등장한다. 『로동신문』에서 1947년 '민중'이라는 용어가 사라진 이후, 처음 민중이 등장한 것은 1959년이다. 그것은 남한에서 발간되던 『경향신문』의 폐간과 관련하여 조선기자동맹 중앙위원회가 '남조선 기자, 편집인들'에게 보내는 편지, 「언론 출판의 자유를 위하여 '미군은 조선에서 물러가라!'는 민중의 목소리에 합세하라!」라는 보도였다.[39] 1963년에는 「민중의 분통이 터진다」라는 기사가 등장한다.[40] 1965년에도 두 건의 기사가 보인다. 하나는 남한의 대학교수가 학생들을 탄압하는 '박정희 도당'을 규탄하고 그들이 물러날 것을 주장했다는 내용으로 「민중의 불길은 아무도 못 끈다」라는 기사이고, 다른 하나는 「박정희 도당의 매국 정권은 기필코 붕괴되고야 말 것이다」라는 기사이다. 두 번째 기사는 '한국 데모 격화의 배경'으로 「민중의 궁상 극도에 도달, 본격적 혁명을 지향하는 학생들」이라는 부제를 달고 있다.[41]

1960년대 『로동신문』에서 민중이라는 용어가 가장 많이 등장하는 것은

---

39) 『로동신문』 1959. 5. 7.
40) 『로동신문』 1963. 12. 28.
41) 『로동신문』 1964. 6. 7.

1965년이다. 모두 한일회담 반대투쟁과 관련된 소식을 전하는 기사들이다. 일본 민단계 학생들과 각 산하단체들이 각각 '중앙 민중 궐기대회'(3. 28)와 '민중 궐기대회'(4. 8)를 가졌다는 소식과 남한 학생들의 시위 소식을 전하면서 「민중 시위 막지 말라」(6. 23), 「현 정권은 민중의 분노로 반드시 붕괴되고야 말 것이다. 나라를 일본의 지배권 밑에 몰아넣으려는 매국집단과 국제적 음모를 단호히 분쇄한다」(서울대학교 학원방위단 결성식 결의문, 8. 30)[42] 등의 소식을 전하고 있다.

1969년 2월에는 특이하게 「민중의식의 현재화」라는 『청맥』 1966년 8월호 기사가 소개되었다. 그해 1월 25일 이 잡지 발간에 참여했던 통일혁명당(통혁당) 관계자들에게 사형 등의 선고가 있었던 것과 관련된 기사였다. 7월에는 김일성의 아버지 김형직 탄생 75주년을 기념한 서사시 「푸른 소나무 영원히 솟아 있으리」의 한 부분으로 「민중의 벗」이 소개되었다.[43]

이처럼 1959년부터 다시 등장한 '민중'이라는 용어는 대부분 남한의 소식, 특히 '남조선 인민'의 비참한 생활상이나 투쟁 활동을 소개하기 위해, 거의 남한으로부터 빌려 쓴 호명이었다. 그렇지만 이 기간에 거의 매일같이 등장하는 대부분의 남한 관련 기사는 '남조선 인민'이라는 용어로 남한 민중을 지칭하고 있다.

남한 민중에 대한 호명은 1965년의 한일회담 반대투쟁과 통혁당 사건을 거치면서 내용적인 변화를 보이기 시작한다. 1972년에 이르러 통혁당 목소

---

42) 『로동신문』 각 기사별 해당 날짜.
43) 『로동신문』 1969. 2. 11; 『로동신문』 1969. 7. 10. 이후 신문은 월북한 서독 주재 대사관 서기관 유성근의 기자회견을 소개하면서 「나라와 민중을 위한 밝은 정치를 베푸시는 수령님의 치하에서 보람 있게 살게 된 우리 가정은 끝없는 행복 속에 잠겨 있다」라는 제목을 붙였고(1971. 4. 24), 북조선의 교예단을 불가리아 민중들이 절찬했다는 소식(1971. 11. 27) 등을 전하고 있다.

리 방송이 등장하면서, '남조선 민중'을 남조선 혁명의 주체로 호명하기 시작한 것이다. 1972년 10월 3일자 『로동신문』은 '국토 통일의 민족사적 대업을 성취하고 민족의 태양 김일성 수상님을 모시고 영원한 번영과 복락을 누리려는 것은 우리 민중 모두의 불같은 념원이다'라는 구호를 싣고, 그 설명에서 "통일된 조국 강토에서 번영과 행복을 누리려는 남조선 인민들의 절절한 념원을 통일혁명당 목소리 방송이 보도"했다고 주장했다.

같은 해 7월 5일에는 7·4 남북공동성명과 관련된 남한의 상황을 전하면서 「온 민중의 표정은 국토 분단의 장벽이 한꺼번에 무너지는 것을 보는 듯하다(남조선 인민들 속에서)」라는 제목을 달았다. 같은 해 2월 23일에는 「민주투사는 민중이 살아 있는 한 결코 죽지 않으리라는 이 사실을 믿으라」라는 제하에 남조선의 한 잡지가 지식인들에게 사회의 민주화를 위한 투쟁에 과감히 나설 것을 호소했다는 소식을 전했다.

이처럼 1960년대를 거치고 1970년대가 되면서 북조선에서 '민중'이라는 용어는 남한 혁명의 주체를 호명하는 용어로 점차 힘을 얻어가고 있었다. 1972년에는 통혁당 목소리 방송이라는 '혁명의 매개체'를 만들어내면서 그 의미를 더욱 현실적으로 만들었다. 그해 10월 3일자의 기사는 「북녘 땅을 우러러보며」라는 제하에 '1. 주체적 립장, 당당한 자세, 2. 민족의 심장, 리상의 도시, 3. 민중의 지상락원, 완벽한 복지국가'라는 부제를 달고 있다. 이제 남한 민중이 북조선을 동경하고 있고, 그곳은 곧 민중의 지상낙원이 되어버린 것이다. 이 같은 상황은 '민중'이 헐벗고 굶주린 억압의 대상으로 인식되는 동시에, 남한 혁명의 주체로 호명되기 시작했음을 의미했다. 이러한 호명은 마치 반식민지 민족해방운동의 과제를 공유했던 일제 시기의 민중을 연상케 한다. 북조선에서 민중은 해방 이후 건설의 주체로, 혁명의 주체로 거듭난 인민과는 내용적으로 다른 주체로 재탄생하고 있었던 것이다.

이러한 호명의 변화에도 불구하고 북조선에는 국가로부터 억압받는, 그리고 권력에 순응하지 못하는 '민중'이 존재하고 있다. 그들은 국가에 포섭된 인민 속에도 존재하고 있고, 인민에 포함되지 못한 '반인민' 속에도 존재하고 있다. 이들은 모두 권력으로부터의 소외를 경험한 존재라는 공통점을 가지고 있지만, 전자는 권력에 대한 저항을 좀 더 강한 속성으로 가진 반면, 후자는 권력으로부터의 소외를 좀 더 강한 속성으로 가지고 있는 존재라고 할 수 있을 듯하다. 다른 말로, 전자는 새로운 인민이 구성되는 과정, 즉 역사적으로 형성된 저항성을 국가에 의해 탈각당하는 과정에서 형성되었고, 후자는 인민의 형성 과정에서 국가는 물론이고 인민으로부터도 소외당하면서 형성되었다고 할 수 있다.

문제는 이들 소외된 존재들의 저항성을 어떻게 재현하고 현실 속의 의미 있는 존재로 되살리는가이다. 그것은 '인민'의 저항성과 공동체성을 어떻게 되살리는가의 문제와도 다르지 않을 것이다. 물론 문제 해결 방법은 단순하지 않다. 북조선에서 인민에 의한 인민의 배제가 공공연하게 이루어지기 시작한 시기는 바로 북조선에서 인민의 자발성에 의한 혁명적 기풍이 넘쳐나던 때이기 때문이다.

전후 복구와 천리마운동의 시기에 국가와 당의 공동 목표에 동의했던 절대 다수의 인민들 스스로, 공동의 목표를 위해 헌신하지 않는 또 다른 인민을 배제하고 나선 사실을 어떻게 이해할 것인가. 결국 이것은 북조선 혁명운동이 정점에 이르렀을 때 밑으로부터 또 다른 변화가 시작된 역설적이고 모순적인 역사에 대한 해명과 함께, 인민의 이중성에 대한 해명이 북조선의 '새로운 인민사' 또는 민중사의 출발이 되어야 함을 의미한다.

북조선 인민사에 포획되어 있는 민중사를 어떻게 재구성할 것인가? 아직까지 북조선 학자들의 연구에서 이러한 문제의식을 찾아볼 수 없지만, 최근

남한에서 전개되고 있는 연구의 새로운 경향들은 적지 않은 시사점과 고민을 안겨준다. 1990년대 중후반부터 남한에서는 일상사, 미시사, 구술사 등의 영향을 받은 '아래로부터의 접근'에 의거한 새로운 북조선 연구가 시도되고 있다.

이 같은 경향의 연구는 서방에서 먼저 시작되었는데, 대체로 그 이전의 연구가 구조주의와 국가 중심의 역사해석을 크게 벗어나지 못했다는 반성에서 출발했다. 이들 연구는 대체로 구조와 독립된 일상의 영역에 천착해야 한다는 시각으로 표현되고 있다. 국내에서는 1990년대 중후반부터 진행된 청년, 청소년, 여성, 노동 문화, 민속 등에 관한 일상 연구를 바탕으로, 2000년대 들어 더욱 다양한 영역과 '일상'들이 연구되면서 새로운 개념화와 방법론적 연구가 진행되기에 이르렀다.

최근의 연구 중 가장 주목할 만한 것은 일상사적 관점에서 연구방법론을 모색한 일련의 성과물이다.[44] 이들 연구는 "일상생활세계에 대한 독자적 개념화가 미흡한 상태에서 일상이라는 용어를 주민 생활이란 차원에서 사용하는 경우가 대부분"인 '유사 선행연구'들을 검토하면서, 일상사의 방법론적 전범을 마련해보려는 야심찬 기획으로 시도되었다.[45]

이 연구들은 연구대상으로서 '일상'의 범주를 하층에만 국한할 것인가, 아니면 "지도자, 관료, 인민 등 사회구성원 전체에 해당되는 공통된 존재론

---

44) 박순성·고유환·홍민, 「북한 일상생활 연구의 방법론적 모색」; 김종욱, 「북한 관료의 일상생활 세계」; 홍민, 「북한 시장 일상의 연구: 접근방법과 과제」; 차문석, 「북한 노동 일상의 세계와 접근방법」; 이희영, 「북한 여성의 인권과 연구방법론적 모색: 질적 연구방법의 적용과 가능성」; 조정아, 「북한의 교육 일상 연구: 접근방법과 과제」. 이상 경남대학원 북한대학원, 『현대북한연구』 11-3, 2008. 이 논문들은 다른 일련의 논문과 함께 박순성·홍민 엮음, 『외침과 속삭임—북한의 일상생활세계』, 한울, 2010으로 출간되었다.

45) 기존의 일상사적인 연구의 동향에 관한 정리는 박순성·고유환·홍민, 「북한 일상생활 연구의 방법론적 모색」, 『외침과 속삭임—북한의 일상생활세계』, 한울, 2010, 21~26쪽 참조.

적 근거로"[46] 볼 것인가의 문제, 또 일상사를 사적이고 개인적인 영역으로 볼 것인가, 아니면 공적인 영역까지도 일상의 영역으로 볼 것인가의 문제 등에서 각각 취하고 있는 입장이 조금씩 다르다.[47]

그것은 이제 막 시작된 일상사의 개념화 과정에서 나타날 수밖에 없는 차이로 볼 수도 있지만, 연구 시각이나 목적에 따라 개념이 다르게 정의될 수 있음을 의미하기도 한다. 어쨌든 이들 연구는 모두 지배권력과 주민이 만나는 공간으로서 '일상'을 주목함으로써 북조선사회를 총체적으로 재인식하려 한다. 또 국가의 억압적 지배 정책을 일반 주민들이 어떻게 재전유해 나가는지에 주목하여 그 실천적 방향성을 찾는 노력을 기울일 것을 주문하고 있다.

더불어 이들 연구는 문헌 분석, 구술 분석 등 다양한 기법과 '아래로부터의 접근', 인류학적 접근, '생애사'를 통한 연구 등 다양한 기법과 새로운 방법론을 도입할 것을 제기하고 있기도 하다. 이들과 그 이전의 유사한 연구들은 분명 북조선사회를 좀 더 총체적인 입장에서 분석하는 데 유용한 방법론을 제시하고 있다.

그런데 이들 연구를 포함한 1990년대 이후 새로운 경향의 연구가 대부분 북조선사회의 최근 변화로부터 출발하고 있다는 점은 주의가 필요하다. 관련 연구자들이 거의 사회학적·정치학적 관점을 견지하고 있기 때문이기도 하지만, 주요하게는 최근의 연구들이 탈북자들의 구술에 의존하고 있는 경우가 많기 때문에 나타나는 현상이다. 즉 이들의 문제의식은 서구의 일상사

---

46) 박순성·고유환·홍민의 글에서는 후자를 더욱 의미 있게 보고 있다. 위의 글, 32쪽.
47) 예를 들어 차문석은 전자의 입장이고(차문석, 「북한 노동 일상의 세계와 접근방법」, 『외침과 속삭임─북한의 일상생활세계』, 한울, 2010, 158쪽), 박순성·고유환·홍민은 후자의 입장을 취하고 있다.

적 연구기법에 1990년대 이후 북조선사회의 변화와 탈북자들로부터 쉽게 얻을 수 있는 최근의 정보를 대입시켜 국가와 개인의 균열에 주목하는 수준에 머물고 있는 것이다.

결국 이들 연구는 역사적 관점에서 국가와 개인의 관계가 어떻게 형성되는지, 즉 인민이 어떻게 형성되고 그 과정에서 저항성과 민중성이 어떻게 탈각되는지를 고려하지 않음으로써 민중의 재현에 한계를 보여준다. 또한 서구사회와 북조선사회, 더 좁게는 서구 학계의 사회주의에 대한 비판적 분석틀을 북조선 사회주의 분석에 그대로 적용할 수 있는가라는 좀 더 근원적인 문제제기가 빠졌다는 점도 지적되어야 한다.

또 한 가지, 일상사적 관점에서는 국가를 일방적인 억압기구로 설정하고 자본주의 국가와 사회주의 국가의 차별성을 인정하지 않는 경향이 강하다는 점도 주의할 필요가 있다. 자본주의 극복의 대안으로 제기되었던 사회주의 국가의 수립 과정에 녹아 있던 민중의 해방의지(욕구)를 어떻게 해석할 것인가의 문제가 일상사적인 고민 속에서는 해결되기 어렵다. 아직 사회주의 국가에서 민중사가 어떻게 가능할 것인가라는 문제는 모색단계에 불과하지만, 이 점이 일상사적 시각과 민중사적 시각의 본질적인 차이가 될 가능성이 커 보인다.

이와 관련해서 일상사 연구가 검토의 대상으로 삼지 않은 선행연구 중에 서동만의 연구를 주목할 필요가 있다. 서동만은 북조선을 군사적 색채가 강한 국가사회주의로 규정하고, 궁극적으로 국가사회주의로부터의 탈각을 통해 개혁개방을 추진할 필요가 있다고 제기한 바 있다. 그는 "국가사회주의 형성 과정에서 나타났다가 내버려진 다양한 변종과 선택지를 되살려 재음미할 필요"가 있다고 주장한다. 또 경제적으로는 시장적 요소를 적극 도입하고 시장경제로 이행하는 과정에서 상품경제·시장경제와의 공존을 이루어내야 하며, 정치적으로는 당의 역할을 축소시켜야 한다고 주장하기도 한다. 그는 이 작업이 곧 과거 '인민민주주의 단계'의 경험을 되새겨보는 데서 출발할 것이라고 전망하기도 한다.[48] 그의 연구는 북조선의 현재 모습을 잉태한 출발점으로서, 그리고 여러 가지 가능성이 열려 있었던 시기로서, 또 북조선의 개혁개방을 전망하는 출발점으로서 1950년대를 주목했던 연구들과[49] 문제의식을 같이하면서도, 국가사회주의화 과정을 면밀히 검토하여 연구의 수준을 한 단계 끌어올렸다고 할 수 있다.

그렇지만 단순한 권력투쟁이 아닌 노선 투쟁으로 1950년대를 재해석한 시각이든, 국가사회주의의 형성단계로 1950년대를 주목하든 간에, 이들 연구는 여전히 각 정파의 노선 분석과 국가와 당, 그리고 그 지도자들의 역할에 주목하고 있는 한계를 지니고 있다. 비록 서동만의 연구가 국가사회주의 사회가 시민의 영역을 결여함으로써 갖는 한계를 암시하고 그 대안으로 시장경제를 통한 시민사회의 성장을 암묵적으로 주장하고 있지만, 그것은 아직 서구 학계의 사회주의 비판 분석틀을 차용한 것에서 크게 벗어나지 못했다. 이러한 관점에서 보면 서동만의 연구는 국가와 당, 그리고 사회주의 건설 노선을 주목하던 시각에서 국가와 사회의 관계, 또는 국가와 개인의 관계로 시선을 이동하고 있는 과도기적 연구성과로 평가할 수 있다. 그의 연구는 사회주의 건설을 둘러싼 노선 투쟁의 다른 한편에 존재하고 있던 인민 속의 저항성과 공동체성을 포착하려는 노력과는 다소 간격이 있었던 것이다.

최근의 새로운 연구경향은 서동만의 문제의식처럼 북조선사회가 가지고

---

48) 서동만, 『북조선 사회주의체제 성립사(1945~1961)』, 선인, 2005. 이에 대한 비판적 검토와 비슷한 논의들에 대한 개략적 소개는 이신철, 「국가사회주의의 '아시아적 형태'로서의 북조선체제론의 몇 가지 문제―서동만의 입론을 중심으로」, 『사림』 26, 수선사학회, 2006 참조.
49) 대표적으로 역사문제연구소 편, 『1950년대 남북한의 선택과 굴절』, 역사비평사, 1998.

있는 모순의 극복을 위한 근본적 고찰과 연결될 필요가 있다. 일상사적 경향의 연구는 북조선사회를 좀 더 총체적으로 재구성하는 데 유용할 것이고, 나아가 북조선 내부에 존재하는 억압구조와 그것을 극복할 수 있는 동력의 근원을 찾는 데도 도움이 될 것이다. 그렇지만 그런 시도들이 북조선 '인민'의 현재적 모습을 조망하는 데 그쳐서는 곤란하다. 그들의 존재양태가 역사적으로 규명될 때 그 의미가 배가될 수 있을 것이다.

결국 북조선 민중사는 인민의 형성 과정에서 탈각된 저항성과 공동체성이 소외된 인민 속에서 어떻게 재전유되고 있었는가를 밝혀내는 일에서 출발할 필요가 있다. 물론 그러한 재전유의 과정을 밝히기 위해서는 그들의 존재양태를 먼저 규명해야 할 것이다. 그것은 저항성, 공동체성을 내포하게 된 인민 형성의 역사성, 그리고 인민의 창조 과정에서 발생한 소외와 배제의 문제가 어떻게 발현되고 변화하고 있는가를 추적하는 일이기도 하다.

5. 맺음말

북조선의 인민은 역사적 과정 속에서 저항성과 공동체성을 기반으로 형성된 존재였고, 혁명의 지도부에 의해 의도적으로 호명되고 창조된 존재였다. 일제 시기부터 민족해방운동의 주체로 호명되기 시작한 인민의 개념에 새로운 국가 건설을 둘러싼 계급투쟁적 성격과 국가 건설을 지향하는 국가주의적 성격이 해방 직후부터 추가되었다. 그리고 전쟁과 전후 복구, 산업국유화, 농업 협동화의 과정을 거치면서 그것은 근대 주체 또는 혁명주체로서의 성격과 공동체성을 기반으로 한 인민으로 거듭나게 되었다. 그 과정에서 민중이라는 호명은 역사 속으로 사라졌다.

그런데 국가 건설과 혁명의 주체로 인민이 호명됨으로써, 인민은 국가주의에 포섭될 위험에 처했다. 정부가 수립된 이후 국가는 반미와 사회주의적 애국주의의 이름으로 인민을 호명했고, 국가의 이익과 인민의 이익은 동일시되었다. 자율적이지만 공동의 목표를 가짐으로써 형성될 수 있었던 공동체성이 국가의 이익을 대변하는 애국주의로 대체되기 시작한 것이다. 이로써 국가와 인민의 관계는 주도권과 이익을 둘러싼 경쟁관계로 변화했다.

1956년 '8월 전원회의 사건'을 거치면서 인민의 주도 세력인 노동자들의 대표조직인 직업동맹이 국가기구화되기에 이르렀고, 노동자들의 이익을 실질적으로 대변하는 기능은 현저히 약화되고 말았다. 직업동맹 지도부는 물론이고 하급 간부들까지 국가의 기획에 동의하는 간부들로 바뀌었고, 사회 각 분야의 간부들도 같은 운명에 처했다.

이후 북조선의 인민은 반미를 주요 내용으로 하는 혁명주체로 재구성되었다. 국가의 호명과 일치되지 않는 인민과 민중은 인민 스스로에 의해 또는 권력에 의해 배제되고 소외되었다. 이로써 인민의 민중적 저항성과 자율적 공동체성은 잠재적인 상태가 되거나 탈각되기에 이르렀다. 이제 인민은 더 이상 기층 민중을 대변하거나 국가권력의 억압에 대항할 수 있는 호명으로 작동하지 않았다. 오히려 반인민적 존재들을 찾아내고 그들을 인민에서 배제하는 기제로 작동했다. 동시에 북조선에서 민중이라는 호명은 남한 권력에 저항하는 혁명주체, 저항주체를 부르는 이름으로 재규정되었다.

1980년대 말 이후 사회주의권의 붕괴는 이들 국가에서 국가와 인민의 이해관계가 일치하지 않았음을 보여주는 징표였다. 마찬가지로 북조선사회의 침체된 상황, 권력의 독점과 세습, 인민의 자발적 이탈은 인민이라는 호명이 더 이상 민중의 이익을 대변하기 힘든 상황임을 보여주고 있다. 이제 인민의 형성 과정에서 내재되어 있던, 또 국가에 의해 강제로 탈각된 '민중성'을 회복하는 일이 새로운 과제로 주어졌다. 그것은 기층 민중의 직접적인 이해관계를 대변하는 소통 기능의 회복이기도 하고, 억압적 국가권력에 대항하는 저항성의 회복이기도 하다.

북조선 민중사는 인민사 속에 포획되어 있는 민중의 역사를 재구성하고 재현할 필요에 의해 제기되었다. 아직 명확한 방법론은 물론이고 연구의 대상도 불명확한 상태이지만, 최근 들어 관심이 부쩍 늘어난 북조선 민중의 일상사적 재현이나 시민사회의 형성을 통한 개혁의 모색 등에서 민중사의 시사점을 얻을 수 있다. 다만, 그것은 탈북자의 증언이나 현재의 표피적 상황만을 중시하는 시각과 자본주의로의 역이행을 전제로 한 결과론적 모색에서 벗어났을 때 그 의미를 배가할 수 있을 것이다. 그런 의미에서 공동체성을 기반으로 인민의 자발적 주체화가 이루어졌던 시기에 대한, 그리고 그런 성격이 국가에 의해 전유되기 시작한 시기의 민중을 엄밀하게 분석하는 것이 필요하다. 만약 인민의 형성 과정에서 배제된 민중들의 존재양태와 그들의 저항성을 복원하게 된다면, 그것은 곧 방법으로서 북조선 민중사의 성립이 될 것이다.

이신철
성균관대학교 동아시아역사연구소 연구교수. 한국 현대사를 전공했고, 근현대 한일관계사, 역사인식 문제에도 관심을 가지고 있다. 대표논저로『한일 근현대 역사논쟁』,『북한 민족주의운동 연구』,『동아시아 근대 역사학과 한국의 역사인식』(편저),『역사를 바꾸는 역사정책』(공저) 등이 있다.